반영과 굴절 사이

숙명여자대학교 인문학연구소
HK+사업단 학술연구총서 02

반영과 굴절 사이

혐오 정동과 문화 재현

김경옥·이진아·전유정 기획

김경옥·김수연·김혜윤·손옥주·육성희·
이가야·이명호·이지형·이진아·이행미·
전경숙·전유정·조서연 지음

Reflection and Refraction

Aversive Affect and Cultural Representation

한울
아카데미

차례

머리말

　혐오는 인간의 감정 중에서도 강하다. 찰스 다윈(Charles Darwin)이 『인간과 동물의 감정 표현(The Expression of Emotions in Man and Animals)』에서 인간의 기본 감정으로 제시한 놀람, 공포, 행복, 슬픔, 분노, 혐오의 여섯 가지 감정이나, 또는 『인간다움의 조건(Humanity: an Emotional History)』에서 스튜어트 월턴(Stuart Walton)이 거기에 질투, 수치, 당황, 경멸을 덧붙여 논의한 열 가지 감정 중 혐오는 강도에서 상위권에 속한다. 그래서 혐오에 관한 대표 연구서 중 하나인 윈프레드 메닝하우스(Winfried Menninghaus)의 『혐오: 강한 감정의 이론과 역사(Disgust: The Theory and History of a Strong Sensation)』에서처럼 '강한 감정'이라는 수식이 자주 따라다닌다.

　혐오는 강한 만큼 우리를 힘들게 한다. 우리가 무엇을 혐오할 때나, 혹은 그 반대로 혐오당할 때 우리의 몸과 마음은 평정을 잃고 서서히 금이 간다. 하물며 우리가 사는 이 시대가 바로 그런 혐오의 시대라면 그 삶은 얼마나 불안하고, 그 사회는 또 얼마나 위태로울지 두려움마저 든다. 혐오하는 사람이나 혐오당하는 사람이나 온전한 삶을 살기는 할까. 어떻게 해서 우리는 이토록 잔혹한 시대로까지 오게 되었는가. 어디서부터 무엇을 어떻게 해야 돌파구를 찾을 수 있을까.

이러한 물음들은 마주하기조차 버겁다. 그럴수록 혐오가 무엇인지 이해하는 것부터 짚어볼 필요가 있다. 그런데 여기에도 난관은 있다. 왜냐하면 혐오는 생각처럼 정의 내리기 쉽지 않기 때문이다. 어쩌면 이것이 혐오에 일사불란하게 대처하기 힘든 이유일지 모른다. 국립국어원 표준국어대사전에 따르면 혐오에는 두 가지 뜻이 있다. 첫째는 '미워하고 꺼림'이고, 둘째는 '싫어하고 미워함'이다. 뜻이 서로 비슷하면서도 조금씩 다르다. 상응하는 한자도 서로 달라서 전자는 '嫌慽'로 후자는 '嫌惡'로 각각 표기된다. 그래서 한글로 적거나 말로 할 때는 똑같은 단어 같아도 사용되는 맥락에 따라 미묘한 차이가 있다. 전자의 '꺼림'이 혐오의 대상을 회피하거나 밀어내려는 방어적 자세라면, 후자의 '싫어함'은 그 대상을 증오하다 못해 파괴하고 싶은 공격적 자세에 가깝다.

한국어와 달리 이탈리아어, 프랑스어, 영어, 독일어 등의 서양어에서 혐오는 뜻에 따라 다른 단어로 표현된다. '꺼림'의 혐오가 '역겨움'을 뜻하는 이탈리아어 'disgustare', 프랑스어 'dégoût', 영어 'disgust', 그리고 독일어 'Ekel'인 반면, '싫어함'의 혐오는 '증오'를 뜻하는 영어 'hatred'와 독일어 'Hass'에 해당한다. 일본의 경우에도 'hate speech'를 '혐오 표현'이라는 말 대신 음차에 따라 '헤이트 스피치'로 적을 때가 많다.

유독 한국어에서 혐오가 명확한 의미 구분 없이 쓰이게 된 데에는 최근 한국에서 여성을 비롯해 성 소수자, 외국인노동자, 난민, 장애인, 노인을 배척하고 혐오하는 사건들이 단기간에 거의 유례없이 급증한 탓이 크다. 이뿐 아니라 사전적 정의에서 짐작할 수 있듯이 혐오가 단일한 감정이 아니라는 점도 혼란을 키운다. 기본적으로 혐오는 두려움이나 증오 같은 '회피 감정'들과 자주 겹쳐서 나타난다. 그 외에도 수치, 분노, 멸시, 질투 같은 여러 이웃 감정들이 혐오와 붙었다 떨어졌다 하며 감정의 계열을 이룬다. 따라서 혐오를 이해하려면 그것이 '감정 복합체'라는 것을 염두에 두어야 한다.

이러한 혐오 복합체는 또한 정동으로서도 작동한다. 사실 정동을 가리키는 영어 'affect'는 정서, 감응, 감동, 정동, 심지어 아펙트로 번역될 만큼 그 뜻이 너무 다양해서 단정하기가 매우 어렵다. 그렇더라도 사전적 의미에 근거해 설명하자면 정동은 우리에게 영향을 미치고 차이를 만들어내는 것, 그 결과 우리의 마음을 움직이는 것을 뜻한다. 그래서 심리학적으로 정동은 행동에 영향을 미치는 감정, 또는 그 영향이 표현된 심적 표상을 가리키기도 한다. 한편 최근에 자주 거론되는 정동이론으로 오게 되면, 정동은 감정의 차원을 넘어 몸과 몸을 관통하고 순환하면서 영향을 주고 효과를 초래하는 경험의 강렬함과 그 비인격적이고 집합적인 강렬한 흐름, 울림, 에너지로까지 확장된다. 하지만 어떻게 정의하든 정동의 핵심 요소인 영향, 움직임, 효과성은 감정과 전혀 무관하지 않다. 감정은 본디 정동적이다. 감정을 의미하는 영어 'emotion'이 움직임을 의미하는 'motion'에서 유래한 것에서 알 수 있듯이 감정은 사회적 관계와 상호작용 속에서 일어나는 움직임 그 자체다. 정동이 존재자들을 관류하며 영향을 끼치는 순환하는 힘이라면, 감정은 존재자들 사이에서 작동하며 주체화에 관여하는 그 힘의 움직임이다.

혐오의 까다로움은 그것이 인간 본성의 영역이면서 동시에 사회적 산물이라는 점으로부터도 기인한다. 기본적으로 혐오는 인간이 생존을 위해 오랜 진화과정 동안 습득해 온 감정적 능력에 속한다. 하지만 그렇다고 혐오가 당연하게 주어진 본능인 것은 아니다. 이 세상에 어떤 생명, 어떤 사물도 본래부터 혐오스러운 것은 없다. 마찬가지로 태어나면서부터 특정 생명과 특정 사물을 혐오하는 인간은 없다. 진화도 실은 아주 오랜 적응과 사회화의 과정이다. 자기 보존의 과정에서 혐오의 감정을 갖게 된 것이다. 또한 혐오는 사회적으로 끊임없이 훈육되고 매개되고 계승된다. 그리고 그 과정에서 훈육과 관습의 차이에 따라 혐오의 문화적 차이가 불가피하게 발생한다.

혐오 시대가 우리에게 던지는 물음은 인간 본성이자 사회적 산물인 혐오가 왜 유독 이 시대에 전 지구적으로 급격하게 증가하느냐 하는 것이다. 혐오는 인간의 문제이자 시대의 문제다. 한 사회의 보이지 않는 내면을 드러내는 징후이자 증상으로서 혐오를 바라봐야 하는 이유다. 또한 근본적으로 혐오는 어떤 형태로든 표현되고 전파되는 것이기에 혐오 문제에 긴밀하게 대응하려면 혐오의 문화적 표상 혹은 재현에 주목해야 한다.

이번에 발간하게 된 『반영과 굴절 사이: 혐오 정동과 문화 재현』은 숙명여자대학교 인문학연구소의 '혐오시대, 인문학의 대응' 인문한국플러스지원사업단 산하에 있는 인종젠더혐오분과가 첫 번째 총서로 기획한 것이다. 책 제목과 차례에서 알 수 있듯이 혐오 정동의 스펙트럼을 혐오와 연관된 주요 감정들과 문화적 재현 중심으로 살펴보는 데 그 목적이 있다. '반영과 굴절'이라는 제목은 13명의 필자들이 바라보는 혐오 재현의 양면성과 복잡성을 압축적으로 드러낸다. 재현이라고 하면 흔히 원래의 사건, 생각, 진실을 있는 그대로 옮기거나 모방하는 행위로 인식하는 것이 일반적이다. 물 표면이나 거울에 사물을 비추는 반영(reflection)이라는 단어에는 바로 그런 재현에 대한 관습적인 통념이 담겨 있다. 반면 굴절(refraction)은 빛이나 소리가 물 표면을 통과할 때 휘거나 꺾이는 현상을 말하는 용어로, 어떤 요인들에 의해 뒤틀려서 표현되는 재현의 다른 모습을 빗댄 말이다. 엄밀히 말하면 반영으로서의 재현에도 시공간의 차이나 흔들림은 수반되기 마련이지만, 굴절로서의 재현에 비하면 상대적으로 객관적인 재현이라 할 수 있다. 하지만 그렇다고 해서 두 유형의 재현 중 반영이 굴절보다 진실에 더 가까울지는 미지수다.

책은 총 4부, 13개 장으로 구성되며 동서양의 소설, 희곡, 연극부터 TV 드라마, 영화에 이르기까지 다양한 종류의 텍스트들을 분석 대상으로 삼고 있다. 먼저, '쾌/불쾌'를 다루는 1부에서는 불쾌를 거부하면서 그것에 끌리는, 혹은 프로이트(Sigmund Freud)식으로 말하면 혐오스러운 대상으로부터 달아나기 위해 그것과 마주하는 인간 내면의 이중성에 대해 살펴본다. 2부에서는 과거의 고통으로 박제되기를 거부하는 희생자들의 동력이자 역사를 외면하는 가해자에 대한 저항의 원천으로서의 '원한'의 정치학을 대항담론,

감정동학, 피해자 서사의 틀에서 접근한다. 이어서 3부 '슬픔'은 사랑의 대상을 잃어버린 인종적 타자, 성 소수자, 장애인, 난민, 입양인 같은 사회적 약자들의 애도, 우울, 트라우마의 이야기를 슬픔의 서사학 측면에서 논의한다. 마지막으로 4부에서는 모멸감과 자기혐오에 휩싸인 자기부정에서 벗어나 더 나은 공동체와 자아를 구성하기 위한 윤리적 감정으로서 '수치심'의 영역을 탐구한다.

『반영과 굴절 사이』는 이번에 함께 출간되는 『혐오이론 I』과 훌륭한 조화를 이룰 것으로 기대한다. 두 권의 총서에 빼곡하게 담긴 혐오에 관한 다양한 이론과 혐오 재현에 관한 입체적인 분석이 혐오 시대를 이해하고 대응하는 데 요긴한 길잡이가 되리라 믿는다. 끝으로 이번 총서를 위해 귀중한 원고를 써주신 저자들과 기획부터 편집까지 애써주신 분과 동료들, 한울엠플러스(주) 담당자들에게 깊은 감사의 마음을 전한다.

숙명여자대학교 인문학연구소장
박인찬

제 1부

쾌/불쾌

불쾌하고 혐오스러운 것을 거부하고 제거하라는 규범적 명령은 바로 그 금지되고 부정된 것에 대한 강렬한 호기심과 매혹으로 인해 우리 안에서 흔들리고 갈등한다. 두렵고 혐오스러우면서도 동시에 호기심과 매혹을 느끼는 '쾌/불쾌'의 감정은 본디 하나에서 갈라져 나온 양극단이다. 밀어내는 힘은 끌어당기는 힘과 모순적으로 공존하며, 혐오와 매혹은 뒤엉켜 있다. 우리가 부정하는, 우리와 동일시할 수 없는 것이라 배제하는, 어둡고 더럽고 저급하며 그리하여 거부감과 공포감을 느끼는 특성들은 사실 우리 안에서 온 것이다. 우리는 우리가 받아들일 수 없는 자신의 특성을 외부에 투사하며 이에 대해 거부감, 공포감, 불쾌감을 느낀다. 그러나 동시에 거부할 수 없는 끌림으로 이에 다가간다. 1부에서는 '쾌/불쾌'의 감정을 몸의 문제를 중심으로 살핀다. 우리의 몸이 나약하고 불완전할 뿐 아니라 고통과 죽음에 취약하다는 사실을 떠올리게 하는 장애의 몸, 무질서하고 야만적이며 방종한 생명력과 성적 에너지로 가득 찬 무엇으로 상상된 이국의 몸. 아름다움과 숭배의 대상이기도 하지만 공포와 혐오의 대상이기도 한 여성-어머니의 몸을 소설, 연극, 무용 등 다양한 매체를 통해 다시 들여다본다. 그리하여 단순히 혐오스러운 것의 경계 너머로 내쳐지지 않는, 이분법적으로 경계 지어지지 않는 '쾌/불쾌'의 감각을 고찰한다.

제1장

낯설고 두려운 '보통이 아닌 몸'*

연극 〈인정투쟁; 예술가 편〉을 중심으로

이진아

1. 무대 위 '보통이 아닌 몸'이 제기하는 문제

무대는 관습과 규율의 장소다. 그것을 가장 잘 보여주는 것 중 하나가 무대 위 배우의 몸이다. 사람들이 아름답다고 느끼는 비율의 신체, 잘 통제된 운동성, 정확한 발성과 표준어 사용 등 몸의 표현 가능성을 조율하며 구현되는 배우 예술은 몸에 대한 우리의 이상을 재현한다. 배우라면 신체 훈련을 통해 자신의 몸을 완벽하게 통제할 수 있어야 한다는, 그것이 배우의 전문성이자 배우 테크닉의 요체라는 것을 근대의 무대 예술은 요구하고 강조한다. 그런 까닭에 무대에 설 수 있는 배우의 몸은 역사적으로 늘 제약을 받아 왔다. 그런데 이러한 이상화된 몸에 대해 미적·정치적 질문을 던지는 작업이 2000년대 이후 한국 연극 무대에 등장하기 시작했다. 사고나 병으로

---

* 이 글은 《드라마 연구》, 66권(2022)에 실렸던 「무대 위 '보통이 아닌 몸'. 그 미적 정치적 질문에 대하여: 연극 〈인정투쟁; 예술가 편〉을 중심으로」의 내용을 일부 수정·보완한 것이다.

도려내지고 절단된 신체, 뇌병변장애로 인해 낯선 방식으로 운동하고 반응하는 몸, 다운증후군의 특징을 드러내는 얼굴, 연골형성저하증으로 키가 작은 배우, 나이 듦에 따라 신체를 스스로의 의지로 통제할 수 없어 배설물을 쏟아내고 타인에게 의지해야 하는 몸 등, 소위 '정상이 아닌, 기괴한, 병변을 가시화하는 몸'을 마주하게 되었다.

무대 위에 등장한 배우의 '보통이 아닌'[1] 신체적 특징, 예컨대 키가 너무 크거나 너무 작거나 지나치게 뚱뚱하거나 마르거나 무용수가 두 다리로 서 있지 않거나 배우가 언어 장애를 가지고 있으면 우리는 이에 대해 '특별한 해석'을 부여하기 시작한다. 장애의 몸은 '해석의 과잉'[2]을 가져오는 것이다. 이것은 단순히 신체적 평균이니 표준이니 하는 문제만은 아니다. 위계와 권력의 문제다. 백인 배우가 오셀로(Othello)를 연기하는 것에는 특별한 의미를 부여하지 않지만, 흑인 배우가 햄릿(Hamlet)을 연기하는 것에는 특별한 의미가 부여된다. 비장애 배우가 줄리엣을 연기하는 것에는 특별한 의미를 부여하지 않지만, 가시적인 신체 손상이 있는 배우가 줄리엣을 연기하면 의미를 부여하게 된다. 무대에서 과잉 해석을 낳는 몸과 그렇지 않은 몸, 투명하고

---

1 '보통이 아닌 몸(extraordinary bodies)'은 장애와 비장애를 정상(normal)과 비정상(abnormal)의 대립적 한 쌍으로 구성하는 사회인식을 비판하면서 영문학자이자 장애학자인 로즈메리 갈런드 톰슨(Rosemarie Garland Thomson)이 제시한 개념이다. 로즈메리 갈런드 톰슨, 『보통이 아닌 몸』, 손홍일 옮김(서울: 그린비, 2018) 참조.
2 아토 퀘이슨(Ato Quayson)은 이를 "해석이 필요한 과도한(excessive)" 표시로서의 '장애의 몸'으로 설명한다. 비장애중심의 사회가 자신의 관점에서 장애를 과도한 해석의 산물로 만드는 것이다. 그는 자신의 저서에서 비장애중심 사회의 장애 재현이 지닌 '미학적 불안감'에 주목하면서, 비장애인들에게 장애의 몸은 몸의 온전함, 몸의 정상 상태에 대한 가정을 뒷받침하는 사회적 체제의 잠정적이고 임시적 성격을 뚜렷하게 상기시키는 것일 뿐 아니라, 나아가 바로 그 때문에 예술 미학 내 재현의 규칙에서 일련의 위기를 만들어낸다고 지적한다. 아토 퀘이슨, 『미학적 불안감: 장애와 재현의 위기』, 손홍일 옮김(서울: 한국장애인재단 디오네, 2016), 56~57쪽.

중립적으로 존재할 수 있는 몸과 그렇지 않은 몸이 있는 것이다.[3] 마사 누스바움(Martha Nussbaum)은 현실사회에서뿐 아니라 중립적이라고 여겨지는 학문과 지식의 영역에서도 이러한 차별과 배제가 어떻게 작동하는지 문제제기하며 "어떤 사람을 배제하는 것과 지식 영역에서 그들의 삶을 배제하는 것은 함께 간다. 이런 배제는 자연스럽고 비정치적인 것으로 보였다. 반면 포용을 요구하는 일은 '정치적 의제'를 바탕에 깔고 있는 것처럼 보였다"[4]라고 지적한다. 이미 중심이 되어 있다는 것, 권력을 가지고 있다는 것은 곧 '자연스럽고 당연한 것'으로 여겨진다는 것, '존재만으로 특별한 해석을 가져오지 않는다는 것', '비가시화된다는 것'을 의미한다. 이것은 다시 말하면 차별과 배제가 자연스럽고 중립적이며 '비정치적'으로 보인다는 뜻이다.

이러한 사실은 순수하게 예술적이고 정치적이지 않으며 중립적이라고 주장되는 '모두를 위한' 연극에서 '모두'는 누구인가를 질문하게 한다. 더불어 무대 예술이 강화해 온 몸의 정상성 개념을 반성적으로 되돌아보게 한다.

그런데 몸에 대한 비가시화된 특권과 경계를 허문다는 것, 비장애중심주의를 해체한다는 것은 무대 예술에서 구체적으로 어떤 실천을 의미하는 것일까? 장애의 몸에 드리워진 부정적 낙인을 지우고 손상을 중립적인 것으로 만들며 특별한 문화적 해석의 영역에서 벗어나 정상성을 정의하는 헤게모니의 일부가 되도록 하는 일일까? 그리하여 표준성의 영역을 넓히고 장애연극을 주류 예술에 포함하는 일일까? 그런데 '다른 몸'의 다른 아름다움을 보여주는 일과 '다름'을 구경거리로 소비하려는 욕망에 부응하는 일 사이

---

3 장애의 몸을 '보통이 아닌 몸'으로 표현하면서 서구 문화, 특히 미국 문화에서 장애 재현의 역사를 비판적으로 연구한 톰슨은 구성된 정상성을 중심에 둔 사회에서 지배적인 기대를 벗어난 신체가 그 의미가 해석되지 않는 경우는 없다고 강조한다. 소위 '정상의 몸', '무표적인(unmarked) 몸'은 해석하지 않아도 되는 중립의 공간에 있을 수 있지만 '다른 몸'은 구경거리가 되고 해석되어야 하는 기호가 되는 것이다. 톰슨, 『보통이 아닌 몸』, 18~21쪽.
4 마사 누스바움, 『인간성 수업』, 정영목 옮김(파주: 문학동네, 2018), 26쪽.

에 딜레마는 없는 것일까? 2020년 백상예술상 후보로 레드 카펫에 서야 했던 김원영 배우는 시상식의 관습에 맞춰 '최대한 정상적으로 보이고 싶은 마음'과 '비정상성(비표준성)을 자신의 개성으로 드러내고 싶은 마음' 사이의 긴장에 관해 말한다. 그러면서 이것이 진짜 '내 몸의 개성'이고 '다른 아름다움'인 것인지, 혹은 '역경 극복의 슈퍼 장애인'의 이미지나 '비정상성을 호기심의 소재로 소비하려는 사람들'의 욕망에 그저 부응하는 일인지, 그런데 과연 그 둘이 명쾌하게 구별되는 문제인지를 질문한다.[5] 이러한 딜레마를 벗어나 다르고 낯선 몸이 대상화되지 않도록 무대 위에 재현 혹은 현존하게 하는 것은 가능한 것일까. 가능하다면 어떻게 가능한 것일까.

2013년 '페스티벌 봄'의 초청으로 제롬 벨(Jérôme Bel)과 스위스의 장애 극단 호라(Theater HORA)가 함께 작업한 〈장애 극장〉이 서울 서강대학교 메리홀에서 공연되었다. 이 작품에 참여한 배우와 무용수는 다운증후군을 비롯한 다양한 발달장애를 가지고 있었다. 공연이 끝난 후 관객과의 대화가 있었는데, 객석에서 누군가 질문을 던졌다. 작품의 전체적 개념과 의미를 이해하고 통제하는 것, 그리고 작품의 결과인 비평적 찬사와 영광을 가져가는 것은 결국 '개념과 틀을 제시한' 벨 아니냐고. 이 무대에서 벌어진 작업의 모든 의미가 참여자 모두와 충분히 공유되었고 이 점에서 참여한 배우들, 무용수들과 함께한 위계 없는 공동작업이라고 말할 수 있냐고. 그때 참여 배우 중 한 명이 나서며 자신이 그 질문에 답하겠다고 했다. 그는 그 관객이 던진 질문을 이미 그의 모국에서도 받았고, 심지어 그의 형은 그에게 벨을 고소해야 한다고, 벨이 그를 이용하고 있고 구경거리로 내세우고 있다며 화를 냈다고 말했다. 그러면서 그는 그러나 벨을 만나 한 번도 경험하지 못한 것을 경험하고 있고 세계 여행도 하고 있으며 그래서 행복하다고 말했다.[6]

5   김원영·김초엽, 『사이보그가 되다』(파주: 사계절, 2021), 159~160쪽.
6   관객과의 대화는 2013년 4월 6일 오후 3시 공연 후 진행되었다. 필자는 그 자리에 있었고

극단 호라의 예술감독은 질문에 대한 추가적인 답으로 이 공연을 통해 발달
장애를 지닌 배우들의 자긍심이 높아졌으며, 장애 정체성 형성에도 매우 긍
정적인 영향을 끼쳤다고 설명했다. 그런데 발달장애인 당사자 배우와 극단
예술감독의 답변으로 모든 문제가 해결된 것일까. 극단 호라는 전문 극단[7]
이라는 예술감독의 자부심과 저 답변 사이에 간극은 없는 것일까. 벨은 이
작품을 소개하며 "나는 이렇게 저평가된 타자들이 연극을 풍요롭게 할 수
있다는 사실, 그리고 그들의 인간성이 사회 전체에 희망을 안겨주는 것처럼
그들의 개성 속에 연극과 무용의 희망이 담겨 있다는 사실을 보여주고 싶
다"라고 말했다.[8] 그런데 이러한 그의 말과 장애 극복의 감동 스토리를 통해
인간성 회복의 희망을 보고자 하는 비장애중심주의적 사고 사이에는 어떤

앞에서 묘사한 상황으로부터 깊은 인상을 받아 기록해 놨지만 정확한 대화의 내용을 문자
그대로 기록한 것은 아니다. 사실 장애를 지닌 배우와 비장애 예술가와의 협업에 대한 다
양한 관점의 문제제기는 공연 안에서도 이루어졌다. 공연에는 참여 배우들에게 이 공연을
어떻게 생각하는지 묻고 답하는 평가 장면이 한 장으로 구성되어 있었는데, "누나가 울면
서 서커스에서 동물이 나와 쇼를 하는 것을 사람들이 보는 것 같아 싫다고 말했다", "엄마
가 프릭쇼(freak show) 같다고 했다" 등 참여 배우의 가족들이 해준 말들을 여과 없이 관객
앞에서 공개했다. 아마 작업 과정에서, 또 초연 이후 수정 과정에서 주고받았던 실제 대화
를 공연 내용으로 재구성한 것일 것이다. 공연의 구성과 장면 묘사에 대해서는 다음 리뷰
에서 상세히 전달하고 있다. 강일중, "공연리뷰: 제롬 벨의 〈장애 극장〉", 《연합뉴스》,
2013년 4월 7일 자. https://www.yna.co.kr(검색일: 2021.12.7); 김민관, "페스티벌 봄 2013
제롬 벨 & 극단 호라 〈장애 극장〉: 투명한 개입으로 현시를 만드는 법", 《ARTSCENE》,
2013년 4월 9일 자. https://www.artscene.co.kr(검색일: 2021.12.7).

7   극단 호라의 대표인 지안카를로 마리누치(Giancarlo Marinucci)는 "우리 배우들은 여러 차
례 캐스팅을 해서 선발한 최고 중의 최고이고, 정식 계약에 의해 주 5일 근무하는 직업 배
우다. 2009년부터는 2년 과정의 배우 훈련을 거쳐야 호라에 들어올 수 있다"라고 강조했
다. 오미환, "온몸으로 말한 장애인 배우들, 관객을 해방시키다", 《한국일보》, 2013년 4
월 7일 자. https://www.hankookilbo.com(검색일: 2021.12.7).

8   벨의 발언은 문학수, "현실은 불편하다… 그래도 보라", 《경향신문》, 2013년 3월 6일 자
참조. https://www.khan.co.kr(검색일: 2021.12.7).

차이가 있는 것일까.

물론 극단 호라는 장애를 대상화해 재현하거나 장애 예술가의 목소리를 비장애중심의 관점으로 재구성하거나 덮어버리는 작업을 하지 않는다. 그들은 이에 대한 충분한 문제의식을 지녔다. 호라의 장애 예술가와 비장애 예술가는 서로 존중하며 협업한다. 극단 호라의 작품은 기존 장애 예술의 한계를 고민하면서 장애와 예술의 관계를 새롭게 정의하고 현대예술의 다양성이라는 관점에서 장애 예술의 독자적 미학을 인정하고 협업하려는 흐름에 조응하는 작업이다.[9] 그러나 그렇다고 해서 장애 재현의 대상화 문제가 모두 해결된 것은 아니다. 우리 안에 뿌리 깊게 체화된 비장애중심의 문화는 앞서 소개한 김원영의 지적처럼 "'역경 극복의 슈퍼 장애인'의 이미지나 '비정상성을 호기심의 소재로 소비하려는 사람들'의 욕망"으로부터 자유롭기 쉽지 않기 때문이다. 여기에 더해 극장은 '보는 자'와 '보여주는 자' 사이의 시선 권력이 존재하는 곳이다. 그렇다면 극단 호라는 장애 예술가의 이미지를 동정, 호기심, 놀라움, 불쾌감 등이 뒤얽힌 시선으로 소비하고 대상화하려는 시선 권력에 대해 어떤 입장을 가지고 있으며 어떤 잠정적 응답

---

9   1980년대를 전후해 장애를 개인화하는 의료적 관점의 접근이 비판되면서 손상과 장애를 구분하고 장애를 사회적으로 생성된 '사회적 장벽의 문제'로 접근하는 사회적 모델이 장애학의 중심 담론이 된다. 이후 손상과 장애의 이분법적 구분이 결국 손상에 대한 사회적 관점의 이해를 축소하고 몸과 손상의 고통을 숙고하지 못하며, 장애인 집단 내부의 차이와 장애인과 다른 소수집단과의 차이를 숙고하지 못한다는 비판과 함께 사회적 모델의 한계를 보완하려는 다양한 이론들이 제기되었다. 이러한 관점의 변화는 장애 예술에도 많은 영향을 미쳤다. 장애와 예술의 관계는 오랫동안 예술치료, 예술테라피 등 유사 치료적 관점이나 장애인의 사회화를 위한 교육적 관점에서 다루어져 오거나, 기회 균등을 위한 정책적 접근이나 생활예술-시민예술 등 복지의 관점에서 다루어져 왔다. 그러나 두 접근 방식 모두 장애 당사자가 주체가 되어 자신의 예술 언어를 찾고 예술 작업을 해 나가는 방식은 아니었다. 이러한 접근이 지닌 한계를 비판하며, 장애 문화와 장애 예술의 독자적 미학을 이해하는 동시에 문화 다양성이라는 맥락에서 장애 예술을 현대예술의 중요한 흐름의 하나로 이해하고 협업하려는 관점이 '포용적 예술(inclusive arts)'이다.

을 내놓고 있는 것일까. 우리는 이 미적·윤리적 딜레마, 혹은 도전을 어떻게 받아들여야 할까.

2. '보여지는 대상으로서의 몸'을 대상화하지 않기

2000년대 들어 한국 연극계에는 '보통이 아닌 몸'과 예술의 관계에 대해 다양한 질문을 던지는 해외 작품들이 소개되었다. 2003년 LG아트센터에서 공연된 극단 소시에타스 라파엘로 산지오(Societas Raffaello Sanzio)의 〈창세기 (Genesis from the Museum of Sleep)〉〔구성, 연출: 로메오 카스텔루치(Romeo Castellucci)〕에서는 절단되고 훼손된 신체를 지닌 배우가 무대에 등장했다. 암으로 한쪽 가슴을 도려낸 60대 배우가 이브(Eve)로, 한쪽 팔이 뒤로 뒤틀린 배우가 카인(Cain)으로, 비정상적으로 깡마른 배우가 루시퍼(Lucifer)의 역할을 맡아 자신의 손상된 몸을 관객에게 드러내며 등장했다. 무대 위에 가시화된 손상된 몸은 문학적 의미로 해석되기를 요구했고, 실제로 비평은 앞다퉈 미학적 재현 세계 안에서 훼손된 신체 현존의 의미를 다루었다. 카스텔루치는 2013년 '페스티벌 봄'의 초청으로 〈신의 얼굴을 바라보는 얼굴의 컨셉에 대하여〉를 아르코예술극장 대극장 무대에 올렸다. 이 작품에는 늙고 병들어 몸도 정신도 쇠약해진 치매 노인이 등장했는데, 주름지고 마른 자신의 신체를 무력하게 드러낸 채 무대 위에서 갈색 대소변을 그대로 쏟아내는 병든 노인의 몸은 인간의 존엄이나 이성을 더 이상 찾아보기 어려운, 연출가의 말을 빌리면 "추락하는 인간의 존엄성"[10]의 의미로 제시되었다. 한편, 2005년에는 천골무형성증으로 다리가 없는 무용수 데이비드 툴(David Toole)이 참여

---

10 김연정, "카스텔루치 "무대는 현실 비추는 어두운 거울"", 《연합뉴스》, 2013년 3월 24일자. http://www.yna.co.kr(검색일: 2021.12.7).

한 극단 DV8의 〈더 코스트 오브 리빙(The Cost of Living)〉이 소개되어[11] 많은 찬사와 환호를 받았다. 춤의 본질이 무엇인지, 신체의 아름다움은 어디에서 오는지 새로이 근원적 질문을 던졌다. 2008년 LG아트센터에서 공연된 극단 마부 마인(Mabou Mines)의 〈인형의 집(A Doll's House)〉[원작: 헨릭 입센(Henrik Ibsen), 연출: 리 부르어(Lee Breuer)]은 미학적 의도에서는 명확했지만, 재현의 바깥, 즉 현실과의 관계에서는 많은 질문을 던졌다. 연극의 남성 인물은 모두 왜소증이 있는 배우들이, 여성 인물은 화려한 금발의 백인 미인의 전형이라 할 외모의 배우들이 맡아 연기했다. 가구와 소품은 모두 남성 사이즈에 맞춰져 있었는데, 때문에 여성 인물들은 늘 무릎을 꿇고 움직여야 했다. 남성 중심적 사회의 부조리를 남녀 배우의 신체 대비로 보여주고자 한 의도였다. 그러나 젠더 불평등을 보여주기 위해 비장애중심주의를 역전시키고 왜소증의 몸을 대상화하는 전략을 어떻게 받아들여야 하는지 혼란스러웠다. 공연 중에는 남성 인물들이 과장되게 자신의 남성성을 과시하는, 노출이 있는 성적 장면도 있었는데, '다른 몸'에 대한 관객의 노골적 관음증을 자극한 것에 그친 것은 아닌지, 이 장면을 통해 가부장제와 남성성에 대한 풍자를 의도했다면 그것이 주효했는지, 혹은 결과적으로 다른 것을 풍자하게 된 것은 아닌지 논쟁적이지 않을 수 없었다.

　무대 위 '다른 몸'의 대상화 문제는 복잡하다. 이분법적 접근에 대한 단순한 비판이나 윤리적 당위성을 주장하는 것만으로는 해결할 수 없다. 무대 예술은 '보는 자'와 '보여지는 자' 사이의 시선 권력이 작동하는 곳이며, 미학적 재현의 법칙 안에서 상징과 의미로 대상화·도구화되는 것은 종종 피하기 어렵다. 〈장애 극장〉을 비롯해 이 시기 공개된 장애 배우들이 등장하는 작품들은 자주 관객을 불편하게 만들었다. 그럴 때 극장의 시선 권력과

11　이 작품은 2004년에 필름 버전이 상영되었는데, 2005년 LG아트센터에서 세계 초연된 DV8의 〈저스트 포 쇼(Just for Show)〉를 기념해 공개되었다.

재현의 법칙은 유보되거나 균열되었고, 순간 무대 밖, 연극 밖의 세계가 개입되었다. 그 즉시 윤리적 질문이 제기되었다. 퀘이슨의 용어를 빌리면 '미학적 불안감'이 발생한 것이다. 그는 미학적 불안감을 "문학적 텍스트 내에서 지배적인 재현의 규칙들이 장애와 관련되어 우회(short-circuit)되는 경우 볼 수 있다"[12]라고 말한다. 그는 문학적·미학적 영역의 반응이 실제 현실에서의 장애인들에 대한 반응과 동등하다고 절대 말할 수 없지만, "장애인이 재현되어 있는 미학적 현장들에 대한 읽기가 미학적 구조에 쉽사리 포함할 수 없는 윤리적 측면을 항상 갖도록 만드는 방식으로, 장애의 재현이 미학적 영역과 윤리적 영역 사이를 불안하게 오락가락한다. 결국 미학적 불안감은 실제 세계에서의 장애인에 대한 불안감과 동일선상에 있는 것"[13]이라고 지적한다. 실제로 당시 공연을 본 많은 관객은 '몸의 정상성' 문제와 '다른 몸의 대상화'의 문제에 대해 간단하지 않은 정치적·윤리적 질문을 자신에게 던졌을 것이다.

톰슨은 근대 사회가 '몸의 표준화', '자아상으로서의 온전한 몸', 즉 '정상'에 대한 규범을 만들기 위해 그 대척점에 '비정상'의 몸을 구성했다고 말한다. 이념적인 힘은 유표된(marked) 몸을 일탈적이고 종속적이며 특수한 것으로 만든 반면 무표된 몸에는 지위와 특권과 보편성을 부여하기 시작했으며, 그 결과 "근대 사회에서 규범의 독재는 '보통이 아닌 몸'을 '정상인'의 감성에 흥미를 불러일으키기도 하고 불쾌감을 불러일으키기도 하는 기형적인 몸으로 만들었다"[14]라고 강조한다. 그는 더불어 "문화적 연출에 있어서 장애를 지닌 몸은 보는 사람과 보여지는 사람 사이, '강렬하게 체화된' '정상인' 사이의 복잡한 관계에 위치하고 있는 동정적인, 그로테스크한, 경이로운,

---

12 퀘이슨, 『미학적 불안감: 장애와 재현의 위기』, 57쪽.
13 같은 책, 64쪽.
14 톰슨, 『보통이 아닌 몸』, 230쪽.

제1장 낯설고 두려운 '보통이 아닌 몸' **23**

또는 병적인 구경거리인 것"[15]이라 지적한다. 그는 이 구경꾼과 구경거리 사이의 역학관계를 역사화하고 지배와 주변이라는 사회적 범주의 단순한 이분법을 해체, 복잡화하기를 시도하면서 낙인찍힌 몸을 다르게 재현하는 것을 통해 '그로테스크한 몸의 경이로운 다름'은 전유하지만 그것을 그로테스크한 볼거리로 만드는 대상화는 거부하는 방식을 찾고자 한다. 그가 찾은 긍정적 예시 중 하나가 흑인 여성작가 토니 모리슨(Toni Morrison)과 오드리 로드(Audre Lorde)가 자신의 소설 속에서 소위 '낙인찍힌 존재들'(흑인, 장애인, 성 소수자)을 그려내는 방식이다. 그는 이들 작가가 문화적으로 낙인찍힌 존재들의 몸을 "결점이 있는 것이 아니라 뛰어나고 경외감을 불러일으키는 것으로 간주된 계몽주의 시대 이전의 경이로운 괴물의 형태"로 표현했다고 주장한다. 그 결과 이들 작가들은 "보통의 몸을 정상화하지 않으면서 전통적으로 침묵된, 정적인 타자성의 구경거리에 목소리, 시선, 행동하는 힘을 불어넣"는 데 성공했다고 평가한다.[16] 이러한 문제의식을 2014년 7월 19~20일 변방연극제에서 공연된 〈프릭쇼〉(기획: 김원영, 장애문화예술연구소 짓, 서울역 RTO)에서도 찾을 수 있다.

제목에서 알 수 있듯이 이 작품은 19세기부터 20세기 초까지 유럽과 미국에서 흥행했던 '프릭쇼'를 전유한다. 프릭쇼는 가시적인 신체장애, 비서구 지역의 인종, 거인, 왜소인, 양성인 사람, 샴쌍둥이 등을 '기형 인간'으로 만들어 순회하며 전시한 쇼 비즈니스였다.[17] 김원영이 기획하고 출연한 〈프릭쇼〉는 장애 예술가들의 '다른 몸'을 관객에게 '정면으로 보도록 만듦'으로써 "그래, 나 프릭(freak)해!" "보고자 하는 욕망이 네게 있는 거 알아", "볼 테면

---

15 같은 책, 239쪽.
16 같은 책, 230~237쪽.
17 톰슨은 자신의 저서에서 한 장을 할애해 1835~1940년까지 흥행했던 프릭쇼의 역사적 형성과 그 이데올로기를 분석하고 있다. 같은 책, 107~149쪽 참조.

봐"라고 도전적으로 말하는, 그리하여 사회적 관습과 매너에 따라 점잖고 예의 바르게 숨겨 온, 그러나 사실은 그 안에 두려움, 공포, 연민, 호기심, 매혹, 불쾌감이 복잡하게 꿈틀거리는 '비장애인의 시선'과 '편견'을 붙잡아 '다른 몸', '다른 몸의 서사'와 함께 무대 위에 드러내는 작품이다. 작품의 문제의식이 장애의 몸과 함께 살아온 자신들로부터 출발하고 있고, 자신의 장애와 욕망에 대한 이야기를 참여 배우들이 직접 쓰고 연기하고 있지만(이 작품은 총 8개의 모놀로그로 구성되어 있다), 그렇다고 해서 이 작품이 소위 '자기 이야기 서사'인 것은 아니다. 때로는 우화적인 에피소드로 때로는 체험적 에피소드로 '극화된' 이야기를 보여준다. 작품은 극장의 시선 권력과 극장 밖 사회의 시선 권력, 즉 '보는 자-구경꾼'과 '보이는 자-구경거리'의 위계 문제를 적극적으로 다룬다. 작품의 제목이 〈프릭쇼〉인 것은 그 때문이다. 작품은 장애 예술가들의 작업을 장애에도 '불구하고'나 장애를 '극복'한 것으로 보려는, 이른바 슈퍼 장애인의 이미지, 혹은 감동의 휴먼스토리로 소비하려는 시도에 저항한다. 수잔 웬델(Susan Wendell)이 지적했듯이 그렇게 재현된 장애인의 이미지는 결국 우리가 몸을 통제할 수 있다는 환상을 강화하는 것에 지나지 않으며, '몸을 극복할 수 있다'는 가능성을 재확인시키고 비장애인을 편안하게 하는 것에 불과한 일이기 때문이다.[18]

김원영은 Oset 프로젝트와 협업한 2019년 변방연극제 참가작 〈사랑과 우정에서의 차별금지 및 권리구제에 관한 법률〉(연출: 신재, 삼일로 창고극장)에서 다시 '다른 몸'에 대한 이야기를 시도한다. 이 작품은 그의 저서 『실격당한 자들을 위한 변론』에서 논한 바 있는 '매력 차별'에 대한 문제를 다룬다.

---

18 웬델은 과학과 의학에 대한 믿음과 전망이 강한 현대 사회에서 장애인의 존재는 그 전망의 실패를 보여주는 것이며, 때문에 장애인의 존재는 과학이 잊어버리고 싶어 하는 타자가 될 수밖에 없다고 말한다. 이를 안심시키는 대중적 이미지가 '장애인 영웅', '장애 극복의 스토리'인 것이다. 수잔 웬델, 『거부당한 몸: 장애와 질병에 대한 여성주의 철학』, 강진영 외 옮김(서울: 그린비, 2013), 129쪽.

법은 장애로 인한 차별에는 개입할 수 있지만 사랑과 우정의 문제에는 개입할 수 없다. 작품은 장애가 있는 몸, 그래서 아름답지 못하다고 평가되는 몸 때문에 사랑과 우정에서 차별을 받는다면, 그래서 그 차별로 인해 모욕을 느낀다면 법률이 금지하거나 구제할 수 없는 이러한 배제와 불평등은 어떻게 해결할 수 있는가를 묻는다. 그는 '장애인 차별금지 및 권리구제 등에 관한 법률'(약칭 장애인차별금지법)을 패러디해 '사랑과 우정에서의 차별금지 및 권리구제에 관한 법률'을 만든다. 스크린에 띄운 법 조항 중에는 '예의 바른 무관심'에 대한 부분이 등장한다. 그러면서 그는 자신의 몸을, 손상을 '보여준다'. 가는 그의 다리가 무거운 정장 구두를 버텨내지 못해 바닥에 툭 떨구게 되는 장면을 연출하고, 자신의 척추 굴곡과 신체의 형태가 드러나는 자세를 취하며, 자세를 바꾸거나 다리를 꼬기 위해 어떤 노력을 들여야 하는지, 어떤 낯선 운동성이 개입되는지를 보여준다. '보여주고' '보는' 장소인 '극장의 관습'과 '예의 바른 무관심'을 요구하는 '사회의 관습'이 충돌한다. 즉, 관객은 재현의 질서 안과 밖을 오가며 일종의 윤리적 딜레마를 느끼게 된다. 바로 이 관객의 윤리적 딜레마가 극의 전개 과정에서 여러 차원의 질문을 발생시킨다. 극의 절정에서 김원영은 휠체어에서 내려와 바닥에서 자신의 상체만으로 움직이다가 어느 순간 관객에게 손을 내미는데, 당황하고 망설이는 관객 중 누군가가 용기를 내 다가가 손을 잡는 순간 그 둘은 함께 바닥을 뒹굴며 춤을 춘다.

'무대 위 보여지는 대상으로서의 몸을 대상화하지 않기'라는 쉽지 않은 문제에 대해 절단장애인이자 페미니즘과 퀴어 이론, 그리고 장애학 연구자인 앨리슨 케이퍼(Alison Kafer)가 쓴 논문은 유용하고 흥미로운 관점을 던져준다. 그는 절단장애인들과 그들에게 성적 매력을 느끼는 추종주의자(Devotee)의 간단치 않은 관계에 대해 오랜 기간 숙고하고 연구한다. 케이퍼는 절단장애인 여성이 자신을 성적으로 충분히 매력적이라고 느끼게 해주는 추종주의자에 힘입어 자신의 손상된 몸에 대한 긍정성을 회복한다고 해도 추종주의(Devoteeism)의 논리는 여전히 욕망과 혐오의 이분법 속에, 즉 추종주의자 자신을 제외한 다른 모든 사람들에게 절단장애인은 혐오스러운 육체라는 전제 속에 놓여 있다는 점을 지적한다. 케이퍼는 이를 "욕망과 혐오의 폐쇄적 논리"[19]라고 부른다. 추종주의는 장애의 몸에 대한 진정한 긍정이라기보다는 오히려 여전히 혐오스러운 것으로 규정하는 것에 기반하고 있으며, 장애 여성을 무성애자로 보는 비장애중심적 수사법에 저항하기는커녕 이에 순응하는 것이기 때문이다. 추종주의와 다른, 손상을 지우거나 과장하지 않는, 손상과 마주하고 관계하는 장애인 섹슈얼리티의 긍정성을 그는 뇌병변장애인이자 성 소수자인 작가 일라이 클레어(Eli Clare)와 그의 애인이자 비장애인인 사무엘 루리(Samuel Lurie)와의 관계에서 발견한다. 그는 이를 "손상에도 불구하고가 아니라, 그리고 손상 때문에 페티시즘적인 것이 아니라 손상과의 관계 속에서 풍성하고 원기 왕성한 섹슈얼리티로 상상하기"라고 설명한다.[20] 뇌병변장애로 상시적 떨림이 있는 클레어와 비장애인인 루리는 클레어의 장애를 외면하지도 소극적으로 받아들이지도 않는다. 그들은 함께 "장애와 욕망의 영토를 탐구한다". 클레어의 뇌성마비는 성적 쾌락과 육체적 기쁨을 나누는 에로틱한 원천이 된다. '불구하고'도 '때문에'도 아닌, 손상과의 '관계 속에서'의 에로티시즘인 것이다. 케이퍼의 주장은 '장애와 예술의 관계'에도 많은 시사점을 준다. 장애의 몸을 정상화하지도 그렇다고 외면하지도 않으면서, 또 호기심의 대상이나 과장된 의미로 만들지 않으면서 적극적으로 손상된 몸과 관계 맺는 무대를 상상할 수 있게 해준다.

장애와 예술의 관계는 무대 예술의 관습과 미학을 돌아보고 그간 중립적이라 믿으며 추구해 온 가치가 어떤 차별적 권력과 위계 위에 놓인 것인가

---

19 앨리슨 케이퍼, 「욕망과 혐오: 추종주의 안에서 내가 겪은 양가적 모험」, 전혜은 옮김, ≪여/성이론≫, 39호(2018년 12월), 58~64쪽.
20 같은 글, 89쪽. 고딕 강조는 필자.

를 검토하도록 만든다. 그리하여 새로운 미학적 가치를 발견하게 하고 우리 사회의 다양성을 경험하도록 한다. 그러나 개념을 아무리 명확히 하고 정치적으로 옳은 선언을 공유한다고 해도 연극의 안과 밖, 극장의 안과 밖에서 모든 권력과 위계가 사라질 수는 없다. 무엇보다 극장은 보는 권력에 기대 존재하는 곳이다. 특히 낯선 몸, 다른 몸은 중층의 시선 권력에 놓일 수밖에 없다. 장애와 예술이 어떻게 만나야 한다고 방향을 제시하거나 하나의 전범이나 모델을 만드는 시도는 대단히 회의적이다. 그러나 이 문제를 깊이 고민한 작업들로부터 질문을 공유하며 장벽을 하나씩 넘어갈 수는 있을 것이다. 극단 애인과 연출가 이연주의 작업은 그중 하나다.

3. 규범성을 질문하기: 〈인정투쟁; 예술가 편〉

〈인정투쟁; 예술가 편〉은 연출가 이연주의 '두산연강예술상 수상자 지원작품'이다. 그가 직접 쓰고 연출해 2019년 10월 29일~11월 16일까지 두산아트센터 space111에서 공연되었다. 배우로는 극단 애인의 단원들이 참여했으며 그 외 객원 배우로 김원영이 함께했다. 무대 좌우로는 모니터가 설치되어 있어 공연 중 배우의 발화를 실시간 타이핑해 보여준다. 이것은 일차적으로는 청각 장애인을 위한 자막인데, 준비된 자막을 사용하는 좀 더 수월한 방식을 취하지 않은 것은 단순히 의미만을 전달하기보다는 발화의 시간성·현장성을 전달하기 위한 선택이었을 것이다. 타이핑을 위해 대기하는 커서의 깜빡임은 호흡을 고르는 배우와 조응하며 긴장감을 만든다. 한편, 작품에는 배우의 발화 외에도 다양한 텍스트(질문, 노랫말, 인용된 시,[21] 경구,

---

21 김춘수의 시는 각 막의 시작점마다 총 세 번 반복 낭송되는데, 70~80년대 유행했을 시 낭송 오디오 버전이다. 1막에서는 정희선의 목소리로, 2막에서는 임예진의 목소리로, 3막에

다양한 연극계 정보, 오디션을 위한 모놀로그 목록 등)가 영사되는데, 이 경우는 주로 무대 중앙 뒷무대의 스크린을 사용한다.

극단 애인은 이연주가 연출가로서의 출발을 함께한 극단이다. 이연주는 예술가 존재론이라 할 이 공연의 주제를 기획한 초기부터, 또 대본이 완성되기 전부터 극단 애인과의 작업을 먼저 염두에 두었다고 한다.

> 2017~2018년 지나면서 작업을 너무 많이 하게 되니까 연극 외의 삶은 없는 느낌이더라. 모든 관심사가 연극계에서 일어나는 일로 너무 가득 차 있고 나의 세계가 깊어지기보다는 좀 좁아진다는 느낌이었다. (중략) 연극이 할 수 있는 것은 무엇일까, 연극이 힘이 없는데 힘이 있는 것처럼 우리가 오해하며 사는 것은 아닐까, 그런 고민을 쭉 하다 보니까 내가 연극을 처음 시작했던 때를 스스로 돌아보게 되었다. 그럼 그것이 어떤 이야기가 되든지 처음에 같이 고민을 했던 사람들과 함께해야겠다는 생각이 들었고, 우선 극단 애인을 섭외했다.[22]

그리고 '우리 안에서 조금 다른 시각으로 자극을 줄 수 있고 다른 결을 만들어줄 수 있는 사람이 한 명쯤은 있었으면 좋겠다'라는 생각에 객원 배우로 김원영을 섭외했다고 한다.

이 작품은 소위 '예술계'에서 '예술가'로 승인받는다는 것이 무엇인가, '예술'은 무엇이며 '예술가'는 또 무엇인가를 질문하는 작품으로, 총 7명의 장애를 지닌 배우들이 '예술가'라는 등장인물을 연기한다. 총 3막으로 구성된 이 작품은 다음과 같은 구성과 소제목을 갖는다.[23]

서는 박원웅의 목소리로 낭송된다.

22 이연주, "필자와의 인터뷰," 2021년 12월 6일.

23 각 막과 장의 제목은 대본을 따른다. 이연주, 「인정투쟁; 예술가 편」(2019 공연대본), 두산 아트센터 제공. 이후 대본 인용은 따로 각주를 달지 않는다.

프롤로그 – 커튼콜/ 에필로그이자 프롤로그

1막 – 나 (1인극)

1장. 예술인 패스 / 2장. 예술 활동 증명 / 3장. 증명의 기회 / 4장. 경력 없이 경력 쌓기 / 5장. 자격 구축 / 6장. 자격 창조 / 7장. 예술계 / 8장. 진입 / 9장. &*(2@ ㅓㄴ=ㅣㅏ ㅌ)〈〈??

2막 – 너 (2인극)

1장. 예술 개론 / 2장. 예술 입문 / 3장. 예술 실습

3막 – 그

에필로그– 에필로그이자 프롤로그

1막은 제도 안에서 예술가로 인정/증명받기 위한 분투를, 2막은 소위 '선생님'과의 예술 수업을, 3막은 무대(예술계-극장)와 무대 밖(사회-현실)의 문제를 다룬다. 공연 프로그램 북에 소개된 시놉시스 전문은 다음과 같다. "빈 무대. / 한 예술가가 자신의 존재를 증명하기 위해 '여정'을 떠난다. / 세상 속으로."[24]

1) 제도로서의 예술, 예술가

'인정투쟁'은 헤겔의 개념[25]이지만 악셀 호네트(Axel Honneth)의 저서와 그

---

24 「시놉시스」, 『인정투쟁: 예술가편 프로그램 북』(서울: 두산아트센터, 2019), 6쪽.

25 헤겔은 이 개념을 『정신현상학(Phanomenologie des Geistes)』의 「자기 인식(Selbstbewusst-sein)」 편에서 논하고 있는데, 그에게 '인정'은 인간의 공동적·상호적 존재를 특징짓는 개념이다. '인정투쟁'은 그의 인정론의 중심 문제로, 주인(자립적 의식)과 노예(비자립적 의식)의 변증법으로 설명되는 자기의식의 이중성으로부터 시작된다. 인정투쟁은 처음에는 개인의 개별적 존재 방식(욕구와 소유)을 둘러싼 문제였지만, 곧이어 개인의 존재 전체, 즉 생명을 둘러싼 것, 생사를 건 투쟁의 문제가 된다. 그런데 이 투쟁에서 어느 쪽이 죽음

영향력으로 인해 대중적으로 널리 알려지게 되었다. 호네트는 자신의 교수 자격 논문을 발전시킨 1992년 저작 『인정투쟁(Kampf um Anerkennung)』[26]에서 헤겔의 개념을 정의와 도덕, 그리고 정치의 차원에서 다시 고찰한다. 그는 헤겔 이전에는 어떤 사상가도 인정 개념을 윤리학의 주춧돌로 삼지 않았으며 더 근본적인 다른 개념들에 가려 간접적인 의미만을 지닌 것으로 여겼다고 지적하면서[27] 헤겔의 개념을 발전시켜 인간이 사회 속에서 자신을 실현할 수 있는 조건으로서의 '상호인정관계'를 논한다. 호네트에게 있어 '인정'은 자기실현방식에 대한 사회적 동의이며 모든 사회 구성원과 동등한 권리를 갖는 상호작용 상대자인 자기 자신과 관계할 수 있는 능력, 즉 자기 존중을 갖는 일이다. 반면 '인정에 대한 무시'는 한 개인으로부터 사회화라는 상호행위 과정 속에서 어렵게 얻은 도덕적 판단 능력에 대한 인지적 존중을 제거한 것이자 자기 자신을 독특한 속성과 능력에 따라 평가된 어떤 존재로 이해할 기회, 즉 '개인적 자기 가치 부여의 상실'을 동반하는 일이다.[28] 때문에 인정을 훼손당하고 박탈당하는 일에 저항하는 '인정투쟁'은 자신에게 가해진 '불의에 대한 인지', 즉 '도덕적 통찰'로부터 촉발된 것이며, 때문에 '정치적 저항'으로 이어질 가능성이 있는 것이다.[29] 이는 책의 부제에서도 드러

에 이른다면 요구된 인정은 불가능하게 된다. 이 때문에 개인이 자립적인 존재로 인정받기 위해서는 좁은 개별적 존재 방식을 버리고 보편적 존재 방식으로 자신을 형성, 도야해야 한다. 이로부터 헤겔의 인정투쟁이 상호인정, 인륜적 공동체의 문제로 나아가는 것이다. 가토 히사타게 외, 『헤겔 사전』, 이신철 옮김(서울: 도서출판 b, 2009), 330~331쪽; 379~380쪽 참조.

26 한국어 번역본은 1996년 문성훈의 단독 번역으로 동녘에서 출간되었다가, 2011년 문성훈·이현재 공역으로 사월의 책에서 다시 출간되었다. 악셀 호네트, 『인정투쟁』, 문성훈·이현재 옮김(고양: 사월의 책, 2011).

27 같은 책, 7쪽.

28 같은 책, 254~256쪽.

29 같은 책, 261~263쪽.

나는데, 역자는 이를 "인정투쟁은 이 책의 부제가 지적하고 있듯이 사회적 투쟁의 '도덕적 형식'이다"[30]라고 정리한다.

인간이 사회 속에서 자기실현을 할 수 있는 기본 조건이자 긍정적 자기 인식과 정체성 형성의 조건으로서의 '인정'과 '인정투쟁' 개념은 이 연극의 중요한 출발점이다. 작가이자 연출가 이연주는 "자기 자리와 권리를 확보해 가려는 존재의 싸움",[31] "어떤 존재가 세계 밖에서 세계 안으로 들어가서 자신의 자리와 언어를 습득하고, 만들어가는 과정"[32]이라는 말로 연극에 녹아 들어간 개념을 요약한다. 드라마터그(dramaturg)로 참여한 김슬기도 "'존재와 세계'라는 꽤나 본질적인 물음으로 귀결되는 작품"이라고 설명하면서 "서구 사상사에서 '인정'은 상호적인 것, 즉 서로가 서로를 환대하고 화해하는 관계를 전제로 작동하는 것"이었지만 오늘날의 인정투쟁은 승자와 패자를 가르는 경쟁 기제 정도로 인식되고 있다고 비판하고, "작가이자 연출가인 이연주가 추적하는 인정투쟁이란 존재와 세계 사이의 역동적인 상호작용"이며 "다양한 존재 사이에 발생하는 긍정적인 동력과 그 존재들이 구성하는 세계의 촘촘한 역학을 들여다보"는 작품이라고 정리한다.[33]

이 작품에서 존재에 대한 도덕적·정치적 투쟁을 하는 이들은 '예술가'다. 무대에는 총 7명의 배우가 등장하지만, 대본상 그들이 꼭 7명이어야 할 이유는 없다. 그들이 연기하는 인물은 모두 '예술가'다. 그들이 동일 인물인지 다른 인물인지, 다른 인물이라면 서로 다른 몇 명이어야 하는지 대본상으로는 불분명하다. 그러나 막이 진행될수록 '나', '너', '그'로 변화하는 예술가의 존재적 위치, 혹은 자기의식의 변화로 볼 때 각 배우가 서로 다른 예술가 캐릭

---

30 문성훈, 「옮긴이의 말」, 『인정투쟁』, 17쪽.
31 김미지, "이연주 인터뷰", 『인정투쟁; 예술가편 프로그램 북』, 8쪽.
32 이연주, 「연출의 글」, 『인정투쟁; 예술가편 프로그램 북』, 3쪽.
33 김슬기, 「드라마터그 노트: 존재와 세계, 환대와 화해」, 『인정투쟁; 예술가편 프로그램 북』, 11쪽.

터를 연기하고 있다기보다는 구분되지 않는 하나의 인물, 추상화된 '예술가'라는 인물의 대사를 임의로 나누어 말하고 있다는 것이 더 정확할 것이다.

'예술가' 외의 인물은 존재하기는 하지만 무대에 등장하지는 않는다. 작품에는 '예술가' 외에 다른 등장인물들이 있는데, 예컨대 그에게 예술가 증명을 요구하는 누군가, 그에게 연극을 멈추면 안 된다고 명령하는 예술계 선배, 그에게 '예술이 무엇인지' '연극이 무엇인지'를 알려주는 '선생님' 등이다. 그러나 이들은 등장하지 않고 모두 무대 뒤 스크린에 영사된 문자언어 혹은 음성/소리로만 존재한다. '예술가'는 막마다 다른 이름으로 불린다. 1막의 예술가는 '나'이며 2막의 예술가는 '너'다. 이 둘은, 헤겔의 인정 개념을 빌리자면, 예술가가 지닌 두 개의 자기의식으로 볼 수 있다. 자신의 존재 증명 욕구를 추구하는 '나'와 타자를 자아로 의식하는 '너'다. 1막의 '나'는 보다 객관적인 '너'를 거쳐 3막의 '그'에 이른다. '그'는 가공과 허구의 극장 안 세계를 깨고 극장 밖 세계, 즉 정치 사회적 현실로 나아간다.

작가는 이 작품의 주인공 예술가가 '전사(前事) 없는 인물'임을 강조한다.[34] 이것이 중요한 이유는 이 연극의 등장인물이 개막 전부터 존재했을 어떤 사연과 구체적 역사를 가진 인물이기보다는 예술계 입문을 시도하는 '추상적 인물', '개념적 인물'이기 때문이다. 구체적 개인이라기보다는, 현 한국 사회에서 '제도로서의 예술계'와 맞부딪혀 고군분투하는 '예술가 되기'라는 개념이다. 1막의 예술가 '나'는 사회 속 존립을 위한 기본 조건인 '인정'을 확보하기 위해 우선 사회가 제시해 놓은 규범과 매뉴얼을 따라가 보고자 한다. '제도적으로 마련'된 '예술가 존재 증명 매뉴얼'이다. 그런데 이 과정이 아이러

---

34 "이번 작품에 등장하는 인물들은 이름도 전사도 없다. 각자의 '나'라는 인물로부터 시작하고, 앞으로 나아가야 할 사건이나 갈등이 큰 목표 안에서 자연스럽게 주어진다." 김미지, "이연주 인터뷰", 8쪽. 연출가는 "전사 없는 인물", "전사 없이 이제부터 무언가를 시작하게 되는 인물"이라는 설명을 필자와의 인터뷰에서도 강조했다.

니다. 프롤로그가 끝나면 배우들은 첫 대사로 "나는 예술가다"를 선언한다. 이미 막이 오른 무대 위에 관객을 마주하고 배우로서 서 있기에 그 상황만으로 그들의 선언은 의심의 여지가 없다. 그러나 바로 "증명하시오"라는 요구에 봉착한다. 이미 막이 올랐지 않느냐고 항의도 해보지만 소용없다. 제도가 요구하는, 그리하여 각종 국공립 재단의 우산 안에 들어갈 자격을 얻기 위해서는 '증명'이라는 것이 필요하다. "예술가임을 증명하시오", "예술 활동을 증명하시오"라는 목소리 앞에 '예술가(들)'은 소위 국가공인자격증인 '예술인 패스 받기' 미션에 돌입한다. '전사 없는' 예술가들은 '지금 무대 위에 존재'함에도 불구하고 자신이 예술가임을 주장할 길이 막막하다. 이를 위해서는 무대 위 지금 여기의 현존이 아닌, '제출할 수 있는 예술 활동 증명'이 필요하다. 그래야 활동을 지속할 수 있고 예술가임을 승인받을 수 있는 네모난 플라스틱 자격증 '예술인 패스'를 쥐게 되는 것이다.

1막은 '제도로서의 예술', '제도로서의 예술가', '한국 연극계의 풍토와 관습'에 대한 비판과 풍자로 가득하다. 예술인 자격이 증명되어야 예술 활동을 할 수 있는데, 예술 활동이 없으면 예술인 자격을 증명할 수 없다. 예술 활동을 위해서는 오디션을 봐야 하는데, 오디션을 보려면 승인된 예술 활동이 있어야 한다. 모순의 굴레다. "경력 없이 경력 쌓기"(1막 4장의 타이틀)를 위해서 예술가는 무대에 서지 못한 채 계속 노트북 여닫기를 반복한다. 예술인 되기를 승인받는 일은 무대에 서는 일이 아니고 노트북과 씨름하는 일이 된다. 예술가 증명은 한국 예술계의 모든 청년 예술가들이 겪는 모순이겠지만, 7인의 장애 배우들이 연기함으로써 필연적으로 장애 예술과 장애 예술인들의 현실이 더해진다. 그들의 작업은 오랜 활동에도 불구하고 항상 아마추어 예술, 전문 극단이 아닌 동호회 활동, 시민연극으로 폄하되기 일쑤였다. 예술의 전문성이란 무엇이며 그 잣대는 과연 무엇인가, '중립적이고 객관적인 평가와 기준'을 만드는 주류 권력은 무엇이며 그 결과로 배제된 것은 무엇인가를 이 장면을 보며 질문하게 된다.

연극의 '나'는 극장의 허드렛일을 시작하는 것으로 '예술계' 진입에 성공한다. 소위 '극단 막내'가 된 것이다. 예술가 '나'는 말한다. "그래. 시작은 이런 거지. 예술계의 엘리트 코스. 그렇게 해서 결국엔 극장장? 예술감독? 교수? 단계적으로 역경을 이기는 그런 인물?" "계약서는 패스. 중요한 건 예술인 패스. 이제야 나의 사회생활이. 나의 첫 번째 예술 활동이 시작된다."[35] 이 짧은 대사 안에 최근 한국 연극계를 뒤흔들었던 문제들, 연극계 성폭력, 극단 내 위계폭력, 예술 노동자의 권리와 안전 문제 등이 겹쳐진다. 한편, 이 장은 '예술계'의 '예술 숭배'와 '연극의 신화화'에 대한 풍자의 장이기도 하다. 예술가 '나'가 들어간 극단의 선배는 "(막이 오른 무대는) 멈추면 안 돼" "쇼 머스트 고 온(The show must go on)"을 설파하며 '신화가 된 연극'을 요약적으로 보여준다. 연극계 미투, 예술계와 예술 교육 현장의 위계폭력 등을 겪으며 우리는 '쇼 머스트 고 온'의 신화가 어떻게 사람을 유린했는지 지난 몇 년간 뼈아프게 깨달았다. 멈춰야 할 때 멈추지 않고, 무수한 목소리를 강압적으로 덮어버리며, 막을 올리는 것이 그 무엇보다 중요하다고 강조하면서 사람 위에 군림했던 소위 '예술'이라는 신화의 실체를 작품은 풍자한다. 연출가 이연주는 한 인터뷰에서 공연예술계에 마치 정언명령처럼 내려오는 '쇼 머스트 고 온'의 의미를 질문하고 싶었다면서 다음과 같이 말한 바 있다.

'미투' 이후에도 왜 우리는 공연을 멈추지 않았는가. 이런 생각을 하면서, '쇼 머스트 고 온'이라는 이 허상 같은 말의 낭만성을 지우고 '정말 떠난다'가 현실적으로 얼마만큼의 무게를 가지고 있을까 스스로 질문하고 싶었다.[36]

2막의 '선생님'과의 만남에서 연극이라는 신화에 대한 풍자는 이어진다.

---

35 고딕 강조는 필자.
36 김미지, "이연주 인터뷰", 9쪽.

2막 1장의 타이틀은 '예술 개론'이다. 이 장에서 '선생님'은 연극에 대한 온갖 경구를 전달하는데, 그러는 동안 예술가 '너'에게 허락된 유일한 대사는 "Yes, sir!"이다. '너'에게 '선생님'은 절대적 존재다. 선생님은 "예술은 자유롭고 기이하며 능히 경이로운 한 독특한 인간으로부터 탄생하는 것이다", "예술은 삶에 의해 상처받은 이들을 위로해 준다", "예술은 당신이 일상을 벗어날 수 있는 모든 것이다", "위대한 예술이란 바로 우리의 인생이다"라고 가르치고 그때마다 '너(들)'은 "Yes, sir!"를 복창한다. 이와 대조적 쌍을 이루는 장면은 '예술 실습'이라는 타이틀이 붙은 2막 3장이다. 이 장에서 '선생님'의 유일한 대사는 "다시"가 전부다. 예술가 '너'는 '선생님'의 끝없는 "다시" 그 한마디에 고민하며, "너와 선생님 사이에는 디렉션만 존재했다", "너가 아니어도 너는 많았다", "거부할 수 없었다", "선생님에게는 정답이 있었다", "다른 길은 없었다", "의심스러울 때도 있었다", "말할 수는 없었다" 등을 토로한다. 예술은 위대하고, 무대는 신성하며, 거장에게 질문은 불가하며, 그의 말은 언제나 정답이다. '완벽한 예술'이란 결국 디렉션 수행으로 수동적으로 이루어진 것, 연극이라는 폐쇄적 세계 안에 갇힌 채 반복 수행으로 상상을 현실이라 믿게 되는 것, 이 세계가 절대적이라 여기며 세계 밖과 유리된 채 소위 '예술'이라는 세계 안에 갇히는 것이다. 그렇게 하여 '너'는 '그'가, "계"의 일원인 "계자"가 된다. 그러나 극장 안에 갇힌 사회이지 진짜 사회는 아니다.

'나'에서 '너'를 거쳐 3막에 이르러 드디어 예술계에 속하게 된 '그'가 되었지만, '그(들)' 중 이 모든 것이 거짓임을 간파하고 무대를 떨치고 나가는 이가 생긴다. 백우람 배우의 예술가 '그'가 다른 이들이 '보편적 이름' '객관적 이름'으로서의 '그'에서 '(그)녀'를 지우려 하자 이의를 제기하며 무대를 벗어난다. 한편, 남아서 계 안에 속한 사람들은 거드름을 피우며 '계자다운' 대화를 나눈다. "그거 봤어?"로 시작되는 대화들은 '계' 안에 속한 '그(들)'의 여유와 허세를 보여준다. '래디컬해서 신선하네', '이젠 자기 복제야', '해외 공연 모방인데 윤리의식도 없나', '무대를 몰라', '진정성이 없어' 등 비판의 클리셰들이 대화 속을 공허하게 떠돈다. 그런 대화 중 드문드문 '계'의 무리로부터 번갈아가며 서로 다른 예술가 '그'가 거리를 두고 떨어져 나와 독백을 한다. 조금씩 '계'에 대한 회의와 질문이 쌓여갈 즈음 백우람 배우의 '예술가'가 들어와 무대 밖 현실을 무대 안 동료들에 전달하고자 한다. 사람들을 설득하려고 하지만 잘되지 않고, 급기야 관객이 무대를 거부한다. 무대가 죽음을 선고받는다. 그렇게 무대는 중단된다. 이제 무대는 근원적 성찰을 통해 다시 출발하지 않으면 안 된다.

되돌아보고 성찰하고 다시 출발하지 않으면 안 된다는 것은 연극에 대한 이연주의 문제의식이기도 하지만, 장애 극단으로서 극단 애인이 지닌 문제의식이기도 하다. 물론 이 작품은 '예술가'에 대한 이야기이지 '장애 예술가'에 대한 이야기는 아니다. 이 안에 '장애 예술가', '장애 예술'의 이야기는 없다. 그러나 동시에 극단 애인의 배우들을 염두에 두고 쓴, '장애 예술가'로서의 배우들의 경험과 생각이 반영된 작품이기도 하다.

이 배우들하고 함께하게 되면서 작품 안에 들어간 것이 '전사 없는 인물'이라는 설정이다. 기존의 작업에서는 작품의 '등장인물'이 장애를 갖고 있느냐, 장애인물이라는 것이 작품 안에서 특별한 의미가 있느냐의 여부와 전혀 관계없이 공연에 장애인 배우가 참여하게 되면 연출로서 의미를 두지 않은 부분까지 관객의 감상 또는 비평의 영역에서 장애와 연결시켜 과잉 해석되곤 한다는 생각이 들었다. 세계가 넓어지고 있다고 생각했는데 또 한편으로는 외부의 담론들에 의해서 세계가 다시 좁아지는, 그런 경험이었다. 그렇다면 오히려 전사가 없는 인물이라는 설정을 한다면 어떨까 생각하게 되었다. 무대에 등장하면서 새롭게 의미를 쌓아가는 인물을 만들어보고 싶었다.[37]

작품의 기획과 연습은 대본 없이 문제의식을 서로 공유하는 것으로부터 시작되었다고 한다. 당시 극단 애인도 장애 예술, 장애 예술가로서의 정체성 등에 대한 고민과 무게감이 깊어지던 시기였기에 이에 관한 이야기를 나누었고 그러한 생각들이 극에 반영되었다.[38] 앞서 인용한 이연주 연출가의 말처럼 작업을 할수록 자신의 "세계가 넓어지고 있다고 생각했는데, 또 한 편으로는 외부의 담론들에 의해서 세계가 다시 좁아지는" 경험은 모든 예술가의 경험이기도 하지만 오늘의 한국 연극에서 장애연극, 장애 연극인이 최일선에서 당면해 고민하고 있는 문제이기도 하다. 극단 애인의 김지수 대표는 〈인정투쟁; 예술가 편〉을 공연한 후 채 두 달이 지나지 않은 때 최근 예술계 안팎에서 장애 예술에 대한 관심이 급증하고 있는 것에 대한 반가움과 고민을 다음과 같이 토로하기도 했다.

장애연극에 대한 담론이나 예술적 가치에 대한 기준이 명확하지 않은 상태에서 장애연극에 대한 기대치는 높아졌고 장애 연극인들의 현실이 고려되지 않은 상황에서 장애인 극단은 작품에 대한 예술성과 완성도를 요구받고 있다.[39]

---

37 이연주, "필자와의 인터뷰," 2021년 12월 6일.
38 처음에는 신체 움직임이 중심이 되는 작업을 해보자고 생각했고 다양한 신체 워크숍도 진행했다고 한다. 그렇게 토론과 워크숍을 이어 나가던 중 대본의 필요성이 느껴졌고, 잠시 각자의 작업을 하며 소강상태를 가진 후 작가로서의 이연주가 혼자 쓴 대본을 가지고 다시 만나 작업을 재개했다고 한다. 프로그램 북에 수록된 드라마터그의 글과 연습일지를 종합해 보면 2019년 4~6월까지의 약 두 달간의 시간은 자신의 신체를 인식하고 본인만의 움직임을 찾아가는 신체 워크숍에 할애되었다. 자기 몸의 균형점 찾기, 동사와 형용사를 움직임으로 표현해 보기, 일상에서 리듬 발견하기, 다른 이의 움직임을 따라하거나 변주하기 등 자극에 반응하고 몸을 깨우는 다양한 신체워크숍을 진행하면서, 동시에 예술은 무엇인가, 예술가는 무엇인가에 대한 생각을 공유하는 시간을 가졌다. 이후 잠시의 휴지기를 가진 후 7월 말에 대본을 놓고 다시 만났다. 김슬기, 「드라마터그 노트: 존재와 세계, 환대와 화해」, 12쪽; 강예슬, 「연습일지: 무대 위에서 인정투쟁하기까지의 과정」, 『인정투쟁; 예술가편 프로그램 북』, 23쪽.
39 김지수, "장애인이 주체가 되는 연극의 현황과 의의", 《연극평론》, 통권 96호(2020년 봄

극의 안팎, 극장의 안팎을 넘나들며 장애 예술과 장애 예술가가 놓인 현실과 고민이 이 작품에 투영되고 있는 것이다.

2) 다른 몸: 해석되는 몸, 현존하는 몸

〈인정투쟁; 예술가 편〉에서 작품의 주제나 이를 드러내는 방식 못지않게 주목해야 하는 것은 이 작품이 '보는 권력'을 다루는 방식이다. 연극은 기본적으로 보는 권력을 전제로 하는 매체이지만 이 작품에서는 그것이 좀 더 특별한 의미를 지닌다. 그들이 '보통이 아닌 몸'이기 때문이다. 극장이 전제하는 '보는 사람과 보여지는 사람 사이의 권력' 외에도 비장애중심주의 사회가 체화하고 있는 낯설고 다른 몸에 대한 "동정적인, 그로테스크한, 경이로운, 또는 병적인 구경거리"[40]라는 이중의 시선 권력에 배우들이 놓일 수밖에 없는 것이다. 작품은 이 문제를 정면으로 마주하고 적극적으로 극 안에서 다룬다.

극이 본격적으로 시작되기 전 일종의 도입부에서 빈 무대에 빈 휠체어 한 대가 등장하고 피터 브룩(Peter Brook)의 다음의 말이 스크린에 영사된다. "어떤 사람이 지나가고 다른 사람이 그것을 바라본다면 그것으로 연극이 시작되기에 충분하다". 브룩의 연극 개념이 지시하는 '사람'의 자리에 놓인 '휠체어'는 '무대 위 사람'의 의미, '본다'의 의미를 새로운 맥락으로 비틀어 제시한다. 연출가 이연주가 "장애 예술가가 무대에 등장한다는 사실이 미리 공지되었을 때 관객들은 어떤 생각을 갖고 공연을 바라볼 것인가에 대한 궁금함이 있었다"[41]라고 말한 그 질문이 이 장면으로 압축되어 관객에게 던져

호), 153쪽.

40 톰슨, 『보통이 아닌 몸』, 239쪽.

41 김미지, "이연주 인터뷰", 9쪽.

진 것이다.

이어진 첫 장면은 연극에 등장할 7인의 배우가 한 명씩 자신을 관객에게 '보여주는' 장면이다. 이 장면에 등장하는 이가 '등장인물'인지 '배우 저 자신' 인지는 다소 모호하다. 물론 이 작품은 추상화된 '예술가'에 대한 이야기이 지 실제 배우인 7인의 서사는 아니다. 그러나 '언어'가 아닌 '몸의 수행'은 '배 우로서의 자신'을 드러내게 하며 작품에 자신의 서사를 덧댄다. 첫 장면은 이를 잘 보여준다. 이 장면의 지문은 이렇다. "무대 위로 예술가들이 한 명씩 지나간다. 각자의 방식으로 또는 서로의 방식으로 무대를 지나가면서 무대를 만난다".[42] 공연을 준비하면서 연출가와 배우들은 '장애의 몸에 대한 대상화' 문제를 어떻게 다룰 것인가를 고민했다고 한다. 첫 장면은 바로 이에 대한 응답이다. 작품은 관객이 '장애 배우의 낯선 몸과 움직임을 '충분한 시간을 들여' 볼 수 있도록 내보여준다. '각자의 방식으로 또는 서로의 방식으로' 무 대를 지나가는 이 장면에서 그들은 관객을 보지 않는다. 관객이 보는 권력을 충분히 행사할 수 있도록 하기 위함이다. 그들은 말없이 천천히 무대를 가로 질러 걸으며 관객에게 자신의 '다른 몸과 낯선 움직임'을 드러낸다.

윤복희의 노래 「여러분」이 울려 퍼지는 속에서 제일 먼저 무대에 나타난 것은 하지성 배우다. 그는 무대 우측에서 전동 휠체어를 타고 나타나 별다 른 표정이나 움직임 없이 정면만을 응시한 채 '스르르', 전동 휠체어가 아니 면 보여줄 수 없는 움직임으로 무대를 가로질러 좌측으로 사라진다. 이어 나타난 강보람 배우는 마치 관객에게 '나를 보세요'라고 말하는 듯, 관객의 시선을 초대하는 듯 편안한 미소를 지으며 등장한다. 매 걸음 신체의 중심 이 바뀌는 (비장애중심주의의 시선으로 보면 지나치게 흔들림이 많고 위태하게 기울어지는 듯한) 본인 특유의 움직임으로 어딘가 경쾌함이 느껴지는 리듬을 만들며 무

---

42 고딕 강조는 필자.

대를 가로지른다. 다음은 전동 휠체어를 타고 등장한 김지수 배우다. 많은 감정이 담겨 있지만 그것을 차분히 누르는 듯한 진중하면서도 담담한 표정으로 빠르지도 느리지도 않게 무대를 지나간다. 이어 마르고 큰 키에 중심이 기울어진, 그래서 어딘가 더 조심스러운 움직임으로 보이는 어선미 배우가 등장한다. 그는 시종 시선을 바닥으로 떨군 채 다소 느린 리듬으로, 그리하여 다른 어떤 배우들보다 무거운 에너지와 공기를 만들며 자신만의 생각에 빠져 무대 좌측으로 나아간다. 김원영 배우는 수동 휠체어를 여유 있게 밀면서 등장한다. 그가 만들어내는 휠의 운동성이 다이내믹하면서도 유연한 리듬감을 만든다. 그의 당당한 태도에는 과장한 허세 같은 것이 묻어난다. 백우람 배우는 생각과 고뇌에 가득 찬 '연출된 배우 같은' 모습으로 등장한다. 등장했을 때 이미 '예술가' 역할을 입은 듯한 모습이다. 그의 기울어진 머리와 뒤틀린 몸이 자기만의 세계에 빠져 고뇌하는 예술가의 모습을 강조한다. 마지막으로 등장한 것은 전동 휠체어를 탄 강희철 배우다. 위엄과 자긍심을 보여주려는 당당한 태도로, 그러나 감정을 드러내지는 않으려는 듯한 표정으로 가려는 방향에 확신이 있는 듯 무대를 가로지른다.

이 장면은 배우가 무대를 만나는 장면이기도 하지만, 무엇보다 관객이 배우를 만나도록 한 장면이다. 이 장면에 이어 배우는 모두 다 함께 무대에 등장해 관객을 정면으로, 천천히 시간을 들여 응시한다. 이를 지문은 "서로를 향해 자신을 온전히 드러내는 순간"이라고 명명한다. 이 장면이 구성된 의미에 대해 연출가는 다음과 같이 설명한다.

대본을 쓸 때 가장 고민했던 것이 대상화에 대한 것이었다. 장애 예술에 있어 대상화에 대한 이야기가 너무 많이 있기도 했고. 무대에서 서로가 본다는 것 자체가 물론 '대상화'라는 것과는 다른 측면이 있지만, 그러나 서로가 서로에게 대상으로 존재하는데 그것들을 하지 않는다고 하면 저 사람의 무대에서의 존재 의미가 없어지는 것 아닌가, 그렇다면 오히려 우리는 서로 더 적극적으로 보기를 수행하자. 그래서 앞 장면에서 이질적인 것 하나가 들어간 것이 관객들이 우리를 '집중해서' 볼 수 있도록 배우의 몸을 오랫동안 볼 수 있도록 시간을 주고 그리고 똑같이 배우들이 관객들을 응시하고 있다는 것을, 그 시간을 줘 보자 ─ 이것이 큰 틀에서의 이야기였던 것 같다.[43]

7인의 배우는 추상화된 한 명의 등장인물 '예술가'를 함께 연기하지만, 무대 위 배우의 수행은 7인 각자가 가진 예술가로서의 저 자신의 개성과 태도를 드러낸다. 연습 중의 토론에서 주고받은 이야기들이 대본에 스며 있다는 이야기가 아니다. 구체화된 7인의 예술가로서의 존재와 의미는 대본으로부터 온 것이 아니다. 그것은 배우 각자의 개성과 몸으로부터 온 것이다. 그리하여 연극은 '자기 이야기 서사'가 아님에도 불구하고 7인 배우의 개인적 서사가 된다. '극중극을 하는 배우 역할을 하는 배우'(여기까지가 대본이 제시하는 메타 연극적 장치다)의 역할에 대해 논평하는 무대 위 7인의 예술가들의 시선 (더불어 장애 예술가로서의 경험이 비평적으로 녹아 있는, 또 각자의 연극관이 드러난)이 연극 안으로 틈입하는 것이다. 무대에서 맡은 배역 외에 동시에 '배우인 저 자신'을, 예술과 예술가에 대한 '본인의 관점과 논평'을 연기하는 것이기도 하다. 메타 서사의 겹층이 존재하고 상이한 층위에서 구축된 재현의 법칙들이 상이한 방식으로 순간순간 유보, 해체되면서 관객은 중층의 비평적 거리를 느낀다. 연극에서 막은 자주 닫히고 (때로는 공연이 더 이상 불가하다 여겨 배우가 스스로 막을 닫아버리기도 하면서) 시도 때도 없이 중단 위기를 맞는다. 그때마다 배우들은 "너무 올드한 것 아냐?", "현대예술에 대한 감이 이렇게 없나? 왜 이렇게 서사에 목을 매?", "어차피 이런 무대 있든 없든 마찬가지야", "그럼 왜 무대를 떠도는데? 떠나면 되잖아"라고 하면서 오늘의 연극, 혹은 지금

---

43 이연주, "필자와의 인터뷰," 2021년 12월 6일. 고딕 강조는 필자.

하고 있는 연극, 혹은 서로의 연극관을 비판한다. 연극은 극의 안과 밖의 경계를 수시로 무너뜨린다. 그렇기에 무대 위 7명의 배우가 언제 '예술가'인지 언제 '예술가를 연기하는 배우'인지 혹은 이 연극에 참여하기로 한 '배우 자신'인지 그 경계는 모호하다. 여기에 더해 배우가 낯설고 이질적인 몸을 이질적인 운동성을 통해 관객에게 내보일 때 극장 밖 현실, 즉 정상성 헤게모니에 의해 구성된 우리 사회의 몸에 대한 이상이라는 현실이 틈입한다.

이 작품에서 배우의 낯선 몸과 낯선 움직임은 '예술가-배우'의 성격도 만들어낸다. 전동 휠체어의 무게감 있지만 조용하고 항상성 있는 움직임은 때로는 조심스럽고 단정한 말(하지성 배우의 '예술가')과, 때로는 오랜 숙고 끝의 제언(김지수, 강희철 배우의 '예술가')과 조응한다. 수동 휠체어의 역동적이고 리드미컬한 움직임은 도전적인 말과 행동(김원영 배우의 '예술가')에 조응한다. 매 순간 무게 중심을 바꿔가며 경쾌하게 움직이는 강보람 배우의 '예술가'는 궁금한 것을 참지 않고 항상 질문하며 행동할 것을 요구한다. 어선미 배우의 느리고 무거운 에너지의 움직임은 망설이고 주저하는 '예술가'를 만들어낸다. 느리거나 지연된, 다른 템포와 박자로 발화하면서 말과 말 사이의 긴장된 시간을 만드는 백우람 배우의 '예술가'는 예술에 살고 예술에 죽겠다는 진지함과 어우러진다.

그런데 7인 배우의 몸과 운동성은 극 안의 재현 미학에만 머무르지 않는다. 극의 안과 밖을 넘나들면서 배우 예술과 배우의 몸에 대해 우리가 가진 이미지에 관하며, 우리 사회의 '몸의 정상성, 표준성 개념'에 관하며 질문을 던진다. 배우의 몸은 해석되기만을 수동적으로 기다리지 않으며, 익숙하고 당연하다고 여겨 왔던 미적 감각과 가치에 대한 기준을 재구성할 것을 요구한다. 권력은 우리에게 일방적으로 작동하지 않으며, 서로를 구성해내는 저항과 지배가 매우 촘촘하게 얽힌 것이라 강조하는 캐스 브라운(Kath Beowne)의 말은 이 문제에 중요한 참조점이 된다. 그는 "우리는 언제나 저항과 지배의 얽히고설킨 관계에 연루되어 있다. 오히려 권력은 촘촘한 그물처럼 우리를 언제나 휘감고 있는 것에 가깝다. 권력은 우리가 상호 작용하는 방식을 통해, 다른 사람의 행동을 규율하고 결과적으로 우리가 살아가는 공간을 만들어가는 과정을 통해 작동된다"[44]라고 말한다. 섹슈얼리티와 공간의 권력관계를 분석하는 『섹슈얼리티 지리학』의 편집자들의 분석은 몸과 시선의 권력관계가 유동하는 극장과 연극의 공간을 분석하는 데에도 유용하다. 그들의 분석처럼 권력은 지배, 힘, 실천, 과정, 관계가 함께 어우러진 복합체다. 우리는 권력의 자장 안에 있지만 수동적으로 사로잡혀 있는 것이 아니며 상호작용하는 방식을 통해, 과정을 통해 이를 스스로 작동시키고 어긋나게 하고 다시 재배치한다. 극장의 관습, 위계, 권력의 작동 방식 역시 그렇게 만들어지는 것이다.

　'우리는 모두 같은 인간이에요'라는 낭만적 휴머니즘은 동일성을 강조함으로써 다른 몸을 지우고, 결과적으로 정상성, 보편성의 이상을 다시 환기한다. 이러한 이유로 다름과 낯섦을 정면으로 마주하고, 그것을 지우지 않으면서 관계하는 일은 중요하면서도 쉽지 않다. '보통이 아닌 몸들' 내부의 다름 역시 마찬가지다. 장애는 언제나 '장애들'이다. 극단 애인은 새로운 작품을 연습하게 되면 항상 배우 각자가 가진 장애의 특징들, 제약들에 대해 서로 소개하고 공유하며 서로를 이해하는 단계로부터 시작한다고 말한다.[45] 장애 정체성이 다시 그 내부의 서로 다른 몸을 지우지 않도록 하기 위함이다. 배우 호종민 역시 장애 극단 휠의 작업을 언급하며 유사한 말을 한 적이 있다. "장애인이라고 묶어서 부르지만 장애마다 특징이 있다. 시각장애, 뇌병변장애, 지체장애 등이 다 다르다. 자기와 다른 장애에 대해서는 잘 모르

---

44 캐스 브라운 외, 「서론, 또는 섹슈얼리티 지리학에 관한 책이 필요한 이유」, 김현철 외 옮김, 『섹슈얼리티 지리학: 페미니즘과 퀴어 지리학의 이론, 실천, 정치』(서울: 이매진, 2018), 20쪽.
45 극단 애인, "장애배우의 훈련법과 연기 방법론 구축을 위한 연구모임 결과 공유회", 온라인 줌(2021년 12월 19일, 19:00~21:00).

기 때문에 다른 배우가 가진 장애에 대해서 알아가는 과정이 있다."[46]

장애를 지닌 몸의 한계와 고통에 대해 인지한다는 것과 장애의 몸을 긍정한다는 것의 공존은 모순된 것이 아니다. 이 문제에 대해 농인 부모의 자녀인 코다(Children of Deaf Adults: CODA)로 태어난 영화감독 이길보라는 신경학적 장애로 감각을 느끼지 못하는 것이 누군가에게는 '상실이 아니라 그저 기본값'이라는 사실을 강조한다. 감각의 상실에 대하여 슬픔이나 안타까움을 느끼는 것은 비장애중심적 관점이라는 것이다. 그는 장애가 있는 몸의 경험은 다층적이고 복합적이며 입체적이라는 점을 강조한다. 또한 납작한 고통을 말하는 것이 아닌 자신의 삶에 대한 서사의 주도권을 갖고 말하기를 강조한다.[47] 〈인정투쟁; 예술가 편〉은 이러한 문제의식과 고민을 자신의 무대 작업을 통해 보여준다. 비장애중심주의를 벗어나 낯선 몸, 다른 몸을 무대에서 가시화하는 일, 보는 권력에 수동적으로 포섭되지 않는 일, 자신의 장애에 대해 주도권을 쥐고 스스로의 서사에 주체가 되어 말하는 일에 대해 여러 유의미한 가능성을 제시한다.

4. 우리 몸의 한계와 고통을 마주하기

장애와 예술의 관계에 대한 담론이 최근 한국 연극계의 중심으로 떠오르고 있다. 이에 대한 의미 있는 응답을 보여주는 작업도 잇따르고 있다. 몸에 대한 단순한 이분법을 해체하고, 복잡화하기를 시도하면서 다른 몸의 경이

---

46 김소연, "인터뷰: 호종민 연극배우 - 뜨거움보다는 해맑은, 성실한 자신감", ≪웹진 이음≫, 2021년 11월 24일 자. https://www.ieum.or.kr(검색일: 2021.12.22).

47 이길보라, "장애인의 고통과 상실에'만' 집중할 때, 나는 불편하다", ≪경향신문≫, 2021년 12월 21일 자. https://www.khan.co.kr(검색일: 2021.12.22).

로움은 전유하지만 그것을 볼거리로 만드는 대상화는 거부하는 방식을 고민한다. '보는 자'와 '보여주는 자' 사이의 시선 권력이 존재하는 무대 위 '다른 몸'의 대상화 문제는 복잡하다. 이는 윤리적 당위만으로는 설명하기 어렵다. 좋은 의도가 항상 정치적으로 옳고 정의로운 결과를 가져오지 않는다. 슈퍼 장애인의 감동적인 인간승리의 이야기를 소비하려는 욕망과 예의바른 태도 속에 두려움, 공포, 연민, 호기심, 매혹, 불쾌감이 뒤얽힌 호기심을 숨긴 채 구경하려는 욕망은 우리의 문화 안에 깊이 체화되어 있다.

〈인정투쟁; 예술가 편〉은 극장의 보는 권력에 수동적으로 포섭되거나 기존 장애 재현과 장애 이미지에 사로잡히지 않으면서, 낯선 몸, 다른 몸을 무대에서 가시화하는 일, 보통이 아닌 몸의 낯섦과 다름, 한계와 고통을 마주하도록 하되 대상화하지 않는 일에 대한 고민을 드러낸다.

장애와 예술의 관계를 고민하는 일은 극장이 우리에게 무엇인가를 질문하는 일, 극장이 배우와 관객의 몸에 대해 어떤 관습과 규율을 가지고 있는가를 질문하는 일이자 새로운 미학적 가치를 발견하게 하는 일이며 우리 사회의 다양성을 경험하는 일이다. 더불어 이는 장애인의 이미지와 경험을 주변화하는 일에 저항하고, 모욕하고 착취하는 사회문화적 배제와 불합리를 예술적 실천을 통해 가시화하는 일이기도 하다. 극단 애인의 김지수 대표는 "장애인 극단 활동은 어쩔 수 없이 사회적이고도 정치적일 수밖에 없다. 장애인들의 삶과 관점이 녹아 있는 이야기를 하지 않더라도 장애인이 무대에 오르는 그 모든 과정이 장애에 대한 편견과 차별에 대응하는 순간들이기 때문이다"[48]라고 말한 적이 있다. 무대 예술에서 낯설고 다른 몸의 문제는 우리의 예술이 어떠한 권력 위에 구축되었으며 어떠한 차별과 배제를 정상화하고 있었는가를 가장 첨예하고 실천적인 방법으로 질문한다. 이 질문을 숙

---

48 김지수, "물 들어올 때 노 젓는 장애연극? 물길을 만들어 온 장애연극!!", 《웹진 연극 in》, 2019년 10월 24일 자. https://www.sfac.or.kr(검색일: 2021.12.3).

고하는 일은 웬델이 강조했듯이 그간 우리 문화가 무지한 채 머물러 있었던 '몸과 마음에 한계와 고통을 가지고도 살아갈 수 있는 방법'[49]에 대해 장애인 문화가 축적해 온 지식과 경험을 배우는 일이기도 하다.

연극이란 허구의 세계를 구축하고 허무는 작업이다. 그 안의 세계는 허구적 세계, 미학적 규칙의 세계이지만 극 밖의 세계, 현실의 세계와 한시도 단절되어 있지 않다. 다른 측면에서 말하면 연극의 세계는 현실의 세계와 관련되지만, 또한 현실의 세계와 완전히 동일하지 않으며 때로는 현실을 왜곡하기도 한다. 연극 안에서의 전복이 실제 세상의 전복이 아닐뿐더러 때로는 그 의도와 달리 오히려 세계의 질서를 공고히 하는 데 기여하기도 한다. 반대로 예술 안에서의 순응이 때로는 세계 질서의 모순을 드러내고 세계를 변화시키는 힘이 되기도 한다. 연극과 현실의 관계는 일방향적이지 않으며 복잡하고 상호관계적이고 맥락적이다. 무대 위, '보통이 아닌 몸'은 바로 이 문제, 미학의 과제가 정치적이고 윤리적 과제와 떼려야 뗄 수 없다는 사실을 우리에게 환기한다.

---

49 웬델, 『거부당한 몸: 장애와 질병에 대한 여성주의 철학』, 132쪽.

참고문헌

가토 히사타케(加藤尙武) 외. 2009. 『헤겔 사전』. 이신철 옮김. 서울: 도서출판 b.

강일중. 2013.4.7. "공연리뷰: 제롬 벨의 〈장애 극장〉." ≪연합뉴스≫. https://www.yna.co. kr/view/AKR20130407015900005(검색일: 2021.12.7).

고프만, 어빙(Erving Goffman). 2009. 『스티그마: 장애의 세계와 사회적응』. 윤선길·정기현 옮김. 오산: 한신대학교 출판부.

극단 애인. 2021.12.19. "장애배우의 훈련법과 연기 방법론 구축을 위한 연구모임 결과 공유 회". 온라인 줌(19:00~21:00).

김도현. 2019. 『장애학의 도전』. 파주: 오월의봄.

_____. 2021.10.27. "장애인의 문화예술 교육, 세 가지 편견을 넘어". ≪웹진 이음≫. https: //www.ieum.or.kr/user/webzine/view.do?idx=226&fbclid=IwAR0hq0G_SaUoiRK cXvtDwyMg1tXCgrBS3ER7J8yj8jd_OT3e5JNxE6PYoaI(검색일: 2021.12.3).

김민관. 2013.4.9. "페스티벌 봄 2013 제롬 벨 & 극단 호라 〈장애 극장〉: 투명한 개입으로 현시 를 만드는 법". ≪ARTSCENE≫. https://www.artscene.co.kr/1373(검색일: 2021.12.7).

김소연. 2021.11.24. "인터뷰: 호종민 연극배우 - 뜨거움보다는 해맑은, 성실한 자신감". ≪웹 진 이음≫. https://www.ieum.or.kr/user/webzine/view.do?idx=245&fbclid=IwAR 3GnDB8OFCsrWCj0r-RPwxOrm1inhcsa4eOB2jkr8Jwhxii_JIZtpi6VWw(검색일: 2021.12.22).

김연정. 2013.3.24. "카스텔루치 "무대는 현실 비추는 어두운 거울". ≪연합뉴스≫. https:// news.naver.com/main/read.naver?mode=LSD&mid=sec&sid1=103&oid=001&aid= 0006162850(검색일: 2021.12.7).

김원영. 2018. 『실격당한 자들을 위한 변론』. 파주: 사계절.

김원영·김초엽. 2021. 『사이보그가 되다』. 파주: 사계절.

김지수. "장애인이 주체가 되는 연극의 현황과 의의." ≪연극평론≫, 통권 96호(2020. 봄호), 150~153쪽.

_____. 2019.10.24. "물 들어올 때 노 젓는 장애연극? 물길을 만들어 온 장애연극!!." ≪웹진 연극 in≫. https://www.sfac.or.kr/site/theater/WZ020300/webzine_view.do?wtId

x=11894(검색일: 2021.12.3).

김지혜. 2019. 『선량한 차별주의자』. 파주: 창비.

누스바움, 마사(Martha Nussbaum). 2018. 『인간성 수업』. 정영목 옮김. 파주: 문학동네.

다크, 폴 앤서니(Paul Anthony Darke). 2012. 「브루디의 덕분에 나는 장애 예술이 레테강에 익사한 까닭을 알고 있다」. 양원태 외 옮김. 『장애, 문화, 정체성』. 서울: (재)장애인재단.

문학수. 2013.3.6. "현실은 불편하다… 그래도 보라." ≪경향신문≫. https://www.khan.co.kr/culture/art-architecture/article/201303062111175#csidx6a0855d9f65dfa8a59f60210adb3243(검색일: 2021.12.7).

박의신. 2018. "'포용적 예술'을 통한 장애 예술의 개념적 연구." ≪문화예술경영학연구≫, 11권 2호(통권 21호).

브라운, 캐스(Kath Browne) 외. 2018. 「서론, 또는 섹슈얼리티 지리학에 관한 책이 필요한 이유」. 김현철 외 옮김. 『섹슈얼리티 지리학: 페미니즘과 퀴어 지리학의 이론, 실천, 정치』. 서울: 이매진.

웬델, 수전(Susan Wendell). 2013. 『거부당한 몸』. 강진영 외 옮김. 서울: 그린비.

이길보라. 2021.12.21. "장애인의 고통과 상실에'만' 집중할 때, 나는 불편하다." ≪경향신문≫. https://www.khan.co.kr/article/202112212135005(검색일: 2021.12.21).

이연주. 2019. 「인정투쟁; 예술가 편」(공연 대본). 두산아트센터 제공.

_____. 2021.9.29. "예술창작과 배리어프리 3: 누구와 만나고 있습니까?". https://www.ieum.or.kr/user/webzine/view.do?idx=202(검색일: 2021.12.1).

이재훈. 2017.11.1. "두산연강예술상 이연주 연출 "달라지지 않겠다"". 뉴시스. https://newsis.com/view/?id=NISX20171101_0000134612(검색일: 2021.12.4).

최석규·장수혜. 2020. 『국립극단 장애와 연극 창작·제작 방향성 연구』. 서울: 국립극단.

케이퍼, 앨리슨(Alison Kafer). 2018. 「욕망과 혐오: 추종주의 안에서 내가 겪은 양가적 모험」. 전혜은 옮김. ≪여/성이론≫, 39호, 48~86쪽.

퀘이슨, 아토(Ato Quayson). 2016. 『미학적 불안감:장애와 재현의 위기』. 손홍일 옮김. 서울: 한국장애인재단 디오네.

톰슨, 로즈메리 갈런드(Rosemarie Garland Thomson). 2018. 『보통이 아닌 몸』. 손홍일 옮김. 서울: 그린비.

호네트, 악셀(Axel Honneth). 2011. 『인정투쟁』. 문성훈·이현재 옮김. 고양: 사월의 책.

두산아트센터. 2019. '인정투쟁; 예술가 편'(공연 영상).

_____. 2019. 『'인정투쟁; 예술가 편' 프로그램 북』.

이연주. 2021.12.6. "필자와의 인터뷰".

주한영국문화원. 2016. ≪한·영 문화예술 컨퍼런스-다양성과 포용성: 예술과 장애≫.

Fox, A. and H. Macpherson. 2015. *Inclusive Arts Practice and Research: A critical Manifesto*. NY: Routledge.

제2장

마리즈 콩데의 『아름다운 크레올』*

매혹과 혐오의 아브젝트

이가야

1. 프랑스어권 카리브해, 그리고 아브젝트

현대 프랑스어권 문학을 대표하는 작가 중 한 사람인 마리즈 콩데(Maryse Condé)[1]는 2001년 출간한 『아름다운 크레올(La Belle Créole)』[2]에서 1990년대 프랑스의 해외 영토인 과들루프(Guadeloupe)를 배경으로 다양한 인물 군상 사이에서 벌어지는 일련의 사건에 대해 이야기한다. 소설의 화자는 주인공

---

* 이 글은 ≪프랑스문화예술연구≫, 79집(2022)에 실렸던 「마리즈 콩데의 아름다운 크레올 (La Belle Créole): 매혹과 혐오 사이에서」의 내용을 일부 수정·보완한 것이다.

1 1976년에 첫 소설을 발표한 후 프랑스어권과 영미권을 오가며 전 방위적인 문학 활동을 이어 온 콩데는 2018년 대안 노벨문학상인 '뉴 아카데미 문학상'을 수상하면서 이후 유력 한 노벨문학상 수상자로 거론되면서 국내 문학계에서도 관심을 가지기 시작했다. 마리즈 콩데, 『나, 티투바, 세일럼의 검은 마녀』, 정혜용 옮김(서울: 은행나무, 2020); 마리즈 콩데, 『울고 웃는 마음(내 어린 시절의 진짜 이야기들)』, 정혜용 옮김(서울: 민음사, 2021); 마리 즈 콩데, 『이반과 이바나의 경이롭고 슬픈 운명』, 백선희 옮김(파주: 문학동네, 2021).

2 Maryse Condé, *La Belle Créole*(Paris: Mercure de France, 2001; coll. "folio", 2003).

디외도네 사브리나(Dieudonné Sabrina)가 과들루프의 감옥에서 무죄 석방되는 장면[3]을 묘사하면서 이야기를 풀어나가기 시작한다. 22세의 흑인 청년 디외도네는 15세에 어머니의 죽음을 겪은 후 고아처럼 지내다가 우연히 로렌 페레올 드 브레몽(Loraine Féréol de Brémont)이라는 50대 백인 사탕수수 농장 상속녀의 저택에서 정원사로 일하게 된다. 그는 곧 여주인의 연인이 되어 생활하던 중 그녀를 살해한 혐의를 받고 구속되었다. 독자는 텍스트의 초반부를 읽으면서 자연스럽게 프랑스어권 작가들이 단골 주제로 다루는 노예제도의 피해자로서 흑인 청년 이야기가 전개될 것을 예상하게 되지만, 곧 이 작품이 흑인 피해자와 백인 가해자라는 오래된 이분법적 프레임에만 갇혀 있지 않다는 것을 간파하게 된다. 이 작품은 디외도네와 관련해서 그가 출옥한 후에 벌어진 이야기에만 집중하지 않고, 로렌이 식민지 태생의 백인 지배계급의 일원으로 태어나 살면서 겪은 또 다른 소외의 인생, 그의 어린 시절과 그의 어머니와 외할머니의 소외된 삶, 당시 과들루프의 사회적 불안정을 대변하는 여러 인물들에 얽힌 사건, 아이티(Haiti)나 미국 등에서 이주한 인물들이 살아가는 모습 등 다양한 층위의 이야기가 전개된다. 이 소설의 화자는 콩데의 텍스트들 중 카리브해를 배경으로 삼는 여타의 소설

---

3   자크 쿠르실(Jacques Coursil)과 프랑수아즈 프파프(Françoise Pfaff)는 이 작품이 1990년대 프랑스(어권) 사회를 달궜던 모로코 출신 정원사 사건을 모티브로 쓰인 것이라고 추정하기도 했다. Jacques Coursil, "La Belle Créole de Maryse Condé, Un art d'écriture," *The Romanic Review*, Vol.94, No.3-4(2003), pp.345~359; Françoise Pfaff, *Nouveaux entretiens avec Maryse Condé: écrivain et témoin de son temps*(Paris: Karthala, 2016), p.143. 사건은 1991년 알프-마리팀(Alpes-Maritimes) 지역에 살던 부유한 65세 여성 지슬렌 마르샬(Ghislaine Marchal)이 피살되면서 촉발되었다. 그녀가 죽어가면서 자신의 피로 '오마르가 나를 죽였다(Omar m'a tuer)'라는 문법적으로 틀린 문장을 벽에 써 놓았고, 그녀의 집 정원사였던 오마르 라다드(Omar Raddad)가 곧 구속되었지만, 자신의 무고함을 주장했고, 여러 가지 석연치 않은 점에 대해 지적한 변호사의 끈질긴 노력으로 결국 감옥에 갇힌 지 7년 만에 무죄 판결을 받고 석방되었다.

에서 묘사했던 테마인 삼각무역과 노예제, 흑인의 소외와 정체성[4] 문제뿐 아니라, 20세기 말 벌어진 카리브해의 사회적 동요가 왜 발생하게 되었으며 어떤 진행 과정을 겪었는지에 대해 비교적 상세하게 언급한다. 이 작품은 노년에 이른 작가가 자신의 고향을 더욱 객관적인 시선으로 바라보며 카리브해 정체성을 어떤 식으로 정립해 나갈 수 있을지에 대한 고민이 담겨 있다고 볼 수 있다. 즉, 『아름다운 크레올』은 과거를 기억하되 거기에 파묻혀 안주하지 않고 현재의 상황을 직면하면서 새로운 미래를 어떻게 맞이해야 할지에 대한 고민을 담고 있다고 할 수 있겠다.

우리는 줄리아 크리스테바(Julia Kristeva)가 제창한 아브젝트(abject)[5]와 아브젝시옹(abjection) 이론에 기대 이 텍스트에서 인물들의 관계를 통해 드러나는 매혹과 혐오의 양가감정을 살펴볼 것이다. 아브젝트는 많은 프랑스어가 그렇듯이 라틴어 어원에서 유래되었는데, 아브젝투스(abjectus)라는 명사가 그것이다. 이 라틴어 명사는 아브지세레(abjicere)라는 동사에서 변형된 단어다. 지세레(jicere)는 '던지다, 위치시키다', ab-는 '바깥으로, 멀리'라는 뜻으로서 아브젝투스, 즉 아브젝트는 '바깥으로 던져지고 배제된 주체도 대상도 아닌 무엇'을 뜻한다. 크리스테바는 모체에서 아무런 경계 없이 지내다가 어머니로부터 오물과 함께 내밀쳐 져서 세상으로 나온 태아를 인생 최초의 아브젝트로 명명했다. 그리고 유아의 주체가 형성되는 과정에서 최초의 욕

---

4 다음과 같은 작품들을 꼽을 수 있다. Maryse Condé, *La vie scélérate*(Paris: Editions Seghers, 1987); Maryse Condé, *Traversée de la mangrove*(Paris: Editions du Mercure de France, 1989); Maryse Condé, *La colonie du Nouveau Monde*(Paris: Robert Laffont, 1993); Maryse Condé, *Le Coeur à rire et à pleurer*(Paris: Robert Laffont, 1999); Maryse Condé, *Victoire, les saveurs et les mots*(Paris: Editions du Mercure de France, 2006).

5 국내에서는 아브젝트를 비체(非體)라는 단어로 번역하기도 한다. 그러나 아브젝트(abject)를 단순히 '부정적' 의미를 가진 접두사 'a-'와 '대상' 또는 '사물'이라는 뜻의 'object'가 합성된 문자적 뜻으로 한정시키고 있다는 점에서 여러 연구자들은 아브젝트라는 용어를 그대로 사용하고 있다. 이 장에서도 원어의 음차를 그대로 사용하기로 한다.

망의 대상이 되는 어머니에 대한 배척과 거부의 과정이 이어지는데, 이때 유아는 어머니를 자신의 아브젝트, 즉 자신으로부터 배제시켜야 할 주체도 대상도 아닌 무엇으로 인식하게 된다. 이후 인간이 가진 다양한 감정 중에서 공포, 우울, 불쾌, 혐오 등을 외부로 표현하거나 배출하는 과정 중에 존재하는 것이 아브젝시옹이다. 그리고 어머니와의 관계에서 최초로 느낀 매혹, 그러면서도 혐오스럽고 이질적이면서 뭐라고 표현하기 어려운 불안과 두려움이 공존하는 감정은 유아가 점차 주체로서 인생을 살아가는 동안 타인과의 관계에서 끊임없이 경험하게 된다. 크리스테바는 다음과 같이 아브젝트의 생성에 대해 설명한다.

잊히고 불투명한 삶 속에서는 친숙했던 이질성이 갑작스럽고 대대적으로 분출되어 지금은 철저하게 분리되고 혐오스러워져서 나를 괴롭힌다. 내가 아니다. 그것도 아니다. 그렇지만 아무것도 아니지도 않다. 내가 사물로 인지하지 못하는 '어떤 것'. 나를 짓누르는 무의미하지 않은 무의미의 무게. 부재와 환각의 가장자리에서 내가 현실을 인식하면 현실은 나를 소멸시킨다. 내 문화의 뇌관인 나의 난간이 있는 그곳에 아브젝트와 아브젝시옹은 존재한다.[6]

인간이 대상관계에서 자신의 내부와 외부를 분리하면서 느끼는 공포감이나 거부감, 혹은 매혹감은 개인 대 개인에서만 발견되는 것이 아니라 문화

6   Julia Kristeva, *Pouvoir de l'horreur*(Paris: Editions du Seuil, 1980; "Points Essais," 1983, p.10. "Surgissement massif et abrupt d'une étrangeté qui, si elle a pu m'être familière dans une vie opaque et oubliée, me harcèle maintenant comme radicalement séparée, répugnante. Pas moi. Pas ça. Mais pas rien non plus. Un "quelque chose" que je ne reconnais pas comme chose. Un poids de non-sens qui n'a rien d'insignifiant et qui m'écrase. A la lisière de l'inexistence et de l'hallucination, d'une réalité qui, si je la reconnais, m'annihile. L'abject et l'abjection sont là mes gardes-fous. Amorces de ma culture."

를 이루는 모든 경계선에서 일어나는 감정의 근원이 된다. 크리스테바는 어떤 사회나 문화에서 법과 규범, 더러움과 오염이라는 경계를 설정한 후 반사회적인 요소로 간주되는 것을 내쫓고 억압함으로써 질서를 확립하게 되는 과정에서 아브젝시옹이 출현한다고 주장했다.[7]

우리는 이제 주인공 디외도네와 그의 어머니 마린(Marine), 그리고 로렌과의 관계를 통해 어머니와 태아의 관계 속에 등장하는 아브젝트의 모습을 발견할 수 있을 것이며, 어머니를 향한 매혹과 혐오, 공포의 감정을 동시에 지니게 되는 인물들의 특성을 고찰할 것이다. 이어서 디외도네를 중심으로 어머니와의 관계에서 비롯된 양가감정이 하나의 주체가 되어가면서 점차 다른 가족 구성원들을 향해서도 드러나고 있음을 분석할 것이다. 마지막으로 등장인물들이 삶을 영위하고 있는 과들루프, 나아가 프랑스어권 카리브해 지역사회 공동체와 인물들의 아브젝트로서의 양상이 어떤 사회적이고 역사적인 관계를 맺는가를 살펴봄으로써 카리브해 사회와 문화 자체가 오랫동안 아브젝시옹의 상황 속에서 존속해 왔음을 밝힐 수 있을 것이다.

2. 매혹과 혐오의 탄생으로서 어머니-태아

『아름다운 크레올』에는 유난히 태아와 어머니, 아들과 어머니의 관계가 자주 등장한다. 주인공 디외도네를 중심으로 전개되는 이야기뿐 아니라 부차적 인물들의 출산과 분만, 태아, 그리고 갓난아기에 대한 일화가 많이 언급되는데, 이는 크리스테바가 천명한 아브젝트 이론에 기대 분석할 수 있는

---

7 크리스테바는 이를 논증하기 위해 『공포의 권력(Pouvoir de l'horreur)』의 3장에서 원시 사회의 종교의식과 정화의식을 통해, 그리고 힌두교의 전통을 예로 들었으며 4장을 통해서는 성서와 기독교 전통에서 드러나는 혐오와 성스러움을 향한 매혹에 대해 논했다.

중요한 실마리를 제공한다. 인간이 아브젝트가 되는 최초의 관계를 태아와 어머니의 관계에서 찾았던 크리스테바는 어머니와 열 달 동안 한 몸이었던 태아가 갑자기 바깥으로 밀쳐내진 아브젝트라고 주장했다. 모태에 계속 머물 수 없는 태아가 모체로부터 거부당한 것이 출산이며, 그 순간 본래 자기 자신이었던 모체는 타자가 되어버린다. 이처럼 모체로부터 배척되어 오물처럼 밖으로 밀려나오게 된 태아는 근원적으로 세상을 향해 두려움과 혐오감을 지니게 된다는 것이 크리스테바의 의견이다. 태아는 갑자기 맞닥뜨린 세상이 자궁 속과는 이질적인 곳임을 본능적으로 느끼게 되고, 이 세상에 완전히 동화될 수 없음을 경험하게 된다.[8]

화자는 보리스(Boris)와 카를라(Carla) 커플을 통해서 분만의 순간에 대해 명시적으로 이야기한다. 보리스는 주인공인 디외도네 사브리나(Dieudonné Sabrina)가 로렌 페레올 드 브레몽(Loraine Féréol de Brémont)의 집에서 정원사로 일하기 전 부둣가에 정박되어 있던 '라 벨 크레올(La Belle Créole)'[9]이라는 배에 기거하던 중 만나게 된 노숙자 시인이다. 그는 과들루프의 지식인으로서 시인이 되기를 꿈꾸며 서점에서 일하는 한 가정의 가장이었는데, 어느 날 갑작스럽게 해고를 당한 이후 아내와 헤어지게 되어 떠돌다가 비를 피할 수 있는 버스정류장을 집으로 삼고 살던 인물이다. 디외도네와 보리스, 두 의지할 곳 없는 인물은 이웃이 되어 매일 얼굴을 보면서 친분을 쌓게 된다. 그러던 중 디외도네는 로렌을 살해한 혐의를 받고 감옥에 갇히며, 보리스는

---

8   Kristeva, *Pouvoir de l'horreur*, pp.17~18.
9   이 작품의 제목이 바로 '아름다운 크레올 호(號)'에서 비롯된 것이다. 제목을 처음 접하면 무엇보다 예쁜 카리브해 여인을 떠올리게 되지만 작가는 그런 의미가 포함되어 있지 않다고 한 인터뷰에서 밝혔다. 콩데는 소설을 읽은 후 제목을 제시한 메르퀴르 드 프랑스(Mercure de France) 출판사 대표 이자벨 갈리마르(Isabelle Gallimard)가 의도한 바도 독자들로 하여금 제목을 통해 아름다운 크레올 여인을 떠올리도록 하는 것이었다고 전한다. Pfaff, *Nouveaux entretiens avec Maryse Condé: écrivain et témoin de son temps*, p.142.

계속해서 버스정류장에 살고 있던 중 과들루프 전역에서 총파업이 진행된다. 그렇게 버스정류장에 살던 그가 이탈리아에서 과들루프의 파업 상황에 대해 관심을 갖고 취재를 하러 온 기자단과 우연히 인터뷰를 하면서 그의 삶이 새로운 전기를 맞는다. 보리스를 취재한 기자 카를라가 그의 문학적 소양과 박식함에 매료되어 고국으로 돌아가지 않고 그와 함께 살기 시작하기 때문이다. 그 후 보리스는 총파업을 이끌던 어린 시절의 친구인 벤지(Benjy)를 도와 노동조합을 대표하는 라디오 방송국의 진행자로 활동한다. 그렇게 그가 분주한 나날을 보내던 중 카를라가 임신을 하고 출산을 앞두게 된다.

> 보리스는 어디에 있지? 그는 왜 그녀(카를라) 곁에 있지 않았던 것일까? 조산원
> 에는 동반자와 함께 모든 것을 나누고 싶은 아버지들로 가득 찬다. … 그렇지만
> 그녀가 보리스에게 분만실에서 그녀 옆에 있어 달라고 부탁하자 그는 매몰차게
> 대답했었다.
> - 이 지역 남자들은 그런 건 안 해!
> 그녀는 그의 무례함 속에 확실히 두려움이 숨겨져 있다고 생각하면서 이 매정한
> 거절에 대해 마음을 달랬다. 여성의 통제할 수 없는 성기에 대한 두려움. 먼저
> 쾌락을 생성시키고, 마지막에는 혐오감을 느끼게 하는 이 모순된 성기.[10]

분만을 앞두고 분만실에 자신과 함께 있어 달라는 카를라의 요청에 보리스가 냉담한 반응을 보이자 카를라는 그의 거절을 여성 성기의 모순성으로부터 생긴 두려움 때문이라고 생각한다. 분만의 순간에 여성 성기는 더 이상 성적 쾌락을 제공하는 환희의 대상이 아니라 태아와 함께 오물을 쏟아내

---

10 Condé, *La Belle Créole*, p.235.

는 혐오스러운 대상이 되기 때문이라는 것이다. 크리스테바가 "분만은 삶과 살육의 절정이자 망설임의 강렬한 지점(안/밖, 나/타자, 삶/죽음)이며, 공포와 아름다움, 성본능과 성욕에 대한 거친 부정"[11]이 동시에 존재하는 순간이라고 명명한 것처럼 이 텍스트에서도 아브젝시옹의 극치가 분만임을 보여준다. 즉, 분만의 순간은 당혹감과 매혹이 공존하는 경계선상에 있다는 것이다. 먼저 태아의 입장에서 탄생과 함께 세상이라는 이질적 공간에 대해 두려움을 느끼는 동시에 어머니와의 합일을 누리는 찰나의 환희를 느낀다. 크리스테바는 한 인간이 주체가 되기 전 겪는 이 아브젝시옹의 상황, 다시 말해서 아브젝트가 되는 상황은 주체가 된 후에도 살아가면서 언제 출몰할지 모르는 원초적인 두려움과 매혹으로 남게 된다고 천명한다. 보리스가 분만의 순간 카를라와 함께 하는 것을 거부하는 이 장면은 성본능에 대해 부정해야 하는 그 상황, 공포스럽지만 동시에 아름다운 그 순간으로부터 벗어나고자 하는 원초적인 두려움이 있었기 때문일 것이다.

분만을 통해 모체로부터 배제되고 거부된 아브젝트로서 인생 최초의 경험을 한 주체는 이제 스스로 어머니를 자신으로부터 축출하고자 한다. 뤽 알리오(Luc Alliot)라는 인물이 과들루프의 포르-마오(Port-Mahault)라는 지역 토지의 3/4을 차지하던 사탕수수밭 농장주의 유일한 상속녀 로렌과의 관계를 통해 이러한 예를 직접적으로 보여준다. 뤽은 로렌이 잠시 동안 미술을 가르치던 시절 눈에 띈 흑인 제자였다. 그는 로렌의 후원으로 마르티니크(Martinique)와 뉴욕에서 오랫동안 미술공부를 했고, 이제는 어엿한 청년 예술가로 소호에서 개인전을 열 정도로 인정받는 아티스트가 되어 왕성한 활동을 하는 중이다. 로렌이 신이 인생의 마지막에 주신 선물이라고 여기는 뤽은 어머니와 같은 그녀[12]의 연인이기도 하다. 맨해튼에 뤽의 집을 사 준

---

11 Kristeva, *Pouvoir de l'horreur*, p.181.

12 뤽은 아버지가 누구인지 모른 채 — 디외도네 역시 출옥할 때까지 아버지의 존재를 몰랐

로렌은 그와 연인으로서의 생활을 즐기기도 하기 때문이다. 뉴욕에서 50대의 여자가 20대의 남학생을 학교로 데리러 간다는 것을 대부분의 사람들은 어머니가 아들을 마중 나간 것으로 여기지만, 그들에게는 어머니와 아들로서, 그리고 동시에 연인으로서 행하는 일이다.[13] 그런데 과들루프에 크리스마스와 연말을 보내러 온 뤽은 로렌의 집에 머물면서도 더 이상 그녀가 원하는 대로 행동하지도, 말하지도 않고, 나아가 그녀에게 관심을 기울이지도 않는다. 뤽은 자신 또래의 젊은이들과 과들루프의 클럽을 전전하며, 디외도네 역시 초대해 함께 크리스마스 파티를 즐긴다. 그러면서 그는 다음과 같이 말한다.

- 처음엔 그녀(로렌)가 나를 지휘하려고 했었다는 걸 이해해: "넌 그림을 이렇게 그려야 해. 넌 그림을 저렇게 그려야 해." 나는 그녀를 내쫓아버렸어.
모두가 인정했다.
"그녀를 자기 자리에 다시 있도록 해야 해."[14]

뤽은 로렌 곁에서 노예처럼 부림을 당하고 있는 디외도네를 자신의 그룹에 불러 함께 즐기고 나서 자신이 로렌을 자신으로부터 내쫓았다고 피력한다. 그의 주위에서 뤽을 오랫동안 봐온 친구들이 그 점에 대해 시인하며, 로렌이 원래 자기 자리에 있어야 함을 동의한다. 그에게 어머니였던 로렌은 이제 없다. 자기 자신을 정립해 나가던 뤽은 이제 로렌을 비천하고 더럽게 여기게 된 것이다. 여기에서 우리는 크리스테바가 제시한 어머니와 유아의

다 ─ 살아오고 있으며, 그가 다섯 살이었을 때 어머니마저 외할머니에게 그를 맡긴 채 프랑스로 떠났다. 그를 어린 시절부터 물심양면으로 후원해 준 로렌은 그에게 어머니와 다름없는 존재다. Condé, *La Belle Créole*, pp. 272~273.

13 Condé, *La Belle Créole*, p. 217.
14 Condé, *La Belle Créole*, p. 267.

관계에 대해 떠올려 볼 수 있다. 크리스테바는 어머니로부터 아브젝트로 축출된 태아가 성장하면서 어머니를 자신의 아브젝트로 여기게 됨을 설파한다. 태아는 어머니 속에 있었으나 어머니 밖에 존재하는 유아는 점차 자신이 어머니와 다른 존재임을 깨닫게 되고 주체가 되기 위해서 유아는 어머니를 분리시켜야 한다. 어머니와의 동일시에서 벗어나야만 주체가 될 수 있기 때문이다. 자신이 오롯이 주체가 되기 위해서 어머니와의 동일시에서 벗어난 뤽이 신성시되었던 어머니를 역겨운 대상으로 간주하는 이유다.[15] 뤽이 자신에게 낯선 대상이 된 로렌을 거부하고 모호하며 혼합된 자신의 경계를 창조하는 아브젝시옹의 상태로 나아가고 있는 것으로 볼 수 있겠다. 뤽은 로렌이 자신과 공통으로 점유하고 있는 어떤 지점으로부터 배제되어야 함을 주장하고 있는 셈이다. 로렌을 자신으로부터 축출함으로써 뤽은 자신의 동일성을 확보하고, 어머니와 같이 자신의 일부였던 로렌을 부정하기에 이른 것이다.

이제 로렌의 정원사이자 연인으로서 맹종하는 일상을 살고 있던 주인공 디외도네가 로렌을 어떤 방식으로 수용하고 있는지에 대해 살펴보자. 그는 처음에 정원사로 고용되어 로렌의 집에서 일하기 시작하고, 그때까지 살던 '라 벨 크레올 호(號)'를 떠나 로렌 집의 창고에 기거하게 된다. 로렌은 점차 디외도네에게 호의를 베풀어서 자신이 생활하는 건물의 거실에 들어오도록 하고, 이어서 냉방시설이 되어 있는 자신의 침실에까지 불러들인다. 디외도네는 로렌의 연인이기도 하지만, 사실 그녀를 위해 여러 역할을 수행한다. 그는 자신의 어머니가 병들었을 때 간호했던 것처럼 로렌이 씻는 것, 옷을 입고 벗는 것, 텔레비전을 켜고 끄는 것을 도맡아 한다. 또한 그는 매일 술을 마시는 그녀를 위해 시중을 들고, 로렌이 외출을 하거나 개인적인 활동

---

15 Kristeva, *Pouvoir de l'horreur*, pp. 13~14.

으로 차를 타고 움직일 때에도 동행한다. 그런 생활을 하면서 디외도네는 어머니가 다시 살아 돌아 온 것 같은 기분에 젖곤 한다.

> 그녀(로렌)의 시중을 들면서 그(디외도네)는 부활한 마린을 시중드는 것으로 믿었다. 그는 어머니가 아직 살아 있던 때로 되돌아간 것으로 느꼈다. 그 당시 어머니는 언제나 다정하게 환한 눈빛으로만 그와 의사소통하면서 안락의자에 미라처럼 쇠약하게 앉아 있었다.[16]

이와 같이 디외도네는 로렌을 시중들면서 자신에게 세상에서 유일하게 조건 없는 사랑을 누리게 해준 어머니 마린을 떠올린다. 마린은 1989년 사이클론 위고(Hugo)[17]로 인해 무너진 지붕을 수리하기 위해 올라갔다가 떨어져서 온몸이 마비된 채로 아들의 간호를 받으며 살다가 세상을 떠났다. 그의 할머니 아르벨라(Arbella)는 디외도네가 "불평 없이 숟가락으로 엄마의 식사를 떠 먹여주고, 엄마를 씻겨주고 주물러주고 옷을 입혔으며, 거부감 없이 엄마의 대소변을 치워주었다"[18]라고 회상할 정도로 엄마인 마린을 끔찍하게 사랑했다. 앞의 인용문에서 디외도네가 로렌을 대하면서 스스로 어머니와의 관계를 떠올리며 어머니를 간호해 주듯이 느낀 것은 크리스티안 마커드(Christiane Markward)가 지적한 것과 같이 로렌을 어머니로 여긴 것과 다름없어 보인다.[19] 전술한 것과 같이 출생과 함께 최초로 경험되는 어머니와

---

16 Condé, *La Belle Créole*, pp.70~71.
17 실제로 1989년 9월 사이클론 위고는 카리브해 지역과 미국 남부 지역까지 큰 피해를 입혔다. 사이클론 위고가 훑고 지나간 후 과들루프는 경제적으로 큰 타격을 받았는데 섬 자체가 사라진 것처럼 보일 정도로 비바람으로 인해 많은 피해를 입었다.
18 Condé, *La Belle Créole*, p.190.
19 Christiane Markward, *Anne Ozwald, Emerging Perspective on Maryse Condé: A Writer of Her Own*(Trenton: Africa World Press Inc, 2005), p.222.

태아 간 아브젝시옹 상황은 유아로 성장하면서 주체가 되기 위해 어머니를 아브젝트로 여기게 된다. 이 과정에서 유아는 자신의 내부와 외부를 분리시키면서 두려움과 거부감을 느끼게 되고 나아가 자신과 타자를 구분할 수 있게 되지만, 한편으로는 가장 매혹적으로 남아 있는 어머니의 몸으로 되돌아가고 싶은 욕망도 끊임없이 지닌다.[20] 화자는 디외도네가 어머니의 죽음 이후 얼마동안 "눈을 뜰 수 없을 정도로 연약한 태아처럼 웅크리고 있는"[21] 자세로 침대에 누워 있었다고 직접적으로 묘사하기도 하고, 아기들이 불안해하고 변덕스러운 것은 결코 다시 돌아갈 수 없는 어머니의 배에 대한 그리움 때문일 것[22]이라고 고백하기도 한다. 이는 어머니에게로의 회귀를 꿈꾸는 그의 모습을 자연스럽게 상기시킨다. 켈리 올리버(Kelly Oliver) 역시 어머니를 "경계가 없는 몸, 아브젝트로서의 주체가 나온 몸, 그 몸에서 벗어나기란 불가능하다"[23]라고 부연했을 정도로, 아브젝트한 주체는 어머니와 뗄 수 없는 관계를 형성한다. 이처럼 디외도네라는 아브젝트는 쉼 없이 어머니와의 합일을 꿈꾸었기 때문에 로렌과 고용인과 피고용인의 관계이자 연인관계였음에도 불구하고 로렌과 어머니를 떼어놓고 생각할 수 없었던 것으로 볼 수 있겠다.

---

20 소설의 마지막에 디외도네는 '라 벨 크레올 호'를 타고 바다로 나아가 어머니 품 같은 바다에서 죽음을 맞이한다. 주지하듯이 프랑스어로 바다는 'la mer'로서 어머니를 뜻하는 'la mère'와 동일한 음가를 가지고 있다. 텍스트의 제목이 요트의 이름에서 비롯된 것을 통해서도 확인할 수 있지만, 바다는 단순한 배경 이상의 상징성을 갖는 것으로 보인다. 디외도네는 바다에 있을 때 가장 편안한 감정을 느끼며 어머니의 죽음 이후 아침마다 의식처럼 수영을 하며 하루를 열 정도로 바다는 그에게 위안과 안정을 제공하는 장소였다. Condé, *La Belle Créole*, pp.41~42; pp.42~43; pp.295~296; Pfaff, *Nouveaux entretiens avec Maryse Condé: écrivain et témoin de son temps*, p.144.

21 Condé, *La Belle Créole*, p.31.

22 Condé, *La Belle Créole*, p.218.

23 노엘 맥아피, 『경계에 선 줄리아 크리스테바』, 이부순 옮김(서울: 앨피, 2007), 96쪽.

3. 단절과 매혹의 가족 공동체

어머니와의 관계에서 시작된 세상을 향한 주체의 매혹과 두려움은 이제 어머니에서 더 나아가 가족 공동체를 향하게 된다. 주체가 가족관계를 통해 타자들을 경험하게 되기 때문이다.

그런데 이 텍스트 속에서 가족들은 모두 서로와의 관계가 완전히 단절되어 있거나, 서로를 향한 관심과 애정이 배제된 채 고립되어 살아가는 것으로 묘사된다.[24] 특히 소설 속에 등장하는 여러 가족들에게서 아버지는 아예 누구인지조차 알 수 없는, 존재하지 않는[25] 인물이거나, 함께 살아간다 해도 가족에 대한 사랑이 전혀 없는 인물로 그려진다. 먼저 디외도네의 가족에 대해 살펴보자. 어머니 마린이 시름시름 앓다가 디외도네가 열다섯 살이었을 때 세상을 떠나고 그때부터 고아처럼 살았다고는 하지만, 그에게 가족이 없는 것은 아니다. 그러나 그는 자신의 아버지가 누구인지조차 모른 채 살아왔다. 젊은 시절 빼어난 미모를 지녔던 어머니 마린은 에밀 베르튀외(Emile Vertueux)라는 지역의 유력한 인물과 사랑에 빠졌다. 그는 당시 과들루

---

24 텍스트 속에는 흩어지고 파괴된 채 살아가는 여러 인물들의 가족이 등장하지만, 여기에서는 주인공인 디외도네 가족을 중심으로 살펴보겠다.

25 이런 상황은 역사적 배경에서 비롯된 것으로서 카리브해에서는 낯설지 않다. 사탕수수밭을 경작할 아프리카 출신 흑인 노예들의 이주로 형성된 카리브해 지역에서 노예들은 가족을 제대로 유지하며 살 수 없었던 경우가 많았다. 지주의 의지에 따라 사고팔렸던 대상이었기도 하고, 지주의 수탈과 억압에 반항한 탈주 노예들이 생겨나기도 했기 때문이다. 더욱이 백인 남성들이 여성 노예들을 겁탈해서 수많은 사생아들이 태어났다. 백인들 중에서는 그렇게 생겨난 아이들을 자신의 자녀로 인정하지는 않더라도 최소한의 선처를 베풀기도 했으나, 그렇지 않은 대부분의 경우에 아이의 양육은 오롯이 출산을 한 여성흑인노예의 몫이었다. Frantz Fanon, *Peau noire, masques blancs*(Paris: Editions du Seuil, 1952; coll. "Points Essais", 1971), p.37.; Murielle Lucie Clément and Sabine van Wesemael, *Relations familiales dans les littératures française et francophone des XXe et XXIe siècle: La figure de la mère*(Paris: L'Harmattan, 2008), pp.77~78.

프에서 처음으로 남프랑스산(産) 카바이용(Cavaillon) 멜론을 재배하기 시작하면서 식량경작농장주협회장으로서 큰 영향력을 행사하던 인물이었다. 소위 과들루프의 그랑 부르주아(Grand bourgeois)였던 에밀은 태풍으로 인해 바나나 생산에 차질이 빚어지거나 가뭄으로 인해 멜론이 흉작의 상황에 처하면 자신의 인맥을 동원해서 농장주들이 보상금을 받을 수 있도록 조치를 취할 정도로 적극적이며 권모술수에 능통한 사람이었다. 그런 그에게 마린은 매력이 넘치는 연인이었지만, 자신과 가정을 이룰 수 있는 처지의 사람은 아니었다. 혼혈(mulato)인 자신에 비해 마린은 피부색이 너무 검은 흑인이었으며, 농장주의 후손인 자신에 비해 마린의 어머니 아르벨라는 각각 아버지가 다른 자녀 다섯 명을 둔 불행하고 빈곤한 처지의 삶을 살아가고 있었으며 마린 역시 '불행한 사람들(malheureux)' 중 한 명이었기 때문이다. 연인이던 마린이 임신하자 에밀이 그녀와 결혼할 생각은 하지 않고 그저 연인관계로 남자고 한 이유다. 이를테면 그에게 마린은 매혹적이면서도 혐오스러운 아브젝트였던 셈이다. 이후 에밀은 마르티니크의 유력한 가문 출신 여자와 결혼한다. 그녀는 독일의 귀족 혈통과 관계된 집안사람이었다. 자존심 강하고 고집 센 마린은 이후 그와의 연락을 두절한 채 디외도네를 낳아 홀로 키웠다.[26]

디외도네에게 아버지는 완전히 단절된 존재였지만, 또 다른 가족인 외할머니 아르벨라와 이모 파니에타(Fanniéta)가 그와 지근거리에 살고 있다. 마린이 죽자 그는 얼마간 외할머니 집에서 살았고, 이모 집에 잠시 기거하기도 했다. 그러나 아르벨라는 자신의 막내딸인 마린과 살가운 사이가 아니었다. 아르벨라로서는 마린이 고집을 피우지 않고 에밀과의 관계를 이어나가면서 디외도네를 키우고, 그럼으로써 자신들의 생활이 나아질 수 있다고 여

---

26 Condé, *La Belle Créole*, p. 29; pp. 184~188.

겼기 때문에 끝내 고집스럽게 힘겨운 삶을 살다가 죽은 마린과 좋은 관계를 유지하지 않았다. 그래서 외할머니로서 손자인 디외도네를 잠시 동안 돌보며 함께 살기는 했었지만, 그에게 크게 관심을 두지 않는다. 파니에타 역시 조카를 사랑의 대상으로 여기며 고아가 된 것에 대해 측은해 하기보다는 부담스러운 존재로 생각한다. 디외도네에게 유일한 가족으로 기억되는 사람은 엄마 외에는 없다. 그런데 과들루프의 언론을 통해 그의 살인사건이 유명해지고 드디어 감옥에서 풀려난 날, 아르벨라의 집으로 아버지인 에밀이 방문해 자신이 그동안 아들인 디외도네를 돌보지 않은 것에 대해 사과하며 관계를 회복시키고자 한다. 그는 외출 중이던 아들을 기다리다가 아르벨라에게 디외도네가 오면 자신의 집으로 와줄 것을 전해달라고 한 후 돌아간다. 늦은 밤에 돌아온 디외도네는 이 소식을 들은 후 분노와 혐오감에 휩싸인 채 외할머니의 집을 뛰쳐나가서 다음과 같이 중얼거린다.

죽고 싶다.
그러나 그 전에 나는 그[에밀]와 끝을 봐야해. 난 이미 한 번 사람을 죽였어. 나는 이미 살인자야. 난 사람을 두 번 죽일 수도 있어. … 그녀[로렌]는 결코 내가 죽이고 싶어서 그랬던 게 아냐. 내가 어떻게 나의 인생을 죽일 수 있겠어? 총알이 한 방 떠났고, 그게 다야. 반대로 난 더러운 짐승 같은 그[에밀]를 칼로 찌를 거야. 윽-윽-윽. 칼로 스물두 번 찌를 거야. 내 인생의 한 해를 위해 한 번씩 찌르는 거야.[27]

모두가 이름을 들으면 아는 유명 인사가 자신의 아버지라는 사실을 알게 된 후 디외도네는 자살을 먼저 떠올린다. 그리고 이어서 아버지를 살해해야

---

27 Condé, *La Belle Créole*, pp. 192~193.

겠다고 결심한다. 어머니 마린에게 아버지는 어디에 있으며 왜 자신들에게 오지 않느냐고 묻고 또 물었던 어린 시절, 어머니와 자신의 가난하고 비참한 삶이 떠올랐기 때문이다. 디외도네에게 아버지는 이처럼 분노와 혐오의 감정을 불러일으키는 존재다. 한편 그는 아버지에 대해 살기등등한 모습과 대조적으로 로렌의 죽음에 대해 애도한다. 로렌을 죽인 것은 자신이 원해서가 아니라 사고였음을 강조하면서, 어떻게 자신의 인생을 죽일 수 있는지에 대해 반문한다. 디외도네에게 삶 자체였던 로렌은 자신에게 삶을 선사한 어머니와 다름없는 존재였음을 고백하고 있는 것으로도 간주할 수 있겠다. 이처럼 아브젝트인 디외도네는 원가족을 향해서 명료하게 매혹과 혐오를 동시에 지니고 있음을 확인할 수 있다.

디외도네의 원가족을 향한 양가감정은 자신의 아들에게도 이입된다. 디외도네가 로렌을 살해한 혐의로 감옥에 갇히기 전 아나(Ana)라는 미국인과 하룻밤을 보냈는데 그녀는 임신을 하게 되고 아들을 낳아 디외도네가 석방되기를 고대하며 감옥에 먹을 것과 읽을 책 등 여러 필요한 물품을 보낸다. 아나는 독일인이었지만 어린 나이에 부모를 잃고 미국에 살던 이모 집으로 입양되어 살았다. 미국에서 석사과정으로 카리브해의 구전(l'oralité)에 대해 공부하던 중 크레올어를 배우기 위해 과들루프에 와서 7년째 살고 있던 그녀는 디외도네를 우연히 만나게 되어 짝사랑하다가 출산까지 한 것이다. 그렇지만 아나는 자신의 출산 사실을 디외도네에게 알리지 않은 채 옥바라지를 했다. 그리고 석방된 날, 정처 없이 돌아다니다가 외할머니 집에 밤늦게 들어가서 친아버지 에밀의 존재와 더불어 방문 소식을 듣고 분노로 인해 미친 듯이 집을 뛰쳐나와 찾아간 곳이 바로 아나의 집이다. 거기에는 아나가 혼자 있지 않고 그녀의 아들 베르네(Werner)가 함께 있었다. 베르네가 디외도네의 아들임을 아나가 알려주었지만 그는 다음과 같이 생각에 잠긴다.

　엄마(아나)는 아기에게 젖을 물린다. 아버지(디외도네)가 바라본다. 이것이 행복의 이미지 아니겠는가? 상투적이며 거짓의 이미지. 현실에서는 모든 것이 다르게 흐른다. 아버지는 어머니를 사랑하지 않으며, 아기를 사랑하지도 않는다. 아이가 요란스럽게 젖을 빨고 있는 동안 디외도네는 과거를 회상하려고 했다. 정말로, 그가 이 여인과 사랑을 나누었던가? 그가 그때 쾌락을 맛보았던가? 이 아이가 그의 정자로부터 나온 자신의 아이이긴 한가? 그는 아이에게서 자신의 표정과 눈, 입술을 알아보긴 했지만, 이 작고 시끄러운 아이를 향해 최소한의 애정을 느끼지 않았다. 최소한의 책임감조차도.[28]

아기에게 젖을 물리고 있는 아나의 모습을 보면서 디외도네가 하는 생각이다. 그가 한 번도 경험해 보지는 못했지만 가족이라면 사랑으로 묶인 행복한 모습이 있을 것임을 상상하고 그것을 꿈꾸었기 때문에 이처럼 가족에 대해 상념에 빠진 것으로 볼 수 있겠다. 그는 상투적이고 거짓된 이미지라고 강조하기는 하지만, 감옥에 갇혀 있던 자신에게 2년여 동안 쉼 없이 안부를 확인하고 선물을 보내준 여인이 자신의 아들을 낳아 기르고 있는 지금의 상황이 어쩌면 너무나 이상적인 모습이 될 수 있을 것임을 인정하고 있다. 그러나 디외도네는 조금 전에 그 존재를 알게 된 에밀처럼 본인도 매력적인 가족 공동체를 향해 그 어떤 애정이나 책임감을 느끼지 않는다. 그는 오히려 아나와 과연 자신이 사랑을 나눈 적이 있었는지까지 의문을 품음으로써 아기에 대한 책임감을 회피하려고 한다. 그는 아기의 생김새가 자신을 닮았음을 인식하면서도 아이를 거추장스러운 존재로 부각시키기까지 한다. 이처럼 사생아로서 아버지로부터 배척된 아브젝트의 인생을 살아온 디외도네는 자신이 일굴 수 있는 가족을 마주하자 가족 공동체에 대한 매혹적 환상을 부정한다. 그는 이제 스스로 가족의 일원으로 살아가기를 거부하고 또

---

28 Condé, *La Belle Créole*, p. 220.

다시 아브젝트의 삶[29]으로 나아간다.

4. 매혹과 고립의 사회 공동체

디외도네는 가족 공동체 안에서뿐 아니라 자신이 속한 사회 공동체에서도 배제된 아브젝트다. 아버지를 모른 채 불행하고 가난한 어머니 마린과 오막살이 같은 집에서 근근이 살았다는 점에서도 그렇지만, 어머니의 죽음 이후 그가 발 디딜 곳은 더욱 없어지기 때문이다. 사탕수수 농장주 백인 지배계층이 몇 세기에 걸쳐 정착한 카리브해 지역에서 디외도네와 같은 '불행한 사람들'은 20세기 말에도 여전히 배척과 회피의 대상이다. 주지하듯이 그는 로렌의 집 앞을 얼쩡거리다가 우연히 그녀의 눈에 띄어 정원사로 일하게 되었는데, 남성 편력이 심한 로렌은 잘 생기고 매력적인 디외도네를 곧 자신의 연인으로 삼았다. 로렌에게 디외도네는 마음대로 부릴 수 있는 일꾼으로서도 유용했다. 그러면서도 로렌은 자신이 흑인을 향해 지니고 있던 혐오와 공포의 감정을 디외도네에게 쏟아붓기도 한다.

"넌 짐승이야! 건초나 먹는 짐승. 내가 너 같은 짐승과 어떻게 시간을 버리고 있는 거지?"
"- 너? 넌 아무것도 아닌 비천한 인간이야. 너는 네 동족들과 마찬가지로 원한과 악의로 가득 찬 보잘것없는 검둥이일 뿐이지. 너에게 부족한 것은 네가 영원히

---

29 화자는 디외도네가 아나와 베르네가 잠든 새벽 3시에 아나의 집을 나서면서 문득 그리운 마음이 들어 아들이 잠들어 있는 요람으로 돌아가 아기를 물끄러미 바라보다가 성급하게 떠난다고 이야기하며 디외도네가 가족 공동체를 향해 지니는 양가감정을 보여주기도 한다. Condé, *La Belle Créole*, p. 252.

간직할 추억인 몽둥이로 맞는 벌을 받는 거야."[30]

앞의 두 인용문은 로렌이 디외도네에게 직접적으로 자신의 양가감정을 여과 없이 토로하는 장면이다. 술에 취해 횡설수설하는 상황이기는 하지만, 오히려 그렇기 때문에 로렌의 본심이 적나라하게 드러나는 것이기도 하리라. 무엇보다 자신의 연인이기도 한 디외도네에게 거리낌 없이 '짐승'이라는 표현을 여러 번 사용하고 있다는 것은 그를 한 인간으로서 대하고 있지 않음을 시사한다. 인간이라면 건초를 먹지는 않는다. 다시 말해서 자신은 디외도네와 같은 사람들이 먹는 음식을 먹지 않는 부류이며, 그런 것을 섭취하는 짐승을 향한 혐오를 표현하고 있다고 볼 수 있겠다. 두 번째 인용문은 로렌이 죽기 전 디외도네에게 한 말이다. 연말을 맞아 뢱이 과들루프에 놀러 오자 로렌은 갑자기 디외도네를 쳐다보지도 않고 돈을 주면서 휴가를 다녀오라고 하더니 갈 곳이 없던 디외도네가 계속 뢱과 자신의 주위를 맴돌자 더 이상 자신의 집에 오지 말라고 한다. 이를테면 로렌은 자신의 연인이자 정원사를 하루아침에 길거리로 내쫓아버린 셈이다. 뢱이 떠나자 디외도네는 이제 자신의 자리를 되찾을 수 있을 것이라는 기대를 안고 로렌을 찾아가지만, 그녀는 디외도네를 향해 혐오와 공포심만을 표현한다. 크리스테바가 언급한 바처럼 그녀에게 디외도네는 하나의 주체가 아니었으며, 단지 주체와 대상의 경계에 위치해 있는 어떤 것, 즉 아브젝트였다. 로렌은 디외도네를 이질적이고 위협적인 존재로 여기며 거부하고 추방함으로써 그를 경계선 바깥으로 완전히 제외시켜 자신의 특권적 지위를 구현한다.[31] 이처럼 로렌이 디외도네를 향해 가지는 아브젝시옹의 심리가 카리브해 지역의 백인 지배계층이 흑인과 흑-백 혼혈 피지배계층을 향해 지니는 태도이기도

---

30 Condé, *La Belle Créole*, p.165, p.271.

31 Kristeva, *Pouvoir de l'horreur*, pp.9~10.

하다. 디외도네를 비롯해서 젊은 흑인들을 노리갯감으로 삼으며 언제라도 본인의 의지에 따라 추방시키고 배척할 수 있는 아브젝트로 대하는 로렌을 통해 1848년에 폐지된 노예제도[32]가 그들의 사회와 문화 속에 잔존하고 있음을 발견할 수 있기 때문이다. 특히 홀로 살아가는 로렌에게 있어서 디외도네는 꼭 필요한 존재이면서도 어느 때라도 거부하고 내쫓을 수 있는 존재이며, 디외도네 역시 로렌이 원하는 대로 시키는 대로 생활하는 노예와 같은 일상을 자연스럽게 여겼다는 점에서 그렇다. 로렌에게 아브젝트인 디외도네는 단순히 그들의 개인적인 관계에서뿐 아니라 텍스트의 배경이 되는 카리브해의 역사적·사회적 배경에서도 동일하게 작동한다고 할 수 있다.

비단 카리브해 지역의 역사적 배경뿐 아니라 1990년대의 사회적 상황 역시 디외도네의 인생을 고립과 배제의 상황으로 이끄는 데 일조한다. 어머니를 잃은 슬픔으로 학교에 가지 않고 침대에 누워 있던 디외도네에게 용기를 주며 학업을 이어 나가도록 도운 선생님이나 친구가 없었던 그는 열다섯 살 이후로는 교육을 받지 못했다. 그리고 그가 실업률이 높은 과들루프에서 일용직 외의 직업을 구하는 것은 불가능에 가까운 일이 되었다. 화자는 실업과 고독, 그리고 권태만이 가득한 과들루프 사회[33]에 대해 디외도네를 출옥시켜 준 변호사 마티아스 세르빌롱(Matthias Serbulon)의 입을 빌려 비판한다. 이는 단순히 디외도네 개인의 문제가 아님을 강조하고 있다고 볼 수 있다. 가난하고 불행한 어린 시절부터 친분을 유지해 온 디외도네의 유일한 친구 로드리그(Rodrigue)는 애초부터 빗나가는 인물로 등장하기도 한다. 그는 어렸을 때 먹을 것을 도둑질하다가 점차 대담해져서 밀수로 총을 구입하고 갱단과 함께 활동하기에 이른다. 결국 로드리그는 큰 상점을 털기 위해 조직

---

32 이가야, 「프랑스의 노예제 기억과 과들루프의 노예제 기념관 〈메모리알 악트(Mémorial ACTe)〉」, ≪비교문화연구≫, Vol.52(2018), pp.417~446.

33 Condé, *La Belle Créole*, p.23; pp.57~58.

적으로 접근하다가 경비를 서던 사람을 살해해 감옥에 갇히고 만다.[34] 우편 엽서 속의 아름다운 해변과 야자수 그늘이 어우러진 카리브해의 이미지가 현실에서는 얼마나 암담한 처지인지에 대해 고발하고 있음을 발견할 수 있다. 프랑스어권 카리브해를 대표하는 마르티니크와 과들루프가 이런 사회적 권태 속에 빠지게 된 이유는 프랑스 메트로폴리탄과 주류 사회로부터 고립되고 배제되어 있기 때문이다. 그것은 단순히 지리적인 문제에서 기인한 것으로 볼 수는 없다. 사실 프랑스 식민지 중에서 다수의 백인들이 이주해 정착한 카리브해 지역은 프랑스의 동화정책이 비교적 잘 자리 잡힌 곳[35]이었다. 또한 1950년대 후반부터 1960년대 중반까지 전 세계에 흩어져 있던 식민지국들이 프랑스로부터 독립을 달성한 반면, 카리브해 지역은 프랑스의 해외도(Départements d'Outre-Mer: DOM)로 편입되었고 지금도 해외도-레지옹(Départements et Régions d'Outre-Mer: DROM)으로 남아 있다.[36] 그런데 프랑스어권 카리브해가 더 이상 사탕수수 재배와 설탕 산업을 통해 본국에 이익을 가져다주는 곳이 아니라 프랑스의 경제적 짐이 되어갔다. 이를테면 프랑스 본국인들에게 카리브해 지역은 매력적인 관광지이지만 한편으로는 자신들의 세금을 갉아먹는 혐오스러운 아브젝트가 된 셈이다. 더욱이 『아름다운

---

34 Condé, *La Belle Créole*, pp.90~91.
35 카리브해 지역의 흑인들은 아프리카를 비롯한 여타 지역 피식민국인들과 다르게 하얀 가면을 쓰고 사는 사람이 많았다. 프란츠 파농(Frantz Fanon)이 쓴 『검은 피부 하얀 가면(Peau noire, masques blancs)』이라는 탈식민주의의 고전이 된 책 역시 카리브해 지역, 특히 저자의 고향인 마르티니크 사람들을 대상으로 쓰인 비평서다. 그래서 아프리카 사람들은 카리브해 지역 출신 흑인들을 프랑스 정부의 하수인으로 여기기도 했다. 이가야, 「네그리튀드에서 앙티아니테로: 마리즈 콩데의 자서전 읽기」, ≪불어불문학연구≫, 106집(2016년 여름), 165~166쪽.
36 1946년에 해외도로 편입된 과들루프는 1982년부터 현재까지 하나의 도를 레지옹으로 인정해 주는 해외도-레지옹의 위상을 지니고 있다. 이가야, 「프랑스 문화정책의 지방분권화: 해외도-레지옹을 중심으로-」, ≪인문과학≫, 제72집(2019년 2월), 173~174쪽.

크레올』에서 여러 번 언급하고 있는 것처럼 1989년에 발생한 사이클론 위고는 과들루프를 초토화시켰다. 당시 과들루프를 비롯한 카리브해의 여러 섬들이 재건되기 위해서는 엄청난 재원이 필요했고, 제대로 된 시설이 남지 않았던 섬에서 관광 사이트 운영으로 재건 경비를 충당하기에는 턱없이 모자랐다. 본국의 대대적인 경제적 개입이 절실히 필요했지만, 그마저도 쉽게 이루어지지 않았다. 자연재해를 입은 지 10년이 지난 시절을 시간적 배경으로 삼는 이 작품 속에서 벌어지는 일련의 총파업 사태와 노동조합의 움직임은 사이클론 피해를 입은 후 점점 더 열악해진 과들루프의 일상을 더 이상 참지 못한 민중의 움직임을 보여준다. 이러한 맥락에서 디외도네와 로드리그 등 1990년대를 살았던 과들루프의 청년들이 얼마나 단절되고 고립된 사회 공동체에 속해 있었는지를 파악할 수 있다. 텍스트의 인물들이 처한 상황은 결국 그들이 속한 과들루프라는 사회의 모습을 상징적으로 보여주고 있음을 파악하게 되는 지점이다.[37]

카리브해 지역의 '불행한 사람들'을 대표하는 디외도네와 흑인 청년들과 마찬가지로 로렌과 같은 과들루프의 상류층 백인들 역시 메트로폴리탄으로부터 배제된 가운데 고립된 인생을 살아가는 것으로 묘사된다. 로렌이 어느 날 디외도네에게 다음과 같이 넋두리하는 것을 통해 카리브해 지역에 거주하는 백인인 베케(békée)의 고충과 괴로움을 발견할 수 있다.

베케는 저주받은 인종이야. 우리는 프랑스 백인들을 위해 더러운 일을 했어. 아프리카 출신의 검둥이들에게 일자리를 주고, 사탕수수를 경작하고, 노예제도 폐지 후에는 농장을 보전하려고 애썼지. 그럼에도 불구하고 이들은 결코 인정해주는 것을 느껴본 적이 없어. 결코 단 한마디의 감사도 없었어! 그들은 오히려

---

37 Deborah M. Hess, *Maryse Condé: Mythe, parabole et complexite*(Paris: L'Harmattan, 2015), p.165.

주인들이 노예와 잠자리를 했다고 우리를 무시하는 호사를 누렸지. 검둥이들에 관해서 말하자면 그들은 우리를 혐오하지. 오늘날까지 그들은 이스라엘의 모든 죄로 우리를 비난해. 그들은 고약한 주인들의 회초리와 모욕에 대해서만 기억하기를 원해. 동시에 그들에 의하면 선한 주인들은 위선자이거나 가족주의자라서 다른 사람들보다 오히려 더 나쁘다는군.[38]

이처럼 로렌은 프랑스 백인들의 하수인 노릇을 한 카리브해 백인들 역시 희생자라고 주장한다. 본국의 삼각무역을 통해 카리브해로 건너오게 된 아프리카 흑인들을 사탕수수 농장에서 직접적으로 부리는 일은 베케들이 도맡아 했으며, 막대한 설탕의 생산에 대한 이익은 메트로폴리탄 프랑스인들이 챙겼다는 것이다. 더욱이 그들에게 베케는 경멸의 대상으로 남아 있다. 흑인 노예들과의 사이에서 물라토(mulato)라 불리는 수많은 흑-백 혼혈인들을 낳았다는 이유에서다. 베케는 프랑스 백인문화에서 유지시켜야 할 동일성과 체계와 질서를 교란시키는 주체다. 인종적 측면에서 동일성을 파괴시키고, 그로 인해 발생하는 체계의 와해 때문에 자신들의 세계에서 밀쳐내야 하는 대상이 된다. 한편 흑인들과 직접적으로 접촉해야 했던 베케는 흑인들에게 영원한 압제자로 낙인찍혀 있다. 카리브해 흑인들의 입장에서 베케는 오랜 세월동안 정신적으로, 육체적으로 자신들을 괴롭힌 존재이기 때문에 무조건 배척해야 하는 혐오의 대상이기도 하다. 이로써 오늘날의 베케는 자신들에게 접해 있는 문화로부터 추방되어 있는 아브젝트이며, 그런 자신의 실패한 인생을 바라보는 로렌 역시 아브젝트다. 크리스테바에 의하면 주체가 자신으로부터 깨끗하지 않거나 비천한 것을 추방한다고 해도 아브젝트는 완전히 사라지지 않는다. 추방된 것들은 자아의 주변에 존재하면서 인생

---

38 Condé, *La Belle Créole*, p.166.

의 반려자로 남아 언제 주체에게 영향을 미칠지 모른다. 주체는 이 추방된 것에 대해 언제나 의식하고 있으며, 혐오와 매력을 동시에 느낀다. 이 주체가 느끼는 두려움은 더 나아가 문화를 이루는 모든 경계선[39]에서 벌어지는 혐오감과 매혹감이라는 감정의 근원이 되기도 한다. 이와 같은 경계에 존재하는 아브젝트가 바로 로렌과 같은 베케인 것이다. 이렇게 해서 프랑스라는 주체가 프랑스어권 카리브해 지역 사회 공동체 자체를 수백 년 동안 아브젝트로 여겨 왔음을 확인할 수 있다.

5. 프랑스어권 카리브해의 새로운 미래를 향해

『아름다운 크레올』의 등장인물들이 서로 어떻게 매혹과 혐오, 공포의 감정을 주고받으며 아브젝트로 살아가는지에 대해 살펴보았다. 특히 어머니와 태아의 관계에서 시작된 아브젝트가 점차 가족 공동체 및 사회 공동체와 관계를 맺어가는 데 있어서, 프랑스어권 카리브해라는 지역사회의 특수성과 뗄 수 없는 관계를 맺고 있음을 발견할 수 있었다. 이는 카리브해 내에서 인종적 차별로부터 비롯된 문제와 더불어 카리브해 지역과 프랑스 본토와의 관계에서 기인한 문제가 어떻게 주인공과 등장인물들을 배제와 고립의 상황으로 몰고 갔는가를 분석할 수 있도록 했다.

작가는 이러한 배척과 단절의 삶이 현재진행형임을 소설 속에서 재현시키고 있지만, 그럼에도 불구하고 새로운 미래의 건설을 위해 기억해야 할 점이 있음을 다음과 같이 밝힌다. "나〔콩데〕는 젊었을 때 본토나 혈통과 같은 정확한 정체성이 필요하다고 생각했었다. 지금은 그것이 조금도 필요치 않

---

39 Kristeva, *Pouvoir de l'horreur*, p. 10.

다고 생각한다. … 나는 예전에 백인과 흑인이 있음을 알았지만, 지금은 내 주변의 수많은 혼혈들, 모든 종의 피가 섞인 사람들을 보고 있으며 유일한 인종이라는 개념 자체가 사라지고 있는 중이라고 믿는다."[40] 콩데는 이제 고향이나 혈통으로 각자의 정체성을 드러내는 것이 무익하며, 어딘가 혹은 처해진 환경 속에서 각자 자기 자신을 창조해 나가는 것이 중요하다고 강조한다. 그것을 위해 각 주체가 자존감을 회복하는 과정 역시 필요할 것이다. 이 작품에서 아브젝트인 카리브해 공동체가 더 이상 모국인 프랑스가 시키는 대로 굴종하지 않고 대대적이며 조직적인 총파업과 노동조합의 활동을 통해 자신들이 느끼는 구역(nausée)을 표현하기에 이르는[41] 상황이 바로 그런 과정이라고 간주할 수 있겠다. 프랑스가 얼마나 오랜 세월동안 음흉하고 우회적이며 석연치 않은 아브젝시옹의 상황 속에서[42] 자신들을 길들여 왔는가를 깨달은 카리브해 사회 공동체 구성원들이 이제는 모국을 향해 맹렬한 구토와 오열을 하는 괴로움의 과정을 통해 진정한 '나(je)'를 낳으려는 노력을 기울이기 시작하는 것이다.

---

40 Thomas Flamerion, "Repenser l'identité." Interview de Maryse conde., Evene.fr, mai 2008.

41 Mireille Rosello, *Littérature et identité créole aux Antilles*(Paris: Karthala, 1992), pp. 128~131.

42 Kristeva, *Pouvoir de l'horreur*, p.12.

참고문헌

노엘 맥아피. 2007. 『경계에 선 줄리아 크리스테바』. 이부순 옮김. 서울: 앨피.

이가야. 2016. 「네그리튀드에서 앙티아니테로: 마리즈 콩데의 자서전 읽기」, ≪불어불문학연구≫, 106집(2016년 여름호), 151~177쪽.

_____. 2018. 「프랑스의 노예제 기억과 과들루프의 노예제 기념관 〈메모리알 악트Mémorial ACTe〉」, ≪비교문화연구≫, Vol.52, 417~446쪽.

_____. 2019. 「프랑스 문화정책의 지방분권화: 해외도-레지옹을 중심으로-」, ≪인문과학≫, 제72집, 171~204쪽.

Bernarve, J., P. Chamoiseau and R. Confiant. 1993. *Eloge de la créolité*. Paris: Gallimard.

Clement, Murielle L. and S. Van Wesemael. 2008. *Relations familiales dans les littératures française et francophone des XXe et XXIe siècle: La fugure de la mère*. Paris: L'Harmattan.

Condé, M. 2001/2003. *La Belle Créole*. Paris: Mercure de France(2001/2003. coll. "folio").

_____. 1987. *La vie scélérate*. Paris: Editions Seghers.

_____. 1989. *Traversée de la mangrove*. Paris: Editions du Mercure de France.

_____. 1993. *La colonie du Nouveau Monde*. Paris: Robert Laffont.

_____. 1999. *Le Coeur à rire et à pleurer*. Paris: Robert Laffont.

_____. 2006. *Victoire, les saveurs et les mots*. Paris: Editions du Mercure de France.

Coursil, J. 2003. "La Belle Créole de Maryse Condéé, Un art d'écriture". *The Romanic Review*, vol.94 n3-4. Durham: Duke University Press.

Flamerion, T. 2008. "Repenser l'identité. Interview de Maryse Condé". Evene.fr. mai

Fanon, F. 1971. *Peau noire, masques blancs*. Paris: Editions du Seuil. 1952; "coll. Points Essais".

Hardwick, L. 2006. "Interview: 'J'ai toujours été une personne un peu à part': questions à Maryse Condé". *International Journal of Francophone Studies*, Vol.9, N.1. Bristol: Intellect Books.

Hess, Deborah M. 2011. *Maryse Condé: Mythe, parabole et complexité*. Paris: L'Harmattan.

Kristeva, J. 1983. *Pouvoirs de l'horreur*. Paris: Editions du Seuil. 1980; "Points Essais".

Markward, C. and A. Ozwald. 2005. *Emerging Perspective on Maryse Condé: A Writer of Her Own*. dans Sarah Barbour & Gerise Herndon(ed.). Trenton: Africa World Press, Inc.

Pfaff, F. 2016. *Nouveaux entretiens avec Maryse Condé: écrivain et témoin de son temps*. Paris: Karthala. Paris.

Rosello, M. 1992. *Littérature et identité créole aux Antilles*. Paris: Karthala.

제3장

오리엔탈리즘 무대화하기[*]

긴터스도르퍼/클라쎈 〈오셀로, 그것은 누구인가?〉,
브렛 베일리 〈B전시〉를 중심으로

손옥주

1. 왜 오리엔탈리즘인가

지난 2015년, 국립아시아문화전당 예술극장에서는 〈오리엔탈리즘 프레이밍하기〉라는 제목의 프로젝트가 추진된 바 있다. 인도네시아의 무용학자이자 이 프로젝트의 큐레이터이기도 한 헬리 미나르티(Helly Minarti)는 자신의 경험담을 통해 오리엔탈리즘 관련 프로젝트의 필요성을 강조했다.

얼마 전 독특한 방식으로 안무하는 인도네시아 현대무용가의 작품을 네덜란드
에서 순회공연할 기회가 생겼다. 첫 공연이 끝나고 작가와의 대화 중 관객들은
이 작품이 '인도네시아스럽지 않다'라는 반응을 보였는데, 인도네시아 무용은 이

---

* 이 글의 일부는 ≪한국연극학회·한국문화예술위원회 예술자료원 공동 춘계학술대회 프로시딩≫(2015)에 실렸던 「오리엔탈리즘, 오셀로 해석의 한 방법: 긴터스도르퍼/클라쎈, 〈Othello c'est qui?〉」의 내용을 수정·보완한 것이다.

래야 한다는 기대로 인해 생겨난 것 같았다. 안무가가 인도네시아 군도에서 살아가는 부족들의 이야기를 오랫동안 조사해 만든 작품인데도 말이다. 마지막 순회공연에서 더 큰 반향을 일으켰다. 주최 측은 친절하게도 작가와의 대화에 아시아와 연관된 두 명의 유럽 안무가를 패널로 함께 초청했다. 대담의 진행자 역시 아시아 무용을 배운 네덜란드의 무용수이자 학자였는데, 그는 이 작품이 네덜란드 현대무용에 익숙한 공립극장의 관객들에게도 어렵다고 했다. 그는 아마도 작품의 느리고 반복적인 호흡과 생경한 동작을 가리킨 것일 게다.[1]

서유럽의 현대예술을 대표하는 국가 중 하나인 네덜란드에서 개최된 공연에 아시아 공연예술에 친숙한 유럽의 예술가와 학자가 패널로 초청되어 과거 네덜란드의 식민지이기도 했던 인도네시아 출신 안무가의 작품에 대해 논하는 광경. 그리고 그곳에서 발표된 인도네시아 현대무용가의 작업이 다름 아닌 인도네시아 군도의 부족들을 조사 대상으로 취했다는 사실. 미나르티의 경험담에 나타난 '인도네시아스러움'에 대한 문제제기는 그동안 세계화의 추세가 가파르게 상승해 온 유럽 공연예술계의 풍경, 그리고 그 풍경을 구성해 온 담론장을 고스란히 노출시킨다.[2] 특히 이 같은 문제제기는

---

1 헬리 미나르티, 「오리엔탈리즘 프레이밍하기」, 이경후 옮김, ≪국립아시아문화전당 예술극장 책고래 2권≫(2015), 5~6쪽.

2 유럽의 문화예술계에 나타난 세계화 추세는 이미 베를린 장벽이 붕괴되던 1989년에 베를린 티어가르텐(Tiergarten)에 위치해 있던 기존의 '국제회의장(Kongresshalle)'을 비유럽권 문화 행사를 전시 및 기획하는 '세계문화의집(Haus der Kulturen der Welt)'으로 변경, 재개관했다는 사실에서도 찾아볼 수 있다. 이처럼 유럽 외부의 문화를 한 공간에 모아놓음으로써 문화적 다양성을 재현하고자 하는 기획 의도는 이후 유럽 내에서 더욱 활발하게 이루어졌는데, 독일의 가장 영향력 있는 문화 기관 중 하나인 '베를리너 페스트슈필레(Berliner Festspiele)'에서는 유럽의 새로운 공연예술작품들을 소개하기 위해 2004/2005 시즌에 처음 개최된 〈슈필차이트 오이로파(Spielzeit Europa)〉 행사를 비서양권 작품을 상대적으로 도외시했다는 이유로 중단시키고, 그 대신 2012~2016년까지 보다 광범위한 문화권

오늘날 세계화를 표방하는 유럽의 국제 공연예술 페스티벌에 호출되는 타 문화에 대한 관심이 상당 부분 창작자의 인종적·문화적 아이덴티티로 소급된다는 점에서 근대 시기 유럽에서 재현되었던 타 문화에 대한 오리엔탈리즘적 시각에의 비판으로까지 나아간다.

다종적 문화를 균질화된 공간 안에 배치시킴으로써 결과적으로 문화 간 비교를 가능하게 하는 이 같은 기획상 전략은 흥미롭게도 비서양 문화의 경우 미나르티가 비판적으로 지적했다시피 '인도네시아스러움', 즉 특정 문화에 대한 기존의 표상이 강화되는 방식으로 표출되곤 한다. 가령, 유럽을 대표하는 공연예술제 중 하나인 베를린 〈탄츠 임 아우구스트(Tanz im August)〉의 2010년 초대작에는 독일의 댄스컴퍼니 '루바토(RUBATO)'가 중국의 젊은 무용수 여섯 명을 출연시켜 만든 신작이 포함되어 있었는데, 그 제목은 공교롭게도 〈나를 좀 봐, 난 중국 사람이야(Look at me, I'm Chinese)〉였다. 게다가 이 작품의 출연자들이 중국인 무용수였음에도 불구하고 독일과 중국, 더 나아가 유럽과 아시아의 문화 차이를 주제화시키고자 했던 작품 전체 콘셉트와 실질적인 안무 구성은 루바토의 두 명의 독일인 안무가들에 의해 이루어졌는데, 실제 이 작품에 등장한 중국의 문화란 오로지 과거의 전통과 오늘날의 소비 사회라는 이미지를 통해 뚜렷하게 양분되어 나타났다.

이와 관련해서 비서양 문화에 관한 바로 그 표상이 실제로 조직되고 실천되는 지점, 즉 오리엔탈리즘이라고 명명되는 담론이 실제로 작동되는 지점에 대해 비판적으로 되물을 필요가 있다. 에드워드 사이드(Edward W. Said)는 자신의 저서 『오리엔탈리즘(Orientalism)』에서 칼 마르크스(Karl Marx)가 『루이 보나파르트의 브뤼메르 18일(The Eighteenth Brumaire of Louis Bonaparte)』에서 동양인에 대해 언급한 유명한 문장인 "그들은 스스로를 대표할 수 없다.

을 포괄하는 〈포린 어페어스(Foreign Affairs)〉라는 이름의 행사를 개최한 바 있다.

그들은 대표되어야만 한다(Sie können sich nicht vertreten, sie müssen vertreten werden)"를 재인용하며 이로부터 "동양이 스스로를 대표할 수 있었다면 그렇게 했을 테지만, 그럴 수 없기 때문에 불쌍한 동양을 대표하는 것은 서양의 몫"[3]이라는 근대 서양 오리엔탈리스트들의 시대정신을 읽어낸 바 있다. 마르크스에 대한 사이드의 이와 같은 해석은 독일어 단어 'Representation'에 대한 포스트 콜로니얼리즘(postcolonialism) 이론가 가야트리 스피박(Gayatri Chakravorty Spivak)의 해석과도 밀접하게 연결된다. 스피박은 자신의 대표 논문인 「하위주체는 말할 수 있는가?(Can the Subaltern Speak?)」에서 독일어 단어 'Representation'에 포함된 두 가지 의미, 즉 '대표하다(vertreten)'라는 정치적 의미와 '그려내다(darstellen)'라는 예술 철학적 의미 사이의 상호작용에 주목한다.[4] 말하자면 타자에 대한 재현이란 결국 타자를 '그려냄'으로써 타자를 '대표'하는 것이라 할 수 있다.

이 같은 문제제기를 한 단계 더 발전시킨다면 '누가 누구를 어떻게 재현해 낼 수 있는 것인지', 다시 말해 과연 누가 타자를 재현해 낼 '능력'을 소유하고 있는 것인지에 대한 질문으로까지 나아갈 수 있다. 낯선 문화에 대한 재현은 결국 '재현을 할 수 있는 능력'과 실제 그 능력이 발휘되었을 때 나타나는 타 문화에 대한 '재현의 양상' 모두를 아우른다. 그런 점에서 사이드가 타 문화에 대한 유럽인들의 지식을 "(타자에 대해 이해하고 재현)할 수 있음"의 상태, 즉 "직접성을 넘어, 자아 저 너머로 나아가 낯설고도 멀리 떨어진 존재 안으로 침투하는 것"[5]으로 정의했다는 사실은 문화 헤게모니로서의 오리엔탈리즘과 관련해 시사하는 바가 크다.

---

3   Edward W. Said, *Orientalism*(London: Penguin Books, 2003/1978), p.21.

4   Gayatri Chakravorty Spivak, "Can the Subaltern Speak?" in Patrick Williams and Laura Chrisman(eds.), *Colonial Discourse and Post-Colonial Theory: A Reader*(Hemel Hempstead: Harvester Wheatsheaf, 1993), p.70.

5   Said, *Orientalism*, p.32.

그런데 만약 (세기 전환기 만국박람회장의 인종 전시장 등의 예에서 나타났던 것처럼) 타자의 타자성, 즉 매혹과 공포의 감정이 양립했던 대상으로 동양을 구조화했던 근대적 재현 방식을 넘어서기 위한 방법으로 바로 이와 동일한 방식이 호출된다면 어떨까? 다시 말해 오래 전부터 이어져 온 기존의 재현 방식을 비판하기 위한 하나의 방법으로 바로 그 기존의 재현 방식이 의도적으로 차용되거나 모방된다면 우리는 이에 대해 어떻게 명명할 수 있을까? 이것은 과거의 경우와 마찬가지로 동양에 대한 서양적 앎의 정치성과 폭력성에 기인하는 재현인가? 아니면 모방을 통해 기존의 오리엔탈리즘적 문화 이해 프레임을 오히려 낯설게 보기 위한 하나의 예술적 실천인가? 이어지는 절에서는 지난 몇 년간 오리엔탈리즘 및 포스트 콜로니얼리즘 담론과 관련해 서유럽의 공연장 안팎에서 논란을 일으켜온 독일의 공연예술 콜렉티브 긴터스도르퍼/클라쎈(Gintersdorfer/Klaßen)의 대표작 〈Othello, c'est qui?(오셀로, 그것은 누구인가?)〉(2008)와 남아프리카공화국 출신의 연출가 브렛 베일리(Brett Bailey)의 전시 퍼포먼스 〈Exhibit B(B전시)〉(2010)의 예를 살펴봄으로써 앞의 질문들에 대해 고찰해 보고자 한다.

2. 오리엔탈리즘, 매혹과 공포의 변증법: 긴터스도르퍼/클라쎈 〈오셀로, 그것은 누구인가?〉

1) 긴터스도르퍼/클라쎈에 대해

긴터스도르퍼/클라쎈은 연극 연출가인 모니카 긴터스도르퍼(Monika Gintersdorfer)와 비주얼 아티스트 크누트 클라쎈(Knut Klaßen)이 2005년에 만든 독일의 공연예술 콜렉티브로, 그동안 독일을 넘어서서 유럽 전역으로까지 활동 영역을 활발히 넓혀 왔다. 퍼포먼스 작업이나 비디오 프로젝트를 주로 발표해 온 이들은 창단 초기부터 지금에 이르기까지 프랑스 파리에 거주 중인 서아프리카 코트디부아르 출신 안무가 프랑크 에드몬드 야오(Franck Edmond Yao)와 함께 작업을 해 오고 있으며, 지금까지 유럽과 아프리카를 오가며 지속적으로 작품을 발표해 왔다. 유럽과 아프리카 사이의 역사적·정치적 관계를 작품의 기반으로 삼고자 하는 이들의 의도는 무엇보다도 단체의 대표라 할 수 있는 긴터스도르퍼의 개인사와 무관하지 않다. 오스트리아인 부모를 두었지만 출생지가 페루라는 점, 그리고 남편이 코트디부아르 출신의 디자이너 밥 압둘라예 코네(Bob Abdoulaye Kone)라는 점 등 그녀의 개인사는 긴터스도르퍼로 하여금 서아프리카를 비롯한 비유럽권의 예술가들과 만나 교류할 수 있는 계기를 제공해 주었다. 그리하여 결국 함부르크에서 연출 공부를 마친 후 함부르크 샤우슈필하우스(Schauspielhaus Hamburg)에서 크리스토프 슐링엔지프(Christoph Schlingensief) 등 유명 연출가들의 어시스턴트로 활동하던 그녀는 친구들과 이웃들을 모아 2004년에 퍼포먼스 그룹 '리콜로니제이션(Rekolonisation)'을 만들었고, 이 경험을 바탕으로 이듬해에 '긴터스

도르퍼/클라쎈'을 창단하게 된 것이다.[6] 이들은 2008년에 함부르크 캄프나겔(Kampnagel)에서 초연된 작품 〈오셀로, 그것은 누구인가?〉가 2009년에 독일 서부 노르트라인-베스트팔렌(Nordrhein-Westfalen)주에서 격년으로 개최되는 독립 연극 축제 〈페스티벌 임펄스(Festival Impulse)〉의 수상작으로 선정된 것을 계기로 유럽 무대에 본격적으로 이름을 알리게 된다. 이듬해인 2010년에 긴터스도르퍼/클라쎈의 작품은 〈페스티벌 임펄스〉의 수상작 자격으로 〈빈 축제주간(Wiener Festwochen)〉과 〈베를린 테아터트레펜(Berliner Theatertreffen)〉 등 유럽을 대표하는 공연예술축제에 초대받게 되었는데, 이

---

6   긴터스도르퍼의 바이오그래피와 관련해서는 다음의 기사를 참조하라. Detlef Grumbach, "Improvisation auf der Bühne und im Leben," Deutschlandfunk Kultur.de, December 19, 2006. https://www.deutschlandfunkkultur.de

기회를 통해 유럽의 관객들에게 타 문화를 무대화함에 있어서 기존의 방식들과는 전혀 다른 연출법을 선보이게 된다. 그렇다면 이들이 실제 그려낸 '오셀로'란 대체 무엇이었을까? 그리고 오늘날까지 하나의 정전처럼 수용되어 온 이 익숙한 무어인을 새롭게 연출함으로써 이들이 궁극적으로 의도했던 바는 또 무엇이었을까?

2) 오셀로, '그것'은 누구인가?

긴터스도르퍼/클라쎈의 공식 홈페이지에 게시된 〈오셀로, 그것은 누구인가?〉의 설명글은 다음의 문장으로 시작된다.

> 오셀로는 서양 무대에서 가장 유명한 흑인이지만, 정작 아프리카에서 그를 아는 사람은 거의 없다. 유럽적인 이슈인 그를 통해 낯선 존재는 항상 새롭게 해석된다.[7]

서양의 공연예술계에서는 이미 오래전부터 하나의 전형으로 폭넓게 수용되어 온 오셀로. 그런 그가 정작 자신의 실제 인종적·문화적 근원지인 아프리카에는 거의 알려진 바가 없다는 이 같은 폭로는 '오셀로'라는 셰익스피어 원작 속 인물에 관객들이 믿어 의심치 않았던 '문화적 원전성(Kulturelle Authentizität)'이 본래부터 결여되어 있었음을 암시한다. 정작 실제 아프리카인들에게는 잘 알려지지 않은 유럽 문학 속 오셀로에 대한 긴터스도르퍼/클라쎈의 관심은 '오셀로, 그는 누구인가?'가 아닌, '오셀로, 그것은 누구인가?'로 해석되는 작품 제목이 암시하는 것처럼 인물을 하나의 가변적인 개념으로 중성화시킨다. 그러나 이를 입증하기라도 하듯이 지금껏 오셀로는

---

7   https://www.gintersdorferklassen.org

다양한 버전으로 연출되어 왔지만, 대개 어디까지나 호전적 기질과 비이성적·감상적 기질을 동시에 표출하는 인물로서의 오셀로에 대한 해석, 보다 정확히 말해 셰익스피어의 희곡 〈오셀로〉에 대한 작품 해석의 차이만을 보였을 뿐이다.[8] 그런 점에서 원작에 대한 이 같은 해석 행위 자체가 아프리카라는 단일화된 상상적 개념을 차용함으로써 성립되는 일종의 '유럽적인 이슈'라는 생각의 전환으로까지는 나아가지 못했다는 공통의 한계를 보인다. 이처럼 기존의 〈오셀로〉 연출에서 공통적으로 나타났던 한계를 극복하기 위해 긴터스도르퍼/클라쎈은 셰익스피어의 원작이 부재하는 형식의 새로운 〈오셀로〉 버전을 제시한다. 그러나 흥미롭게도 이를 통해 이들이 궁극적으로 실천하고자 했던 것은 원작의 완전한 해체나 변형이 아니라 오히려 셰익스피어 시대에서부터 오늘날에 이르기까지 보이지 않는 방식으로 끊임없이 원작을 지배해 왔던 인종적·문화적 담론에 대한 문제제기에 다름 아니었다. 그런 점에서 이들의 연출 의도는 원작을 서술된 방식 그대로, 즉 원작의 인물을 가시적인 방식으로 '재현'하는 것을 지양함으로써 오히려 〈오셀로〉에 비가시적인 방식으로 작용해 온 '원작의 원작'에 주목하고자 했던

---

8 독일 연극계를 예로 들자면 연출가 페터 차덱(Peter Zadek)이 함부르크 도이체스 샤우슈필하우스에서 선보인 1976년 작에서는 오셀로 역을 맡은 울리히 빌트그루버(Ulrich Wildgruber)가 공연 도중에 검은 분장을 점차 지워냄으로써 연출가의 의도를 그려냈던 반면, 뮌헨 캄머슈필레(Münchner Kammerspiele)'에서 2003년 초연된 루크 퍼시발(Luk Perceval)의 연출작에서 배우 토마스 티메(Thomas Thieme)가 자신의 맨얼굴을 그대로 드러낸 채 주인공 오셀로를 연기하기도 했다. 또한 슈테판 푸허(Stefan Pucher)의 연출로 2004년 함부르크 도이체스 샤우슈필하우스에서 초연된 작품에서는 젊은 백인 배우 알렉산더 쉐르(Alexander Scheer)가 얼굴에 온통 검은색 분장을 하고 오셀로를 연기한 바 있고, 스위스의 연출가인 크리스토프 프릭(Christoph Frick)이 테아터 프라이부르크(Theater Freiburg)에서 2006년 발표한 작품에서는 나이지리아 출신의 배우 유브릴 술라이몬(Jubril Sulaimon)이 출연해 오셀로를 연기하기도 했다. 이상의 예시들은 각주 7에 언급된 긴터스도르퍼/클라쎈 공식 홈페이지를 참조하라.

것이라고 할 수 있다. 다시 말해 원작을 가능하게 했던 사회적·정치적·시대적 담론이자 타자에 대한 매혹과 공포의 변증법적 모델로 작동해 온 유럽 오리엔탈리즘이 가진 맨 얼굴을 드러내고자 했던 것이다.

3) 번역과 모방을 통한 타자 재현의 문제

이 같은 〈오셀로, 그것은 누구인가?〉의 의도를 무대화하기 위해 긴터스 도르퍼/클라쎈이 선택한 방법은 의외로 매우 단출하다.[9] 공연이 시작되면 텅 비어 있던 무대 위에는 번쩍이는 은빛 슈트를 차려 입은 코트디부아르 출신의 남성 무용가 야오와 청바지와 풀오버 차림의 독일 출신 여배우 코르넬리아 되르(Cornelia Dörr), 단 두 사람만이 등장한다. 그리고 되르는 야오의 아프리카식 억양이 강하게 가미된 프랑스어 대사를 관객들에게 독일어로 통역해 주는 동시에, 그의 동작을 쉼 없이 따라한다. 약 70여 분간 이어지는 이 공연의 기본 콘셉트에 대해 설명하자면 이것이 전부라고 해도 과언이 아닐 정도다. 우선 작품이 시작되면 야오는 언제 처음 '오셀로'에 대해 들었는지, 그리고 어떤 계기로 이 작업에 참여하게 되었는지 등에 관해 이야기하고, 되르는 곧바로 이 모든 이야기들을 독일어로 통역해 관객들에게 들려준다. 잠시 후 그녀는 자신이 배우가 된 사연과 독일의 극장 시스템 등에 대해 관객들에게 들려줌과 동시에, 무대 위 배우의 모습에서 단순히 맡은 역할을 연기하는 모습 이상의 것을 찾고 싶어 하는 오늘날의 관객 모습을 지적한다. 한 개인으로서의 배우를 속속들이 들춰봄으로써 역으로 '보는 자'의 지위를 획득하고 싶어 하는 관객들. 응시하는 주체로서의 관객과 응시되는 객체로서의 배우에 대해 담담히 이야기하는 되르의 독일어에는 배우와 관객

---

9   이어지는 공연 설명은 필자가 2010년 5월 베를린 소피엔젤레(Sopiensaele)에서 직접 관람한 공연에 근거한다.

의 관계 속에 은폐되어 있는 정치성이 이분법적 도식의 형태로 반영된다. 특히 이 작품의 경우, 이 같은 전형화된 도식('응시하는 관객'과 '응시되는 배우')을 '응시하는 유럽인 관객'과 '응시되는 아프리카인 퍼포머'라는, 인종적 구분에 근거한 또 하나의 이분법적 도식과 연결 짓는다는 특징을 보인다.

작품의 프롤로그라고도 할 수 있는 출연자 두 사람의 이야기가 끝나면 곧 이어 본격적으로 두 사람이 함께하는 장면들이 펼쳐진다. 그런데 이와 관련해 흥미로운 점을 몇 가지 찾아볼 수 있다. 첫째, 야오의 언어와 동작은 공연 내내 번역과 모방의 대상으로 등장한다는 점이고, 둘째, 그런데 정작 되르를 통해 행해지는 모방이란 매우 어설픈 방식으로 나타난다는 사실이며 마지막으로 셋째, 어설프고 어색함에도 불구하고 그녀의 입에서 나오는 번역된 말과 그녀가 보여주는 모방된 행동은 결과적으로 그녀를 '번역할 수 있고, 모방할 수 있는 사람', 즉 '재현의 주체'로 만들어준다는 점이다. 예를 들어, 야오가 아프리카 춤의 특징인 빠른 리듬의 발동작과 탄력적인 상체의 웨이브 동작 등을 선보이며 입으로 감탄사 섞인 추임새를 넣으면, 옆에 서 있던 되르는 그의 동작을 슬쩍슬쩍 쳐다보며 하나씩 따라하다가 어느 순간 힘들거나 곤란하다는 표정을 지으며 허리에 손을 짚은 채 가만히 서 있기도 하고, 자신이 따라하던 동작들에 대한 의견을 혼잣말처럼 독일어나 프랑스어로 내뱉기도 한다. 흑인 무용가 야오가 구사하는 프랑스어는 어디까지나 되르의 통역을 통해서만이 대다수 관객들에게 '의미'로 전달될 수 있다. 그리고 은빛 의상 때문에 시각적으로 더욱 현란함을 발휘하는 그의 리드미컬한 동작은 어설프기만 한 되르의 모방에 의해 점차 패러디의 대상처럼 비춰진다. 때문에 〈오셀로, 그것은 누구인가?〉에 등장하는 야오의 언어와 동작은 분명 되르의 번역과 모방에 선행하지만, 역설적이게도 관객들에게는 어디까지나 바로 이 같은 '번역과 모방'이라는 이차적인 방식을 통해서만이 비로소 체험될 수 있다는 특징을 보인다.

이처럼 두 인물 사이에서 이루어지던 언어의 번역과 동작의 모방은 점차 아프리카인에 대한 유럽인들의 클리셰를 담아내는 이미지들과 결합해 간다. 예를 들어, 야오의 관능적이고도 유머러스한 춤사위는 어느 순간, 그를 흉내 내며 움직이던 되르를 제압하기 위한 폭력적인 제스처로 전환됨으로써 무대 위 상황에 몰입해 있던 관객들의 의식에 균열을 가한다. 싱긋거리는 표정으로 빠른 리듬의 춤을 추며 관객들의 흥을 돋우던 그가 갑자기 되르의 머리채를 잡아채며 협박하거나 (협박당하는 순간에도 그녀는 쉼 없이 야오가 내뱉는 프랑스어를 통역한다. 그리고 그에 대한 자신의 의견을 독일어나 프랑스어로 덧붙인다.) 그녀를 공연장 한구석으로 몰아대며 위협하거나 또는 성적으로 희롱하는 듯한 장면을 연출할 때, 그러다가 또다시 세수하기나 이 닦기 등 단순한 일상적 움직임을 우스꽝스럽게 표현해 낼 때 관객들은 타자에 대한 시선, 즉 '매력/즐거움'과 '거부/공포'라는 양극단을 오가는 자신들의 이중적 시선을 경험하게 된다. 그리고 공연이 마지막을 향해 갈수록 관객들은 우스꽝스러우면서도 위협적인 야오의 모습을 점차 자연스러운 것으로 받아들이며, 한 편의 쇼처럼 펼쳐지는 무대 위의 상황들을 즐기기에 이른다.

그러다가 공연이 끝나기 직전 야오는 문득 웃음기가 사라진 얼굴로 자신의 동작을 보며 폭소를 금치 못하고 있던 관객들을 바라본다. 그리고는 관객들에게 당신들이 지금까지 웃고 있었다는 것을 아는지 물은 후 "이것이야말로 당신들에게 오셀로가 누구인지에 대해 알려주는 것"이라는 말을 남긴다. 그가 독일어로 남긴 이 마지막 문장, 유일하게 번역을 요하지 않는 이 문장을 경험하는 순간 관객들은 매우 당황하게 된다. 왜냐하면 관객의 입장에서는 야오의 언어와 동작에 대해 공연 내내 (되르의 번역과 모방을 통한) 재현의 대상으로만 인지했을 뿐이기 때문이다. 따라서 그의 프랑스어와 아프리카식 춤사위가 오히려 재현의 주체가 되어 야오 자신에 대한 되르의 재현 행위, 그리고 공연 중간중간 터지는 폭소를 통해 이 불균형한 관계에 대해 묵인해 온 관객의 태도를 역으로 문제 삼을 수 있다고까지는 생각하지 못했기 때문이다. 야오가 공연을 통해 궁극적으로 재현하고자 했던 것은 사실상

셰익스피어 원작 속 오셀로에 투영된 유럽인들의 편향적 시각, 보다 구체적으로 말하자면 그동안 유럽 문학과 공연예술계가 그려 왔던 아프리카인 혹은 아프리카 문화에 대한 분열적 클리셰에 다름 아니라 할 수 있다. 그리고 이 같은 메시지가 공연 마지막에 관객들에게 전달될 때, 이들은 자신이 폭소하던 순간이야말로 자기 안에 일상화되어 있던 타자에 대한 정치적 무의식을 반영하고 있었음을 새삼 깨닫게 된다.

　이상에서 살펴본 것처럼 긴터스도르퍼/클라쎈은 〈오셀로, 그것은 누구인가?〉 공연 말미에 타자에 대한 유럽인들의 오리엔탈리즘적 재현, 그 이중적 시각을 드러내 보임으로써 전체적인 내용상의 반전을 꾀한다. 물론 이 작품은 서론에서 언급한 〈나를 좀 봐, 난 중국 사람이야〉의 경우와 마찬가지로 비유럽 출신의 출연자들이 참여했다 할지라도 애당초 독일 출신의 백인 연출자와 무대 미술가에 의해 기획되었으며 함부르크 캄프나겔을 비롯한 독일 문화 기관들의 적극적인 후원하에 실현된 프로젝트라는 특이점을 보인다. 그러나 비유럽권의 문화를 직접 경험한 바 있는 독일의 연출가와 현재 서유럽 문화의 중심지에서 살아가고 있는 코트디부아르 출신의 무용가가 함께 참여하는 이 작품의 경우에는 소위 오리엔탈리즘이나 문화 콜로니얼리즘에 대한 문제제기를 표방하는 여타 작품들과는 차이를 보인다. 특히 서로 다른 문화적 배경을 가진 등장인물들 사이에서 이루어지는 언어의 번역과 동작의 모방을 연출법으로 적극 활용함으로써 작품 전면에 등장하는 오리엔탈리즘 담론을 보다 다층화시킨다는 점에서 그러하다. 아프리카식 프랑스어를 다시금 또 다른 유럽어로 번역해내고, 유럽인들의 인종적 편견이 반영된 아프리카 무용가의 춤동작을 다시금 유럽 배우가 어설프게나마 따라한다는 설정. 이는 결국 "쓰인 언술(the written statement)"로서의 오셀로, "재현(representation)"으로서의 오셀로, 즉 "오리엔트에 관한 담론 안에서 가시적이고도 분명한 "그곳(there)"으로 생산되는" 오셀로의 오리엔탈리즘적 역학을 드러내기 위한 장치로 활용된다.[10]

3. 상호적 응시, 재미있거나 혹은 두렵거나: 베일리, 〈B전시〉

1) 베일리와 〈B전시〉를 둘러싼 논쟁

공연 무대 위에서 재현되는 타자의 이미지와 관련해 앞에서 살펴본 〈오셀로, 그것은 누구인가?〉와 사뭇 다른 양상을 보이는 예로 남아프리카공화국 출신의 연극 연출가 베일리의 전시 퍼포먼스 〈B전시〉를 들 수 있다. 19세기에 타 인종 전시를 위해 고안된 '인간동물원(Human Zoo)'의 형식을 빌려 온 이 프로젝트는 2014년 8월 〈에딘버러 페스티벌(Edinburgh International Festival)〉에 초청되었을 당시, 그야말로 논란의 중심에서 관객의 찬반을 이끌어낸 바 있다. 심지어 같은 해 9월에는 런던 바비칸 센터(Barbican Centre)의 초청으로 센터 내 아트 갤러리에서 공연하려 했으나, 인종주의에 반대하는 시민운동가들과 저널리스트들의 격렬한 반대에 부딪혀 결국 관람객들과 퍼포머들의 안전을 보장하기 힘들다는 이유로 공연이 전면 무산되기도 했다. 약 3개월 뒤인 12월 프랑스 파리에서 있었던 공연에서도 현지에 거주하는 아프리카 출신 이민자들을 비롯한 약 200여 명의 시위대가 공연장 앞에서 공연 반대 집회를 갖기도 했다.[11] 과거 식민지배의 폐해에 따른 심각한 인종주의 문제가 현재까지 존속해 오고 있는 영국과 프랑스에서의 반대 운동을 통해 이 작품을 둘러싼 논쟁은 최고조에 이르렀던 것이다.

---

10 Said, *Orientalism*, pp. 21~22.

11 이와 관련해서는 다음의 언론 보도를 참조하라. Daisy Wyatt, "Exhibit B 'human zoo' show cancelled by the Barbican following campaigner protest," *independent.co.uk*, September 26, 2014. http://www.independent.co.uk; Hugh Muir, "Barbican criticises protesters who forced Exhibit B cancellation," theguardian.com, September 24, 2014. http://www.theguardian.com; RFI, "Artists ask Paris court to ban 'humiliating' Exhibit B," rfi.fr, December 8, 2014. http://www.english.rfi.fr

그동안 남아프리카공화국 케이프타운(Cape Town)을 중심으로 활동해 온 베일리는 암스테르담에서 퍼포먼스학을 공부한 뒤 본격적으로 포스트 콜로니얼 담론과 관련된 창작 작업을 진행해 나갔다. 한 인터뷰에 따르면 남아프리카공화국 내 백인과 흑인의 인종차별을 법제화한 '아파르트헤이트(Apartheid)' 정책을 직접 경험하며 자란 베일리는 비록 자신이 인종적으로 특권화된 백인 계층이라 하더라도 주변에서 일상적으로 벌어지는 사회적 억압을 직간접적으로 접하며, 그때까지 만연해 온 억압의 역사에 대해 점차 의식하게 되었다고 한다.[12] 이처럼 자신이 태어나고 자란 공간의 역사에 대한 그의 관심은 1990년대 후반부터 흑인 퍼포머들과 함께 하는 프로젝트 형태로 발표되어 왔다. 그중에서도 특히 유럽 무대에 그의 이름을 널리 알리게 된 계기로는 바로 이 절의 분석 대상인 〈B전시〉를 꼽을 수 있을 것이다. 이 작품은 2010년 〈빈 축제주간〉에 초청된 이래로 지금까지 오스트리아, 독일, 벨기에, 네덜란드, 영국, 프랑스, 폴란드, 러시아 등 주로 유럽 지역에서 발표되어 왔는데, 베일리의 일관된 해명에도 불구하고 발표될 때마다 작품 창작 의도에 관한 격한 논쟁을 불러일으킨 바 있다. 작품이 비난받는 주된 이유는 베일리 자신이 영국의 한 언론에 기고한 글에서 직접 언급한 것처럼 남아프리카공화국 출신 백인 연출가가 흑인 퍼포머들을 전시함으로써 이들을 통제와 관람이 가능한 사물로 전락시켜버린다는 데 있었다. 그러나 그는 이 같은 주장에 맞서 결코 흑인과 백인, 선과 악 등의 이분법적 관점을 바탕으로 작품을 만들지 않았다는 연출 의도를 분명하게 밝혀 왔다.[13] 그렇다면 근대 서양의 인종주의적 시각이 고스란히 반영된 형식을 오

---

12 연극 저널리스트 수잔네 부르크하르트(Susanne Burkhardt)와의 인터뷰를 참조하라. Brett Bailey und Susanne Burkhardt, "Es geht um Trauer und um Scham," deutschlandfunkkultur.de, September 27, 2012. https://www.deutschlandfunkkultur.de

13 2014년 9월 24일 자 ≪가디언(The Guardian)≫지 인터넷 판에 실린 베일리의 기고문을 참조하라. Brett Bailey, "Yes, Exhibit B is challenging-but I never sought to alienate or

늘날 다시금 무대화해냄으로써 그는 과연 무엇을 말하고자 했던 걸까? 더나아가 이 같은 베일리의 창작 의도는 과연 어떤 점에서 과거 식민주의자들의 정치적 의도와 차이를 보이는 걸까?

2) 응시하는 관객, 응시되는 관객

베일리는 〈B전시〉에 등장하는 인간 전시, 즉 콜로니얼 담론 비판을 위한 콘셉트로서의 인간 전시와 과거 유럽의 인종주의적 인간 전시 형태 사이에 나타나는 가장 큰 차이점을 무엇보다도 '응시의 방향성'에서 찾는다.

> 퍼포머들은 마주 응시합니다. 자신들을 바라보고 있는 사람들을 아예 대놓고 바라보게 되는 것입니다. 저는 출연자들에게 늘 이렇게 말해요. "여러분이야말로 관객인 겁니다. 그리고 여러분은 백인 관객들을 퍼포머로 여기는 겁니다." 물론 백인 관객들은 관찰자로서의 행동을 보이지요. 하지만 바로 이 지점에서 독특한 전도가 발생하게 됩니다. 흑인 출연자들이 자신들을 바라보고 있다는 것에 대해 관객들이 얼굴을 붉히는 것입니다. 눈과 눈을 직접 마주치는 것조차 꺼립니다. 이것이야말로 양가적인(ambivalent) 상황인 거죠.[14]

이처럼 베일리는 응시 주체로서의 유럽 관객과 응시 대상으로서의 타자화된 아프리카 출신 퍼포머 사이에서 이루어지는 권력적 관계를 전도시키기 위한 방법으로 '관람' 메커니즘을 작품에 도입한다. 이처럼 그는 응시의 방향을 '상호적'으로 배치함으로써 탄압함과 탄압됨 사이의 관계, 전유와 공포 사이의 관계를 교란시키고자 했던 것이다. 그런데 이와 관련해 염두에

---

offend," theguardian.com, September 24, 2014. http://www.theguardian.com

14 각주 12 부르크하르트와의 인터뷰 내용 참조.

두어야 할 점은 관람이란 어디까지나 '전시' 메커니즘이 전제된 한에서만 가능하며, 따라서 필연적으로 '무엇을 어떠한 방식으로 전시할 것인가'에 대한 질문으로 소급될 수밖에 없다는 사실이다. 관람이란 관람하는 관람객과 관람되는 전시물 간의 관계 속에서 성립되는 메커니즘인 데 반해, 전시는 전시 대상물을 선별하고 감독하는 큐레이터와 선별되고 배치되는 전시물 사이에서 이루어지는 또 하나의 비수평적 관계를 일컫는다. 그런데 〈B전시〉의 경우에는 여기서 한발 더 나아가 이 같은 관람과 전시라는 두 메커니즘을 분리시킴으로써 후자를 통해 전자를 비판하고자 하는 것이다. 이 작품이 논란을 일으켜 온 부분은 사실 바로 이 지점과 연결된다. 즉, 작품과 관련해 '전시 큐레이터로서 연출가의 역할이 의미하는 바는 무엇인가', '관객들의 반응을 획일화시키기 위한 방법으로 전시 메커니즘을 활용하는 연출가의 의도야말로 정치적이지 않은가' 하는 비판으로까지 나아가게 되는 것이다.

이 같은 논란의 지점들에 대해 좀 더 구체적으로 분석하기 위해 〈B전시〉에 나타난 연출 방식을 살펴볼 필요가 있다.[15] 이 작품의 콘셉트는 매우 간결하며, 그 간결함이 주는 메시지 또한 꽤나 명확하다. 일반적인 공연이 아니라 전시 형식을 취하는 작업인 만큼, 베일리는 그동안 전시의 개최장소로 갤러리나 폐기된 저수장 등 전시 효과를 극대화할 수 있는 공간들을 선택해 왔다. 그가 연출한 전시장에는 총 12개의 구역이 등장하는데, 시간차를 두고 한 명씩 순서대로 입장한 관객들은 최대 45분 정도 소요되는 정해진 루트를 따라 천천히 발걸음을 옮기며 각 구역을 관람하게 된다. 그리고 이처럼 전시장 곳곳에 연출되어 있는 장면들이 주는 시각적 충격은 관객의 집중

---

15 〈B전시〉에 대한 작품 설명은 필자가 2012년 10월 베를린에서 직접 관람한 퍼포먼스에 근거한다. 이 작품은 당시 베를린에서 개최된 제1회 〈포린 어페어스〉 페스티벌에 초청되어 독일 초연을 가진 바 있다. 참고로 이 전시형 퍼포먼스는 2015년 9월 국립아시아문화전당 예술극장 개관 페스티벌의 일환으로 초청되어 〈B전시〉라는 제목으로 국내 관객들과 만나기도 했다.

도를 더욱 높인다. 베일리는 유럽의 식민사에 등장하는 아프리카인들 중 대표적인 인물을 전시 대상으로 선택해 현재 활동 중인 아프리카 출신 퍼포머들을 통해 이들을 재현하는 한편, 전시가 진행되는 현지에서 인종차별적 문제를 겪으며 살아가고 있는 아프리카나 아랍 출신의 이민자들을 직접 선발해 전시하기도 한다.

평소 언론 보도나 역사책을 통해 접하게 되는 타자에 대한 이미지는 어디까지나 기술된 것으로서, 독자의 상상력 안에서 이차적인 방식을 통해 재현된다. 그런데 바로 그처럼 일상화된 재현이 가령, 벌거벗은 채 쇠고랑을 목에 차고 있는 아프리카 여성이나 19세기 유럽의 인종 전시에서처럼 박제된 동물들과 함께 전시된 아프리카 남녀를 통해 시각화될 때, 즉 재현된 이미지에 전시 공연이라는 형식이 주는 현장성이 가해질 때, 이를 마주하는 관객들은 그 이미지를 실제라고 감각하며 전율하게 된다. 여기서 지적해야 할 것은 방금 언급한 것처럼 바로 그 실제라고 감각되는 것의 감춰진 '실제'가 다름 아닌 타자를 재현하는 담론으로서의 '이미지'라는 점이다. 전시 구역에 가만히 서서 자신을 바라보는 관객을 눈을 부릅뜬 채 마주 응시하는 퍼포머의 시선은 어디까지나 타자에 대한 유럽인들의 재현을 패러디하고, 더 나아가 그들의 재현 능력 그 자체를 비판하기 위해 연출된 일종의 장치라할 수 있다.[16] 그런데 이처럼 '관객을 역으로 응시하는 퍼포머'라는 콘셉트는 결국 작품의 지향점을 '증오나 공포나 편견'이 아닌, '사랑과 존중, 그리고 잔학성'[17]에서 찾았다는 베일리의 주장과 상반되는 것임과 동시에 단지 그

---

16 이때 비판 대상이 되는 재현 능력의 핵심에는 타자에 대한 군사적이거나 경제적인 권위보다도 오히려 타자를 잘 알고 있으므로 그를 있는 그대로 그려낼 수 있다는 믿음, 다시 말해 근대 시기 이래로 오늘날까지 계속되어 온 서양인들의 자기 지식에 대한 믿음이 자리한다. "Knowledge… means surveying a civilization from its origins to its prime to its decline - and of course, it means being able to do that." Said, *Orientalism*, p.32.

17 각주 13 기고문 참조.

의 연출 의도를 실현하기 위한 하나의 방법에 불과하다고 할 수 있다. 왜냐하면 그는 자신의 연출법을 통해 과거 인종주의의 희생양이었던 아프리카인들, 그리고 작품에 출연하는 오늘날의 이민자들을 '대표'함으로써 그들에게 응시의 권리를 선사하려 했기 때문이다. 또한 그러한 이유로 〈B전시〉는 본래 의도와 달리 퍼포머들에게 그들 자신에 대한 또 하나의 '재현'으로 경험될 수 있기 때문이다.[18]

3) 전시를 통한 타자 재현의 문제

베일리가 작품의 모델로 삼은 근대 시기 유럽의 만국박람회는 1851년 영국 런던에서 세계 최초로 개최된 이후, 1900년 파리에서 정점을 이룬 바 있다.[19] 전 세계의 문화를 특정 장소에 모아놓음과 동시에 이를 문화 소비의 대상으로 삼으려 했던 만국박람회의 특성상, 행사 기획자들은 박람회장 내에 스펙터클한 장면을 연출함으로써 관람객들의 이목을 집중시키고자 했다. 그리고 이 같은 스펙터클의 효과는 "이미지(Bild)로서의 세계를 드러내 보이는 것"으로 귀결되며, 이처럼 이미지화된 세계는 관객들에게 있어 "전시된 사물, 즉 관찰되고 연구되고 경험되어야 할 대상"[20]으로 여겨졌다. 그

---

18 실제로 〈B전시〉의 전체 콘셉트에 대한 비판은 관객뿐만 아니라 실제 이 작업에 참여하는 퍼포머들 안에서도 일어나곤 했다. 2014년 〈에딘버러 페스티벌〉에 초청되었을 당시에도 퍼포머로 참여한 현지 젊은이들이 리허설 기간 동안 과거 인간 동물원 형식을 차용한 이 프로젝트에 대해 어떤 면에서 과거의 인간 동물원과 차이를 보이는 것인지, 심지어 과연 차이를 보이기는 하는 것인지 의문을 제기하기도 했다. 이와 관련해서는 다음의 기사를 참조하라. John O'Mahony, "Edinburgh's most controversial show: Exhibit B, a human zoo," theguardian.com, August 11, 2014. http://www.theguardian.com

19 서양 만국박람회의 역사와 관련해서는 다음의 서적을 참조하라. Martin Wörner, *Die Welt an einem Ort*(Berlin: Reimer, 2000).

20 Timothy Mitchell, "Die Welt als Ausstellung," übersetzt von Martin Pfeifferin, in Sebastian

러나 여기서 문제시되는 것은 바로 세계가 이미지화될 때, 즉 (앞서 언급한 스피박의 분석을 다시 한 번 빌리자면) '그려짐으로써 재현될 때', 바로 그 재현 행위의 실체란 "오리엔트에 대한 객관적 지식(objective knowledge)"에 의거한 것이 아니라 어디까지나 예로부터 고정된 인식을 불러온 특정한 "구조 세트(a set of structures)"[21]가 다시금 드러난 것에 불과하다는 점이다. 이 같은 '구조 세트'에 대해 재일 정치학자 강상중은 자신의 저서 『오리엔탈리즘을 넘어서 (オリエンタリズムの彼方へ 近代文化批判)』에서 "문화적 장치와 담론의 체계"라고 표현한 바 있다.

> 오리엔탈리즘은… 실제로 제국이나 식민지를 건설·지배하기에 앞서서 서구 이외의 세계를 일정한 지배의 틀 속에 가두는 문화적 장치와 담론의 체계인 것이다.[22]

오리엔탈리즘에 관한 앞의 분석에서 주목해야 할 부분은 바로 대상의 재현이 사실상 그 대상과는 관계없이, 즉 대상의 '부재' 속에서 이야기, 즉 '담론'의 형식으로 반복된다는 점이다. 이 같은 재현의 특징은 〈B전시〉에서도 마찬가지로 발견된다. 전시장을 방문한 관객들은 비대한 둔부 때문에 '호텐토트 비너스(Hottentot Venus)'라 불리며 19세기 유럽 관객들의 구경거리로 전락했던 남아프리카 출신의 사라 바트만(Sara Baartman)이나 20세기 초 뉴욕 브롱크스 동물원(Bronx Zoo)에서 원숭이와 함께 전시되었다가 후에 권총 자살로 생을 마감한 콩코의 피그미족 오타 벵가(Ota Benga) 등 세계 식민사를

Conrad und Shalini Randeria(Hrsg.), *Jenseits des Eurozentrismus. Postkoloniale Perspektiven in den Geschichts-und Kulturwissenschaften*(Frankfurt a. M: Campus, 2002), p.152.

21 Said, *Orientalism*, p.122.
22 강상중, 『오리엔탈리즘을 넘어서』, 이경덕·임성모 옮김(서울: 도서출판 이산, 2007/1997), 187쪽.

장식해 온 비극적 인물들의 개인사와 마주치게 된다. 이 같은 연출 방식은 첫째, 타자에 대한 식민주의적 클리셰를 고발하고자 하는 연출 의도에 따라 이처럼 극단적 인종차별을 경험한 바 있는 인물들을 선택한다는 점, 그리고 둘째, 선택된 인물들은 바로 자신들의 공통적 경험을 부각시키기 위해 연출된 특정 공간 안에 배치된다는 점 등의 특징을 보인다. 그런데 〈B전시〉에서 문제가 되는 것은 이 같은 특징이 역사적 사실과 만나 관객의 눈앞에서 전시의 형태로 재현된다는 바로 그 점이다. 그리고 연출가의 해석적 관점이 투영된 방식의 재현 속에서 과거의 인물들은 출연자의 연출된 몸, 그리고 무엇보다도 관객에게로 향하는 그의 무표정한 시선을 빌어 '이야기', 즉 '담론'으로 재생산된다는 점이다. 이처럼 연출된 담론 구조 안에서 불쾌감과 공포심과 죄책감이라는 단일한 관객 반응이 흘러나올 때 관객은 (연출가가 정해준 자기 역할에 충실하기 위해, 다시 말해 '매력적이거나 재미있는 대상'으로 전유되지 않기 위해) 눈을 부릅뜬 채 자신을 바라보고 있는 퍼포머들을 마주 보며 역으로 되묻게 된다. 퍼포머들은 정말로 자기에 대해 말하고 있는 것인가? 아님 자기 자신에 대해 말하도록 연출되고 있는 것인가? 진정 "하위 주체는 말할 수 있는 것인가?(Can the Subaltern speak?)"[23]

---

23 Spivak, "Can the Subaltern Speak?," p.104. 앞서 잠시 언급한 것처럼 "Can the Subaltern Speak?"는 포스트 콜로니얼 이론을 대표하는 연구자 중 하나인 스피박의 대표 논문 제목이다. 이 논문에서 그녀는 하위주체로서의 여성 문제에 대해 중점적으로 분석했는데, 논문의 마지막에 스피박은 "하위 주체는 말할 수 없다. … 재현은 약화되지 않았다"라는 의미심장한 진단을 내린 바 있다. 이 같은 그녀의 진단은 베일리가 연출한 〈B전시〉라는 전시 형태를 통해 다시 한 번 특정한 이미지로 재현된 아프리카 출신의 퍼포머들, 정작 자신들의 목소리는 거세된 상태로 자신들에 '대한' 이미지만을 연출자의 콘셉트에 따라 시각적으로 재현해내던 바로 그 퍼포머들의 모습과도 무관하지 않다.

4. 여전히 남아 있는 질문들

오리엔트에 대해 판단할 때 근대 오리엔탈리스트는 믿음에 있어서도 그렇고 말하는 것에 있어서도 그렇고 그것으로부터 객관적인 거리를 두지 않는다. … 그의 오리엔트는 그 자체로서의(as it is) 오리엔트가 아니라, 어디까지나 오리엔트화되어 온 것으로서의(as it has been Orientalized) 오리엔트다.[24]

'오리엔트의 오리엔트화'에 대한 사이드의 비판은 오리엔트화하지 않은 오리엔트, 즉 종교·복식·기후 환경 등의 차이를 보이는 문화 지형으로서의 '참 오리엔트'란 무엇인가에 대한 문제제기라기보다는 오히려 오리엔트에 대한 언술, 즉 오리엔트를 오리엔트로 만들어버리는 담론 메커니즘(오리엔탈리즘)을 향한 총체적 비판이라 할 수 있다. 즉, 사이드가 제창하는 오리엔탈리즘 담론의 핵심에는 다름 아닌 '재현'의 문제가 놓여 있는 것이다. 이와 관련해서 유럽 공연계에서 화제가 되었던 두 작품, 긴터스도르퍼/클라쎈의 〈오셀로, 그것은 누구인가?〉와 베일리의 〈B전시〉를 분석함으로써 '매혹/재미'와 '공포/불쾌' 사이에서 서로 다른 양상으로 나타난 분열적 타자 재현의 문제에 대해 살펴보고자 했다.

우선 〈오셀로, 그것은 누구인가?〉의 경우에는 코트디부아르 출신 흑인 무용가 야오와 독일 출신 백인 배우 되르 사이에서 이루어지는 언어의 번역과 동작의 모방을 통해 셰익스피어의 원작 〈오셀로〉에 내재된 타자 재현의 메커니즘을 드러내는 방식을 취한다. 원작 텍스트로부터 오로지 '오셀로'라는 인물의 인종적·문화적 상징성만을 차용한 이 작품은 아프리카인에 대한 관객의 클리셰, 즉 유머와 성적 매력과 폭력이 복합적으로 작용하는 변증법

---

24 Said, *Orientalism*, p.104.

적 감정을 연출에 반영함으로써 관객으로 하여금 자신들이 가져온 클리셰를 자연스러운 것으로 받아들이게 한다. 그리고는 공연 마지막에 등장하는 반전을 통해 지금까지 연출된 장면들에 가려져 있던 재현의 민낯을 드러내기에 이른다. 이 작품에 등장하는 재현의 문제와 관련해 특히 주목해야 할 점은 두 등장인물 사이에 상정된 역설적인 관계다. 즉, 야오의 화려한 동작을 어설프게 따라하는 되르의 무대 위 모습이 번역과 모방의 주체라는 그녀의 역할 정체성과 만날 때, 그리고 이와 동시에 리드미컬하고도 관능적인 야오의 춤이 모방의 대상으로 연출될 때, 관객들은 오리엔탈리즘 담론에 대한 새로운 이해를 필요로 하게 된다. 즉, '비서양인-여성-피해자'와 '서양인-남성-가해자'라는 이분법적 도식 안에서 그려지는 기존의 식민주의적 재현 논리를 넘어서는 이해, 그러면서도 피해와 가해라는 역사적 사실을 폐기하지 않는 보다 다층적인 이해를 요구하게 되는 것이다.

이에 반해 〈B전시〉는 근대 시기 유럽에서 유행처럼 건설되었던 인간 동물원에서의 인간 전시 방법을 연출 모티브로 삼음으로써, 전시 메커니즘 하에서 발생되는 응시의 주체와 대상 간의 관계를 정확히 반대로 전복시키고자 했던 시도라 할 수 있다. 따라서 출연자들에게 관객이 되기를 요청했다는 베일리의 언급을 통해 알 수 있듯이 이 작품의 근간에는 '서양인-응시의 주체' 대 '비서양인-응시의 대상'이라는 이분법적 구도를 정확히 전복시킨 '비서양인-응시의 주체' 대 '서양인-응시의 대상'이라는 또 하나의 이분법적 구도가 자리 잡고 있다. 그러나 비서양인들이 겪어온 인종주의적 학대와 그들에게 투영되어 온 분열적 응시를 전시 퍼포먼스의 형태로 재현하고자 한 이 작품의 경우 연출가의 콘셉트에 따라 응시의 주체가 되어버린(주체 역할을 하게 된) 아프리카 출신 퍼포머들의 모습에서 정작 어떠한 주체성을 찾기란 쉽지 않다. 오히려 이와는 정반대로 여전히 낯선 아프리카인들의 대상화된 이미지만이 전시라는 재현 형식 안에 남아 있을 뿐이다. 식민주체에 의해 성적대상으로, 즐거움의 도구로 전유되던 과거의 아프리카인은 오늘날에 이르러 응시의 주체이자 그로 인한 공포의 대상으로 새로이 연출되는 것이다. 이처럼 포스트 콜로니얼 담론에 대해 전시 공연 형식을 통해 비판적으로 사유하고자 했던 〈B전시〉의 한계는 하나의 담론을 이루는 두 대상의 위치를 바꾸었을 뿐 그 담론의 근본을 이루는 구조 자체에 대해서는 문제 삼지 않았다는 점에서 찾아볼 수 있다.

지금까지 살펴본 두 작품의 경우처럼 오늘날 유럽의 공연예술계에서는 오리엔탈리즘이나 포스트 콜로니얼리즘 등의 담론을 바탕으로 타 문화 재현의 문제를 주제로 삼는 작업들이 활발히 발표되고 있다. 그러나 중요한 점은 공연계의 현재를 반성하기 위한 하나의 예술적 시도라 할 수 있는 이 같은 경향과 관련해 무조건적인 고무보다는 오히려 다음과 같은 보다 실질적인 질문들이 끊임없이 제기되어야 한다는 것이다. '이러한 작업들이 현재 유럽 내에서 활성화되고 있는 실제 원인은 무엇인가? 작업의 연출자들은 언제, 어떤 이유로 이 같은 주제의 작업을 시작하게 되었는가? 이들의 작업을 지원하는 기관은 어디이며, 그동안 어떤 장소에서 발표되어 왔는가? 작품의 연출 의도가 실제 향하고 있는 지점은 어디인가?' 등. 이상의 질문들이 학술적 담론의 층위와 만날 때 오리엔탈리즘을 소재로 한 공연예술작품의 분석은 비로소 그 의미를 획득하게 될 것이다.

참고문헌

강상중(姜尙中). 2007/1997. 『오리엔탈리즘을 넘어서』. 이경덕·임성모 옮김. 서울: 도서출판 이산.

미나르티, 헬리(Helly Minarti). 2015. 「오리엔탈리즘 프레이밍하기」. 이경후 옮김. 『국립아시아문화전당 예술극장 책고래 2권』, 5~8쪽.

Bailey, B. 2014. "Yes, Exhibit B is challenging: but I never sought to alienate or offend." http://www.theguardian.com/commentisfree/2014/sep/24/exhibit-b-challenging-work-never-sought-alienate-offend-brett-bailey(검색일: 2021.11.6).

Bailey, B. and S. Burkhardt. 2012. "Es geht um Trauer und um Scham." https://www.deutschlandfunkkultur.de/es-geht-um-trauer-und-um-scham-100.html(검색일: 2021.11.6).

Grumbach, D. 2006. "Improvisation auf der Bühne und im Leben." https://www.deutschlandfunkkultur.de/improvisation-auf-der-buehne-und-im-leben-100.html (검색일: 2021.10.8).

Mitchell, T. 2002. "Die Welt als Ausstellung." übersetzt von Martin Pfeiffer. in S. Conrad und S. Randeria(Hrsg.). *Jenseits des Eurozentrismus. Postkoloniale Perspektiven in den Geschichts- und Kulturwissenschaften.* Frankfurt a. M: Campus.

Muir, H. 2014. "Barbican criticises protesters who forced Exhibit B cancellation." http://www.theguardian.com/culture/2014/sep/24/barbican-criticise-protesters-who-forced-exhibit-b-cancellation(검색일: 2021.11.2).

O'Mahony, J. 2014. "Edinburgh's most controversial show: Exhibit B, a human zoo." http://www.theguardian.com/stage/2014/aug/11/-sp-exhibit-b-human-zoo-edinburgh-festivals-most-controversial(검색일: 2021.11.2).

RFI. 2014. "Artists ask Paris court to ban 'humiliating' Exhibit B." http://www.english.rfi.fr/africa/20141208-artists-ask-paris-court-ban-humiliating-exhibit-b(검색일: 2021.11.2).

Said, Edward W. 2003/1978. *Orientalism.* London: Penguin Books.

Spivak, G. C. 1993. "Can the Subaltern Speak?" in P. Williams and L. Chrisman(eds.). *Colonial Discourse and Post-Colonial Theory: A Reader.* Hemel Hempstead: Harvester Wheatsheaf.

Wörner, M. 2000. Die Welt an einem Ort. Berlin: Reimer.

Wyatt, D. 2014. "Exhibit B 'human zoo' show cancelled by the Barbican following campaigner protest." http://www.independent.co.uk/arts-entertainment/art/news /exhibit-b-human-zoo-show-cancelled-by-the-barbican-following-protest-9753519. html(검색일: 2021.11.2).

"Othello c'est qui." https://www.gintersdorferklassen.org/projekte/othello/(검색일: 2021.10.13).

제**2**부

원한

역사의 시간은 흘러가기 마련이다. 그러나 박해받은 자들의 시간은 그렇지 못하다. 희생자들은 현재에서도 과거의 고통으로 박제된다. 가해자들의 잘못을 현재로 소환하지 못한다면 사회의 시간은 그것의 헛된 안정만을 추구하며 희생자들의 '훼손된 삶'을 잊어버리기 시작한다. 시간이 자연스럽게 '망각'이라는 자신의 임무를 완수하게 두어서는 안 될 것이다. 이제 '원한'이라는 희생자들의 처절한 동력은 가해자들의 현재에 그들의 잘못을 끌어다 놓아야 한다. 원한은 때때로 비논리적이고 비윤리적인 복수심 혹은 노예 도덕으로 치부되기도 하지만, 어쩌면 이로 인해 가해자는 자기부정 속에서 피해자를 제대로 마주할 기회를 얻게 될지도 모른다. 희생자의 존재적 상흔을 여전히 지배하고 있는 원한은 시간을 '역전' 또는 '지양'시킴으로써 가해자와 피해자가 현재의 갈등 속에서 조우하기를 바란다. 이렇게 지양된 시간 속에서 우리는, 그리고 우리의 역사적 노력은 비로소 윤리적 가능성을 얻게 될 것이다. 그러나 원한의 한계를 외면하는 것 또한 어려운 일이리라. 2부에서는 역사적 트라우마와 희생자들의 삶을 위해 원한이라는 불편한 도덕감정이 갖는 저항담론으로서의 잠재력을 고찰한다. 더불어 원한의 정치가 갖는 한계를 극복하기 위한 또 다른 가능성도 사유한다.

제4장

'원한'은 대항담론이 될 수 있는가?*

장 아메리의 원한에 대한 사유를 중심으로

전유정

1. '정복당한 사람의 극복을 위한 시도'

'장 아메리(Jean Améry)'[1]는 홀로코스트(Holocaust) 생존자로 강제수용소에서의 끔찍했던 체험을 증언했다. 아우슈비츠(Auschwitz)에서의 탈출 후 20년 동안이나 침묵했던 그는 자살로 생을 마감할 때까지 홀로코스트 재현의 불가

---

* 이 글은 ≪사회와이론≫, 41호(2022)에 실렸던 「인종혐오에 맞서는 '불편한' 윤리적 계기들: 장 아메리의 '원한'과 '폭력'에 대한 사유를 중심으로」의 내용을 일부 수정·보완한 것이다.

1 아메리는 1912년 오스트리아 빈의 '동화된 유대인' 가정에서 태어났다. 한스 마이어(Hans Mayer)가 본명이었던 그는 빈대학(University of Vienna)에서 철학과 문학을 전공했다. 1938년 나치가 오스트리아를 점령하자 벨기에로 망명을 떠난 그는 레지스탕스 운동에 참가했다가 나치에 체포된다. 브렌동크(Breendonk) 요새로 끌려가 고문을 받고, 모노비츠(Monowitz) 강제노동수용소에 배치되어 고초를 당했다. 1945년 종전 이후 본명의 철자를 바꿔 만든 필명 '아메리'로 벨기에와 스위스에서 저널리스트로 활동했다. 1960년대 중반부터 아우슈비츠에서의 박해 경험에 대해 증언하는 활동을 시작했고, 1978년 잘츠부르크의 한 호텔에서 자살로 생을 마감한다.

능성과 그 윤리적 문제에 대해 고통스럽게 사유한다. 특히 1966년에 출간된 『죄와 속죄의 저편. 정복당한 사람의 극복을 위한 시도(Jenseits von Schuld und Sühne. Bewältigungsversuche eines Überwältigten)』에서는 피해자로서 그 자신이 품고 있는 가해자에 대한 '원한(르상티망(Ressentiment))'을 다룬다. "희생자의 신분으로 말하고 원한을 연구하려 한"[2] 아메리는 "원한을 떨칠 수 없기 때문에, 그리고 떨치고 싶지 않기 때문에 그것과 함께 살아야 하고 원한을 반대하는 사람들에게 그것을 설명"[3]하기로 결심한다.

물론 아메리 스스로도 원한의 딜레마와 도덕적 아포리아의 문제로부터 자유로웠던 것은 아니다. 그러나 원한의 한계를 논한 프리드리히 니체(F. W. Nietzsche)와 막스 쉘러(Max Sheler)의 철학적 사유들, 현대 심리학의 우려 가득한 진단들에도 불구하고 그는 "세상을 향해 주먹을 되돌려주기"[4] 위해 '원한'의 대항담론으로서의 가능성을 강하게 설파한다.

『도덕의 계보학(Zur Genealogie der Moral)』(1887)에서 니체는 원한을 "행위에 의한 실제적인 반응을 할 수 없어서 상상의 복수를 통해서만 자위하고 마는 자들의 것"[5]이라고 규정한 바 있다. 그에게 원한은 고상한 도덕과 반대되는 '노예도덕'일 뿐인 것이다. 쉘러도 원한에 부정적인 입장이었다. 그것은 질투에 사로잡힌 주체가 보이는 소유대상과 가치들에 대한 집착이며, 계급의 수직구조로부터 자유롭지 못한 주체의 비교의식에서 비롯된 것이기에 절대로 대항감정이 될 수 없다는 것이다.[6]

2   장 아메리, 『죄와 속죄의 저편. 정복당한 사람의 극복을 위한 시도』, 안미현 옮김(서울: 길, 2012), 133쪽.
3   같은 책, 140쪽.
4   프리모 레비, 『가라앉은 자와 구조된 자』, 이소영 옮김(파주: 돌베개, 2014), 166쪽.
5   프리드리히 니체, 『도덕의 계보학』, 홍성광 옮김(고양: 연암서가, 2020), 47쪽.
6   Vgl. Max Scheler, *Das Ressentiment im Aufbau der Moralen*(Frankfurt am Main: Vittorio Klostermann, 1978), S. 5~12.

아메리 또한 원한이 "파괴된 과거의 십자가에 우리 스스로를 못 박는 것"[7]이라고 시인하기도 했지만, 그럼에도 그는 이를 통해서만 "그들(가해자)과 나(피해자) 사이에 놓여 있는 시체더미"[8]를 치울 수 있다고 봤다. 그렇게 그의 원한은 "범죄가 범죄자에게 도덕적 현실이 되도록 하기 위해, 그가 자신이 저지른 범행의 진실과 대면하도록 하기 위해 존재"[9]해야만 한다는 것이다. 그리하여 이러한 아메리의 원한에 대한 사유에 기대 이 '불편한 도덕감정'이 갖는 저항담론으로서의 잠재력을 고찰해 보려 한다.

2. 피해자라는 불가역적 상태

종전 이후 1960년대 무렵까지 홀로코스트 문제에 대해 침묵했던 독일 공론장의 비윤리적 시기를 지나, 아메리는 1960년대 중반부터 희생자로서 겪은 고문과 망명의 경험을 증언하기 시작한다. 그리고 그의 글들은 20년 정도의 시간이 지났음에도 희생자이자 생존자였던 아메리가 여전히 아우슈비츠의 폭력과 그로 인한 존재의 상흔에 사로잡혀 있다는 것을 보여주었다.

더 이상 노란 별을 달고 강제수용소에서 고문 받지 않는다고 할지라도 아메리는 "피해자가 처한 불가역적 상태"[10]로부터 한순간도 벗어날 수 없었다고 한다. 경찰에 의한 최초의 폭력으로 세상에 대한 신뢰를 잃어버린 그는 여전히, 그리고 지속적으로 그 신뢰를 잃어버려야 했다. '자기연민'과 '자기혐오' 속에서 박해를 견뎌야 했던 유대인은 계속해서 고독하게 과거와 싸울

---

7 아메리, 『죄와 속죄의 저편』, 142쪽.

8 같은 책, 143쪽.

9 같은 책, 144쪽.

10 W. G. 제발트, 『캄포 산토』, 이경진 옮김(파주: 문학동네, 2018), 173쪽.

뿐이었다. 제3제국의 멸망 이후에 그가 할 수 있는 것이라고는 세상의 낯설음에 적응하려는 노력이었지만, 불행하게도 그는 매일같이 무기력한 고독 속에서 자기 자신을 발견할 뿐이었다.

그렇게 물리적 박해가 종결되고도 아메리는 계속 "고문을 받으며 혼자" 침묵했지만, 1964년부터 자살로 생을 마감할 때까지는 저항의 글쓰기를 이어나간다. W. G. 제발트(W. G. Sebald)가 평한 것처럼 "아메리의 작가적 태도 중 가장 인상적인 면모는 그가 저항의 힘의 진짜 한계를 알고 있는 소수의 사람들처럼 부조리할 만큼 지독스럽게 저항했다는 점이다".[11] 그리고 그 저항의 중심에는 원한이 자리 잡고 있었다. 이는 그 어떤 것으로도 보상받을 수 없는 폭력을 동일한 방식으로 복수하기 위함이 아니라 '피해자가 처한 불가역적 상태'를 가해자의 현재에도 가져오려는 고군분투다. 즉, "억압자와 피억압자 간 ― 도덕적인 의미에서 ― 벌어지지 못한 갈등을 현재에 되살리려는 시도"[12]인 것이다. 이러한 시도가 없다면 시간이 흐를수록 집단적 죄로 부담을 느끼는 진영은 가해자들이 아니라 희생자들이라는 것이 아메리의 주장이다.

아메리는 흘러가는 '탈개인화된' 시간이 피해자의 편이 아님을 지적한다. 망각이라는 시간법칙에 지배된 세상은 가해자가 아닌 피해자에게 더 가혹한 곳이었다. 그런 의미에서 홀로코스트라는 집단적 죄로 지속적으로 고통을 받아야 하는 자들은 역설적이고 비극적이게도 유대인들이라는 것이다. 아메리는 이러한 도돌이표와도 같은 절망의 상태에 저항하기 위해 원한을 희생자들의 대항담론으로 내세운다. 이는 무력이 아닌 생산력으로 다시 번창해 가는 독일 민족의 "의식 상태를 계획적인 노력하에 예민하게"[13] 만들기

---

11 제발트, 『캄포 산토』, 182쪽.
12 같은 책, 184쪽.
13 제발트, 『캄포 산토』, 184쪽.

위한 것이라고 볼 수 있다. 시간이 자연스럽게 '망각이라는' 자신의 임무를 완수하게 두어서는 안 되는 것이다. 원한이라는 처절한 동력은 가해자들의 현재에 그들의 잘못을 끌어다 놓아야 한다.

3. 고문당한 신체, '탈구'된 몸

가해자들의 잘못을 현재로 소환하지 못한다면 사회의 시간은 그것의 헛된 안정만 추구하며 희생자들의 '훼손된 삶'을 잊어버리기 시작한다. 그리하여 아메리는 원한을 통해 가해자들의 잘못을 '도덕적 현실'로 만들려고 한다. '피해자가 된 자가 영원히 피해자로 남을 수밖에 없는' 비극적인 시간의 흐름 또는 '흐르지 않음'을 가해자들에게도 되돌려줘야 한다는 것이다. 가해자들의 잘못이 쉽게 과거의 것이 되도록 두어서는 안 된다. 한 번 고문당한 자는 그 이전의 자신으로 돌아갈 수 없다는 비극을 떠올려야 할 것이다.

이를 위해 아메리는 고문당한 사람의 신체를 재현하고자 절박하게 노력한다. 그에 따르면 고문당한 자는 첫 번째 구타에 의해 이미 "우리가 세상에 대한 신뢰라고 부르고 싶어 하는 것"[14]을 상실하게 된다. 고문을 통해 고통을 겪은 자에게, 그동안 믿어 왔던 인간성에 대한 가치는 전혀 다르게 다가온다. 또한 그는 자신의 몸을 '무력한 육체성' 자체로 받아들이게 된다. 고문을 당하기 전 몸의 경계는 내 자아의 경계인 것처럼 느껴지기도 했고, 외부 세계에 대항해 나를 보호해 주는 장막이기도 했다. 그러나 내 피부의 표면이 그런 경계와 보호막이 되어줄 수 없을 때 고문 받은 자의 신체는 '실존적인 절멸' 상태에 이른다.

---

14 아메리, 『죄와 속죄의 저편』, 71쪽.

그러나 인간의 언어로 그 절멸의 고통을 어떻게 표현할 수 있을 것인가. 아메리의 토로처럼 고통은 고통인 것이고, 그것을 넘어서는 어떤 것을 말하는 것은 불가능하다. 게다가 그 고통을 언어로 전달하려는 시도를 하면 할수록 피해자는 매번 스스로 고문 집행자가 되어야만 하는 절망의 굴레로 떨어진다.[15] 그럼에도 아메리는 고문당한 자로서 그가 겪어야만 했던 박해의 고통을 처절하게 재현하려고 노력했다.

자기 자신이 당한 고통을 재현하는 것은 스스로 고문자가 되기를 각오해야 하는 것이다. 이러한 아메리의 시도에 대해 제발트는 "언어적 전달 능력의 극한"[16]에서 이루어지는 작업이라고 평한 바 있다. 아메리는 자신이 견뎌낸 고통을 서술하기 위해서 언제라도 수면 위로 올라올 수 있는 슬픈 감정을 떨쳐내고, "지독히도 철저하게 거리를 유지"[17]한다는 것이다. 아메리는 조금이라도 고통을 이야기하는 목소리가 흔들릴 것 같다면 아이러니라는 수단을 꺼내 방어하고 있는지도 모른다.[18] 그리고 아메리의 이러한 아이러니한 수사로 인해 이제 독자는 '고문'이란 단어의 어원인 '탈구되다'와 고문으로 '탈구된' 아메리의 어깨를 떼어내 사유하기 어려워졌을 것이다.

고문의 고통을 힘들게 언어로 표현하려 하지 않더라도 고문당한 자는 언제나 고문당한 채로 머물 수밖에 없음을 아메리는 절규하듯 강조한다. 고문에 의한 고통에 휩싸였던 자는 이제 자신의 육체를 그 이전의 그것과 같은 방식으로 인지할 수 없다는 것이다.

고문을 경험한 몸은 '최고의 강도로 육체화'되기 마련이다.

인간의 신체가 가장 강력하고 끔찍한 강도로 살덩어리 그 자체로서의 육

---

15 같은 책, 79~80쪽 참조.
16 제발트, 『캄포 산토』, 179쪽.
17 같은 책, 179~180쪽.
18 같은 책, 179쪽 참조.

체가 되는 순간이 바로 고문인 것이다. 그리고 이러한 육체성의 순간은 '자기부정'이라는 비극적 과정과 연결된다. 그렇기에 아메리는 고통은 지나갔지만 여전히 지나가지 않았다고 증언한다. "나는 22년이 지난 후에도 탈구된 팔로 묶인 채 거꾸로 매달려 헐떡거리면서 나 자신을 비난한다."[19]

이제는 극악무도한 고문집행자가 곁에 없다고 하더라도 고문의 고통은 여전히 당했던 자의 존재를 지배한다. 한 번 탈구된 팔은 '나'의 존재도 탈구시켜 허공에서 허우적거리게 만든다. 고문을 경험한 자에게 자신의 신체가 그 이전의 것일 수 없게 된 것처럼 이 세상 또한 그에게는 비통함과 수치심의 공간으로 변모하게 된다. 타인에게 고통을 가하고 망가뜨리는 것을 통해 자신의 소임을 행하는 자가 존재한다는 것만으로, 이 세계는 신뢰할 수 없는 곳이 된다. 그리하여 아메리는 한나 아렌트(Hannah Arendt)와 같은 철학자의 "악의 평범성"이라는 테제에 분노할 수밖에 없을 것이다.

타인을 박해함으로써 자기실현을 행하는 자를 눈앞의 절대적 권력자로 경험한 희생자들은 결코 악의 평범함과 같은 허황된 수사를 머릿속에 떠올리기조차 어려울 것이다. "고문당한 사람은 이 세계에 절대적인 지배자로서의 타자가 있을 수 있다는 것을, 거기서 지배란 고통을 가하고 파멸시키는 권리로 드러난다는 것을 경악과 함께 경험"[20]했기 때문이다. 그러므로 몇십년이 지난 후에도 어깨가 탈구된 채 허공에서 허우적거리는 자신을 마주해야 하는 희생자들에게 원한의 한계를 설파하고, 속죄, 화해, 용서를 이야기하는 것만큼 폭력적이고 비논리적인 것은 없을 것이다.

---

19 같은 책, 85쪽.
20 같은 책, 90쪽.

4. '호명된' 유대인의 불가능한 과제로서의 '유대인-되기'

아메리가 실존을 부정당하는 고통을 경험해야 했던 이유는 그가 '유대인'이었기 때문이다. 그러나 아메리에게 있어 '유대인'이라는 정체성은 갑작스러운 외부의 호명 과정과도 같은 것이었다. 정확히 말하자면 어떤 전통이나 자발적 의지를 통해 견고해지는 과정이라기보다는 갑작스럽게 진행된 권력기관의 '폭력적 선언'이었다고 볼 수 있다. 유대인의 전통을 고수하려고 하지 않는, 일종의 유럽 문화에 '동화된 유대인'에 속했던 아메리는 1935년 어느 날, 오스트리아 빈의 한 카페에서 충격적인 경험을 하게 된다. 이는 카페에 앉아 독일에서 막 통과된 '뉘른베르크 법(Nürnberger Gesetze)'[21]에 대한 신문기사를 읽었을 때 시작되었다.

자신을 유대인으로 인지하며 지낼 필요가 없었던 청년시절의 아메리는 '뉘른베르크 법'으로 인해 돌연 유대인으로 호명되었음을 알 수 있었다. 그의 생김새도, 유대 문화에 대한 지식도, 신문기사를 읽기 30분 전보다 더 '유대인적으로' 된 것은 아니었지만 세상은 갑자기 그를 유대인이라고 선고했다. 게다가 이는 곧 '죽음에 내맡겨짐'을 뜻하게 되었다. "유대인이란 내게는 이처럼 처음부터 휴가 중인 사자(死者)였고, 우연히 아직 자신이 진짜 속해야 할 곳에 있지 않은 살해될 사람이란 것을 의미했으며, 그것은 많이 변형되고 정도의 차이가 있긴 하지만 오늘날까지 남아 있다."[22]

아메리의 섬뜩한 표현에서처럼 그에게 유대인이라는 정체성은 휴가 중인, 즉 미지의 어떤 것이었지만 '이미' 죽음을 몰고 오는 것이었다. 그는 자

---

21 나치 집권하에 제정된 반유대주의를 제도화한 법으로, 1935년 9월 15일 뉘른베르크 전당대회에서 공표되었다. 독일계 유대인들은 시민권을 박탈당했고, 독일인이나 관련 혈통을 가진 사람과의 결혼 및 성관계를 금지당했다.

22 같은 책, 171쪽.

신이 속해 있었는지도 몰랐던 '그곳'에 의해 죽음의 위협이라는 "측정할 수 없는 차원"[23]의 유대성을 부여받는다. 그리고 이러한 죽음의 위협은 '존엄성 상실'과 동일한 것으로 아메리에게 다가온다.

유대인으로 호명된 아메리는 부정적인 유대인의 속성 또한 강요받아야 했기에, 이에 저항하지 않을 수 없었다. 그러나 저항을 위해서는 유대인이라는 호명을 받아들이지 않을 수 없는 역설적인 난관에 봉착하고 만다. '유대적 전통을 자발적이고 충실하게 지켜나가는 자들'과 아메리는 다른 목적과 연유로 유대인임을 거부할 수도, 완전히 인정할 수도 없는 일종의 '이중 속박상태'에 처한다. 프리모 레비(Primo Levi)는 이러한 아메리의 유대인되기를 "불가능한 동시에 의무적인 것"[24]이라고 표현한 바 있다. 어느 순간 갑작스레 유대인으로 규정되어 존엄성을 박탈당한 아메리는 이에 저항하기 위해, 즉 죽음의 위협에서 벗어나기 위해 역설적으로 자신의 운명을 받아들일 수밖에 없었던 것이다. 아메리가 유대인과의 연대를 추구하는 것은 반유대주의에 대한 반작용을 넘어서는 의미를 지닌다. 그는 잃어버린 존엄성을 되찾기 위해 자유권과 같은 인간의 기본권리는 물론 신체적으로도 위협받고 고통받아야 했던 모든 유대인과 연대하기를 결정했다.

유대적 신앙이나 시오니스트(Zionist)와 같은 이상을 추구하는 것과는 관계없이 아메리는 오로지 '위협받음'을 통한 연대로 스스로를 동시대의 유대인들과 연결시킬 수 있었다. 이러한 소속감 없이는, 나아가 이러한 소속감을 통한 저항 없이는 아메리라는 유대인은 아우슈비츠라는 현실 앞에서 나약한 도망자가 되었기 때문이다.

매일 아침마다 팔의 아랫부분에 적혀 있는 아우슈비츠에서의 수감 번호를 보며 아메리는 자신이 외면할 수 없는 유대인이라는 강제된 정체성을 되

---

23 같은 책, 170쪽.
24 레비, 『가라앉은 자와 구조된 자』, 155쪽.

닌다. 비록 그것은 자기혐오를 끊임없이 불러일으키는 부정적인 것이자 존엄성을 앗아간 존재의 뿌리처럼 느껴지기도 하지만, 그는 이를 벗어버리려 노력하지 않는다. 오히려 그 유대인성에 의지하면서 더 이상 신뢰할 수 없는 세상에 홀로 서서 아직 끝나지 않은 반유대주의의 사형선고를 증언하고 반박하기 위해 고군분투한다. 나아가 존엄성을 되찾고자 하는 저항의 원천인 '분노'가 수그러들지 않게 만든다.

아메리는 이러한 '파국의 감정' 속에서 인간적으로 살아갈 수 있는지에 대해 회의적으로 자문하기도 했지만, 분노와 원한 없이는 저항조차 시도할 수 없다는 것이 그의 결론이다. "파국에 의해 규정된 자신의 존재를 밝히면서 이른바 유대 문제의 현실을 긁어모아 하나의 형태"[25]를 만들기 위해서 파국의 감정은 원동력이 되어주었다. 그리고 아메리는 이러한 불안하고 긴장 상태를 유발하는 감정을 윤리적이거나 형이상학적인 기준으로 평가하려는 것을 거부한다. '강제된 유대인'은 파국의 감정으로 자신을 '무장'한다.

5. 원한의 힘

아메리는 아우슈비츠의 무참한 폭력에 대한 반작용으로 야기된 원한에 대해 스스로도 완전히 이해하지 못했음을 고백하기도 했다. 게다가 아메리는 결코 원한의 정당성을 주장하고 있지 않으며, 원한의 한계에 대해서도 충분히 인지하며 경계하고 있다. 그럼에도 그는 원한의 정치적 잠재력에 대해 사유하는 것을 포기할 수 없었다. 자신과 같은 희생자들 속에 원한은 여전히 삶을 지배하는 어떤 것으로 남아 있는데, 독일의 공론장에서는 직접적

---

25 같은 책.

인 나치의 가해자나 공모자들이 제대로 된 역사의 심판을 받고 있지 않았기 때문이다. 아메리는 범죄자들이 명예롭게 나이를 먹음으로써 다시 한 번 당당하게 희생자들을 이겨내는 기회를 얻는 것에 침묵할 수 없었다.

거듭 강조하지만 아메리는 아렌트와 같은 철학자들처럼 정치적인 논쟁으로 희생자들의 감정 또는 윤리적 과제에 대해 논하고자 하는 것이 아니다.

아메리는 공적이고 사회적인 차원에서 희생자의 분노 가득한 심리적 상흔을 들여다보는 것에는 관심이 없었다. 객관성을 주장하는 학문들이 아메리가 사로잡힌 감정을 '집단 수용소 신드롬'이나 '정치적 박해의 후유증' 등과 같은 용어로 진단한다고 하더라도, 그는 스스로에게 직접 청진기를 대고 싶었다고 한다.[26] 육체는 물론이고 심리적으로도 절멸되었던 상태를 견뎌낸 자들의 소진되고 왜곡된 인격적 측면에 대해 직접 분석하고 진단하고자 했던 것이다.

원한이 '이미 패배한' 희생자의 굴레라고 비판하는 목소리를 아메리 또한 외면하지 않는다. 오히려 그에 대해 차분히 반박하며 원한이 희생자들에게 가져다 줄 잠재적 영향력을 역으로 보여준다. 아메리는 다른 이들이 우려하는 것처럼 원한과 자기연민을 혼동하고 있지 않다. 그가 스스로를 자기연민으로부터 지키는 것은 아우슈비츠를 경험해 보지 못한 사람들이 생각하는 바와는 다르게 어렵지 않기 때문이다. 손쉬운 연민 혹은 공감과는 다르게 강제수용소에서 살아남은 이들은 "자신의 무방비상태와 전적인 무력함에 눈물을 흘리기보다는 스스로를 경멸"했다고 한다. "우리 속에는 자기비난에 대한 유혹이 자기연민에 대한 면역과 마찬가지로 깊이 간직되어 있다. 우리는 눈물을 믿지 않는다."[27]

아메리는 원한이 스스로를 과거의 십자가에 못 박는 어리석은 것이라는

---

26 같은 책, 140~141쪽 참조.
27 같은 책.

지적에도 적극적으로 반응한다. 그 또한 원한이 반자연적이고 논리적으로 모순된 것이라는 점을 생각해 보지 않은 것이 아니다. 원한을 가진 희생자는 되돌릴 수 없는 것이 되돌려지기를, 일어난 것이 일어나지 않은 것이기를 요구하는 비생산적이며 비논리적인 상태에 지속적으로 처하기 때문이다. 그리고 이러한 무능력한 도돌이표 속에서 희생자는 과거에만 사로잡혀, 현재와 미래에 존재하고 있을지도 모르는 출구를 찾지 못하게 된다. 그럼에도 아메리는 원한의 힘을 믿는 것을 멈출 수 없었다.

아메리가 원한의 가능성을 버리지 못한 이유는 인간적 희망이나 미래로의 출구가 가해자들에게는 쉬운 것일 수도 있겠지만, 피해자들에게는 전혀 그렇지 못한 것이었기 때문이다. 극한의 육체성으로 자신의 신체를 경험하게 한 고문의 고통은, 그리고 그것을 겪은 '나'는 '고상한' 누군가가 이야기하고 권하는 것처럼 "윤리적으로 비상"하기 어려웠다. 아메리는 "피해자들이 지나간 고통을 내면화하고 감정적인 금욕 속에서 받아들여야 한다고" 윤리적으로 자신을 타이를 수 없었다.[28] 그는 망상 속에서라도 가해자들에게 같은 고통을 가하며 버텨 왔던 것이다. 그리고 이러한 그의 결정에 대해 누구도 쉽게 평가하거나 도덕적 잣대를 들이댈 수 없을 것이고 없어야 한다.

그러나 희생자들의 망상이 지향하는 것은 그들이 받은 고통을 고스란히 가해자들에게 돌려주고자 하는 일차적인 복수가 아니다. 아메리는 자신에게 있어 가해자였던 그 사람과 공범이 되기를 원하지 않는다. 그들이 스스로 자신을 부정하고, 그 부정 속에서 가해자들이 피해자들을 만나기를 요청한다.

피해자가 받았던 정도에 비례하는 고통을 가해자가 받았다고 해서 훼손되었던 희생자의 존엄성이 회복되는 것은 아니다. 그렇기에 아메리의 머리

---

28 같은 책, 142쪽 참조.

를 삽자루로 내리쳤던 플랑드르 출신의 친위대원이 처형되었을 때 그는 복수로 인한 통쾌함을 단연코 느끼지 않았다. 바이스가 진정으로 속죄했기를 바라지도 않았다. 다만 가해자를 처형하는 총알 앞에서 바이스가 자신이 저지른 범행의 '도덕적 진리'를 깨달았을지도 모른다고 '추론'할 뿐이었다. 즉, 가해자였던 그가 자신이 처형되는 순간에야 비로소 – 아메리가 삽자루로 인해 느꼈던 고통처럼 – 박해로 인한 최종적인 고독을 체험했기를 바라는 것이다.

아메리는 처형대 위에 세워진 가해자의 진심 어린 참회를 믿지도 바라지도 않았다. 그가 원한을 통해 되살리려는 것은 제발트도 동의하는 것처럼 "화해가 아닌 갈등 상황 속에서 도덕적 진리가 발견될 수 있으리라는 기대"[29]다.

6. 원한과 윤리적 시간

희생자의 원한으로 하여금 가해자가 자기부정 속에서 피해자를 제대로 마주할 기회가 열린다면 여기서 중요한 것은 "갈등의 조정이 아니라 갈등의 개시"[30]다. '아우슈비츠'가 독일의 과거가 아니고 현재이자 미래라는 사실을 지속적으로 상기시키기 위해 아메리는 원한을 품고 손가락을 치켜들며 버티는 것이다. 그래야만 가해자들은 제3제국의 12년을 망각의 어떤 것으로 묻어두지 못하고, 자기부정을 위한 자산으로 간직하게 될 것이다. 피해자의 원한이 가해자로 하여금 시간의 법칙을 거슬러 부동의 '현재' 속에서 자기부정을 하게 한다면 "두 집단의 사람들, 곧 지배한 자와 지배당한 자는 시간의 역전과 함께 역사의 도덕성을 소망하는 지점에서 서로 만나게 될 것이다."[31]

---

29 제발트, 『캄포 산토』, 183쪽 참조.
30 같은 책, 184쪽.

시간의 역전을 위해서는 시간의 감각을 '도덕적인 영역'으로 옮겨야 한다. 즉, 사회가 원하는 대로 시간이 흘러가도록 두어서는 안 된다. 오래전에 일어난 일을 사회의 안정을 위해 용서되어야 할 어떤 것으로 간주하는, 즉 '소멸 시효의 원칙'을 믿는 '탈개인화된' 인간은 희생자로서의 잘못된 과거를 용서하는 것처럼 행동할지도 모른다. 그러나 아메리는 시간이 이렇게 생물학적이고 사회적으로 흘러가도록 내버려둘 수 없었다.

사회적이고 생물학적인 시간 감각에 굴복한 화해와 용서만큼 역사적으로 무의미하고 희생자들에게 폭력적인 기만은 없을 것이다. 자연적인 소멸 시효의 법칙을 거슬러 가해자의 시간을 역전시켜야 한다. 이를 통해 가해자와 피해자가 현재의 갈등 속에서 조우하도록 해야만 한다. 이렇게 "지양"된 시간 속에서 우리는, 또는 우리의 역사적 노력은 비로소 "윤리적"인 가능성을 얻게 되는 것이다. 그리고 이것이 바로 아메리가 절규하듯 호소하는 원한이 가진 대항담론으로서의 힘일 것이다.

---

31 아메리, 『죄와 속죄의 저편』, 157쪽.

참고문헌

니체, 프리드리히(Friedrich Wilhelm Nietzsche). 2020. 『도덕의 계보학』. 홍성광 옮김. 고양: 연암서가.

레비, 프리모(Primo Levi). 2014. 『가라앉은 자와 구조된 자』. 이소영 옮김. 파주: 돌베개.

아메리, 장(Jean Améry). 2012. 『죄와 속죄의 저편: 정복당한 사람의 극복을 위한 시도』. 안미현 옮김. 서울: 길.

제발트, W. G.(W. G. Sebald). 2018. 『캄포 산토』. 이경진 옮김. 파주: 문학동네.

Améry, J. 1977. Jenseits von Schuld und Sühne. Bewältigungsversuche eines Überwältigten. Stuttgart: Klett-Cotta.

Scheler, M. 1972. Das Ressentiment im Aufbau der Moralen. Frankfurt am Main: Vittorio Klostermann.

제5장

피해자의 자리를 전유하기*

베트남전쟁 참전 트라우마에 대한 영화적 재현의 국적과 젠더

조서연

1. 베트남전쟁 영화의 귀환과 기억 투쟁의 전개

베트남전쟁은 한국군이 해외에 파병된 첫 전쟁으로 잘 알려져 있다. 8년 6개월이라는 긴 기간에 걸쳐 연인원 32만여 명이 파병된 베트남전쟁 참전의 의의와 성과는 영화를 비롯한 다양한 미디어를 통해 꾸준히 선전되었다. 그러나 1975년 베트남전쟁 종전이 박정희 정부에 의해 '월남 패망'으로 명명된 후 한국 사회에서 베트남전쟁은 가파른 속도로 잊혀 갔다. 이 같은 침묵과 망각은 한편으로는 정권의 통제에 의한 것이기도 했고, 한편으로는 '월남 특수'를 향한 대중의 열망이 사그라지면서 자연스레 진행된 것이기도 했다. 그 과정에서 파월 군인과 기술자를 비롯한 한국인들은 고국으로 귀환한 후에도 일종의 "내부 난민"과 같은 상태에 처해야 했다. 이들은 "유례없

---

* 이 글은 ≪현대문학의 연구≫, 71권(2020)에 실렸던 「피해자의 자리를 전유하기: 베트남전쟁 참전 트라우마에 대한 영화적 재현의 국적과 젠더」의 내용을 일부 수정·보완한 것이다.

는 통치력을 행사했던 국가 권력과 대조적으로 초라해진 귀환자의 삶"[1]으로 내몰렸으며, 떠날 때는 예상할 수 없었던 귀환 후의 생활고나 전쟁 후유증 등은 개인적으로 감내해야 할 일이 되었다. 경부고속도로 건설로 표상되는 남한의 경제 성장에 대한 "지배적인 허구"를 구성하고 '국민 총화'를 다지는 데 있어 이들의 삶은 드러나서는 안 되는 것이었으나, 그 존재는 "전체성에의 의지"의 성공적인 완성을 끝끝내 방해하며 그림자처럼 존속해 왔다.[2]

1987년의 민주화와 더불어 새로운 유형의 베트남전쟁 영화들이 비로소 나타나기 시작한 것은 이와 같은 맥락 속에서의 일이었다. 드러내고 말할 수 없었던 기억들이 '억압된 것들의 귀환'이 급물살을 타는 역사적 국면과 접합하면서, 베트남전쟁에 대한 영화적 재현의 새로운 핵심으로 출현한 것이다. 리영희의 저작을 기반으로 1970년대 지식인 사회에서 유통되었던 "(베트남) 민족의 해방·재통합을 위한 투쟁의 계속"[3]으로서의 베트남전쟁, 1980년대 운동 세대에서 공유되었던 반미·자주·혁명의 상징으로서의 베트남전쟁이라는 인식은 1987년이라는 뚜렷한 시대적 경계선을 넘어선 이후에야 영화에 반영되기 시작했다. 이는 민주화 이전과 이후 간 지배-저항담론의 정치적 대결 구도로 이해되기 쉬우며, 그러한 이해는 상당 부분 진실이기도 하다. 그러나 그간의 침묵을 깨는 베트남전쟁 영화들이 이 시기에

---

1 김주현, 「월남전 후반기(1970~1975) 귀환 서사에 담긴 '한국민 되기'의 (불)가능성」, ≪어문론집≫, 70집(2017), 306쪽.

2 카자 실버만(Kaja Silverman)은 에르네스토 라클라우(Ernesto Laclau)를 빌려와 자신의 '지배적인 허구' 개념을 다음과 같이 설명한다. "지배적인 허구는 규범적인 주체가 상징적 질서와의 상상적인 관계를 맺는 이데올로기적 시스템 이상의 것이다. 이는 라클라우가 '전체성에의 의지'라고 부른 것을 통해서도 특징되는 것으로, 한 사회가 '폐쇄, 의미의 고정, 차이의 끝없는 실연에 대한 비인식(non-recognition)에 바탕을 두고 자기 자신을 조직하려는' 메커니즘을 말한다". Kaja Silverman, *Male Subjectivity at the Margins*(New York: Routledge, 1992), p.54.

3 리영희, 「베트남 전쟁(3)」, ≪창작과비평≫, 10권 2호(1975), 276쪽.

나타난 것은 공식적인 파월 서사를 일방적으로 강요했던 억압적인 지배 담론이 민주화라는 정치적 급변의 계기를 만나 대항담론으로 전복·교체되었다는 단선적인 구도로 이해될 수만은 없는 복잡한 일이었다.

베트남전쟁에 파병된 한국군 장병들이 "피해자성을 내포한 가해자성"[4]을 지닌 이중적인 존재라는 점을 여기에서 눈여겨볼 만하다. 한국군의 파월이 한일협정으로 인한 박정희 정부의 정치적 위기 극복과 '월남 특수'를 통한 경제 성장을 도모하려는 계획이었다고 할 때 이를 실현해 줄 주체가 미국 정부였다는 점은 파월된 한국군 개인들을 중층적인 소외로 몰아넣었다. 전장에서 전투를 수행하는 것은 병사 자신의 몸이지만 그 몸이 행할 일과 향할 바를 결정하는 주체는 박정희 정부와 미 당국이었던 것이다.

김현경은 사회에서 '사람'으로 간주되지 않는 부류로 태아, 노예, 사형수와 함께 군인을 꼽으며, 현대전에서 병사는 사람이 아니라 시민권의 일부와 인격을 부정당하는 사물, 즉 사회적으로 죽은 사람으로 존재한다고 말한다. 그가 루소(Rousseau)를 인용하며 지적한 바와 같이 현대의 전쟁은 인격을 갖춘 개인 대 개인의 관계가 아니라 국가 대 국가의 관계고, 이때 개인은 인간도 시민도 아닌 병사일 뿐이다. 이는 국가들이 전쟁을 벌이거나 동맹을 맺는 등 상호 간 인격적 관계를 유지하는 동안 군인들은 인격을 박탈당하고 물건처럼 사용되고 있으며, 나아가 군인됨 자체가 이미 '죽어 있는' 존재로의 강등을 전제하고 있음을 의미한다.[5] 전시라 할지라도 시민을 죽이는 것은 죄가 되지만 (무기를 든) 적군을 죽이는 것은 살인도 전쟁범죄도 아니라는 점은 군인이 '사람'으로 간주되지 않는 측면을 분명하게 보여준다.[6] 그러나

---

4   신지영, 「'피해자성을 내포한 가해자성'과 아시아 인민연대: 오키나와의 한국전쟁, 한국의 베트남 전쟁, 그리고 전시성폭력」, ≪상허학보≫, 58집(2020).

5   김현경, 『사람, 장소, 환대』(서울: 문학과지성사, 2015), 41~43쪽.

6   같은 책, 40쪽.

전장에서 살아남은 군인은 결국 귀환해 시민들, '사람'들의 장소로 돌아간다. '사람'인 상태에서라면 저지를 수 없었을 폭력을 태연히 자행하고 '사람'이라면 겪지 않아야 할 극단적인 폭력과 공포에 노출되었던 경험을 각인한 채 다시 '사람'이 되어 살아가야 한다는 상황은 돌아온 군인들로 하여금 자신의 경험과 기억을 어떻게든 안정화하고 서사화하며 정당화하도록 요구한다. 이 과정은 병사 개인의 경험에 대한 해석과 재현에서부터 전쟁 자체의 성격에 대한 탐구로까지 확장될 수 있다.

흥미로운 것은 베트남전쟁의 경우 이 과정이 참전군인 개인의 피해자성과 고통에 대한 주목으로 시작되었다는 점이다. 미국에서는 이 과정이 전투를 직접 수행한 병사들과 참전을 결정한 당시의 정부를 분리하고, 후자에 파병과 '패전'의 책임을 묻고 비난하며 전자를 피해자화하는 방식으로 이루어졌다.[7] "인류의 양심에 그어진 상처"[8]로 이야기되는 베트남전쟁 참전에 대한 가책과 인간성을 박탈당한 채 전장으로 내몰렸던 고통스러운 경험의 뒤엉킴을 이해 가능한 방식으로 정리하는 그 같은 논리는 젠더화된 인식론을 통해 미국의 '재남성화'를 추동하면서 1980년대 미국 대중문화의 지배적인 경향을 형성했다.[9] 반면 한국의 경우 참전에 대한 비판적 해석과 회고가 가능해지기까지는 한층 오랜 시간이 필요했다. 파병 시기가 군사화된 개발독재의 시기였다는 점이나 당시 자국 정부가 미국과의 관계 속에서 파병을 결정했다는 점 등의 조건들을 생각해 볼 때 파병 시기부터 반전 운동이 거세었고 '패전'에 대한 인식도 뚜렷한 편이었던 미국에 비해 한국에서는 참전군인 당사자들과 파병 결정 주체의 위상 및 관계를 해석하는 것 역시 한층 복

---

7 Susan Jeffords, *The Remasculinization of America: Gender and the Vietnam War*(Bloomington: Indiana University Press, 1989), pp.116~143.

8 리영희, 『베트남戰爭: 30년 베트남전쟁의 전개와 종결』(서울: 두레, 1985), 5쪽.

9 Jeffords, *The Remasculinization of America: Gender and the Vietnam War*.

잡한 과제일 수밖에 없었다.[10]

이러한 사정 속에서 만들어진 문제적인 영화로 〈하얀 전쟁〉(정지영, 1992)을 꼽지 않을 수 없다. 이 영화는 광주항쟁 이후 형성된 반미감정과 군사독재정권에 대한 비판 의식을 바탕으로 '파월 한국군의 미국 용병론'에 입각한 베트남전쟁론을 펼쳐낸 동시에, 파월 한국군에 의한 민간인 학살의 기억을 서사의 결정적인 국면으로 다룸으로써 큰 파장을 일으키며 대중영화를 통한 베트남전쟁 재현의 도약을 이루었다. 그러나 〈하얀 전쟁〉은 베트남전쟁을 한-미 국가 간 신식민지의 문제로 바라보면서 파월 한국군을 미군의 피해자로 정초하는 한편, 주한미군 기지촌의 한국인 여성과 베트남 기지촌의 베트남인 여성을 성애화하고 타자화함으로써 파월 참전군인이 지닌 '피해자성을 내포한 가해자성'을 한국인 남성 개인의 피해자성으로 정리하고 만다.[11] 이는 단지 해당 작품만의 문제가 아니라 당대의 민주화 및 탈식민주의 담론의 전반에 도사리고 있었던 자국 중심성과 남성중심성의 근본적인 사각지대에서 싹튼 징후적 사례로 이해될 만하다.

〈하얀 전쟁〉의 그와 같은 위치는 이후 한국의 가해자성에 주목한 영화들을 견주어 볼 때 한층 두드러진다. 파월 한국군과 미군, 나아가 베트남 대불항쟁 시기의 프랑스군까지를 베트남인 여귀(女鬼)의 시선에서 동궤에 놓은 공포영화 〈알 포인트〉(공수창, 2004)나 민간인 학살 피해 당사자들을 처음으로 스크린에 등장시킨 다큐멘터리 〈미친 시간〉(이마리오, 2003) 등은 베트남

---

10 신지영은 한국군의 파월과 관련해 '피해자성을 내포한 가해자성'의 중층적 성격이 충분히 성찰되기까지의 지난한 과정을 되짚으면서, '가해자성'에 대한 자각이 이루어지는 것이 어려운 반면에 스스로의 '피해자성'은 그보다 훨씬 앞서 한층 쉽게 인지되었다는 점을 실증한 바 있다. 신지영, 「'피해자성을 내포한 가해자성'과 아시아 인민연대: 오키나와의 한국전쟁, 한국의 베트남 전쟁, 그리고 전시성폭력」.

11 조서연, 「영화 〈하얀 전쟁〉과 진보적 남성 민족 주체의 베트남전쟁 기억 만들기」, 《한국극예술연구》, 68집(2019).

전쟁에 대한 기존의 대항적 인식에서 오랫동안 바탕을 이루어 왔던 자국 중심적인 탈식민주의의 한계 너머를 보여준 바 있다. 또한 이길보라 감독의 다큐멘터리 〈기억의 전쟁〉(2018)은 민간인 학살 문제에서 한국 정부의 책임을 전면적으로 문제 삼는 동시에 세대의 차원과 젠더의 차원을 개입시킨 아시아 인민 연대의 가능성을 열어젖히고 있기도 하다. 이는 특히 영화에도 등장하는 2018년 '베트남전 시기 한국군에 의한 민간인 학살 진상 규명을 위한 시민평화법정'에서 짚어진 바와 같이 한국의 베트남전쟁 담론이 일국적인 관점을 넘어서서 일본군 '위안부' 문제와 베트남전쟁 당시 자행된 학살 및 전시성폭력 문제를 복합적으로 성찰하는 단계에 현재 접어들었음을 보여주기도 한다.

이 글은 베트남전쟁 참전과 관련한 기억 투쟁이 새로운 단계에 들어선 지금, 한국의 시민사회가 넘어서야 할 기존의 '비판적' 유산을 거슬러 올라가 파악할 필요가 있다는 문제의식에서 시작되었다. 오랫동안 잊힌 전쟁이어야 했던 베트남전쟁에 대한 기억이 민주화 이후 대중영화의 장에서 재현되기 시작했을 때 어떠한 욕망들이 개입해 있었는지를 살피는 것이 이 글의 목적이다. 특히 〈하얀 전쟁〉과 같이 전쟁의 정치적 맥락을 표 나게 재현한 덕분에 집중적인 분석의 대상이 된 영화 외에 한국군 참전자 개인들의 기억과 고통이 갓 발화되기 시작하던 때에 영화적 재현의 대상으로 선택된 것이 무엇이었는지를 살피는 작업은 아직 거의 진행된 바가 없다. 이 글의 주된 분석 대상인 〈우리는 지금 제네바로 간다〉(송영수, 1987)와 〈뜨거운 바다〉(김유민, 1992)는 기억 투쟁의 초기에 참전자들의 전쟁 기억이 남성 개인의 경험으로 환원되면서 만들어내는 문제적 국면들이 집약된 작품들이며, 이는 〈모스크바에서 온 S여인〉(석도원, 1993)과 같이 에로영화의 양식을 빌려 참전자의 트라우마를 재현한 경우와도 연계되는 지점이다. 이 작품들은 특히 베트남(인)을 영화적으로 재현하는 과정에서 세계화 이후 현재까지의 한국인들이 공유하는 바와 같은 베트남, 베트남인, 베트남 여성을 타자화하는 젠더화된 시선을 예고하고 있다는 점에서도 주목할 만하다.

2. 플래시백을 통한 트라우마의 재현과 개인화된 봉합

〈우리는 지금 제네바로 간다〉는 베트남전쟁 참전 후 중위로 제대한 '필운'이 전쟁 트라우마를 극복하지 못해 사회에서도 가정에서도 내쫓기다시피 한 후 정처 없이 기차에 오르면서 시작된다. 그는 우연히 옆자리에 앉은 '순나'와 의도치 않게 동행하면서 서로의 상처를 보듬으며 유대감을 갖게 된다. 이 영화는 서울역을 갓 출발한 기차의 객실을 비추는 도입부에서부터 베트남전쟁에 대한 작품의 재현 전략을 압축적으로 제시한다. 순나의 동행인 '사내'는 기차에서 만난 약장수 일행에 끼어 "월남전에서 무공훈장을 너설너설 달고" 다녔던 (아마도 허풍일) 무용담을 떠벌린다. 이 대화는 필운의 기억을 자극하며, 이어지는 전장 회상 신은 그 기억의 내용을 구체적으로 장면화한다. 필운이 우연하고 특정한 자극을 받을 때마다 자신의 의지와 무관하게 고통받는 이러한 구성은 이후 영화가 진행되는 내내 총 7회에 걸쳐 등장하는데, 그중 6회가 플래시백으로 연출되어 있어 필운이 트라우마 기억에 고통받고 있음을 보여준다.

플래시백은 영화에서 현재 장면이 진행되는 시퀀스 내에 과거 회상 신이 삽입되는 편집 방식의 명칭인 동시에, 전쟁이나 재앙, 사고 등과 같은 극단적인 충격이 무의식에 억압되어 있으면서 돌발적으로 재귀하는 트라우마 증상[12]의 하나를 가리키는 것이기도 하다. 오카 마리(岡 眞理)는 이처럼 기억이 돌발적으로 나타나는 상황에서 기억을 떠올리는 '나'의 위치를 상세히 논

---

12 전진성, 「트라우마의 귀환」, 전진성·이재원 엮음, 『기억과 전쟁: 미화와 추모의 사이에서』 (서울: 휴머니스트, 2009), 26쪽.

한다. 그에 따르면 이러한 상황을 만드는 주체는 '나'가 아닌 '기억'이며, 기억의 회귀는 철저하게 무력하고 수동적인 상태의 '나'의 신체에 습격해 오는 폭력성을 지니고 있다.[13] 특히 플래시백의 경우는 단순히 기억을 회상하는 것이 아니라 "기억에 매개된 폭력적인 사건이 지금 현재형으로 생생하게 일어나고 있는, 바로 그 장소에 자기 자신이 그 당시 마음과 신체로 느꼈던 모든 감정, 감각과 함께 내팽개친 채로 그 폭력에 노출되는 경험"[14]을 말한다. 〈우리는 지금 제네바로 간다〉에 등장하는 제각각의 플래시백 신들은 트라우마 증상으로서의 플래시백이 지닌 속성을 여실히 재현한다.

〈우리는 지금 제네바로 간다〉의 베트남전쟁은 필운의 절규처럼 "누구를, 무엇을 위해 싸웠"는지 모르게 트라우마만을 남긴 일이자 "인간을 저토록 파괴할 수 있는" 사건으로 다루어진다. 이는 한국영화에서 파월이라는 사건을 부정적이고 고통스러운 기억으로 재현한 첫 시도이기도 했다. 베트남전쟁은 미국 정신의학계가 참전자의 '외상 후 스트레스 장애(post traumatic stress disorder: PTSD)' 증상을 인정하게 된 직접적인 계기를 제공한 사건이니만큼 이 전쟁의 기억을 영화화하는 데 있어 플래시백을 활용하는 것 자체가 그리 독특할 것은 없다. 그러나 한국영화의 베트남전쟁 재현이 지닌 통시적인 맥락 속에서 〈우리는 지금 제네바로 간다〉에 나타난 영화적 기법으로서의, 그리고 그 재현의 내용을 이루는 증상으로서의 플래시백은 이전까지 한국 사회에서 허용되었던 베트남전쟁에 대한 '지배적인 허구'의 오랜 지위를 흔드는 균열의 신호로서 의의를 지닌다. 즉, 〈우리는 지금 제네바로 간다〉는 "안정적인 중심부를 형성하며 국가와 시대의 '현실'이 그 중심부에 응집"[15]되는 것으로서의 지배적인 허구가 '억압된 것의 귀환'이라는 정치적 계

13　오카 마리, 『기억·서사』, 김병구 옮김(서울: 소명출판, 2004), 49쪽.

14　같은 책, 51쪽.

15　Silverman, *Male Subjectivity at the Margins*, pp.41~42.

기를 맞닥뜨리면서 그 통합성을 더 이상 유지하지 못하고, 다른 버전의 전쟁 기억들과 재교섭의 국면에 놓이게 되었음을 보여주고 있는 것이다.

〈우리는 지금 제네바로 간다〉는 베트남전쟁 자체에 대한 의문을 본격적으로 던지기보다는 전쟁의 결과로서 개인의 삶이 얼마나 망가졌는가를 재현하는 데 집중한다. 영화 내용의 표면상으로는 로드무비의 플롯 속에서 성노동자 여성 '순나'와 필운 사이의 유대 관계를 표현해 참전군인의 트라우마를 사회적 소외의 차원으로 다룬다는 것 정도가 이 작품이 전쟁 기억을 대하는 태도처럼 보인다. 그러나 주월 한국군이 철수한 1973년으로부터 14년이 흐르고서야 참전자의 이야기가 대중영화에서 비로소 다루어졌다는 점과 더불어, 그것이 전쟁의 현장을 다루는 전투영화가 아닌 귀환한 참전자의 기억을 전면화하는 방식으로 나타났다는 점에 주목해 볼 필요가 있다. 〈우리는 지금 제네바로 간다〉와 같이 베트남전쟁의 경험을 트라우마 기억으로 상정하고, 그 구체적인 작용을 플래시백의 형태로 재현하는 전략은 이후 다수의 베트남전쟁 영화들에서도 대동소이하게 반복되고 있기 때문이다. 이러한 재현이 베트남전쟁에 대한 지배적인 허구를 허무는 힘은 파월 참전군인을 전쟁의 피해자로 설정한 데서 우선 발생했다. 파병 기간 내내 선전되었던 바 자유의 십자군, 무적의 따이한, 조국 근대화의 기수가 아닌 트라우마 기억에 사로잡혀 삶이 망가진 초라한 개인임이 폭로된 이 인물들의 형상은 '억압된 것의 귀환'이라는 시대적 맥락 속에서 두루뭉술하고 피상적으로나마 참전이라는 과거의 정당성을 심문한다.

그런데 이러한 영화들의 베트남전쟁 기억 재현은 인물이 겪는 트라우마 증상 외에 또 다른 문제적인 층위를 지니고 있다. 인간의 기억을 습관적 기억, 내러티브 기억, 트라우마 기억으로 분류한 피에르 자네(Pierre Janet)에 따르면 자신의 경험을 사회적으로 유의미한 이야기 체계에 능동적으로 편입시켜 정상인의 심리를 유지하게 하는 내러티브 기억 활동과 달리, 무의식에 고착되어 시시때때로 재연되는 트라우마 기억은 일정한 내러티브에 편입되기를 거부하는 성격을 지닌다.[16] 이는 현재 상식적으로 통용되는 '트라우마'의 정의와 거의 일치하지만, 이를 트라우마 기억을 다루는 영화 텍스트의 해석에 그대로 대입해 적용하기에는 난점이 있다. 영화 속 인물이 겪는 증상 자체는 트라우마 기억의 정의에 부합할지라도, 그것이 대중적인 내러티브 영화의 형식을 통하고 있는 이상 재현의 층위에서는 예의 "이야기 체계"로 통합되고 있기 때문이다. 베트남전쟁 영화에서 인물의 트라우마 기억들을 모아 만들어내는 '이야기 체계'는 결국 각 영화가 견지하고 있는 베트남전쟁 인식의 정체를 구성한다. 그 구성 양상을 적절히 따져보기 위해서는 기억에 대한 다른 접근법이 필요할 것이다.

알라이다 아스만(Aleida Assmann)은 특정한 의미구조의 자장 안으로 들어가는 '기능기억'과 무정형의 덩어리로 정돈되지 않은 '저장기억'을 구분한다. 이 모델은 양자가 대립하는 것이 아니라 전경화된 기능기억을 배경화된 저장기억이 둘러싸고 있다고 보는 관점으로 "전경과 배경의 연관하에서 의식적으로 각인된 기억이 변할 수 있는지, 기억의 형식이 해체되고 새롭게 조합될 것인지, 활성화된 요소들이 중요하지 않게 되는 대신 잠재적인 요소들이 표면으로 떠오르고 새로운 결합들이 생겨날지에 대한 가능성"[17]을 탐색하는 접근법이다. 여기에서 기능기억이 저장된 기억 내용의 토막을 선택적으로 활성화해 특정한 의미구조 속에서 구성한 것이라면 저장기억은 특정한 계기를 만났을 때 기존의 기능기억을 재구성할 수 있다. 이를 참조해보자면 참전 후 제대한 인물의 트라우마 기억을 재현하고 조합해 베트남전쟁에 대한 '새로운' 시각을 제시하려는 영화들은 기존의 의미구조 속에 통합되지 못하고 있던 저장기억, 즉 내러티브화하지는 못했으나 결코 사라지지

---

16 전진성, 「트라우마의 귀환」, 24쪽.
17 알라이다 아스만, 『기억의 공간: 문화적 기억의 형식과 변천』, 변학수·채연숙 옮김(서울: 그린비, 2011), 183쪽.

않고 잠재되어 있던 기억들을 활성화시켜 기존의 내러티브를 재구성하는 작업이라고 할 수 있을 것이다.

〈우리는 지금 제네바로 간다〉는 필운의 트라우마 기억들을 스크린 위에 끄집어내 필운을 전쟁의 피해자로 내세우고, 기존의 지배적인 허구가 이러한 기억들을 억압함으로써 유지되어 왔음을 폭로한다. 그런데 이 영화가 필운의 트라우마 기억 중 어떤 것들을 선택적으로 활성화해 서사 속에 배치했는지를 살펴보면 '참전군인을 전쟁 피해자로 형상화해 베트남전쟁 참전을 비판한다'는 이해만으로는 〈우리는 지금 제네바로 간다〉가 참전이라는 과거에 대해 제기한 질문의 윤리적 가능성이 충분히 규명되지 않음을 알 수 있다. 필운의 트라우마 기억 중 핵심적인 화소들은 단지 의미 없는 전쟁에서 부하들을 잃고 자신도 생명의 위협을 겪어야 했던 기억뿐 아니라 자신의 손으로 상대를 목 졸라 죽이거나 쏴 죽였던 체화된 기억의 파편들이기도 했다. 귀환한 필운이 정상적인 가정생활을 영위하지 못하게 된 결정적인 계기는 아내와의 정사 중 성매매 여성으로 위장한 베트콩의 목을 조르던 기억이 플래시백으로 덮쳐오면서 아내의 목을 졸랐던 일이다. 필운에게 맞아 피를 흘리며 울부짖는 아내의 모습은 필운을 피해자로 만든 전쟁 트라우마 기억이 바로 필운을 상습적인 가정폭력의 가해자로 만들기도 했음을 겹쳐 보여준다.

참전군인의 피해자성이 가해자성을 동반하기 마련이라는 점은 실제 베트남전쟁에서 제대한 군인들이 겪는 PTSD 문제를 다룰 때의 난점이기도 했다. 미국정신의학회는 1980년 개정된 정신장애 진단 및 통계 편람(Diagnostic and Statistical Manual of Mental Disorders: DSM-III)[18]을 구성하는 과정에서 밀라이

---

18 이 편람은 2013년 현재 DSM-V까지 개정되었는데, 1980년에 이루어진 3차 개정의 결과인 DSM-III는 정신장애 진단의 방법론을 프로이트(Sigmund Freud)식 정신분석학적 진단에서 증상 중심의 진단으로 전환해 진단의 신뢰성을 높이고 표준화된 진단 체계를 확립한 계기

(My Lai) 학살을 비롯한 다수의 민간인 학살 행위에 가담했던 참전군인들의 후유증을 PTSD로 진단하는 데 동의했다. 이 개정은 "자신에 의해 트라우마를 입은 가해자"라는 새로운 지위를 구성하면서 트라우마 사건을 스스로 저질렀든 남에 의해 당했든 전쟁 피해를 입은 모든 군인의 증상을 도덕적 평가 없이 PTSD에 포함하도록 했다.[19] 그러나 전시 가해자의 트라우마를 인정한다는 것이 잔혹한 행위를 저지른 자의 면책을 주장하거나 행위를 정당화하는 결과를 필연적으로 도출하지는 않는다. 이는 오히려 폭력과 살인을 자행하는 순간에도 이들은 여전히 인간이었음을 긍정함으로써[20] 인간성을 박탈당한 상태로 국가 간 전쟁을 대리 수행하는 도구로 취급되는 군인의 존재성을 의문에 부치는 윤리적 도약의 계기를 마련할 수도 있다. 〈우리는 지금 제네바로 간다〉는 피해자로 고통받는 필운을 보여주면서도 그 트라우마 기억이나 PTSD를 장면화할 때 필운의 폭력 행위를 함께 노출하는데, 이는 작품의 원래 의도를 초과해 이 같은 난제를 제시하는 효과를 발휘한다.

문제는 〈우리는 지금 제네바로 간다〉가 필운의 트라우마 기억을 선택적으로 재현하고 배치하는 방식에 있다. 전술했듯 이 영화에는 총 7회의 전쟁 회상 플래시백이 등장하며, 그중 정신과적 증상으로서의 플래시백을 재현한 것은 총 6회다. 그런데 극 중의 현재 시점에 플래시백 증상이 나타나는 것은 필운이 순나와 드잡이를 하다가 멱살을 잡히는 순간 베트콩과의 육탄전에서 목을 졸렸던 기억이 덮쳐와 순나를 베트콩으로 착각하고 목을 졸라

로 꼽힌다. 김청송, 「DSM의 변천사와 시대적 의미의 고찰, ≪한국심리학회지: 건강≫, 21권 3호(2016).

19 디디에 파생·리샤르 레스만, 『트라우마의 제국: 트라우마는 어떻게 우리 시대 고통을 대변하는 말이 되었나』, 최보문 옮김(서울: 바다출판사, 2016), 154~155쪽.

20 같은 책, 48쪽. 파생과 레스만은 이것이 알제리 해방 전선의 동조자이자 파농의 동료였던 정신분석가 알리스 셰르키(Alice Cherki)가 알제리 전쟁 참전군인의 트라우마 증상을 인정하면서 내보였던 의도였다고 말한다.

죽이려다 정신을 차리는 장면 하나에 불과하다. 나머지 플래시백들은 모두 이미 첫 장면에서부터 기차에 올라 여정을 시작한 필운이 의식이 있는 상태에서 자신의 삶을 돌아보는 수차례의 과거 회상 시퀀스 내에 각기 들어 있어 '과거에 침습한 과거의 기억'으로 나타난다. 데이비드 보드웰(David Bordwell)은 영화의 서사를 하나의 과정으로 접근하면서 "지각자에게 특수한 시간 결합 효과를 미치기 위해 스토리 재료를 선택 배열 표현하는 활동"[21]을 내레이션(Narration)이라고 칭한다. 그렇다면 〈우리는 지금 제네바로 간다〉에서 이루어지는 과거의 과거, 과거, 그리고 현재를 오가는 내레이션은 결국 현재의 필운이 과거를 회상하면서 지나온 시간을 정리하고 의미화하는 과정이 된다.

〈우리는 지금 제네바로 간다〉는 필운의 트라우마 기억을 플래시백으로 재현하는 과정에서 필운이 지닌 피해자성이 가해자성을 내포하고 있었음을 노출해 베트남전쟁에 대한 윤리적 성찰의 계기를 여는데, 영화 전체의 내레이션은 그 가능성을 축소하는 방향으로 나아간다. 영화는 요란한 차림새의 성노동자였던 순나가 흰 원피스에 긴 생머리를 늘어뜨린 청순한 여성으로 거듭나 부모님이 기다리는 고향으로 향하는 모습으로 마무리되는데, 이는 순나가 다른 남성들과 달리 자신을 존중해 주고 자신의 마음을 알아주는 필운과 시간을 보내면서 생긴 변화로 그려진다. 순나를 변하게 하는 이 과정은 필운의 과거 회상과 병치되면서 필운이 PTSD 때문에 상실하게 된 인간적인 관계의 회복으로 작동하게 된다. 이 과정에서 필운의 트라우마는 치유되어야 할 상처로 의미화되며, 플래시백 신들에 내재해 있던 논쟁적인 질문의 여지는 점차 흐려진다. 영화의 마지막에 두 사람이 주고받는 미소는 그 치유가 상당 부분 이루어졌음을 보여준다. 〈우리는 지금 제네바로 간다〉는

---

21 데이비드 보드웰, 『영화의 내레이션 I』, 오영숙 옮김(서울: 시각과 언어, 2007), 11쪽.

억압되어 있던 기억들의 귀환이 한 여성의 위로를 통해[22] 순치되는 방향으로 전개되고 마무리된 것이다.

3. 전쟁 기억의 젠더화와 한국인 남성을 위한 보상

한국군의 베트남전쟁 참전과 관련해서 활성화된 기억들은 국가의 지배적인 기억 구성에서 밀려난 자들의 것이었으며, 그 주체 중에는 철군과 종전 이후 그 존재가 개인화·파편화되고 정치적·사회적으로 망각되었던 파월 참전자들이 포함되었다. "누구를 포함하고 배제할 것인가, 무엇을 기억하고 망각할 것인가"라는 기억의 재구성을 위한 선별 과정에서 벌어지는 기억 투쟁은 기억의 내용뿐 아니라 기억 대상·주체의 정체성도 재구성하는 작업이다.[23] 필운이 자신의 트라우마 기억과 그로 인해 고통받았던 과거를 회상하는 영화의 내레이션은 그 자체로 베트남전쟁에 대한 기억 투쟁 초기의 한 단면을 보여주는 형식이었다.

민주화 이후 참전군인들이 정체성을 재구성하는 과정은 피해자로서의 자의식을 갖는 것으로부터 시작되었다. 베트남전쟁에서의 한국군 전사·사망자 총계는 5099명, 부상자 총계는 1만 962명에 이르지만 한국 정부는 이를 묵과했으며, 참전군인들의 피해 보상 요구가 있기 전까지 인명 손실이나 전쟁 후유증의 문제에 주목하지 않았다.[24] 베트남전쟁 참전군인들이 전쟁의

---

22 정신과 의사가 아내에게 필운의 증상을 설명하면서 부인의 인내와 사랑만이 필운을 호전시킬 수 있다고 말하는 장면은 참전군인을 대하는 여성의 역할과 의무에 대해 이 작품이 지닌 시각을 직접적으로 보여주고 있다.

23 강유인화, 「한국 사회의 베트남전쟁 기억과 참전군인의 기억 투쟁」, ≪사회와역사≫, 97권(2013), 106쪽.

24 같은 글, 119쪽.

피해자로서 본격적으로 가시화된 것은 한국군의 고엽제 후유증 문제가 언론에 보도된 1992년부터의 일로, 같은 해 9월 경부고속도로 점거 시위는 이들이 집단적 정체성을 새로이 구성하는 결정적인 계기가 된다. 그런데 참전군인들의 기억 투쟁은 피해 실태 조사나 보상 요구 등에 머무르지 않고 사회적 명예를 회복하는 방향으로 선회·확장한다. 베트남전쟁 당시 한국군에 의한 민간인 학살 문제가 시민사회에 제기된 1999년부터 현재에 이르기까지 참전군인 단체가 학살 사실을 완강하게 부정하며 각종 실력행사에 나서는 것 역시 이들이 수행하는 기억 투쟁의 핵심에 명예 회복의 문제가 자리하고 있음을 시사한다. 현재 베트남전쟁 참전군인들이 한국군의 파월은 반공·발전을 위한 것이었다는 과거의 정형화된 전쟁 기억을 흡수하고 보수적인 이데올로기적 정체성을 중심으로 응집하는 과정[25]은 "전쟁의 고통스러운 피해자로 등장했던" 이들이 2011년 6월 국가유공자 인정을 통해 "전쟁의 가해자로 호명되던 '불명예'를 뒤로 하고, 국가의 안위를 지킨 영광스러운 의무의 이행자로, 명예로운 전사(戰士)로 거듭나"[26]게 하는 식으로 이루어졌다. 잠재되어 있다가 귀환한 기억 그 자체가 기억이 주체를 재구성하는 방식을 특정하는 것은 아니며, 불러나온 기억이 어떤 요소들과 접합하느냐에 따라 내러티브 기억으로의 통합이 일단 이루어진다. 참전군인들의 기억이 피해의 이름으로 불려나왔을 때 이 기억의 귀환이 지닌 불안정한 에너지는 참전의 과거를 의미화하는 보수적인 이데올로기와 접합하면서 상징적인 보상의 서사로 봉합되었다. 이는 곧 "베트남전쟁에 대한 피해와 가해의 기억들이 삭제·봉합된 채 국가에 대한 유공으로 전환되"[27]는 결과를 가져왔다.

---

25 윤충로, 「베트남전쟁 참전군인의 집합적 정체성 형성과 지배 이데올로기의 재생산」, 《경제와사회》, 76호(2007).

26 강유인화, 「한국 사회의 베트남전쟁 기억과 참전군인의 기억 투쟁」, 128~129쪽.

27 같은 글, 129쪽.

〈우리는 지금 제네바로 간다〉를 시작으로 1990년대 초 등장한 일련의 영화들은 파월 참전군인들의 경험이 고통스러운 기억으로서 의미화되던 베트남전쟁 기억 투쟁 초기의 작품들이다. 파월 한국군 병사와 베트콩 소녀 간의 로맨스를 전쟁 당시의 시점에서 다룬 〈푸른 옷소매〉(김유민, 1991)를 제외하면, 이상의 작품들은 모두 귀환한 군인들이 전쟁 당시의 기억으로 고통받는 모습을 적나라하게 재현하는 방식으로 베트남전쟁이라는 과거를 조명한다. 이 중 〈미친 사랑의 노래〉(김호선, 1990)와 〈하얀 전쟁〉이 1980년대의 민주화 투쟁과 참전의 기억을 병치하고 미국에 대한 한국의 굴종적인 관계를 조명해 '한국의 베트남전쟁'이 지닌 정치적 성격을 재현하고 있다면, 〈우리는 지금 제네바로 간다〉와 〈뜨거운 바다〉, 〈모스크바에서 온 S여인〉은 트라우마 기억으로 인해 참전군인 개인이 겪는 고통 자체를 감각적으로 재현하는 데 주력한다.

흥미로운 것은 이 영화들이 이처럼 개인화된 고통에 대한 보상의 서사를 젠더화된 방식으로 전개하고 있다는 점이다. 〈뜨거운 바다〉는 자신의 베스트셀러 소설을 미국에서 출간하게 된 참전군인 출신 작가 '준하'가 번역 작업을 위해 연인 '지여'와 함께 태국의 조용한 휴양지로 떠나면서 생긴 일을 다룬다. 휴양지에서 우연히 들른 레스토랑의 주인이 파월 당시의 전우 박 병장임을 알게 된 준하는 그와의 대화를 통해 전쟁 당시를 회고하면서 차기작의 소재를 구하려 하는데, 그 과정에서 오히려 자신이 소설로 재현했던 내러티브 기억이 자신의 입장에 유리하게 편집되어 있었다는 점을 깨닫게 된다. 한편 박 병장은 자신을 상이군인으로 만든 사건의 원인을 제공한 준하에게 복수를 하기 위해, 자신이 데리고 있는 베트남 출신의 전쟁고아 '로이'와 준하를 동침하게 한다. 이후 그는 준하가 파월 당시 기지촌에서 만나 사귀었다가 제대하면서 저버리고 간 여성 '린'과 준하 사이의 딸이 로이라는 사실을 준하에게 뒤늦게 알려준다. 이 모든 사실이 주는 충격을 감당하지 못한 준하는 박 병장이 자신에게 떠넘겼던 권총으로 자살하고 만다.

〈뜨거운 바다〉는 파월 참전군인 출신의 지식인 작가들이 펼쳐냈던 베트남전쟁에 대한 비판적 내러티브와 박 병장의 트라우마 기억을 대치시키며 전자의 허위성을 폭로하려고 시도한다. 극 중 준하의 소설이 조명한 바와 같이 미국의 전쟁에 한국군이 용병으로 파월되었던 베트남전쟁의 성격을 양심적 지식인의 시선으로 정리한 내러티브 기억은 박 병장과 같이 힘없는, 따라서 한층 위험한 전선에 내몰려야 했던 병사의 입장을 왜곡하고 그를 타자화하고 있다는 것이다. 그러나 베트남전쟁 및 한국군의 파월 자체에 대한 그 같은 성찰은 피상적인 담화의 수준에서 그치는 정도이며, 영화는 그러한 지적이고 성찰적인 내러티브에서 주변화된 박 병장 개인의 트라우마 기억을 직접적으로 장면화하는 데 주력한다. 이 장면들의 내용 역시 〈우리는 지금 제네바로 간다〉에서 필운의 플래시백과 마찬가지로 민가 폭격 등 가해의 기억을 노출하면서 전쟁의 정당성에 대한 의문의 여지를 만드는데, 이러한 기억들은 번번이 PTSD 증상을 겪는 박 병장의 모습을 비추는 강렬한 클로즈업 쇼트와 병치되면서 그의 개인적인 고통으로 환원된다.

이처럼 귀환한 참전군인이 지닌 기억과 그로 말미암은 현재의 고통을 재현하는 작업은 '위기의 남성성' 문제와 결합한다. 전쟁에 대한 입장이 어떠하든 전쟁의 현장을 다룬 대부분의 기록이나 재현물들은 분대나 소대 단위의 작은 집단 내에서 함께 싸우고 함께 죽음을 나누며 형성되는 끈끈한 남성 동성사회적 유대를 묘사하면서 전쟁 수행과 남성성을 결부시키는 경향이 강하다.[28] 그런데 전우 집단 내에서 고양되는 남성성은 개인이 스스로 충족할 수 있는 수준을 넘어서는 것으로서 전쟁에 참여하는 동안에만 지속될 수 있다. 전시 트라우마를 입고 민간 사회로 돌아온 제대 군인은 더 이상 동료들의 유대와 지지를 누리지 못하고 팔루스(Phallus)에의 동일시를 유지할

---

28 조지 L. 모스, 『남자의 이미지: 현대 남성성의 창조』, 이광조 옮김(서울: 문예출판사, 2004), 191~193쪽.

수 없게 되는 것이다.[29] 이처럼 남성성에 대한 사회의 믿음에 위기가 닥쳐오면 그 결과 "현실" 자체가 일시적으로나마 위태로운 상태에 처한다.[30] 바로 이 위기야말로 지배적인 허구의 안정성을 흔들고 우리가 이데올로기와 맺는 관계를 재협상해야 하는 정치적 국면을 열어젖힌다. 한국군의 파월에 대한 트라우마 기억을 끌어내 재현하는 것 역시, 전쟁으로 말미암아 주변화된 남성 주체들의 존재를 폭로하는 작업이 된다. 그러나 이 변화의 가능성은 앞서 고엽제 이후 참전군인들의 기억 투쟁이 보수적인 이데올로기와 접합한 바에서 드러나듯 금세 닫히기 쉽다.

〈뜨거운 바다〉에서 드러나는 참전 경험에 대한 자기비판적 성찰은 동남아시아라는 장소를 이국적으로 풍광화하고 이를 성애화하는 영화의 태도로 말미암아 한계를 노정한다. 준하와 박 병장이 처음으로 대화를 나누는 레스토랑 신은 이를 집약적으로 보여준다. 이 영화가 구현하는 동남아시아의 장소성은 아열대의 식생과 푸른 하늘이 어우러진 해변의 휴양지, 이른바 '원주민 복장'을 하고 우스꽝스러운 제스처를 취하는 그을린 피부의 건강한 남성, 화면이 희뿌옇게 되도록 밝은 햇살 아래 환하게 웃는 순수한 소녀의 모습으로 표상된다. 작품의 초반에 제시되는 이 전형적인 이미지는 영화가 진행되는 내내 유지되면서, 준하와 박 병장 간의 서사가 진행되면서 두 사람이 겪은 전쟁의 실체가 재구성되는 동안에도 이들의 전장이었던 동남아시아와 그 주민들은 현실과 동떨어져 시간이 흐르지 않는 세계의 모습으로 고정되어 있음을 보여준다. 이 영화에서 베트남전쟁 기억의 비판적인 재구성은 한국인 참전자들 간의 관계 안에서 배타적으로 적용되고 있으며, 동남아시아의 장소성과 베트남 인민에 대한 재현의 태도는 참전 시기 당시 주월한국군의 활약상을 그렸던 현지 로케이션 극영화들의 태도를 반복하고 있

---

29 Silverman, *Male Subjectivity at the Margins*, p.63.
30 쇼히니 초두리, 『페미니즘 영화이론』, 노지승 옮김(서울: 앨피, 2012), 207쪽.

었던 것이다. 이는 트라우마 기억의 재현이 그 증상을 앓는 참전군인 개인의 고통으로 환원되는 이 시기 베트남전쟁 영화들의 인식론적 한계와도 직결되는 바다.

베트남에 대한 이와 같은 타자화는 젠더화된 재현으로 이어진다. 〈뜨거운 바다〉의 내레이션은 전쟁으로 말미암아 손상된 파월 한국군의 남성성을 전면적으로 드러내는 동시에 여성의 성적 위무를 통해 이를 보상하려 시도한다. 박 병장이 동거하듯 키우듯 하는 갓 스무 살 난 베트남 난민 여성 로이는 어떤 남성과든 쉽게 성관계를 하지만 순수함을 간직한 '성녀-창녀' 유형의 소녀로 그려진다. 로이는 남들의 눈에 띄는 야외에서 자신의 친구인 동네 청년과 성관계를 가질 만큼 스스럼없고 자유로운 태도를 보이는 것 같지만, 듣지도 말하지도 못하는 농인인 그는 말 그대로 군말 없이 웃으며 어떤 남성이든 받아주는 수동적인 존재다. 이는 여성 이미지 재현이라는 차원에서의 문제일 뿐 아니라 이국적인 풍광을 지닌 장소로서의 동남아시아에 대한 여성화 및 성애화, 타자화된 장애 재현으로 확장되면서 파병 시기 한국의 미디어가 적극적으로 생산해냈던 젠더화된 오리엔탈리즘[31]을 변주하기에 이른다.

이처럼 전쟁이 일어난 장소와 그 주민들에 대한 젠더화는 군사화된 남성 주체의 구성을 뒷받침한다는 점에서도 문제적이다. 가령 준하가 박 병장과의 대화를 통해 양심적 지식인의 베트남전쟁 인식이 지닌 맹점을 어렴풋이 깨닫기 시작하는 장면의 경우 대화의 내용을 넘어서 두 인물이 있는 공간인 스트립클럽에 주목하면 그와는 다른 측면이 포착된다. 신시아 인로(Cynthia Enloe)는 "군 기지라는 소우주 안에서 군인 손님들은 남성성 – 그리고 그들이 재현하는 국가의 역량 – 을 기지 근처에 사는 여성들에 대한 성적 지배를 통해

---

31 이진선, 「대중매체에 표상된 베트남전쟁과 젠더 이데올로기: 1964~1973년 『선데이서울』, 『여원』을 중심으로」(성공회대학교 국제문화연구학과 석사학위논문, 2017), 47쪽; 51~53쪽 참조.

보도록 배운다"라고 말한다.[32] "베트남에도 이런 곳이 많았지"라는 준하의 회상은 전시 베트남의 기지촌을 가리키는 것이며, 그가 복무 중 사귀었던 여성인 '린' 역시 부대 앞 기지촌의 한 가게에서 일하는 베트남인이었다. 한국군과 베트남인 여성 간 관계에 대한 서사화는 파병 시기의 현지 로케이션 극영화들에서와 같이 파병 복무 중인 한국군과 저항군에 속한 여성의 결합이라는 형태로 먼저 나타나기도 했지만,[33] 주된 유형은 귀환한 참전군인 출신 소설가들이 그린 바와 같이 성매매 여성 혹은 기지촌 여성과의 관계를 전쟁 로맨스로 형상화한 것이었다. 이진경은 한국 군대에 대한 베트남인 매춘의 문학적 재현이 '전쟁 로맨스'의 성격을 띠는 것은 베트남 여성에 대한 한국 남성의 식민적인 착취로서의 성적·연애적 관계를 인지하지 못한 바라고 지적한다. 이는 예의 작품들이 베트남 인민에 대한 '침략군'으로서 한국의 위치를 비판적으로 인식했던 예리함과도, 한국전쟁 기지촌 문학이 한국인 군대 성노동자의 신체에 대한 미국의 신식민지적 지배를 간파했던 것과도 비교되는 문제라는 것이다.[34]

이와 같은 준하와 린의 관계는 박 병장에 의해 비난받지만 박 병장 역시 준하와 린 사이의 딸인 로이에 대한 착취를 반복한다. 문제는 〈뜨거운 바

---

32 Cynthia Enloe, "A Feminist Perspective on Foreign Military Bases," in Joseph Gerson and Bruce Richard(eds.), *The Sun Never Sets: Confronting the Network of Foreign U.S. Military Bases*(Boston: South End Press, 1991), p.101. 캐서린 H. S. 문, 『동맹 속의 섹스』, 이정주 옮김(서울: 삼인, 2002), 57쪽 재인용.

33 이는 남베트남 민족 해방 전선에 대한 한국군의 체제 우위를 보여주는 정치적인 효과를 지닌 것이었다. 한국군이 남성, 베트콩 및 그 동조자가 여성으로 설정되어 이성애 로맨스를 펼치는 것은 곧 이념 간의 격차에 젠더의 격차를 겹치는 작업이었다.

34 이진경, 『서비스 이코노미: 한국의 군사주의·성 노동·이주 노동』, 나병철 옮김(서울: 소명출판, 2015), 129쪽. 이는 2000년대 이후 베트남·캄보디아·필리핀 등 동남아시아 지역 출신의 결혼이주여성과 남성-한국의 관계에서 다시금 반복되고 있다는 점에서 눈여겨볼 문제이기도 하다.

다〉가 이 반복의 자가당착을 눈치채기 힘들게 구성되어 있다는 점이다. 로이는 난민촌에서 죽은 린이 남기고 간 전쟁의 흔적이자 한국군이 베트남에 남기고 온 폭력과 무책임의 증거가 되는 존재로서 박 병장의 옆을 떠나지 않는다. 이렇게 볼 때 영화의 초반에서 박 병장이 "여기에 살다 보면 시간이란 건 없어… 지랄 같은 반복이지"라고 말한 것은 한편으로는 동남아시아의 이국적 풍광을 타자화하는 시선이기도 하겠지만, 다른 한편으로는 수치심과 죄책감을 결코 떨쳐버릴 수 없는 참전군인들의 심리를 반영하는 바이기도 하다. 〈뜨거운 바다〉는 이처럼 자신의 과거를 잊지 못하고 반복 재생하는 전쟁 PTSD 환자의 양심을 드러내는 한편으로, 베트남인 여성들에게 세대를 거듭해 반복적으로 가해지는 폭력을 한국군 참전군인의 상처와 고통의 문제로 전유해버리고 만다. 박 병장이 지닌 트라우마 기억의 연출 방식이나 준하와 박 병장 간 관계에 대한 내용의 전개 속에서 박 병장의 행동은 전쟁으로 망가진 한 안타까운 남성의 자기파괴로 재현되고 있는 것이다.

준하는 박 병장이 상이군인이 된 것이 자신의 탓임을 뒤늦게 알고서 그에게 어떤 식으로든 보상을 해주고 싶다는 마음을 거듭 표현하는데, 이 '보상'은 박 병장의 복수가 성공해 준하가 자살하는 것으로 이루어진다. 이 과정에서 로이는 결국 '말 없는' 미소를 지닌 성애화된 소녀로, '에스키모 같은 우정'이라고 자조적으로 말해지는 남성 대 남성 간의 교환 물품으로, 박 병장의 울분을 푸는 성폭력의 대상으로, 박 병장의 피해를 복수의 형태로 보상하기 위한 도구로 주저앉혀지고 만다. 〈뜨거운 바다〉는 전쟁의 과오를 상징하는 존재인 로이를 과거로 밀어 두지 않고 현재로 불러냈지만, 가책을 불러일으키는 대상을 정당하게 대하는 방법을 찾지 못한 채 그 모든 문제를 준하에 대한 박 병장의 복수극 속으로 밀어 넣어버린 것이다.

이처럼 베트남전쟁 트라우마를 한국인 남성 참전자의 것으로 전유하면서 이를 남성에 대한 여성의 성적 위무로 재현하는 양상은 〈모스크바에서 온 S 여인〉과 같은 작품에서 한 극점을 이룬다. 사할린 한인이었던 노년의 남성

에게 그림을 배운 나타샤는 스승의 죽음 이후 그의 고국인 한국을 찾아온
다. 여정 중에 제주도를 방문한 '나타샤'는 베트남전쟁 PTSD에 시달리는 남
자 '동협'을 만나는데, 동협의 고통과 스승의 고통이 모두 한민족의 역사적
고통이라고 여기며 그 "불쌍한 삶을 누군가는 보상해 주어야" 한다고 느낀
다. 일제의 식민지배에 고통받은 고려인과 베트남에 파병된 한국군을 같은
차원으로 이어 붙이는 것은 상당히 무리한 일이지만, 〈모스크바에서 온 S여
인〉은 이를 역사의 격랑에 휘말린 남성 개인의 고통으로 환원하고 그들을
돌봄이 필요한 남자들로 형상화하면서 그와 같은 무리함을 봉합해 버린다.

　〈S여인〉은 〈우리는 지금 제네바로 간다〉나 〈뜨거운 바다〉에 못지않게
참전군인의 PTSD 재현에 공을 들인 작품이다. 전쟁의 역사적 트라우마라
는 무거운 주제를 심각한 톤으로 다룬 작품이기에 개봉 당시 영화 산업의
맥락에 익숙지 않은 현재의 관객에게는 눈에 잘 띄지 않는 지점이지만 〈모
스크바에서 온 S여인〉은 1980년대의 한국 에로영화들과 맥이 닿아 있다는
점에서 특기할 만하다. 감독 석도원은 1982년 개봉해 한국 에로영화의 붐
을 알린 〈애마부인〉(정인엽, 1982) 시리즈의 4편(1990년)부터 10편(1994년)까지
를 연출한 바 있었고, 참전군인 '동협' 역할을 맡은 배우 마흥식 역시 1980
년대 에로영화를 대표하는 배우로 당시의 관객에게 잘 알려진 얼굴이었다.
이 맥락이 의미 있는 것은 파월장병의 PTSD에 대한 주목이 여성과의 섹스
를 통해 남성성을 (재)확인하는 에로영화의 양식에 들어맞을 만큼 남성 개인
의 고통에 대한 보상의 서사로 비화할 가능성을 품고 있었다는 데 있다.

　〈모스크바에서 온 S여인〉이 에로영화의 양식을 차용했다는 점이나 영화
의 상당 분량이 정사 장면으로 채워져 있다는 점 자체가 비판의 대상이 될
수는 없으나, 이러한 장면들이 남성 참전자의 전쟁 트라우마로 인한 고통을
표현하는 데 소용되고 있다는 점, 영화 속에 재현된 정사의 양상이 남성에
대한 여성의 위무로 구성되어 있다는 점은 충분히 문제적인 지점이다. 한국
의 경우 베트남전쟁 참전군인의 PTSD를 가시화하는 것은 '억압된 것의 귀

환'이라는 정치적·역사적 맥락 속에 놓인 것이었기 때문에 그 재현 자체만으로도 이미 참전이라는 과거에 대한 비판을 수행하게 되는 면이 있다. 그러나 전쟁 PTSD에 대한 주목은 "보통 남자들"로서의 참전군인에 대한 연민으로 매우 쉽게 흘러갔고, 이것이 기존에 흔히 주어져 있던 '상처받은 남성과 그를 위로하는 여성'이라는 모티프와 손쉽게 접합해 보상의 서사를 추동했던 것이다.

4. 반성을 위해 넘어서야 했던 것들

1987년 이후 진행된 베트남전쟁에 대한 지배적인 기억의 재구성은 한국군 참전군인이 피해자성과 가해자성을 동시에 지닌 존재라는 난제를 맞닥뜨리는 일이기도 했다. 그러나 그 초기 과정에서 제출된 영화들은 그와 같은 난제를 총체적으로 감당하지 못하고 기억의 재구성을 통한 성찰의 기회를 상당 부분 흘려보내고 만다. 이처럼 오랜 시간 파편화되어 개인의 몫으로 떠넘겨졌던 참전 트라우마가 표면화된 후 다시금 남성 개인의 고통으로 환원되어 재현되는 것은 참전군인의 고통을 PTSD로 규정하는 작업 자체에 이미 도사리고 있던 문제이기도 했다. DSM-III는 베트남전쟁 당시 미군 병사들 행동이 국가의 책임인지 병사 개인의 책임인지 양자택일의 힘든 선택을 하지 않고도 사회 전체가 위로받는 타협책으로서 PTSD를 제시했다. 이는 참전군인들을 "비정상적인 상황에 처했던 보통 남자들로서 심판이나 비난을 받기보다는 단지 돌봄이 필요"한 존재로 여겨지게 했다. 말하자면 1980년대 미국 정신의학이 재창조한 트라우마 개념은 폭력에 관한 시각에 있어 (가해자와 피해자를 따지지 않음으로써) 도덕성을 제거하는 효과를 발휘했던 것이다.[35]

전쟁의 도구로 동원되어 인간성을 일시적으로 박탈당한 처지였지만 남의 나라에 가서 자신의 손으로 살상을 저질렀다는 죄책감을 떠안아야 했던 참전군인들의 기억이 뒤늦게 귀환했을 때 이는 '월남 특수'를 누린 한국 사회가 파편화된 개인들의 몫으로 떠넘긴 트라우마를 직시하고, 냉전 및 개발독재 시기의 군사주의가 만들어낸 이상적인 국민-남성의 허상을 마주하며, 나아가 식민주의적인 해외 진출에의 욕망 속에서 베트남 인민에 대해 저질러진 폭력과 착취를 인식하고 반성할 기회가 될 수 있었다. 베트남전쟁에 대한 지배적 관념의 허구성은 이미 1970년대~1980년대의 소설들에서 "씻을 수 없는 죄에 연루된 개인의 멜랑꼴리한 의식을 드러냄으로써 남성성의 상처를 가시화"[36]하는 작업을 통해 고발되어 온 바 있다. 1987년 이후 일련의 영화들이 앞선 문학적 재현들의 경우와 차이가 있다면, 그것은 이 영화들이 민주화 이후 물꼬를 튼 과거사 진상 규명의 분위기 속에서 만들어졌다는 점일 것이다. 이는 1987년 이후에 이루어진 베트남전쟁에 대한 비판적인 재현이 참전군인의 고통과 고뇌를 드러내는 것 이상으로 '위험한 질문'을 제기하며 전쟁에 대한 인식을 본격적으로 갱신할 수 있는 사회적 여건이 조성되고 있었음을 시사한다.

이러한 맥락을 생각할 때 이 글에서 다룬 영화들은 베트남전쟁 참전군인의 PTSD를 재현함으로써 민주화 이후 '억압된 것의 귀환'이 열어젖힌 불안정성을 껴안는 동시에 봉합한 것으로 이해할 수 있다. 이 남성 인물들을 피해자화하는 것은 억압되어 있던 기억을 사회적으로 가시화하는 과정에서 요청된 작업이었다는 시대적 의미가 있다. 그러한 작업이 한층 본격화되기 위해서는 베트남전쟁을 참전군인 개인의 문제가 아니라 미국-한국-베트남

---

35 파생·레스만, 『트라우마의 제국: 트라우마는 어떻게 우리 시대 고통을 대변하는 말이 되었나』, 158~159쪽.

36 김은하, 「남성성 획득의 로망스와 용병의 멜랑콜리아: 개발독재기 베트남전 소설을 중심으로」, 《기억과 전망》, 31호(2014), 9쪽.

의 세 꼭짓점이 그려내는 탈식민/신식민의 문제로 인식하는 도약이 필요했다. 이에 대한 영화적 응답이 제출되는 데에는 그리 오랜 시간이 걸리지 않았다. 〈푸른 옷소매〉와 〈미친 사랑의 노래〉에서 엿보인 그 같은 가능성은 〈하얀 전쟁〉에서 한 결절점을 이루었던 것이다. 그러나 한국영화의 베트남전쟁 재현이라는 장에서 미국(군)의 존재를 드디어 등장시킨 이 영화들 역시, 참전군인 개인의 PTSD 재현에 골몰했던 이 글의 대상 작품들과 마찬가지로 파월 한국군을 피해자화하려는 강한 욕망까지는 벗어던질 수 없었다.

이 글은 그러한 한계가 트라우마 담론의 개인화, 베트남(인)을 타자화하는 자국민 중심주의, 전쟁 서사를 남성의 것으로 전유하는 젠더화에서 비롯했다는 가정하에 그 전사(全史)에 해당하는 영화들을 분석했다. 이러한 경향이 〈미친 시간〉에서와 같이 한국군에 의한 민간인 학살 피해 당사자들이 얼굴과 목소리와 생애를 지닌 존재로 스크린에 직접 등장함으로써 극복되기 시작했으며, 〈기억의 전쟁〉과 같이 사후세대가 지닌 페미니스트적 시각의 개입으로 큰 전환을 이루었다는 점은 시사하는 바가 크다. 1980년대를 통과해 1990년대까지 이어졌던 민주화가 지닌 남성중심적 민족주의의 바탕 위에서는 참전이라는 과거에 대한 비판적 재현조차도 파병 시기에 구성되었던 지배적인 허구의 주변을 맴돌 수밖에 없었음이 이를 통해 반증되고 있기 때문이다.

참고문헌

강유인화. 2013. 「한국 사회의 베트남전쟁 기억과 참전군인의 기억 투쟁」. ≪사회와역사≫, 97권.

김은하. 2014. 「남성성 획득의 로망스와 용병의 멜랑콜리아: 개발독재기 베트남전 소설을 중심으로」, ≪기억과 전망≫, 31호.

김주현. 2017. 「월남전 후반기(1970~1975) 귀환 서사에 담긴 '한국민 되기'의 (불)가능성」. ≪어문론집≫, 70집.

김청송. 2016. 「DSM의 변천사와 시대적 의미의 고찰」. ≪한국심리학회지: 건강≫, 21권 3호.

김현경. 2015. 『사람, 장소, 환대』. 서울: 문학과지성사.

리영희. 1975. 「베트남 전쟁(3)」, ≪창작과비평≫, 10권 2호.

_____. 1985. 『베트남戰爭: 30년 베트남전쟁의 전개와 종결』. 서울: 두레.

문, 캐서린 H. S.(Katharine H. S. Moon). 2002. 『동맹 속의 섹스』. 이정주 옮김. 서울: 삼인.

모스, 조지 L.(George L Mosse). 2004. 『남자의 이미지: 현대 남성성의 창조』. 이광조 옮김. 서울: 문예출판사.

보드웰, 데이비드(David Bordwell). 2007. 『영화의 내레이션 I』. 오영숙 옮김. 서울: 시각과 언어.

신지영. 2020. 「피해자성을 내포한 가해자성'과 아시아 인민연대: 오키나와의 한국전쟁, 한국의 베트남 전쟁, 그리고 전시성폭력」. ≪상허학보≫, 58집.

아스만, 알라이다(Aleida Assmann). 2011. 『기억의 공간 : 문화적 기억의 형식과 변천』. 변학수·채연숙 옮김. 서울: 그린비.

오카 마리(岡 眞理). 2004. 『기억·서사』. 김병구 옮김. 서울: 소명출판.

윤충로. 2007. 「베트남전쟁 참전군인의 집합적 정체성 형성과 지배 이데올로기의 재생산」. ≪경제와사회≫, 76호.

이진경(Jin-Kyung Lee). 2015. 『서비스 이코노미: 한국의 군사주의·성 노동·이주 노동』. 나병철 옮김. 서울: 소명출판.

이진선. 2017. 「대중매체에 표상된 베트남전쟁과 젠더 이데올로기: 1964~1973년 『선데이서울』, 『여원』을 중심으로」. 성공회대학교 국제문화연구학과 석사학위논문.

전진성. 2009. 「트라우마의 귀환」. 전진성·이재원 엮음. 『기억과 전쟁: 미화와 추모의 사이
에서』. 서울: 휴머니스트.

조서연. 2019. 「영화 〈하얀 전쟁〉과 진보적 남성 민족 주체의 베트남전쟁 기억 만들기」. 《한
국극예술연구》, 68집.

초두리, 쇼히니(Shohini Chaudhuri). 2012. 『페미니즘 영화이론』. 노지승 옮김. 서울: 앨피.

파생·레스만(Didier Fassin and Richard Rechtman). 2016. 『트라우마의 제국: 트라우마는
어떻게 우리 시대 고통을 대변하는 말이 되었나』. 최보문 옮김. 서울: 바다출판사.

Jeffords, S. 1989. *The Remasculinization of America: Gender and the Vietnam War*.
Bloomington: Indiana University Press.

Silverman, K. 1992. *Male Subjectivity at the Margins*. New York: Routledge.

제6장

불안과 원한의 정치*

신자유주의적 권위주의의 감정동학

이명호

1. "사회는 존재하지 않는다"

돌이켜보면 "사회란 존재하지 않는다(society does not exist)"라는 발언이 사람들 사이에서 회자되던 시절이 있었다. 신자유주의라는 낯선 이름이 서구 사회의 한 구석에 등장하던 무렵 이 불길한 문장은 상반되는 이념 진영에서 동시에 울려 퍼지기 시작했다. 1979년 노동당의 연속집권을 분쇄하고 보수 정권을 창출해낸 마가렛 대처(Margaret Thatcher) 영국 수상은 사회의 부재를 아쉬워하기는커녕 그 냉혹한 진실을 받아들일 것을 요구하며 이 야박한 문장을 발설했다. 그녀는 개인을 넘어선 사회의 존재를 인정하고 그 역할을 긍정했던 좌파들에 맞서 사회 같은 것은 없다고 잘라 말했다. 사회라는 것은 허약한 존재들이 자신의 책임을 회피하기 위해 만들어낸 환상에 지나지

---

*   이 글은 ≪오늘의 문예비평≫, 여름호(2019)에 실렸던 「적대의 정치, 원한의 정치」의 내용을 일부 수정·보완한 것이다.

않는다는 것이다. 이 심약한 존재들이 인간적 유대와 사회적 연대라는 아름다운 구호 아래 세금을 낭비하고 타인의 노동을 갈취하며 자본의 자유로운 흐름을 가로막고 있다면, 그 환상의 허상을 드러내고 각자가 자신의 삶을 자유롭게 기획하고 책임질 줄 알도록 강제하는 것이 보수주의 정치가가 수행해야 할 역사적 과제가 된다. 자유에는 책임이 따른다는 도덕적 훈계가 그녀의 정치 수사를 늘 따라다녔다. 대처 수상은 자신이 짊어진 이 역사적 과제를 수행하는 데 거리낌이 없었고 꽤 성공적이었다. 그녀는 사회정의를 "위험한 미신"이라 불렀던 신자유주의의 그루 프리드리히 하이에크(Friedrich Hayek)의 정언명령을 충실히 이행했다. 그녀의 손을 통해 노동당 정권하에서 국가 주도 사업들의 실패와 부작용을 목도했던 사람들의 불만을 해결해 줄 조치로 탈규제화와 민영화가 시행되었고, 국가의 기능은 시장으로 아웃소싱되거나 개인의 어깨 위로 떨어졌다. 이런 탈규제 민영화 정책의 강력한 집행을 통해 그녀는 철의 여인이라는 호칭을 얻으며 대서양 건너편의 로널드 레이건(Ronald Reagan) 미국 대통령과 함께 1980년대를 신보수주의의 시대로 만드는 데 결정적으로 기여했다.

흥미로운 점은 철의 이념을 옹호하는 데 동원되었던 이 문장이 대처 수상과 이념적으로 대척점에 서 있던 이론가들 사이에서도 발설되고 있었다는 사실이다. 포스트마르크스주의 이론가 에르네스토 라클라우(Ernesto Laclau)와 샹탈 무페(Chantal Mouffe)는 1985년 출판된 그들의 저서 『헤게모니와 사회주의 전략(원어 병기 要)』에서 "사회란 존재하지 않는다"라고 주장한다. 자크 데리다(Jacques Derrida)의 차연(差延, différance)과 자크 라캉(Jacques Lacan)의 실재 개념을 사회에 적용함으로써 마르크스주의를 현대화하고자 했던 그들은 적대(antagonism)를 사회의 구성적 조건으로 설정했다. "대타자는 존재하지 않는다"라는 라캉의 주장을 사회로 옮기면 "사회란 존재하지 않는다"라는 명제가 도출된다. 대타자란 사회적 상징질서를 안내하고 지배하는 숨은 존재, 특정 개인으로 환원되지 않는 사회적 역할과 기능을 체화한 존재를 가리킨다. 그런 대타자에게 '결핍'이 존재한다면 그가 체현하고 있는 사회적 상징질서도 완전하지 않다는 것이 드러난다. 대타자에게 존재하는 결핍은 그가 체현하는 상징질서의 균열을 드러내는 증상이다. 이 증상은 상징질서의 불완전함을 드러냄으로써 공포와 불안을 조성하기도 하지만, 주체가 대타자에게서 벗어나 자유를 쟁취할 조건이 되기도 한다. 마찬가지로 사회에 존재하는 '적대'는 하나의 이데올로기적 입장이 사회적 장을 평정해 사회가 조화로운 전체가 되는 것을 가로막는 내적 한계다. 적대는 사회적 갈등을 유발하는 원천이지만, 동시에 서로 다른 이해관계를 가진 집단들이 헤게모니 투쟁을 벌일 수 있는 가능성의 조건이기도 하다. 복잡한 논의를 단순화하는 감이 없지 않지만 라클라우와 무페에게 "사회란 존재하지 않는다"라는 문장이 의미하는 바는 적대를 사회의 구성적 조건으로 받아들임으로써 특정 집단들에 의해 특정한 방식으로 의미화되는 사회적 기표들을 재의미화할 수 있는 가능성을 열어놓는 데 있다. 어느 한 집단이나 이념적 입장이 사회를 독점적으로 지배할 수는 없다. 헤게모니 투쟁에서 승리한 세력이 자신의 입장으로 적대를 일시적으로 봉합하거나 재편할 수는 있지만 적대 자체를 없앨 수는 없다. 적대는 사회가 완전한 전체로 기능하는 것을 가로막는 구조적 한계이기 때문이다. "사회란 존재하지 않는다"라는 주장은 지금과 다른 사회를 만들 가능성을 표현하는 진술문이었다. 다만, 구성원들은 분열과 갈등에서 비롯되는 불안과 불확실성을 견딜 수 있어야 하고, 이를 새로운 사회설계를 위한 능동적 에너지로 전환시킬 수 있어야 한다.

사회의 존재를 부인하는 것 같은 이 두 입장은 상이한 담론 층위에서 각기 다른 목적과 다른 지향성을 갖고 출현했지만, 동일한 감정구조를 공유하고 있는 것처럼 보인다. 현대 사회가 상이한 이해관계와 욕망을 지닌 사람들을 통합시켜 줄 어떤 공통의 기반과 본질론적 토대를 잃어버렸다는 상실감, 그리고 그로부터 연원하는 불안이 두 입장 모두에 자리 잡고 있다. 대처 수상은 당시 부상하던 신자유주의의 논리에 맞춰 사회를 다시 원자화된 개인들로 쪼개고 그 개인들의 자기 책임성을 강화함으로써 사회의 부재에서 비롯되는 상실감과 불안을 강박적으로 넘어서려고 했다. 그녀의 손을 통해 노동당의 복지정책은 '보모국가(nanny state)'의 재정 낭비 정책으로, 그 정책의 수혜자들은 자신의 삶을 감당하지 못하는 어린아이 같은 의존적 존재로, 이들의 내면은 도덕적 해이에 빠진 불감증적 상태로 치부된다. 라클라우와 무페는 적대와 분열을 삶의 조건으로 받아들임으로써 불안에 대처하고 이를 통해 사회를 새롭게 혁신할 민주적 계기로 삼고자 했다. 그들이 주장한 다원적 민주주의는 사회적 적대에서 비롯되는 긴장과 불안을 이해관계를 달리 하는 집단들의 경합과 경쟁을 통해 사회변화의 동력으로 전환하려는 정치시스템이라 할 수 있다. 이를 위해서는 정치적인 것의 활성화가 필수적이다.

2. 신자유주의적 세계화와 문화전쟁의 재점화: 트럼프 현상과 우파 정체성 정치

30년의 시간이 흐른 지금 돌이켜보면 사회의 부재에 대응하는 두 대립되는 방식 중에서 결과적으로 대처의 길이 승리해 왔음을 인정하지 않을 수 없다. 1989년 베를린 장벽이 무너지고 공산주의체제의 역사적 패배가 확인된 후 자유민주주의의 최종 승리만이 남은 것 같은 착각이 서구 지식인들 사이에서 퍼졌던 적이 있었다. 그러나 이 착각의 유통기간은 그리 길지 않았다. 2008년 세계 금융위기, 2016년 5월 영국의 브렉시트(Brexit)와 그해 11월 미국 대통령 선거에서 도널드 트럼프(Donald Trump)의 당선은 세계화와 그 수탈자들이 일으킨 전 지구적 차원의 위기가 새로운 국면으로 접어들고 있음을 보여준 징후적 사건이었다. 세계 금융위기 이후 전 세계를 휩쓴 2011년 '점령운동'은 약탈적 세계화에 맞선 대항운동이었지만, 대항이 대안의 창출로 이어지지 못하면서 운동의 동력이 약화되었고 이후 정치적 반동이 부상할 토양을 마련했다. 자본주의체제가 주기적으로 대면하는 이런 경제 위기들은 끝없는 경제팽창과 부의 창출이란 자본주의적 이상이 실현되기 어렵다는 점을 인정하지 않을 수 없게 만들었다. 그러나 사회적 적대를 새로운 사회시스템으로 전환시킬 대안 사회의 모형은 보이지 않았고 그것을 추진할 집단 주체의 힘도 약화되어 갔다. 새로운 통치형태로서 신자유주의적 이성이 지배력을 키워 오면서 시장의 힘과 개인의 책임성은 점점 더 커졌고, 그에 반비례해서 사회의 영역은 점점 줄어들었다. 시장의 자유는 확대되어 왔지만 정치의 영역은 위축되어 국가와 정당은 시장의 관리자 역할로 그 기능이 재조정되었다. 사적·개인적 영역의 확대와 정치적·사회적 영역의 축소는 민주주의에 대한 새로운 에토스(ethos)를 만들어냈다. 이제 공적·다원적·세속적 민주주의의 상상계는 사적·동질적·가족적 상상계로 대체되었다. 전자가 개방성과 다원성을 지향한다면, 후자는 동질성과 위계성을 추구한다. 동질성은 불가피하게 차이를 배제한다. 차이의 추방 위에서 위계적·배제적 동질성이 형성된다. 상이한 국가와 지역들, 종교와 문화들, 젠더와 섹슈얼리티들 사이에 장벽을 세우고 그 견고한 벽 안에서 안전을 도모하는 '빗장 공동체(gated community)'가 사회정의라는 "위험한 미신"을 걷어낸 신자유주의 사회의 모습이었다. 문제는 신자유주의체제에 의해 자기 책임성을 강요받고 있는 개인들의 삶의 역량이 커지기는커녕 생존 자체가 위협받는 극단적 위축 상태로 내몰리고 있다는 점이다. 불확실한 미래와 위태로운 삶은 신자유주의적 세계화가 세계 곳곳의 사람들에게 드러낸 충격적 실상이었다. 세계화는 전혀 다른 과거를 지닌 개인들을 하나의 세계로 내몰았고, 그런 낯선 이들이 얼굴을 맞대고 있는 근접 현실 속에서 극히 불평등하게 분배된 부와 권력은 생존을 위협하는 새로운 계급질서와 문화전쟁을 만들어냈다.

문제는 이런 불평등한 신계급 사회와 문화전쟁이 초래한 위기를 19세기 유럽사회가 제국주의를 통해 극복했던 방식으로는 더 이상 해결할 수 없다는 사실이다. 경계를 뚫고 해체하고자 하는 세계화의 임무는 완수되었다. 하지만 세계화의 완수와 함께 인류는 그 부정적 결과에 고스란히 노출되었다. 세계화가 초래한 개방성은 모두가 저항할 수 없는 "운명의 횡포에 무방비상태로 노출된 사회"[1]의 다른 이름이었다. 100년 전 로자 룩셈부르크(Rosa Luxemburg)가 예언했듯이 자본주의는 "발전을 위한 발판으로 비자본주의적 조직들을 필요로 하지만", "자체의 존립을 보장해 줄 조건을 동화시킴으로써 발전한다."[2] 비자본주의적 조직은 자본주의가 번성할 토양을 제공하고 자본주의는 그런 조직에서 죽어간 시체를 먹고 자란다. 하지만 세계화의 전 지구적 석권 이후 자본주의의 성장을 보장해 줄 비자본주의적 배지(培地)는 사라졌다. 지그문트 바우만(Zygmunt Bauman)의 주장처럼 이제 자본주의가 양산한 '인간 쓰레기' 혹은 '쓰레기가 된 사람들(wasted human)'을 처리할 배후 공간이 사라지면서 땅과 일터, 사회적 안전망에서 밀려난 사람들은 지구를 떠돌고 있다. 이 전 지구적 잉여인간들은 생존을 위해 선진자본주의국가로 몰려들고 있다.

빵과 집과 안전을 찾아 선진 자본주의국가로 들어가고자 하는 이주민들과 난민들은 기존 국가 안에서 내부적으로 배제된 사람들과 충돌한다. 방어적 민족주의와 정체성 갈등은 선진 국가 안과 밖에서 쓰레기로 버려진 사람들이 벌리는 문화전쟁의 형태로 표출된다. 다문화적 자유주의가 사회 갈등의 조절과 통합을 위해 관용을 유효한 통치전략으로 내세웠다면 신자유주의적 세계화 시대에는 관용이라는 고상한 제스처를 사용할 여유조차 남아

---

1   지그문트 바우만, 『모두스 비벤비: 유동하는 세계의 지옥과 유토피아』, 한상석 옮김(서울: 후마니타스, 2010), 18쪽.

2   Rosa Luxemburg, *The Accumulation of Capital*, trans. *Agnes Schwarzschild*(New York: Routledge, 1961), p.387; p.406. 바우만, 『모두스 비벤비』, 49쪽 재인용.

있지 않다. 잉여인간을 배출할 전 지구적 통로가 막히면서 선진 국가 내부에 남아 있던 쓸모없는 사람들 역시 점점 더 궁지로 내몰리게 된다. 신자유주의의 지배력이 커지면서 과거에는 당연한 것처럼 제공되었던 사회적 보호책들 – 가족과 공동체적 유대는 전근대사회의 대표적인 사회 안전망이었다 – 이 사라지고 개인들은 전례 없이 취약한 무방비상태에 처하게 된다. 이제 누구도 안전을 보장할 수 없는 위험상태에 내몰리게 되는 것이다. 내부에서 쓰레기로 판정받은 사람들이 밖에서 온 이방인들에게 환대와 관용을 베풀 여력은 없다. 그들은 자원과 공간을 나눠야 할 이웃이 아니라 자신들의 생존을 위협하는, 따라서 추방하거나 파괴시켜야 할 적으로 다가온다. 적에게는 호전적 태도로 맞서는 것이 당연한 것으로 수용된다.

자신의 생존을 위협하는 적대세력에 맞설 이념적 무기가 각종 정체성들이다. 애초에 정체성 담론과 그에 기초한 문화전쟁은 역사적으로 억압받고 소외당한 존재들이 자신들의 역사적 경험을 인정받고자 하는 해방적 기획으로 출현했다. 1960~1970년대 미국 좌파운동과 흑인 민권운동에서 시작한 정체성 정치는 소수집단의 권리와 문화적 자존감을 인정받으려고 했지만, 그 기저에는 민족, 종교, 인종, 성적 장벽을 넘어서는 보편주의적 지향성이 자리 잡고 있었다. 마틴 루터 킹(Martin Luther King)은 흑백의 진정한 통합이라는 미국의 꿈을 이루기 위해서는 먼저 인종차별과 불평등을 해소하고 흑인의 역사적 경험과 정치적 권리를 인정받아야 한다고 주장했는데, 실제로 그의 주장은 민권법과 투표권법의 성취라는 정치적 성과로 나타났다. 그러나 1980년대 등장한 신보수주의가 차별과 불평등의 해소에 반대하기 위한 명분으로 보편주의를 악용하자 정체성 정치의 방향은 보편성으로 이월되지 않는 다양한 차이와 정체성을 강조하는 쪽으로 옮겨 간다. 이른바 '인정의 정치(politics of recognition)'가 힘을 얻기 시작한 것이다.

정체성은 '같음'과 '다름', '일치'와 '분리'의 상호작용이 낳은 잠정적 결과다. 그것은 피부색깔이나 DNA로 환원할 수 없는 문화적 구성물이다. 성차처럼 자연적 차이와 연결되어 있는 경우에도 자연적 차이는 문화적 차이와 얽혀 '자연-문화 연속체(nature-culture continuum)'를 구성한다. 정체성은 같은 속성을 지닌 것들과의 '동일시'를 통해 형성되지만, 동류감정은 다른 속성을 지닌 것들과의 '분리'를 통해 강화된다. 인간은 자신과 닮은 존재를 만나면 몸을 떨며 즐거워하고 낯선 존재를 마주치면 호기심 못지않게 온몸이 오그라드는 것 같은 공포를 느낀다. 지그문트 프로이트(Sigmund Freud)는 하나로 묶고 결속하려는 '에로스(Eros)'와 파괴적으로 허물고 분리시키는 '타나토스(Thanatos)'를 인간을 끌고 가는 두 충동(drive)으로 봤다. 묶고 허무는 일은 인간의 원초적 충동 차원에서 일어난다. 결합을 통해 형성되고 파괴를 통해 강화되는 정체성은 인간의 근원적 충동과 맞닿아 있는 만큼 쉽게 해소되기 어렵다. 특히 집단의 형성과 그를 통해 획득되는 정체성은 개체의 섹슈얼리티에 묶여 있는 리비도(Libido)를 정동(affect)으로 옮기고 그것을 더 넓은 단위 속으로 지양해 들인다.[3] 성적 만족이라는 직접적 목적에서 벗어난 사랑이 집단 관계를 묶어주는 정동적 힘이고, 개체들에게 소속감을 부여해 주고 집단을 결속시키는 것도 사랑의 힘이다. 다소 차이는 있지만 모든 집단은

---

3 감정과 관련된 여러 현상을 가리키는 용어로 우리말에서는 정서, 감정, 감성, 느낌, 열정 등이 혼재되어 사용되고 있고, 영어에서도 'affect, feeling, emotion, passion, sentiment' 등이 조금씩 다른 뉘앙스를 지닌 채 쓰이고 있다. 근래에 신경학이나 이 분야 연구에 기초한 문화 이론가들은 affect는 '정동'으로, emotion은 '감정'으로 번역하며 양자를 구분한다. 거칠게 구분하자면 정동은 비인칭적이고 비의미화하며, 서사화되지 않고 인지되지 않은 신체적 느낌이고, 감정은 인칭적이고 의미화질서에 고정되며 서사화된 인지적 느낌이다. 논자에 따라 정동과 감정이 질적으로 완전히 구분된다고 보는 입장〔브라이언 마수미(Brian Massumi)〕과 양자 사이에 이동과 이행의 가능성을 열어두는 입장〔사라 아메드(Sara Ahmed), 시안 응가이(Sianne Ngai)〕이 있다. 이 장에서는 감정과 정동을 구분하되 양자 사이의 이행 가능성을 열어두는 입장을 취하고자 한다. 감정과 정동의 관계, 문화연구에서 정동연구와 감정연구의 진행과정에 대한 보다 자세한 논의는 다음을 참조하라. 이명호, 「문화연구의 감정론적 전환을 위하여: 느낌의 구조와 정동경제론 검토」, ≪비평과 이론≫, 20권 1호(2015년 봄).

일정 정도 사랑으로 묶인 정동 공동체라 할 수 있다. 결합관계를 허물고 부수는 타나토스는 주체가 소속된 집단 밖의 이질적 존재나 집단을 침범하는 외부인들을 향해 발사된다. 다름을 파괴할 때 같음은 더욱 강화된다. 인간의 정체성 형성에 에로스와 타나토스가 함께 작용하는 까닭에 정체성 정치는 자신이 소속된 집단에 대한 사랑 못지않게 타 집단에 대한 공격과 파괴를 그 내적 에너지로 삼고 있다. 하나로 결합하려는 사랑의 욕구가 충족되지 못할 때 우리의 자존감에는 깊은 상처가 생기고, 상처받은 자아는 억눌린 공격성을 타자에게 투사한다.

1990년대 다문화주의와 결합한 정체성 정치는 보편적 지평과의 끈을 놓쳐버리고 정체성 투쟁에 몰두함으로써 차이의 인정이라는 나름의 긍정적 기능뿐 아니라 타 집단에 대한 적대와 배제라는 부작용을 낳기도 했다. 우파 백인 정체성 정치는 좌파 정체성 정치가 낳은 기형적 산물이다. 이제 스스로를 역차별 당하고 있다고 생각하는 백인 남성들은 자신들의 인종적·문화적·종교적·성적 정체성을 지키기 위해 목소리를 높이고 정치적으로 결집한다.

신자유주의는 선진 자본주의국가가 외부적으로 버린 사람들과 내부적으로 버린 사람들이 생존투쟁을 벌일 때 '포용적 공동체'에서 '배제적 공동체'로 정책 기조를 바꾸고, 국민국가 경계 바깥의 잉여인간들이 국경을 넘지 못하도록 거대한 장벽을 세운다. 그러나 동시에 자본이 저렴하고 유순한 노동력에 무제한적으로 접근하도록 만들기 위해 제한적으로 국경을 열어놓는다. '자유무역은 실시하지만 이민은 반대한다'라는 이 명백한 모순을 모순이 아니게 만드는 데 신자유주의의 정치적 곡예술이 발휘된다. 그런데 나오미 클레인(Naomi Klein)은 이 곡예술의 발휘가 그리 어렵지 않게 이루어진다고 말한다. "우선 울타리를 크게 친다. 그 다음 걸어 잠그라."[4]

북미자유무역협정(NAFTA)은 캐나다와 멕시코를 받아들여 미국의 시장을 확장시킨 국제협약이다. 2007년 이 협정은 수르 계획(Plan Sur)으로 보완되었다. 이 계획은 가난한 이주민들과 난민들이 라틴아메리카로부터 미국으로 흘러들어가지 못하도록 멕시코 정부가 경찰력을 투입해 미국 남부 국경을 순찰한다는 조치를 담고 있었다. 실제로 수십만의 라틴아메리카 이주민들이 미국 국경에 닿기도 전에 멕시코 경찰에 저지당해 추방당했다. 트럼프 대통령은 멕시코 경찰의 감시업무가 신통치 않다고 판단하고선 멕시코와 미국 국경 사이에 장벽을 쌓겠다는 계획을 선거 공약으로 제시했고, 당선 후 이 공약을 실행에 옮겼다. 자신의 계획이 의회의 반대에 부딪치자 2019년 1월 트럼프 대통령은 국가비상사태를 선포하고 대통령령으로 멕시코 국경에 인접한 뉴멕시코주와 애리조나주에 82km에 이르는 장벽을 설치하도록 전격 명령했다. 시민단체의 고발로 이 국경장벽 건설작업은 법원에 제소되었다가 2019년 5월 25일 캘리포니아 북부 연방지방법원에 의해 제지당해 건설이 중단되었다. 법원은 의회 승인 없는 행정부의 예산전용이 삼권분립에 따른 의회 예산권을 침해한 것으로 판결했다.

트럼프의 국경장벽 설치작업은 일시적으로 중단되었지만 의회를 패싱한 이 긴급 행정명령을 강행한 문제의식과 그것을 뒷받침하는 대중의 지지는 계속되고 있다. 사실 트럼프라는 기업가가 미합중국의 대통령으로 선출된 것 자체가 미국적 민주주의의 위기를 드러내는 징후라 할 수 있다. 세드릭 리치몬드(Cedric Richmond) 하원 의원의 지적대로 "미국을 다시 위대하게 만들겠다(Make America Great Again)"라는 트럼프의 선거 슬로건은 실상 "미국을 다시 하얗게 만들겠다(Make America White Again)"라는 정치적 의도를 가리는 방패막이였을 뿐 대통령 후보 시절부터 집권 이후까지 트럼프 행정부를 지배하는 일관된 정책 방향은 평등과 포용이라는 국가통합의 원리를 차별과 배제라는 적대의 원리로 대체하는 것이었다.[5] 여기에 "미국 우선(America

4   Naomi Klein, "Fortness Continents," *Guardians*, January 16, 2003. https://www.theguardian.com

5   영국 브렉시트 운동의 슬로건 중 하나는 "우리는 우리나라를 다시 통제할 것이다"다. 이

First)"의 슬로건이 덧붙여지면 강력한 애국주의가 발동된다. 인종차별과 소수자 배제에 기반한 극우 포퓰리즘이 트럼프 당선의 이념적 토대라는 점은 새삼 지적할 필요가 없다. 이 극우 포퓰리스트 정치가를 지지하는 사람들이 백인, 저학력, 복음주의적 기독교인 남성들이라는 점도 어느 정도 밝혀졌다. 트럼프는 워싱턴 정가를 지배하는 엘리트 정치가들에 대한 대중들의 계급 적대감뿐 아니라 타 인종, 타 민족에 대한 백인의 증오심과 여성혐오 정서를 동원해 권력을 쟁취했다. 아니 보다 정확히 말하자면 세계화의 혜택에서 배제된 저학력 하층계층의 박탈감이 그 계급적 성격을 직접적으로 드러내기보다는 민족주의와 문화적 보수주의로 치환되어 표출되면서 반동적 우파 정체성 정치의 정동적·감정적 에너지가 되었다. 신자유주의 세계화가 초래한 사회경제적 박탈에 맞서는 백인 하층 계급 남성들의 백래시가 유럽 대륙과 미국을 강타하고 있는 정치적 동력이라는 점은 익히 알려진 사실이다. 2016년 트럼프와 브렉시트에 투표한 사람들은 이민자 집단에 빼앗긴 자신들의 일자리와 그것을 보장해 줄 한때 영광스러웠던 나라를 되찾을 수만 있다면, 그리고 서브프라임 모기지 위기나 유로 위기 같은 극심한 경제 위기 국면에서 생존의 위험에 내몰린 자신들을 배반했던 정치 엘리트들에게 복수할 수만 있다면 어떤 실질적 손해도 감수하겠다는 극단적 열정으로 극우 포퓰리즘의 지지자가 되었다.

2008년 금융위기 직후 집권한 버락 오바마(Barack Obama) 행정부는 2014년 11월 300만 명에 이르는 불법 이민자들을 추방하는 강경 이민정책과 함께 미성년 입국자 추방 유예조치(Defered Action for Childhood Arrivals: DACA)와 부모 책임 추방 유예조치(Deferred Action for Parents of Americans and Lawful Permanent Resident: DAPA)를[6] 시행함으로써 불법 이민자들을 일정 부분 수용하

슬로건은 글로벌 자본과 이민에 의해 무너지고 있는 영국을 다시 통제해야 한다는 욕구를 강하게 표현하고 있다.

는 유화정책을 폈다. 억압책과 유화책을 동시에 펼치는 이런 이중적 이민정책은 전통적 우파로부터는 미국의 가치를 '너무 많이' 줬다는 비난을 받고, 이민운동과 소수자운동으로부터는 '너무 적게' 줬다는 비판을 받는다. 이처럼 양 진영의 협공을 당하면서 자유주의적 개혁정책을 실시하고자 했던 오바마 행정부는 히틀러 등장 직전의 독일 바이마르 공화국과 비슷한 취약한 정치적 상황에 놓이게 된다. 이것이 '미국을 다시 위대하게'를 외치는 트럼프의 선거 승리를 이끈 한 요인이었다. 2020년 대선에서 바이든 민주당 대통령후보가 당선되고 트럼프가 재선에 실패함으로써 극우 포퓰리즘의 기세는 한풀 꺾였지만, 그 열정과 에너지는 여전히 잠복해 있다. 2021년 8월 아프가니스탄에서 미군 철수 결정 후 일어난 이슬람 무장단체 탈레반의 아프가니스탄 정권 접수, 그에 따른 미국의 국제적 파워의 쇠퇴는 바이든 행정부의 정치적 힘도 약화시키고 있다. 고령의 바이든 대통령은 허약한 미국의 상징으로 재소환되었으며, 미국을 다시 위대하게 만들겠다고 공언했던 트럼프에 대한 대중의 지지도 서서히 재점화되고 있다. 코로나-19 팬데믹 상황에서 일어난 물가급등과 불안한 경제 상황은 잠복해 있던 극우 포퓰리즘을 재부상시키고 있다. 이런 전환기적 교착국면에서 우리가 면밀하게 들여다봐야 할 지점은 상처 입은 백인 남성 국수주의의 형태로 나타나고 있는 이 극우 포퓰리즘을 어떻게 이해할 것인가다. 이들의 적대정치를 움직이는 감정동학은 무엇인가?

---

6   DACA는 미국에 불법 거주하는 미성년자들의 추방을 2년간 유예하는 제도이고, DAPA는 부모는 불법 체류자인데 아이는 미국에서 태어나 시민권자이거나 영주권자인 경우 부모의 추방을 유예하는 제도다. DACA와 DAPA는 오바마 행정부 시절인 2014년 11월 시행되었지만 2017년 트럼프 대통령이 당선되면서 시행이 중단되었다. 2021년 조 바이든(Joe Biden) 대통령 당선 후 시행 재개를 위해 법적 조치를 진행 중에 있다.

3. 상처 입은 백인 남성들의 불안과 원한의 정치: 신자유주의적 권위주의의 출현

토머스 홉스(Thomas Hobbes)는 만인이 만인에게 늑대가 되는 자연상태의 공포를 극복하기 위해 근대국가가 탄생했다고 말했다. 개인은 국가에 권력을 이양함으로써 자연상태의 위험으로부터 안전을 보장받는 사회계약을 맺었다는 것이다. 하지만 신자유주의하에서 국가는 더 이상 약육강식의 공포를 덜어줄 보호자 기능을 수행하지 않는다. 국가는 국민의 복종을 구하는 대신 안전을 지켜준다는 계약을 더 이상 지킬 생각 없이 자본의 관리자 역할이나 임시적인 위기관리활동에 만족하고 있다. 이제 개인의 안전은 오로지 개인의 몫으로 돌아가는 "개인 안전국가"로 후퇴하고 있다. 그러나 "안전하지 않을 자유는 자유 없는 안전보다 결코 덜 무섭지 않고, 덜 당혹스럽지 않다. 두 경우 모두 억압적이며 공포를 잉태하고 있다. 악마냐 검푸른 바다냐? 제3의 길을 찾기 위해 노력했건만 적어도 믿음직해 보이는 탈출구는 보이지 않는다".[7] 바우만이 서유럽사회를 향해 던진 이 발언은 신자유주의적 자본주의 지배하의 세계 모든 사람들이 직면한 전 지구적 현상이라고 해도 무방하다.

신자유주의는 개인의 자유를 가로막는 장애물을 제거함으로써 자유를 극대화하고자 한다. 하지만 신자유주의가 부각하는 개인의 자유란 인적 자본으로서의 자유일 뿐 정치적·윤리적·미학적 자유, 끝없는 성찰과 실험이라는 인간에게 고유한 능력을 확장하고 표현하는 자유가 아니다. 신자유주의는 인간을 정의하는 여러 특성 중에서 시장에서 경쟁하며 스스로를 기업화한 인적 자본으로서의 특성, 즉 호모에코노미쿠스(Homo economicus)적 측면

---

7   지그문트 바우만·카를로 보르도니, 『위기의 국가: 우리가 목도한 국가 없는 시대를 말하다』, 안규남 옮김(서울: 동녘, 2014), 224~225쪽

을 전면화한다. 호모에코노미쿠스로서 개인은 스스로를 통제하고 자신의 행위에 대해 책임을 지지만 자본에 봉사하는 한 요소로 도구화되면서 시장에서의 경쟁에서 밀려나면 버려진다. 신자유주의적 기업의 노동유연화는 고용 불안정의 다른 이름이다. 한국에서 기간제 및 단시간 노동자, 파견직 노동자 등 정규직이 아닌 노동자들을 통칭해서 부르는 비정규직이란 명칭은 서양에서도 단일한 명칭을 갖고 있지 않다. 최근에는 불안정(precarious) 이라는 표현이 주목받고 있다. 프레카리아트(precariat: precarious와 proletariat의 합성어)는 실업자, 노숙자, 시간제 노동자들을 포함해 불안정 노동에 종사하는 사람들을 포괄적으로 지칭하기 위해 고안된 용어다. 이 말을 제안한 가이 스탠딩(Guy Standing)은 프레카리아트의 감정 상태를 '4A', 즉 불안(anxiety), 분노(anger), 소외(alienation), 아노미(anomie)라고 말한다. 스탠딩은 프레카리아트를 지배하는 감정을 이 네 가지라고 말했지만 그중에서 가장 근본적인 감정 하나를 꼽으라면 단연 불안이라 할 수 있다. 나머지 세 감정은 불안에서 파생되거나 불안과 연계된 이차 감정으로 볼 수 있다. 공포의 극복과 관리는 근대 초 개인들이 권력을 국가에 양도하는 협약을 통해 얻고자 한 것이었지만, 신자유주의 자본주의는 그것을 더 어렵게 만들었다. 이제 개인들은 생존이 위협받는 극심한 공포와 불안에 시달린다. 안전에 대한 욕구는 그 어느 때보다 높아졌지만 불안정 노동에 종사하는 사람들이 느끼는 불안과 공포를 누그러뜨려줄 사회 안전망과 국가의 기능은 약화되었다.

문제는 안전의 위협과 경제적 박탈감에서 비롯되는 공포와 불안이 그 발생 원천에서 분리되어 초점을 찾지 못한 채 유동하고 있다는 것이다. 바우만이 지적하듯이 중심 없이 흘러 다니는 공포와 불안은 쉽게 추적할 수 있고 영향을 미칠 수 있는 대체 표적을 찾는다. 이민자, 난민, 여성, 성적 소수자는 신자유주의적 자본주의하에서 항시적 고용 불안에 시달리는 하층 백인 남성들이 발생 원천에서 떨어져 나온 불안을 처리하는 손쉬운 대체물이다. 경제적 박탈감에 그 원천을 둔 불안은 문화 영역으로 이동해 백인으로서, 남성으로서, 기독교도로서 자신들이 누려 왔던 권한과 우월감을 위협하는 것으로 보이는 사회적 소수자들에게서 대체 표적을 찾는다. 인종차별주의, 여성혐오, 이슬람공포증, 반이민 정서 등은 상처 입은 중하층 백인 남성들의 원한과 적대감에서 에너지원을 공급받는다. 2016년 미국 대통령 선거에서 워싱턴 정가 주변을 떠돌던 부동산 개발업자이자 리얼리티 쇼 진행자 트럼프를 미합중국의 대통령으로 만들어주고 '트럼프주의(Trumpism)'라는 그의 이름을 딴 권위주의 형태를 출현시킨 감정적 에너지가 바로 이 상처 입은 권력의 원한과 적대감이다.

트럼프와 힐러리 클린턴(Hillary Clinton)이 맞붙었던 2016년 미국 대선의 투표결과를 분석해 보면 주목할 만한 경향을 발견할 수 있다. 그것은 4년 전 대선에 비해 저학력 백인 남성의 공화당 지지가 9% 이상 높아지면서 트럼프의 승리를 결정지었다는 것이다. 클린턴은 전체 득표율에서는 트럼프를 이겼지만 선거인단 수에서 뒤짐으로써 패배했다.[8] 경합주로 분류되는 미시건(Michigan), 오하이오(Ohio), 아이오와(Iowa), 위스콘신(Wisconsin), 펜실베이니아(Pennsylvania)에서 진 것이 결정적 패인으로 분석되었다. 러스트 벨트(Rust Belt)로 불리는 이 지역들은 한때는 자동차산업과 철강산업이 번창했던 제조업 중심지였지만 저임금 국가로 공장이 이전되고 경기가 침체하면서 쇠퇴 일로에 있다. 불황이 장기화되면서 제조업에 종사하던 노동자들의 상황도 급격하게 악화되고 있다. 이 지역에 거주하는 하층 백인 남성 노동자들이 보여준 동부와 서부 엘리트들에 대한 적대감, 오바마 정권의 유화적 이민정책에 대한 반발, 그리고 제2물결 페미니즘을 대표하는 힐러리에 대한 젠더 반감이 트럼프 지지로 이어졌다.[9] 대졸 이하 백인 남성의 67%가 트

---

8   전체 득표율은 클린턴 48.2%, 트럼프 46.1%였고, 선거인단 수는 클린턴 227, 트럼프 304였다. 2016년 미국 대통령 투표 성향에 대한 분석은 Alec Tyson and Shiva Maniam, "Behind the Trump Victory: Division by Race, Gender, Education," *Fact Tank*, November 9, 2016 참조.

럼프에게 투표했는데, 이는 4년 전 공화당 후보가 얻은 득표율보다 9% 이상 오른 수치다. 이런 공화당 지지와 더불어 주목할 만한 또 다른 특징은 12%에 달하는 젠더격차다. 2016년 선거에서 남성들의 41%가 클린턴에게, 53%가 트럼프에게 투표했다. 이 차이는 2012년에 비해 5% 늘어난 것이다. 이 격차를 주도한 집단이 하층 백인 남성들이다. 정치권력을 쥔 엘리트 여성에 대한 백인 남성들의 심리적 반발이 실제 표로 표출된 것이다.

2016년 9월 9일 뉴욕 시에서 열린 한 모금행사에서 클린턴은 트럼프 지지자들의 절반이 "한심한 인간들의 바구니(the basket of the deplorables)"에 들어간다고 말했다. 클린턴은 이들을 "인종차별주의자, 성차별주의자, 동성애 공포증자, 외국인 공포증자, 이슬람공포증자"라고 부르며, "구제 불능"이라고 경멸했다.[10] 클린턴의 발언은 즉각 반발을 불러일으켰다. 수많은 트럼프 지지자들은 자신들의 SNS에 "한심한 인간"이라는 명칭을 올리면서 클린턴의 오만과 독선을 비난했고, 급기야 '한심한 자들의 무도회(DeploraBall)'라는 행사를 조직해 반클린턴 운동을 전개했다. 트럼프가 이런 대중의 반발을 놓쳤을 리 없다. "여러분은 한심한 인간이 뭘 말하는지 알고 있습니까? 사악하게도 클린턴은 여러분처럼 열심히 일하는 사람들을 악마화하고 있습니다." 트럼프는 클린턴을 "저 고약한 여자(that nasty woman)"라고 부르며 노골적으로 여성혐오와 적대감을 부추겼다.[11] 이에 맞서 클린턴 지지 여성들은

---

9 Catherine J. Cramer, *The Politics of Resentment: Rural Consciousness in Wisconsin and the Rise of Scott Walker*(Chicago: University of Chicago Press, 2016). 이 책에서 캐서린 크래머(Catherine J. Cramer)는 위스콘신주 거주 유권자들에 대한 실증적 분석을 통해 러스트 벨트 지역 백인 노동자 계층 남성들의 투표 성향과 정치적 감정을 분석하고 있다. 크래머는 낙후된 시골지역에 거주하는 하층 백인 노동자 남성들을 지배하는 감정을 원한이라고 지목한다. 이 원한의 감정이 겨누는 집단은 대도시에 살고 있는 고학력·고소득 자유주의 엘리트들이다.

10 Katie Reilly, "Read Hillary Clinton's 'Basket of Deplorables' Remarks About Donald Trump Supports," *Time*, September 10, 2016.

"고약한 여자들"이라는 조직을 결성해 트럼프와 그 지지자들의 성차별주의에 맞불을 놓았다.[12] 선거 막바지에 젠더 대리전이라고 부를 만한 사태가 터진 것이다. 경제적 박탈감과 젠더 위기에 내몰린 남성 유권자들은 마초 성향을 드러내는 트럼프와 심리적으로 동일시했고, 이른바 '잘 나고 드센 여자'라 할 수 있는 클린턴에게 강한 적대감을 드러냈다.[13] 선거일을 두 달 앞둔 시점에 터져 나온 이 사건이 클린턴의 패배를 결정지었다고 말할 수는 없을 것이다. 그러나 비등점을 향해 치닫고 있던 하층 백인 남성들의 분노를 폭발시켰다는 점만은 부인할 수 없다. 선거 공학적 측면에서 보면 클린턴의 발언은 실수이자 악재임에 분명하지만, 이후 점차 극단화되고 있는 우파 포퓰리즘의 전개 양상을 살펴보면 그의 발언이 사태의 일단을 정확히 짚고 있는 것도 부인할 수 없다. 2020년 선거에서 트럼프가 바이든에게 패하자 그를 지지하는 강경파들이 선거부정을 주장하며 의회에 난입하는 사태가 벌어진다. 민주주의를 위협하는 헌정유린 행위까지 서슴지 않는 지경에 이른 것이다.

상처 입은 권력에 대해서 가장 설득력 있는 설명을 제시한 철학자는 니

---

11 Nicky Woolf, "'Nasty Woman,' Donald Trump Attacks Clinton during Final Debate," *The Guardian*, Oct 20, 2016.

12 2016년 대통령 선거에서 백인 여성의 47%, 흑인 여성의 94%, 히스패닉 여성의 69%가 클린턴에게 투표했다. 미국 역사상 처음으로 페미니스트를 자임하는 여성이 대통령 후보로 나간 선거에서 백인 여성의 53%가 클린턴이 아닌 트럼프에게 투표했다는 사실은 페미니즘 내에서 상당한 논쟁, 이른바 "53% 이슈"라는 논쟁을 불러일으켰다. 이 수치는 다른 인종 여성들에 비해, 특히 흑인 여성과 비교했을 때 현격한 차이를 보여주는 것으로서 백인 여성들의 '배반'이라는 비판이 터져 나왔다. 당시 선거에서 백인 여성들의 투표 성향에 대한 분석은 Sarah Jaffe, "Why Did a Majority of White Women Vote for Trump?" *New Labor Forum*, Vol.27, No.1(2018), pp.18~26을 참조하라.

13 권력을 쥔 엘리트 여성에 대한 반감이 비단 트럼프를 지지하는 저학력, 저소득 백인 남성 유권자들뿐 아니라 하층 백인 여성들에게도 광범하게 나타났다는 점을 잊어서는 안 된다.

체(F. W. Nietzsche)다. 니체는 노예의 도덕을 구성하는 핵심적 감정을 원한(resentment)이라고 봤다. 니체는 원한을 부당한 체제에 대한 반작용(reaction)에 그쳐 주체의 자기 원인적 흘러넘침으로써의 능동적·창조적 자유를 가로막는 반동적 감정이라 본다. 원한에 사로잡힌 사람은 과거의 상처에 고착되어 자신에게 고통을 준 대상을 비난하면서 자신의 고통을 도덕적으로 정당화한다. 니체가 도덕을 약한 자, 빼앗긴 자, 상처 입은 자의 원한이 만들어낸 체계이자 삶의 약동과 능동적 활동을 가로막는 억압적 질서라고 비판했던 이유가 이것이다. 상처 입은 자들은 자신에게 모욕과 고통을 안겨준 대상에 붙잡혀 그 대상을 도덕적으로 비난하며, 자신의 괴로움과 고통을 되갚아주려고 한다. 그러자면 고통을 떠나서는 안 되며 끊임없이 고통을 일으킨 원인을 찾아야 한다.

원한은 두 가지 작업을 수행한다. 원한은 상처를 일으킨 장본인을 찾아내 고통을 되갚아줄 보복의 장소를 만들어낸다. 이를 통해 원한은 견딜 수 없는 고통을 누그러뜨리고 그 원인을 외부로 돌리는 데 성공한다. 원한은 상처받은 사람들이 매달리는 감정이다. 자신들이 누려 왔던 권력과 권한이 박탈당하고 있다고 느끼는 사람들은 그것을 빼앗아갔다고 생각하는 사람들에게 분노와 앙심을 느끼며, 자신의 고통에 도덕적 정당성을 부여한다.

웬디 브라운(Wendy Braun)은 현대 정체성 정치를 읽어 낼 수 있는 해석 틀을 니체에게서 발견한다. 브라운에 따르면 현대의 정체성 정치는 지배적인 자유주의 질서에서 배제되었다는 사실에 기초해 정체성을 형성하고, 그 질서로부터 받은 모욕과 수치에서 감정적 에너지를 공급받으며, 그 질서에 대한 비판을 통해 고통을 완화하고자 한다. 나는 '~이다'라는 정체성은 나는 '~로부터 배제되었다'라는 사실에서 도출된다. 정체성 자체가 지배질서에 대한 반발을 통해 구성되고 이렇게 구성된 정체성을 통해 집합적 권리를 인정받고자 한다는 점에서, 정체성 정치는 니체의 원한과 비슷한 회로 안에 갇혀 있다. 브라운은 정체성 정치의 감정동학이 "상처 입은 애착(wounded attachment)"에 근거해 있다고 본다.[14] 정체성 정치는 상처에 기초해 상처를 주장하며 상처를 지속시키는 정치다. 상처 입은 애착에 매달려 있는 한 정체성의 정치는 자신을 창조적으로 변화시키며 미래를 개방하는 '긍정의 정치'를 이룰 수 없다. 그것은 지배적 규범에 반발하면서 역설적으로 그 규범에 기대고 그 규범을 재승인하는 '부정의 정치'에 머무른다.[15] 브라운은 소수 집단들의 해방적 기획으로 출발했던 정체성 정치가 자유의 확장으로 이어지지 못하고 원한의 정치로 변질될 수밖에 없는 내적 요인을 짚어낸다. 1990년대 미국 사회를 휩쓴 정체성 정치의 한가운데서 이루어진 그의 논의가 정체성 정치의 내재적 한계를 가장 예리하게 짚어낸 분석 중 하나로 손꼽히는 이유가 여기에 있을 것이다.

그러나 정체성 정치를 원한의 정치의 변종으로 읽어내는 브라운의 분석이 더욱 힘을 발휘하는 대목은 2000년대 이후 두드러지게 나타나는 우파 정체성 정치를 설명할 때다. 앞서 설명했듯이 2008년 금융위기 이후 경제적 위기에 내몰린 하층 백인 남성들은 외부에서 밀려오는 이민자들, 성적 소수자들, 여성들로부터 자신이 누려 왔던 기득권이 박탈되는 상황에 내몰린다. 이제 스스로를 빼앗긴 피해자라 생각하는 상처 입은 하층 백인 남성들은 자신들의 인종적·문화적·종교적·성적 정체성을 회복하기 위해 정치적으로 결집하고 목소리를 내기 시작한다. 2016년 트럼프의 당선은 이들의 정치적 결집에 힘입었다. 이들의 내면을 물들였던 원한의 감정이 트럼프를 지지했던 우파 포퓰리즘을 추동하는 힘이다. 원한은 '백래시'의 시대의 지

---

14 Wendy Brown, *States of Injury: Power and Freedom in Late Modernity*(Princeton: Princeton UP, 1995), pp.52~76.
15 브라운은 1970년대 이후 미국 사회에서 활발하게 전개된 정체성 정치는 계급정치를 보완하고 확장하는 것이 아니라 계급정치의 쇠퇴 위에 자본주의를 인정하고 승인하는 운동, 부분적으로 "자본주의 재자연화"를 통해서 이루어졌다고 주장한다. "정체성의 탈자연화"는 "자본주의의 자연화" 혹은 "재자연화" 위에서 일어났다는 것이다. 같은 책, p.60.

배적 감정구조다.

문제는 이 원한의 감정이 사회적 소수자들에 대한 차별과 적대로 나타날 뿐 아니라 권위주의적 정치 지도자에 대한 추종으로 이어진다는 점이다. 아니, 소수자 차별과 권위주의적 추종 사이에는 긴밀한 상관성이 존재한다. 권위주의는 경제적 자유와 시장적 합리성을 삶의 전 영역으로 확산시켰던 신자유주의의 다른 모습이다. 시장의 자유와 합리성을 지키려면 그것을 위협하는 세력들을 물리쳐야 하고, 그러기 위해서는 강력한 힘과 권력을 동원해야 한다. 이제 민주적 토론과 심의가 아니라 장벽과 접근금지 명령이 자유를 보증하는 정치적 표현이 되며, 사법기관과 경찰이 그 실행자가 된다.

트럼프 대통령은 신자유주의적 권위주의라는 신종 이데올로기를 최전선에서 수행하는 강력한 정치적 캐릭터다. 그의 이름을 딴 '트럼프주의'가 신자유주의적 권위주의를 표현하는 정치적 브랜드로 부상한 것은 우연이 아니다. 알폰소 곤잘레스(Alfonso González)에 따르면 트럼프주의란 "트럼프적 형태의 신자유주의적 권위주의 통치"를 가리키는 것으로서 다섯 가지 특징적 요소로 구성된다.[16] 첫째, 기업이 주요 국가기구를 접수해 탈규제 정책을 실시하고, 둘째, 검찰과 경찰 등 억압적 국가기구를 동원해 국가를 변형하며, 셋째, 질서와 국가안보라는 미명하에 시민의 자유를 제한하며, 넷째, 사회적 저항을 범죄시하고 반지성주의를 확산하며, 다섯째, 인종 중립적 정책에서 백인 민족주의 정책으로 이행하고 여성, 퀴어, 소수인종 등 여러 사회적 소수자운동이 획득한 권리를 해체한다. 물론 이 다섯 가지가 신자유주의적 권위주의의 특징들을 모두 포괄하지는 않을 것이다. 2008년 금융위기에 대한 사후적 대응으로 출현한 트럼프주의는 계급적 성격을 직접 드러내기보다는 민족주의(백인우월주의와 반이민주의)와 문화적 보수주의(반성 소수자 가족

---

16 Alfonso Gonzáles, "Trumpism, Authoritarian Neoliberalism, and Subaltern Latina/o Politics," *Aztláan: A Journal of Chicano Studies*, Vol. 48, No. 2(Fall, 2017), p. 148.

중심주의와 반여성주의)로 전치되어 나타난다. "철의 주먹"을 동원해 배제와 적대의 정치를 노골적으로 부추기는 트럼프식 권위주의는 아래로부터 대중의 동의와 결합되어 있기 때문에 그 힘을 발휘할 수 있었다. 공포와 원한에 사로잡힌 사람들의 원초적 충동과 승화되지 못한 권력에의 의지가 대중의 동의를 추동시킨 강력한 힘이다. 이 정동적·감정적 에너지를 통해 권위에 대한 굴종과 자유가 결합되는 기괴한 형태, 권위주의적 자유라는 신종 괴물이 출현한다. 브라운은 이를 "자유의 이름으로 수행되는 21세기 권위주의"[17]로 규정한다.

권위주의적 자유는 사회적인 것에 대한 윤리적 배려와 도덕적 양심에서 풀려난 원초적 자유다. 그것은 "다른 인간, 다른 생명체, 그리고 지구 행성이 처한 곤경과 취약성과 운명에 대해 어떤 관심도 보이지 않는 자유",[18] 자신의 원초적 쾌락과 억눌린 원한을 충족시키기 위해서라면 이 모든 것들을 희생할 수 있는 자유다. 이 자유는 광폭하고, 열정적이며, 파괴적이다. 이 자유는 인민의 자기통치를 긍정하는 근대 민주주의의 역사적 유산을 파괴하고, 칸트의 도덕적 정언명령을 위반하며, 지구 행성의 존속 가능성을 위협한다.

4. 최소한의 민주주의와 취약성의 윤리

브라운은 신자유주의적 권위주의의 출현에서 '데모스(인민, demos)'의 해체 징후를 읽어낸다. 최소 의미에서 민주주의란 데모스에 의한 정치적 자기-지

---

17 Wendy Brown, "Neoliberalism's Frankenstein," *Authoritarianism: Three Inquires in Critical Theory*(Chicago and London: The University of Chicago Press, 2018), p. 23.

18 같은 글, p. 28.

배를 가리킨다. 민주주의는 "인민이 함께 공동의 삶을 관리하고 지배하는 이상"[19]을 대변한다. 인민의 지배를 실천하는 체제, 규정, 제도는 특정되지 않는다. 인민이 자신의 권한을 대표자들에게 위임할 것인지, 직접 실행할 것인지는 정해지지 않았다. 다만, 민주주의는 인민이 다른 이에 의해 지배되어서는 안 되며 각자가 정치적 목소리를 내야 한다는 최소한의 원칙을 담고 있다. 브라운에 따르면 이것이 "최소한의 민주주의가 보장하는 최소한의 약속"[20]이다. 그런데 신자유주의는 이 최소한의 민주주의의 토대를 허문다. 신자유주의는 데모스라는 개념 자체를 제거함으로써 호모폴리티쿠스(Homo politicus)를 호모에코노미쿠스로 대체한다. 신자유주의는 공유하는 시민, 권력에 대항하는 시민, 참여하는 시민을 이해자 간 중재, 팀워크와 모범사례, 거버넌스라는 경제적 인간으로 대체함으로써 스스로 통치하는 인간의 역량을 위축시키거나 무력화한다. 반정치와 탈정치는 신자유주의가 민주주의에 가한 파괴적 결과이자 민주주의의 위기 증상이다. 현재 신자유주의적 자본주의와 민주주의의 싸움에서 힘의 균형추는 전자로 기울었다. 그러나 이 기울어진 균형추를 바로잡지 않는 한 신자유주의가 초래한 권위주의적 굴종과 그것을 뒷받침하는 원한의 정치, 적대의 정치, 희생의 정치를 막아 낼 방법을 찾기는 힘들 것이다. 민주주의는 분명 더디고 소란스러운 제도이지만 공동의 삶을 기획하고 주체의 자기통치 역량을 키워 나가는 데 지금까지 인류가 개발한 그 어떤 제도보다 유용하고 유연하다.

주디스 버틀러(Judith Butler)는 2001년 9·11테러 사태 이후 "미국이 전 지구적 공동체의 일부로 스스로를 재정의할 기회를 놓쳐버렸다"[21]라고 아쉬워

19 웬디 브라운, 『민주주의 살해하기: 당연한 말들 뒤에 숨은 보수주의자의 은밀한 공격』, 배충효·방진이 옮김(서울: 내인생의 책, 2017), 275쪽.

20 같은 책, 275쪽.

21 주디스 버틀러, 『위태로운 삶: 애도의 힘과 폭력』, 윤조원 옮김(서울: 필로소픽, 2018), 8쪽.

한다. 안전하다고 믿었던 국경이 뚫리면서 국가의 취약성이 드러났을 때 미국은 인간은 누구나 상처 입을 수 있다는 사실을 인정함으로써 타자와 공존할 수 있는 더 바람직한 길로 나아가기보다는 "국수주의 담론을 강화하고 감시기제를 확장하고 헌법이 보장하는 권리를 유예하고 명시적·암묵적 검열의 여러 방식을 만들어냈다".[22] 당시 미국이 선택한 길은 피해를 당했다는 두려움에서 벗어나기 위해 내부의 공격성을 외부로 투사함으로써 안전을 도모하는 길이었다. 버틀러가 '피해 가능성'과 '공격성'을 정치적 삶을 사유할 두 출발점으로 삼고자 한 이유는 미국이 선택한 이 비민주적 길에 대한 비판적 인식에서 기인한다. 그녀가 에마뉘엘 레비나스(Emmanuel Levinas)로 돌아가 윤리의 문제를 진지하게 성찰하고 윤리와 정치를 연결시켜 사유하게 된 것도 이 국가적 트라우마의 경험에서 비롯된 것으로 보인다. 자신을 위협하는 타자의 얼굴을 마주하면 인간은 목숨을 보존하기 위해 자신을 방어하려는 충동을 즉각 발동하는 것은 물론이려니와, 타자를 해쳐야 할지 모른다는 또 다른 불안감에 휩싸인다. 이 위급한 순간 자기보존 충동과 살인 충동은 서로 싸우는 형제간처럼 맞부딪친다. 레비나스는 폭력을 당할지 모른다는 두려움과 폭력을 가할지 모른다는 두려움 사이의 '긴장'에서 윤리가 발생한다고 말한다. 미국의 국경이 뚫리는 위태로운 순간 미국인들은 자신들이 가해자로 의심되는 사람들에게 폭력을 가할지 모른다는 두려움 앞에 잠시 몸을 떨었지만, 긴장을 유지하지 못하고 공격성을 억제하는 데 실패했다. 그 결과 미국은 "폭력이 최소화될 수 있고 불가피한 상호의존성이 전 지구적 정치 공동체의 기반으로 인정받는 세계를"[23] 만들어 갈 기회를 잃어버렸다.

그러나 상처를 입고 난 뒤 개인과 집단이 취할 수 있는 선택이 9·11테러

---

22 같은 책, 8쪽.
23 같은 책, 10쪽.

이후 미국이 걸어간 길만 있는 것은 아니다. 버틀러는 "상해를 입은 뒤 할 수 있게 된 한 가지 생각은 내 삶이 저 밖의 타인, 내가 알지 못하고 또 절대로 알게 되지도 않을 사람들에게 기대고 있다는 사실에 대한 통찰"[24]이라고 말한다. "이름 모를 타인에 대한 이 근원적 의존은 내 의지로 벗어날 수 있는 조건이 아니다. 이 의존을 폐제할 수 있는 안전장치는 없다. 주권이 행사하는 어떤 폭력행위도 이 사실을 세상에서 지울 수는 없을 것이다."[25] 물론 삶의 취약성에 대한 인식이 폭력적 공격성으로 표출되지 않고 상호의존적 공생의 윤리로 나아가기는 쉽지 않을 것이다. 더욱이 상충하는 이해집단들이 서로 충돌하고 경합하는 정치의 장에서 윤리적 명령을 실천하라고 요구하는 것은 실현 불가능한 이상으로 여겨질 수도 있다. 그러나 윤리가 정치에 부단한 압력을 가해 정치의 자기 혁신을 요구하지 않는다면 정치가 정치공학으로 떨어지는 것을 막을 길은 없을 것이다. 그 경우 민주주의는 형식적 절차만 남은 형해화된 제도에 불과할 것이고, 공론장엔 정치 기술자들과 열에 들뜬 대중의 소음만이 울려 퍼질 것이다.

무엇보다도 취약성은 인간의 존재론적 조건이다. 한나 아렌트(Hannah Arendt)가 말했듯이 자신이 선택할 수 없는 다른 존재들에 노출되어 이 지상에서 그들과 공거(cohabitation)하는 것이 정치적 존재로서 인간의 존재론적 조건이다. 다른 존재에게 노출된다는 것은 나의 경계가 무너져서 그 존재들로 인해 취약해진다는 의미다. 그러나 취약성이 반드시 허약함을 의미하는 것은 아니다. 다른 존재들에게 노출된다는 것은 나의 경계를 넘어 다른 세계를 향해 열릴 우발적 가능성을 의미하기도 한다. 취약성은 다른 존재들에 의해 위험에 처해질 수 있고 지원이 필요한 허약함(weakness)을 의미하는 동시에, 다른 존재에게 열리고 관계를 맺으며 다른 존재에게 응답할 수 있는

---

24 같은 책, 9쪽.
25 같은 책, 9쪽.

능력(capacity)과 행위성(agency)을 의미하기도 한다. 이런 의미에서 취약한 주체는 수동성과 행위성이 겹쳐 있는 이중적 존재다. 버틀러는 인간의 존재론적 조건으로서의 취약성을 사회제도적 차원 및 신체적 차원과 결합해 취약한 존재가 살만한 삶을 살기 위한 사회적 토대와 제도를 획득하기 위한 저항성과 접합시킨다. "우리는 불안정성 안에서, 불안정성으로부터, 그리고 불안정성에 저항해 투쟁한다."[26] 취약성이 저항성과 접합되어 있는 한 취약성은 윤리적 덕목이기만 한 것이 아니라 살만한 삶을 살기 위한 물질적 조건을 얻으려는 민주적 정치 투쟁과 만난다. 우리 시대를 물들이고 있는 원한의 정치를 넘어설 수 있는 길은 이 취약한 저항의 정치, 혹은 저항하는 취약성의 정치에서 찾을 수 있지 않을까 생각해 본다. 다만, 취약성과 함께 하는 저항성이 저항 그 자체에 매몰되거나 권력 바깥은 없고 오직 권력 안의 저항만 있다는 입장과는 달라야 한다. 기존 질서에 대한 저항이 새로운 세계를 향한 욕망으로 이어지지 않는다면 저항은 반작용에 그칠 우려를 떨치기 힘들다. 지배질서에 대한 저항이 "더 살만한 삶," 취약한 존재들이 공존·공생하는 "더 좋은 삶"에 대한 욕망을 열어놓는 것일 때 원한의 정치를 넘어설 수 있을 것이다.

---

26 주디스 버틀러, 『연대하는 신체들과 거리의 정치』, 김응산·양효실 옮김(서울: 창비, 2020), 174쪽.

참고문헌

니체, 프리드리히(Friedrich Nietzsche). 2011. 『도덕의 계보학』. 홍성광 옮김. 서울: 연암서가.

바우만·보르도니(Zigmund Bauman and Carlo Bordoni). 2014. 『위기의 국가: 우리가 목도한 국가 없는 시대를 말하다』. 안규남 옮김. 서울: 동녘.

버틀러, 주디스(Judith Butler). 2018. 『위태로운 삶: 애도의 힘과 폭력』. 윤조원 옮김. 서울: 필로소픽.

_____. 2020. 『연대하는 신체들과 거리의 정치』. 김응산·양효실 옮김. 서울: 창비.

바우만, 지그문트(Zigmund Bauman). 2010. 『모두스 비벤디: 유동하는 세계의 지옥과 유토피아』. 한상석 옮김. 서울: 후마니타스.

브라운, 웬디(Wendy Brown). 2017. 『민주주의 살해하기: 당연한 말들 뒤에 숨은 보수주의자의 은밀한 공격』. 배충효·방진이 옮김. 서울: 내인생의 책.

이명호. 2015. 「문화연구의 감정론적 전환을 위하여: 느낌의 구조와 정동경제론 검토」. ≪비평과 이론≫, 20권 1호, 113~139쪽.

Brown, W. 1995. *States of Injury: Power and Freedom in Late Modernity*. Princeton: Princeton UP.

_____. 2018. "Neoliberalism's Frankenstein." *Authoritarianism: Three Inquires in Critical Theory*. Chicago and London: The University of Chicago Press.

Cramer, Catherine J. 2016. *The Politics of Resentment: Rural Consciousness in Wisconsin and the Rise of Scott Walker*. Chicago: University of Chicago Press.

Gonzales, A. 2017. "Trumpism, Authoritarian Neoliberalism, and Subaltern Latina/o Politics." *Aztláan: A Journal of Chicano Studies*, Vol.48. No.2, pp.147~164.

Jaffe, S. 2018. "Why Did a Majority of White Women Vote for Trump?" *New Labor Forum*, Vol.43, No.3, pp.18~26.

Klein, N. 2003.1.16. "Fortness Continents." Guardians.

Reilly, K. 2016. 9.10. "Read Hillary Clinton's 'Basket of Deplorables' Remarks About Donald Trump Supports." *Time*.

Tyson, A. and M. Shiva. 2016.11.9. "Behind the Trump Victory: Division by Race,

Gender, Education." *Fact Tank*.

Woolf, N. 2016.10.20. "'Nasty Woman,' Donald Trump Attacks Clinton during Final Debate." *The Guardian*.

제**3**부

슬픔

'슬픔'의 기저에는 상실이 존재한다. 사랑하는 사람과 이별하는 것에서부터 삶의 목표를 잃어버리거나 나라를 빼앗기고 자유를 박탈당하는 것에까지, 우리 사회의 소수자들은 삶의 의미를 풍성하게 직조했던 사랑의 대상들을 잃게 되는 많은 위기의 순간을 경험한다. 인종적 타자, 성 소수자, 장애인, 이민자, 난민, 입양인 등과 같은 사회적 약자들은 자신의 욕망과 이상을 부정당하고 이미 작동하고 있는 사회의 질서 속으로의 편입을 강요당한다. 정상성의 외피를 쓰고 동질적인 문화와 관계를 재생산하는 사회의 질서와 규범은 소수자들의 이질적 욕망과 문화, 관계의 생존을 위협한다. 삶을 지탱해 준 사랑의 대상을 상실한 존재는 슬픔의 심연으로 빠진다. 상실한 대상에 대한 애도와 끝이 없는 슬픔으로 인해 자신까지 잃어버리는 우울증에 이르기까지, 슬픔의 스펙트럼은 우리의 욕망과 관계가 사회에서 거부당하고 실패할 때 고통, 아픔, 분노, 원망, 혐오, 비난을 동반하면서 드러난다. 3부에서는 슬픔의 감정을 애도와 우울, 그리고 트라우마 서사로 살펴본다. 주류 사회의 폭력적 규범이 불러오는 슬픔과 우울을 장애인과 인종적 타자의 시각에서 고찰한다. 또한 개인의 트라우마 서사가 노예제도, 전쟁, 테러, 종말 등과 같은 역사적 사건과 상황에 맞물려 인종적 타자의 공적 서사로 확장되고, 폭력적 사건의 충격이 연기시킨 상실의 기억을 애도하는 방식과 의미를 살펴본다.

제7장

애도와 우울의 서사*

콜슨 화이트헤드의 『제1구역』

김경옥

1. 종말과 애도의 시작

콜슨 화이트헤드(Colson Whitehead)는 2017년 『언더그라운드 레일로드(The Underground Railroad)』, 2020년 『니클의 소년들(Nickel Boys)』로 두 번의 퓰리처상을 받으며 "살아 있는 가장 위대한 미국 작가 중 한 명"[1]이라는 평가를 받고 있다. 총 여덟 편의 소설과 두 편의 논픽션을 출간한 화이트헤드는 다양한 주제와 스타일의 작품으로 미국 사회를 향한 날카로운 비평과 더불어 인간의 삶과 문화를 성찰하고 새로운 가치를 모색한다. 그는 최초의 흑인 엘리베이터 여성 조사관의 이야기에서 노예 탈출과 SF적 상상력을 결합시

---

* 이 글은 ≪횡단인문학≫, 10호(2022)에 실렸던 「콜슨 화이트헤드의 『제1구역』에 나타난 포스트-인종 담론과 좀비 서사」의 내용을 일부 수정·보완한 것이다.

1 Derek C. Maus, *Understanding Colson Whitehead*(Columbia: U of South Carolina P, 2021), p.7.

킨 지하철도 이야기, 그리고 좀비와 범죄소설까지 아프리카계 미국 문학의 다양성을 확장시켰다고 평가받는다. 화이트헤드가 인터뷰에서 자신은 새로운 작품을 쓸 때마다 작품에 맞는 "드랙을 한다(wearing drag)"[2]라고 밝힌 것처럼 그는 이전 세대의 흑인 작가들과 달리 "인종 문제를 다루지만 사람들이 기대하는 방식이 아닌"[3] 상상을 뛰어넘는 실험적 스타일의 소설을 발표한다.[4]

2011년에 발표한 『제1구역(Zone One)』은 원인 불명의 전염병 발병으로 사람들이 좀비로 변하고 모든 것이 파괴되고 사라진 세계를 배경으로 한 포스트-종말 서사다. 생존자들은 종말 이전의 삶에 대한 트라우마로 고통받으며 좀비 세계에서 살아남기 위해 투쟁한다. 임시정부격인 '버펄로(Buffalo)'는 과거의 문명을 회복하고 미국을 재건하기 위해 맨해튼을 좀비로부터 탈환하는 군사 작전을 계획해 맨해튼 남부 지역인 커넬 거리에 '방어벽(barricade)'을 건설한다. 해병대들은 방어벽을 치고 안전구역을 '1구역(Zone One)'으로 명명하면서 좀비들이 1구역으로 유입되는 것을 막으며 한편으로는 빌딩과 거리를 수색하면서 남아 있는 좀비들을 제거한다. 마크 스피츠(Mark Spitz)는 동료 게리(Gary), 케이틀린(Kaitlyn)과 함께 민간인 '청소부(Sweeper)' 팀으로

---

2   같은 책, p.1.

3   Derek C. Maus, *Conversations with Colson Whitehead*(Jackson: UP of Mississippi, 2019), p.xii.

4   『제1구역』을 포함해 『직관주의자(The Intuitionist)』(1998)와 『존 헨리의 시절(John Henry Days)』(2001)을 분석한 라몽 살디바(Ramón Saldívar)는 화이트헤드를 21세기 소수 민족 미국 소설의 "포스트인종 미학(postrace aesthetic)"을 대표하는 작가로 언급하면서 새로운 유색인종 작가들이 "인종과 사회정의, 인종과 정체정, 인종과 역사 사이의 관계가 변화"함에 따라 정의로운 사회를 위해 인종의 역할에 대한 "새로운 '상상계(imaginary)'"를 창조해야 한다고 주장한다. 살디바의 언급대로 화이트헤드의 작품들은 새로운 인종적 상상을 재구성하고 있다. Ramón Saldívar, "The Second Elevation of the Novel: Race, Form and the Postrace Aesthetic in Contemporary Narrative," *Narrative*, Vol.21, No.1(2013), pp.5~6.

해병대들이 완전히 제거하지 못한 좀비들을 죽이고 맨해튼을 종말 이전의 도시처럼 회복시키는 임무를 맡고 있다. 소설은 세계가 멸망한 이유가 명확히 드러나지 않은 채 '최후의 밤(Last Night)' 이후 가까스로 생존한 주인공 스피츠의 회상과 기억이 생존자와 좀비의 이야기와 섞이고 모호해지면서 시간과 장소를 넘나들며 3일간 펼쳐진다. 사변소설과 고딕소설의 특징을 가지며 "'포스트-인종'에 관한 미국의 알레고리"[5]로 읽혀지는 『제1구역』은 "후기 자본주의에 대한 비판"과 더불어 "종말과 종말 이전의 세계가 서로 붕괴되는 그 순간에 좀비 서사를 비판적으로 재구성함으로써 죽음의 세계가 이미 도래했음을 암시한다."[6]

『제1구역』은 종말과 더불어 좀비, 전염병 등의 익숙한 소재를 다루고 있는 장르 소설의 형식을 갖추고 있지만 실제로는 미국 사회의 정치와 경제, 문화에 대한 작가의 비판의식이 다양한 상징과 비유, 알레고리, 수사적 표현 등으로 전면에 나타나는 다층적이고 복합적인 작품이다. '제1구역'이라는 제목부터 9·11테러가 일어난 "그라운드 제로(ground zero)"[7](p.201), 즉 파괴된 세계무역센터를 연상시키며 주인공이 지하철역을 지나치면서 "그것은 오래전 일이지만, 기억했다"(p.264)라고 회상하는 것처럼 미국인들의 트라우마인 9·11테러 사건을 상기시킨다. 또한 경제, 금융의 상징인 뉴욕의 붕괴와 1구역을 지키고 있는 군인들의 재현은 2008년 금융위기와 이라크 전쟁 등의 미국 사회의 불안과 혼란의 스펙터클을 보여준다. 화이트헤드는 이러한 폭력과 비극의 현실을 보여주면서 인간의 삶이 정부와 국가와 같은 시스

---

5 Maria Bose, "Distantly reading race in the contemporary 'postrace' novel," *Textual Practice*, Vol.35, No.1(2021), p.40.

6 Lief Sorensen, "Against the Post-Apocalyptic: Narrative Closure in Colson Whitehead's *Zone One*," *Contemporary Literature*, Vol.55, No.3(2014), p.587.

7 Colson Whitehead, *Zone One*(New York: Doubleday, 2011), p.201. 이후 본문에서 이 작품 인용 시 해당 부분에 쪽수를 표기한다.

제7장 애도와 우울의 서사 **179**

템으로부터 얼마나 취약한지를 이야기하는 것이다. 앤 카나반(Anne Canavan)
은 『제1구역』이 "9·11테러 이후의 미국인들의 삶이 테러 이전의 미국과 같
아야 한다는 국가적 어젠다를 비판"한다고 주장한다.[8] 실제로 『제1구역』은
뉴욕 맨해튼을 배경으로 실제 장소들과 건물들의 이름이 그대로 사용되면
서 현재 미국이 겪고 있는 "지정학적·역사적 불확실성을 반영"[9]하는 것이
다. 9·11테러 이후 돈 드릴로(Don DeLillo)는 그의 에세이 「미래의 폐허 속에
서(In the Ruins of the Future)」에서 9·11테러라는 "재앙적 사건"이 "우리가 생
각하고 행동하는 방식을 완전히 변화"시켰으며 그 사건이 "우리의 세계, 또
는 그 세계의 일부가 그들의 세계로 무너졌으며", 이는 미국인들이 사는 세
계를 "위험과 분노의 장소"로 만들었음을 주장한다. 드릴로는 이 사건이
"미국이 미래를 발명했다고 생각하기를 즐기며" 미래를 "편하고" "친밀하
게" 여겨 온 미국인들의 "관습과 신념에 죽음을 가져"왔다고 이야기한다.
미래가 비현실적이면서 두렵고 공포스러운 것으로 변한 것이다. 그로 인해
우리는 "울부짖는 모든 공간에 기억과 애정, 의미를 부여"해야 한다.[10]

　『제1구역』은 9·11테러와 전쟁은 물론 미국의 인종차별의 역사와 현재에
도 진행되고 있는 공격과 혐오의 사건들로 인한 상실과 슬픔을 기억하고 재
현한다. 화이트헤드는 주인공 스피츠의 기억과 독백을 통해 종말과 종말 이
후의 세계에 대한 두려움과 불안, 공포 등의 우울의 서사를 그린다. 스피츠
의 회상의 대부분은 "종말 후 스트레스 장애(Post-Apocalyptic Stress Disorder:

8　　Anne Canavan, "Which Came First, Zombie or the Plague? Colson Whitehead's *Zone One*
　　as Post-9/11 Allegory," Representing 9/11, in Paul Petrovic(ed.), *Truma, Ideology, and
　　Nationalism in Literature, Film, and Television*(Lanham, Md: Rowman and Little field,
　　2015), p.41.

9　　Grace Heneks, "The American Subplot: Colson whitehead's Post-Racial Allegory in *Zone
　　One*," *The Comparatist*, 42(2018), p.64.

10　Don DeLillo, "In the Ruins of the Future," *The Guardian*, Dec 21, 2001.

PASD)"(p.67)에 기인하는데, 이는 모든 생존자가 종말과 좀비 전염병의 트라우마로 겪게 되는 질환이다. 이는 "슬프거나 불행한 느낌, 사소한 일에 대한 짜증과 좌절"(p.67)에서 "기억하는 문제, 죽음과 자살을 생각하는 것… 요통, 고혈압, 심박 증가, 구토, 설사, 두통"(p.68)까지 심리적 증상에서 신체적 증상까지 광범위하다. 종말 이후 세계에서 사람들은 가족과 고향은 물론 자신이 가지고 있는 모든 것을 상실한 경험으로 인해 어려움을 가지고 있다. 이것은 임시정부격인 버펄로도 마찬가지다. 화이트헤드는 이 소설이 "좀비에 관한 것이 아니라 사람과 문화에 관련"[11]된 것이라고 말하며 수천 명의 인간이 살상되는 폭력과 죽음의 사건, 그로 인한 인류문명의 비극을 비판하면서 현재와 미래를 회복하기 위해 슬픔을 기억하고 애도한다.

지그문트 프로이트(Sigmund Freud)는 「애도와 우울(Trauer and Melancholia)」에서 "슬픔은 보통 사랑하는 사람의 상실, 혹은 사랑하는 사람의 자리에 대신 들어선 어떤 추상적인 것, 즉 조국, 자유, 어떤 이상 등의 상실에 대한 반응"[12]이라고 말하며 인간의 상실과 슬픔을 통해 '우울증(Melancholie)'의 본질을 설명한다. 프로이트에 따르면 사랑하는 대상을 잃은 상실, 즉 "사랑하는 대상이 이젠 더 이상 존재하지 않는"[13] 깊은 슬픔은 그 대상에 부과되었던 모든 리비도(Libido)를 철회시켜야만 "슬픔의 작용이 완결"[14]되고 "자아는 다시 자유롭게 되고 아무런 제약도 받지 않는다는 것"[15]이다. 잃어버린 대상의 완전한 대체 가능성을 통해 애도가 완성되는 것이다. 즉, "우리가 사랑하는 누군가가 죽어서 우리 곁을 떠나면 그와의 감정적 고리를 끊음으로써 그에

---

11 Maus, *Understanding Colson Whitehead*, p.5.

12 지그문트 프로이트, 「애도와 우울」, 윤희기·박찬부 옮김, 『정신분석학의 근본 개념』(파주: 열린책들, 2020), 244쪽,

13 같은 책, 245쪽.

14 같은 책, 246쪽.

15 같은 책, 246쪽.

게 투자했던 심리적 에너지를 회수해 다른 사람한테 다시 투자"[16]해야만 우리는 슬픔으로부터 회복될 수 있는 것이다. 이에 반해 자크 데리다(Jacques Derrida)는 "사랑하는 사람의 죽음을 극복의 대상으로 보고 그것이 가능하다고 생각했던 프로이트의 애도 이론에 의문을 제기"[17]하면서 애도가 기억을 통해 이루어짐을 이야기한다.

또한 데리다는 '불가능한 애도'라는 모순적인 말을 통해 애도가 가지고 있는 어려움을 설명하고 있다. 데리다의 애도는 "끝이 없는 것이고, 위로할 수 없는 것이고, 화해할 수 없는 것이다. 사랑하는 사람을 잃은 슬픔에 끝이 있을 수 없으니 당연히 애도에는 끝이 있을 수 없다. 그러니 애도는 불가능한 것이다".[18] 애도는 말로 설명할 수 없고 이해할 수 없는 것이다. 사랑하는 사람을 잃고 느끼는 감당할 수 없는 감정은 우리의 정신을 황폐하게 하고 육체를 죽음으로 향하게 하기 때문이다. 진정한 애도는 가능한 것인가? 애도의 어려움에 대해 데리다는 끊임없이 애도를 수행함으로써 상실에 저항하고 기억해야 하며 그것이야말로 진정한 애도라고 말한다.

『제1구역』에서 화이트헤드는 미국 사회의 붕괴 이후에 나타난 버펄로와 미국 불사조(American Phoenix) 프로젝트, 그리고 주인공 스피츠와 좀비를 중심으로 상실의 경험을 어떻게 기억하고 재현하는지 보여준다. 종말 후 버펄로와 미국 불사조는 문명의 상실과 역사의 상처를 안전하게 치유하기 위해 생존자들을 과거로부터 격리시키며 "살해한 이들의 이름, 이미지, 서사가 공적 재현에서 삭제된 지점"[19]에서 희망과 낙관주의를 말한다. 이에 반해 스피츠는 회상과 고백의 과정을 통해 애도의 과정을 겪어 나간다. 미국 불사

---

16 왕철, 「프로이트와 데리다의 애도이론: "나는 애도한다. 따라서 나는 존재한다."」, ≪영어영문학≫, 58권 4호(2012), 786쪽.

17 같은 글, 788쪽.

18 왕철, 「프로이트와 데리다의 애도이론: "나는 애도한다. 따라서 나는 존재한다."」, 799쪽.

19 주디스 버틀러, 『위태로운 삶: 애도의 힘과 폭력』, 윤조원 옮김(서울: 필로소픽, 2018), 12쪽.

조의 애도의 시작이 "타자를 잊는"[20] 것이라면 스피츠는 "타자를 기억함"[21]으로써 애도할 수 있는 것이다. 애도의 과정은 대상에 대한 기억을 환기시키고 그것에 대한 감정을 분출시킴으로써 끝없이 실패하는 삶이다. 이 장에서는 애도의 관점으로 종말 서사를 분석함으로써 현실 세계의 구조적 모순을 살펴보며, 이러한 애도의 과정이 미래를 위한 새로운 비전이 될 수 있음을 이야기한다.

2. "우리가 내일을 만든다": 버펄로와 애도의 어려움

『제1구역』의 첫 장면은 스피츠의 뉴욕에 대한 기억으로 시작된다. "항상 뉴욕에 살고 싶었던"(p.3) 스피츠는 라퍼엣(Lafayette) 거리에 있는 로이드 삼촌(Uncle Lloyd) 집을 방문한다. 최신식 가구와 텔레비전, 화려한 오디오 시설이 가득한 로이드 삼촌 집은 스피츠에게 성공적인 미래를 보여주는 약속의 땅이었다. 어린 시절 스피츠에게 뉴욕은 화려하게 높이 솟아오른 "물결치는 새 건물들이 마치 이민자들처럼 과거를 털어내며 잔해 속에서 스스로 일어나는"(p.7) 개발과 문명을 상징하는 도시였다. 그러나 이제 과거의 위대했던 뉴욕 시는 "몇 마일이나 이어진 유리 벽 뒤에 아무도 살지 않는"(p.7) "유령선 같은 도시"(p.7)로 변형되었다. 이런 뉴욕의 재건은 버펄로와 생존자들에게 중요한 의미를 가질 수밖에 없다. 버펄로에서 온 홍보 담당 메이시 씨(Ms. Macy)는 뉴욕의 복원을 통해 미래에 대한 희망을 확신할 수 있다고 말하면서 "맨해튼이 다음 정상 회담 장소"(p.207)이며 "만약 우리가 그렇게 할 수 있다면 그 어떤 것도 해 낼 수 있다"(p.208)라며 자신감을 내보인다. 그러

---

20 왕철, 「프로이트와 데리다의 애도이론: "나는 애도한다. 따라서 나는 존재한다"」, 787쪽.
21 같은 글, 787쪽.

나 화이트헤드는 뉴욕이 좀비 전염병 이전에 이미 붕괴되고 해체되었음을 시사한다. 종말 이후 뉴욕의 "주소는 똑같았다. 결함이 있는 철학도 같았다. 이 도시는 다른 곳이 아니었다. 여기는 뉴욕이었다"(p.7)라는 서술이 의미하는 것처럼 좀비 아포칼립스(Zombie Apocalypse) 이전에 문명은 이미 파괴되고 죽은 상태였던 것이다. 음울하고 우울한 스피츠의 회상은 종말 이전의 미국 사회와 문화가 폭력과 고통, 상실로 인해 살아갈 수 없는 죽음의 현실임을 그리고 있다.

프로이트는 애도가 대상의 상실을 극단적인 자기 비하의 감정 없이 극복하는 과정이라면, 우울증은 극단적인 자기 비하로 인해 대상의 상실을 제대로 극복하지 못하고 오히려 그것에 집착하는 현상이라고 말한다.[22] 따라서 제대로 된 애도를 위해서는 '애도를 추방'해야 한다. 9·11테러 이후 부시 대통령은 미국인들이 "슬퍼하기를 끝내고 이제 슬픔 대신 단호한 행동을 취할 때가 되었다고 공포했다". 이러한 행동에는 "상실을 회복하는 힘, 세상을 이전의 질서로 돌려놓는 힘, 세상이 전에는 질서정연했다는 환상을 되살리는 힘"[23]이 있음을 전제하는 것이다. 『제1구역』에서 애도의 부정은 새로운 권력인 버펄로에 의해서 자행된다. 버펄로는 재건을 위한 "문명과 재건의 요람"(p.43)이며 "미래를 만들어내는 제조 공장"(p.43)인 동시에 "과거의 정부 구조"(p.111)를 대신한다고 묘사된다. 그러나 실체를 알 수 없는 버펄로는 애도의 과정을 포기하고 폐쇄적 치유를 시도하는데, 그 시작이 "우리가 내일을 만든다"(p.59)와 같은 슬로건이며 "미국 불사조"(p.75)[24] 프로젝트였다.

---

22 왕은철, 『애도예찬』(서울: 현대문학, 2012), 226쪽.

23 버틀러, 『위태로운 삶: 애도의 힘과 폭력』, 60쪽.

24 종말 이후의 생존자들을 명명한 '미국 불사조'는 9·11테러 이후 부시 행정부의 국방부(펜타곤) 건물 복원 계획인 '피닉스 프로젝트(Phoenix Project)'를 연상시킨다. '피닉스 프로젝트'는 붕괴된 펜타곤의 노출된 문제점을 재건해 2011년 6월 '펜타곤 리노베이션(Pen-Ren)'으로 완료되었다. https://issuu.com

미국 불사조는 "더 이상 단순한 생존자, 반쯤 미친 피난민, 무기력하고 멍청한 트라우마에 걸린 무리"(p.99)가 아니었다. 불사조는 "재에서 솟아올라, 다시 태어난다"(p.148)라는 신화적 의미를 가지며 재생과 새로운 문명의 회복을 상징한다.

하지만 불사조는 이름과 달리 긍정과 희망보다는 전쟁과 폭력, 죽음을 환기시킨다. 불사조의 임무는 뉴욕에 남아 있는 좀비들을 제거하고 그들을 소각하는 것이다. 한때 인간이었던 좀비 스켈과 스트래글러(Stragglers)는 마치 쓰레기 또는 전쟁폐기물처럼 버려지고 청소되어진다. 작품에서 버펄로나 불사조는 좀비들을 전염병으로부터 회복시키거나 치유하려는 어떠한 노력도 하지 않는다. 그들은 "감염자가 회복될 수 있다고 믿는 사람은 아무도 없었"(p.78)기 때문에 그저 "올가미에 걸린 스켈을 가능한 한 빨리 죽이는 일"(p.78)을 행할 뿐이었다. 이러한 모습은 "좀비 재앙 이전에 이미 비유적으로 뇌사 상태였던 문명을 복원하기 위한 불사조의 미친 노력이 결국에는 인종차별, 만연한 소비주의, 강경외교정치, 군국주의를 포함하는 동일한 결함을 재창조하게 될 것임을 암시한다."[25]

수색대는 스트래글러 제거 프로젝트를 수행하는데 이 프로젝트는 버펄로에 의해 통제되고 관리된다. 버펄로는 불사조에게 잔해와 폐기물을 관리시키며 정보를 수집하도록 명령한다. 수색대원들은 "사탕 색깔"(p.38)의 표지의 손바닥만 한 작은 수첩에 끊임없이 "사건 보고"(p.37)를 기록해야 하며 "인구 통계 데이터"(p.37)를 작성한다. 이 데이터 수집은 버펄로가 도시 전체를 설계해 전국을 재가동할 수 있게 하기 위한 첫 번째 작업이다. 스피츠는 데이터가 "재앙이 끝나는 날과 진보와 과거의 생활로 돌아가는 때를 알려줄 것"(p.42)이라고 믿는데, 이것은 시민의 안전과 방역을 위한 것이 아닌 상업

---

25 Maus, *Understanding Colson Whitehead*, p.114.

화된 논리에 따르는 도시 계획이나 젠트리피케이션(gentrification)을 위한 것이다. 따라서 작품의 마지막에 1구역은 "홍보계획(public relations)"(p.311)에 지나지 않은 것으로 드러난다. 한편 버펄로는 기업과 전국적인 재건 프로젝트를 추진한다. 물자와 상품이 절실히 필요한 버펄로는 민간 기업과의 협력이라는 공식 정책을 추구하면서 기업의 세금을 감면해 주고, 폐허가 된 장소에서 누구든 물건을 함부로 가져가지 못하는 '약탈 방지 규정'을 공포한다. 군인은 물론 민간인도 공식 후원사가 제공한 물건이 아니라면 다른 사람의 물건을 함부로 가져갈 수 없는 것이다. 이것은 공공기물 파손을 줄이고 맨해튼을 보존하기 위해 제정된 합리적인 규제처럼 보이지만 몇몇 기업에만 특권적 지위를 부여하는 행위였다. 생존자들은 후원된 상품만 비싼 가격에 소비할 수밖에 없기 때문에 늘 배고픔에 시달린다. 이러한 버펄로의 모습은 국가와 정부의 형태보다는 "기술중심적 신자유주의 정책"[26]을 확대하는 기업으로 보인다.

작품의 마지막에 방어벽이 무너지면서 스켈들이 무서운 속도로 공격해 온다. 버펄로는 그것을 막을 힘도 의지도 없다. 종말 이후 버펄로는 기이한 괴짜 전문가들을 모아 방법들을 논의하지만 그저 이미지를 개조하거나 이름만 변경하는 '리브랜딩(rebranding)' 작업만 한다. 버펄로는 전염병이 어떻게 좀비를 탄생시키는지, 공격하는 좀비를 막을 방법도 알지 못하고 알려고도 하지 않는다. 국민의 생명과 안전에 대한 의무는 저버린 채 새로운 세계를 위한 홍보에만 치중할 뿐이다. 트로먼하우저 세쌍둥이(Tromanhauser the triplets)의 예가 그것이다. "파괴의 한가운데서 태어난 새 생명"(p.51)으로 세쌍둥이 이야기는 종말을 대체할 희망의 상징처럼 보이지만 결국 실체도 진실도 없이 "오직 이상으로"만 존재하며 "기능적으로 사회질서를 회복"[27]시

---

26 Sorensen, "Against the Post-Apocalyptic: Narrative Closure in Colson Whitehead's *Zone One*," p.564.

키는 전략으로 여겨진다.[28] 과거의 잘못된 행동을 반복적으로 행하며 거짓된 정보와 역사를 날조하는 버펄로의 모습은 미국 사회에 내재되어 있는 불평등과 차별, 자본주의 그리고 노예제와 같은 역사적 유산을 해결하지 않고 사회를 재건하려는 어떠한 노력도 실패할 것임을 암시한다. 제1구역을 둘러싼 장벽이 마치 그 순간만 기다리고 있었던 것처럼 순식간에 넘어졌다. 그것은 아무리 단단한 벽이라도 "썩고 더러운 것에 노출되면 서둘러 무너질 수"(p.275)밖에 없기 때문이다.

미국의 가치와 신념이 타자에 대한 배제와 거부에서 시작된다는 사실은 '제1구역'을 둘러싸고 있는 바리케이드의 은유를 통해서도 명확하게 알 수 있다. 군인들은 터널과 다리의 통행을 차단하고 콘크리트판으로 구역을 설정하고 바리케이드를 만들지만 그 안에서는 좀비는 물론 수색대도 군인들도 안전하지 못하다. 바리케이드는 인종, 젠더, 국가, 계급, 지역 등 수 많은 범주들을 구분하고 나눈다. 나와 타자, 우리 대 그들로 구분하는 이러한 배타성의 벽은 결국 무너질 수밖에 없는 것이다. 미국 불사조의 희망은 인간과 좀비의 버려진 시체 더미에서 피어오른 재 먼지처럼 허울뿐인 이상임을 알 수 있다.

프로이트의 애도는 사랑하는 대상을 상실한 주체가 정상적인 삶, 현실로 복귀할 수 있게 해주는 의식적 혹은 무의식적 전략이다. 이때의 정상적인 삶, 즉 리비도가 철회되면서 만들어지는 애도의 정상적인 태도가 의미하는 것이 과거의 편견이나 제도, 차별로 돌아가는 것이라고 한다면 그것은 진정한 애도가 아닐 것이다. 버펄로는 슬픔을 '안전구역'이라는 명목으로 격리시킨다. 또한 의미 없는 희망과 낙관주의를 주입하면서 생존자들에게 현재

---

27 같은 책, p.582.

28 토요일 장의 마지막에서 세쌍둥이들은 셋 중 한 명만 살아남았다는 이야기가 있지만 그 아이가 누구인지, 그리고 이후 생존 여부는 더 이상 설명되지 않는다.

의 안전과 미래에 대한 거짓된 환상을 제공한다. 폐쇄적 치유의 버펄로의 애도는 실패할 수밖에 없는 것이다.

3. 좀비: 인종주의 역사 기억하기

미국 문화의 좀비 장르는 〈화이트좀비(White Zombie)〉(1932)를 시작으로 1950년대의 냉전과 핵전쟁의 불안과 두려움을 반영한 〈신체 강탈자의 침입(Invasion of the Body Snatchers)〉(1956) 등의 공포영화를 거쳐 조지 로메로(George A. Romero) 감독의 〈살아 있는 시체들의 밤(Night of the Living Dead)〉(1968)에 이르러 본격적인 좀비 서사를 형성한다. 아이티(Haiti)의 부두교 종교에서 기원한 좀비는 역겹고 그로테스크한 괴물에서 후기 자본주의 사회의 하층 계급 노동자와 유색인, 이주민으로, 또는 바이러스 감염자로 묘사되면서 현실 사회의 불안한 양상을 재현하고 비판하는 중요한 표상으로 이용된다. 이후 세기말의 불안한 현실과 9·11테러와 금융위기 등의 사회적 상황과 맞물려 2000년대 좀비 서사는 〈좀비랜드(Zombieland)〉(2009), 〈워킹 데드(The Walking Dead)〉(2010), 〈웜 바디스(Warm Bodies)〉(2013), 〈월드 워 Z(World War Z)〉(2013), 그리고 〈오만과 편견 그리고 좀비(Pride and Prejudice and Zombies)〉(2016) 등 로맨틱 장르와 코미디물에서 종말론까지 다양한 형식과 매체들을 통해 변주되면서 이른바 '좀비 르네상스(Zombie Renaissance)'[29]를 맞

---

29 카일 비숍(Kyle William Bishop)은 로메로의 〈살아 있는 시체들의 밤〉부터 시작된 좀비 영화가 2002년 새롭게 재부상했다고 주장하면서 이 시기를 '좀비 르네상스'라고 언급한다. 비숍은 좀비 영화 재등장의 이유를 9·11테러 공격에서 찾으며 미국 사회의 편집증과 불안이 좀비 영화의 열풍을 가져왔음을 설명한다. Kyle William Bishop, *American Zombie Gothic: The Rise and Fall (and Rise) of The Walking Dead in Popular Culture*(NC: McFarland, 2010), pp.9~11.

이하게 된다.

　이러한 좀비 열풍 속에서 발표된 『제1구역』은 원인을 알 수 없는 감염병과 문명의 붕괴, 인간을 공격하고 살육하는 좀비와 안전지역을 위한 장벽, 패닉에 휩싸인 사람들의 모습 등 좀비 서사의 패턴과 관습을 충실히 따르는 작품이다. 그러나 자세히 살펴보면 『제1구역』은 기존 좀비 영화나 드라마의 장르적 특징을 단순히 모방하거나 복제하는 것이 아닌 살아 있는 자와 죽은 자의 균열을 통해 인종주의와 자본주의, 국가와 계급 등의 문제를 독특한 서사적 장치 및 구조를 통해 전달하는 작품이다. 이에 와일리 렌츠(Wylie Lenz)는 『제1구역』을 "좀비 신화의 첫 번째 진지한 문학적 성취"[30]로 인정한다.

　전통적 좀비 서사에서 좀비는 공포스럽고 기괴한 괴물이며 인종주의적 두려움과 야만성을 상징하는 타자다. 이러한 점은 좀비 탄생의 기원을 노예로 끌려간 아프리카 흑인들의 디아스포라(Diaspora) 역사까지 거슬러 살펴봄으로써 알 수 있다. 17세기 프랑스는 식민지였던 아이티에 대규모 사탕수수와 커피 농장을 조성하면서 부족해진 노동력을 대체하기 위해 아프리카 흑인 노예를 데려온다. 이때 흑인 노예들과 함께 그들의 민속 종교인 부두교 종교가 들어왔고, 종교적 징벌 수단의 하나가 인간을 좀비로 만드는 형벌이다. 이때의 좀비는 "시체라거나 죽은 후에 되살아난 괴물적 존재"[31]가 아니라 "사악한 힘에 영혼을 빼앗긴 상태이며, 죽어서까지 영원한 노예 상태"[32]인 존재다. 이후 미국이 아이티를 군사 점령하던 1915~1934년에 대중

---

30 Wylie Lenz, "Toward a Genealogy of the American Zombie Novel; From Jack London to Colson Whitehead," in Kyle William Bishop and Angela Tenga(ed.), *The Written Dead*(NC: McFarland, 2017), p.98.

31 김형식, 『좀비학: 인간 이후의 존재론과 신자유주의 너머의 정치학』(서울: 갈무리, 2020), 150쪽.

32 같은 책, 151쪽.

문화에 등장한 좀비는 주술적인 식인 좀비의 모습으로 묘사되면서 "백인이 지닌 이민족에 대한 불온한 호기심과 인종적 멸시가 결합해 탄생한 영혼 없는 노예"[33]로 재현된다. 백인들에게 좀비는 미국 내부의 타자인 흑인과 동일시되고 노예의 이미지와 결부되면서 백인의 자리를 침범하는 타자로 공포와 두려움의 대상으로 인식된다. 예를 들어 영화 〈화이트 좀비〉의 경우 흑인 부두교 마법사의 주술로 백인 여성이 좀비로 변하게 되는데, 이를 백인 남성이 구해 낸다는 식의 서사는 "미국 내부의 인종적 긴장감과 흑·백 분리 정책을 고집하는 백인들의 정당성을 대변"[34]한다고 할 수 있다. 현대적 좀비의 원형을 보여준 〈살아 있는 시체들의 밤〉은 "사회구조의 깊은 분열, 완전한 취약성을 드러내는 풍자"[35]로 평가받는데, 이 작품 역시 좀비의 출현으로 전통적이고 규범적인 위계질서의 해체와 "인종 정치의 심오하고 미스테리한 변주"[36]를 나타낸다. 이 작품에서 좀비와 처절한 사투를 벌이고 생존한 주인공 벤(Ben)에 대한 특별한 인종적 언급이 없지만 아프리카계 미국인인 듀안 존슨(Duane Jones)이 연기한 벤이 영화의 마지막 장면에서 그를 좀비로 오인한 백인 보안관에게 무자비하게 살해당하는 모습은 인종차별의 잔혹함을 연상시킨다. 영화에서 흑인은 백인에게 좀비와 같은 괴물이며 비인간일 뿐이다. 흑인과 좀비를 동일시하는 마지막 장면은 백인이 흑인에게 가지는 야만적이고 동물적인 존재에 대한 인식을 적나라하게 폭로하면서 백인의 공포와 불안을 폭력을 통해 해결한다. 좀비 서사는 흑인과 유색인종에 대한

---

33 같은 책, 156쪽.

34 박혜영, 「콜로니얼 좀비의 귀환과 포스트콜로니얼 묵시록의 공포」, ≪영미문학연구≫, 31(2016), 22쪽.

35 폴 웰스, 『호러영화: 매혹과 저항의 역사』, 손희정 옮김(서울: 커뮤니케이션북스, 2011), 135쪽.

36 James McFarland, "Philosophy of the Living Dead: At the Origin of the Zombie-Image," *Cultural Critique*, 90(Spring, 2015), p.24.

이러한 인종주의적 공포가 사회적으로 용인되고 재생산되면서 의식적으로 또는 무의식적으로 소비되어 왔다.

이에 반해 화이트헤드의 좀비 서사는 관습적인 '검은 좀비'의 모습을 그리지 않는다. 그의 좀비들 역시 폭력과 살상을 저지르는 좀비임에도 불구하고 공포와 극단의 두려움을 보여주기보다는 인간과 삶에 대한 애도와 우울의 증상을 체현하는 존재라는 점에서 지금까지의 좀비 서사와는 차별적인 면모를 보여준다. 이 작품에서 좀비를 두 가지 형상의 존재, '스켈'과 '스트래글러'로 구분하는데 스켈은 사람들을 잔혹하게 공격해 인간의 육체를 먹어 치우며 또 다른 좀비로 감염시키는 로메로의 영화나 〈워킹데드〉 속 좀비의 모습과 동일하다. 이에 반해 스트래글러는 폭력성이 전혀 없으며 마치 "마네킹"(p.60)처럼 멈춰 서 최후의 밤 이후 자신이 했던 마지막 일을 기억하는 좀비다. 그들은 "걱정과 근심에서 벗어나" "자신들만의 천국에서"(p.197) 영원히 살아가는 존재로 그들이 거주하는 곳은 "오직 가능성만"(p.197) 보인다.

스피츠는 명령을 받고 올라간 건물 내 사무실에서 처음으로 스트래글러와 마주친다. 그는 그곳에서 "그가 알고 지냈거나 사랑했던 사람들과 비슷한"(p.19) 익숙한 모습의 괴물을 발견한다. 스피츠와 팀원들은 한때 인간이었던 좀비들의 종말 이전의 모습을 상상하기도 하지만 그들을 제거하기 위해 악당이나 괴물 등의 다양한 가면을 씌운다. 게리에게 좀비들은 그의 형제들을 축제에서 내쫓는 시민의 모습이고, 무관심하고 잔인한 학교 선생님이며 그를 괴롭힌 이웃들이다. 스피츠와 게리는 "괴물을 쓰러뜨리면서 각자 다른 것을"(p.265) 보려고 하지만 여전히 좀비들은 "그의 이웃들이며, 지하철에서, 환상적인 도시의 풍경 속에서 그가 매일 보던 사람들"(p.266)이었다.

『제1구역』에서 스켈과 스트래글러를 좀비라고 부르는 장면이 없다는 점역시 주목해야 할 부분이다. 작품에서 그들은 "죽은 자들(the dead)"(p.16)로 묘사된다. 이것은 관습적인 좀비 서사와 차별점을 두는 것으로 탈사회, 탈문명적인 괴물이나 비존재가 아닌 그들을 살아 있었던 인간으로 기억하는 것이다. 그들을 "복사기 소년 네드(Ned the Copy Boy)"(p.100)나 "마지(Marge)" (p.17)로 부름으로써 인간성을 상실한 그로테스크한 기형적 좀비가 아니라 종말과 감염으로 인해 희생자가 된 우리 주변의 평범한 인물들을 상상하게 한다. 즉, 이 작품이 좀비 이야기가 아니라 우리 주변의 보이지 않는 존재에 관한 이야기임을 나타낸다. '뒤처진 사람'이라는 의미의 스트래글러는 자신이 살아가던 공간에서 삶과 죽음의 경계를 넘나들며 과거와 현재의 기억 속에 머물러 있다. 스트래글러는 무해한 존재이지만 그럼에도 버펄로는 그들을 첫 번째 타격 목표로 삼는다. 수색대들은 죽인 스트래글러를 파괴된 건물잔해나 폐기물처럼 쓰레기봉투에 담아버리는데, 이는 노동을 위해 검은 몸만 남겨진 흑인 노예를 연상시킨다. 사물적 대상으로 변형된 스트래글러는 비정상적이고 위험하며 열등한 존재로 배제되고 거부된다. "그를 그냥 놔두는 게 어때?"(p.102) "그는 누구도 해치지 않아"(p.102)라는 스피츠의 언급에도 그들은 기분 전환의 대상으로 살인과 폭력의 위험 속에 노출된다. 백인의 세상에서 흑인은 일종의 항성으로 움직이지 않는 기둥으로 기능해 왔다.[37] 그들이 자기 자리를 벗어나면 그들은 위험하고 위협적인 타자로 인식되고 결국 죽게 되는 것이다.

『제1구역』에서 좀비들은 인종과 계급으로 구분되지 않는다. 그들은 "모든 인종, 피부색, 신념이 거리를 따라 이동하는 저 무리 속에 망라되어 있었다. 이전처럼, 멜팅팟 도시의 신화처럼"(p.303) 함께 공존한다. 화이트헤드의 좀비 세계에서 만날 수 있는 느릿느릿 움직이는 무법자나, 치안 유지를 담당하는 동료들이나 모두 같은 존재다. 종말 후 세계는 더 이상 생존자와 좀비들이 구분되지 않는 세계다. 생존자들과 스트래글러는 불평등과 차별, 혐오 속에 살아가는 타자의 모습을 연상시키며 미묘하게 때로는 노골적으

37　제임스 볼드윈, 『단지 흑인이라서, 다른 이유는 없다』, 박다솜 옮김(파주: 열린 책들, 2020), 28쪽.

로 배제되면서 서로 동일시된다.

『제1구역』은 스트래글러와 스켈 비유를 통해 미국 역사에서 배제된 인종화된 과거와 현재를 끊임없이 상기시킨다. 마치 유령처럼 인종차별과 혐오의 행위들이 여기저기서 출몰되면서 인종차별적 역사 패러다임이 작품의 배경 속에 끊임없이 펼쳐지기 때문이다. 맨해튼에 "여러 형체들이 노예처럼 터벅터벅 걸어서 계속 미드타운으로 올라오고 있었다"(p.9)라는 서술처럼 미국 문화와 역사 속에 인종 억압과 차별은 만연하고 지속되고 있다. 좀비를 잡기 위한 도구를 "올가미(Lasso)"(p.76)라고 부르는 게리의 모습은 과거의 백인들이 흑인들을 참혹하게 린치하고 살해하는 인종주의 역사를 기억하게 하며 스켈들의 검은 치아, 잇몸, 손가락, 손톱, 눈, 입술, 그리고 그들의 검게 그을린 피부의 강조와 스켈을 태우는 장면, 절단 등의 시체 훼손은 인종적 폭력과 죽음을 시각화하면서 환기시킨다. "우리가 상처를 입을 수 있다는 사실, 타인도 상처를 입을 수 있다는 사실, 다른 사람의 변덕에 우리가 죽을 수 있다는 사실은 모두 두려움과 슬픔을 자아낸다".[38] 화이트헤드는 미국 역사에서 "폭력의 순환을 멈추고 덜 폭력적인 결과를 이끌어내는 데 관심이 있다면"[39] 애도는 이미 시작되었다고 말하고 있다. 슬퍼할 만한 삶과 그렇지 않은 삶, "슬픔의 위계질서"[40]는 더 이상 존재하지 않아야 한다.

4. 이야기의 재구성: 스피츠와 부고 기사

『제1구역』은 총 3장으로 구성되어 있으며 각 장의 제목은 금요일, 토요

---

38 버틀러, 『위태로운 삶: 애도의 힘과 폭력』, 8쪽.

39 같은 책, 9쪽.

40 같은 책, 63쪽.

일 그리고 일요일로, 스피츠와 그의 팀원들이 맨해튼 남부 지역에서 좀비들을 제거하고 청소하는 3일 동안의 이야기를 그리고 있다. 하지만 소설 서사의 대부분은 종말 이후 수색대의 영웅적 활약이 아니라 스피츠의 "최후의 밤 이야기"(p.138)를 중심으로 과거의 회상과 종말 이후의 이야기로 구성되어 있다. 스피츠는 어린 시절, 뉴욕의 외삼촌 집을 방문한 기억에서 부모님과 직장에서의 기억, 최후의 밤과 친구 카일(Kyle)과의 추억, 좀비의 공격을 피하기 위해 은신처에서 만난 사람들의 이야기를 회상하고 재구성한다. 기억과 과거의 경험은 작품에서 중요한 키워드로 작동하는 데 앞서 언급한 것처럼 종말 이후 생존자들은 외상적 기억으로 고통받고 있다. 이것은 심리적·신체적 증상으로 발현되면서 'PASD'를 겪고 있는 것으로 묘사된다.

화이트헤드는 '과거'와 같은 발음으로 읽히는 말장난 같은 증상을 통해 과거의 경험과 기억의 불가능이 얼마나 삶을 피폐하게 만드는지 역설하면서 스피츠의 기억을 통해 공식 역사에서 배제되고 부정된 개인의 경험과 기억을 되찾기 위해 노력한다. 제임스 볼드윈(James Baldwin)의 말처럼 "아메리칸 니그로(American Negro)가 자신의 과거를 받아들이고자 하지 않는 한 어디에도 (어느 대륙에도) 미래는 없"[41]기 때문이다. "자신의 과거를, 역사를 받아들이는 것은 그 안에서 익사하는 것과 다르다. 과거를 받아들이면 과거를 이용하는 법을 배울 수"[42] 있는 것이다. 기억의 과정에는 기억과 잊고자 하는 망각의 욕구가 동시에 등장한다. 기억과 망각의 욕구는 주류집단과 소수집단의 이해관계를 첨예하게 만들고 두 집단의 역사를 어떻게 기억하고 해석할 것인가 하는 문제는 끊임없는 긴장과 불안을 가져온다.

소설 속에서 스피츠는 종말 이후의 삶에 의미를 부여하고 혼란의 세계에서 살아남기 위해 피난의 여정에서 만난 생존자들과 생존의 경험을 공유하

---

41 볼드윈, 『단지 흑인이라서, 다른 이유는 없다』, 116쪽.
42 같은 책, 116쪽.

고, 연대한다. 그것을 위해 "실루엣(The Silhouette)", "일화(Ancedote)", "부고(Obituary)"(p.138)의 이야기를 만드는 데, 그 이야기들은 "그들이 오고 우리는 죽었다. 나는 도망치기 시작했다"(p.138)라는 단순한 내용인 실루엣에서 가장 길고 내밀한 "신성한"(p.139) 이야기인 부고까지 스피츠의 종말 이후의 고군분투한 삶을 형상화한 것이다. 이 이야기들은 『제1구역』의 3일 동안의 이야기와 겹치는데, 이는 듣는 사람과 말하는 사람, 함께 이야기를 나누는 사람과 그 이야기를 전달하는 사람, 모두에게 '기억'되기 위한 하나의 과정이었다. 화이트헤드는 스피츠의 이야기를 통해 과거의 상처와 비극의 역사를 기억하고 애도하기를 요청한다. 특히 '부고'는 한 개인의 죽음을 단순히 알리는 것에 그치는 것이 아니라 우리가 "오랫동안 사라졌을 때 낯선 사람이 우리의 이름을 불러 줄 시간을"(p.139) 필요로 한다. 스피츠는 외상적 슬픔을 겪으며 그것을 치유하기 위한 심리적 노력이 필요했다. 그것이 스피츠의 이야기의 시작이며 화이트헤드의 애도의 과정이다.

스피츠는 어린 시절 방문한 뉴욕 삼촌 집의 회상을 시작으로 종말 이전의 일상과 전염병이 만연한 후 경험했던 사건과 사람들의 이야기를 들려준다. 더불어 자신을 "그들이 그를 마크 스피츠라고 부르기 시작했다"(p.26)라고 소개하며 이름은 "샴푸와 애정 같은 사치"(p.26)이며 모든 것이 파괴된 좀비 아포칼립스 세계에서 이름보다 살아남는 것이 더 중요하다고 항변한다. '스피츠'는 1구역의 임무를 맡기 전 코네티컷(Connecticut)에서 좀비와의 공격에서 탈출한 동료들이 지어준 별명이다. 95번 고속도로에서 좀비에게 포위되어 죽을 위기에 처한 스피츠는 동료들이 탈출을 위해 강으로 뛰어드는 순간 포기하지 않고 좀비를 향해 총을 들고 그들 모두를 격퇴한다. 후에 살아남은 스피츠에게 강으로 뛰어들지 않은 이유를 묻는 동료들은 스피츠가 수영을 할 줄 모른다고 대답하자 그에게 '마크 스피츠'라는 별명을 지어준다. 아이러니하게 '마크 스피츠'는 올림픽 사상 최초로 7관왕이 된 전설적인 미국 백인 수영선수의 이름이다.

스피츠는 자기 별명의 유래를 게리에게 설명하면서 덧붙였다. "흑인-사람-수영을-못해"

"그래? 너도 못해?"

"나는 하지. 많은 흑인들은 수영할 수 있어. 그런 말은 고정관념이야."

"그런 말을 들어본 적이 없어. 하지만 너도 언젠가 수영하는 법을 배워야 해."

"나는 물에서 완벽하게 헤엄칠 수 있어."[43]

이 장면은 『제1구역』에서 가장 놀라운 장면이다. 얼굴과 이름은 물론 생김새나 그의 정체성을 알 수 없었던 스피츠가 흑인 남성임이 밝혀지면서 인종의 문제가 가시적으로 드러나기 때문이다. 스피츠의 정체성이 작품의 후반부에 갑자기 드러나면서 화이트헤드는 독자들의 무의식적인 인종 패싱의 경험을 통해 백인 사회가 표방하는 인종 정의와 이상적 현실에 균열을 내게 하며 불안정한 인종의 의미를 해체한다. 백인이 지배하는 사회에서 정상과 비정상의 기준은 항상 백인의 규범과 가치에 의해 정해진다. 이때 재현되는 유색인종은 백인들의 관점에 의해 구성되며 더럽고 게으르며 범죄화된 타자의 범주로 재현된다. 화이트헤드는 소설의 플롯을 현재의 시간에서 펼쳐지는 스피츠의 활동과 종말 이전의 스피츠의 기억과 경험을 플래시백으로 이중으로 구조화하는데, 이러한 의도는 독자들이 인물의 정체성을 인식할 수 없도록 의도적으로 내러티브를 중층적으로 구성하는 것이다.

스피츠의 외모와 피부색 등의 신체적 특징은 한 사람의 정체성에 대해 아무것도 말해 주지 않는다. 그럼에도 불구하고 피부색의 차이는 곧 인종 정체성으로 확대된다. 더불어 승리를 쟁취한 영웅에게 붙여진 뜬금없는 별명은 인종 혐오의 결정적 수사로 포스트-인종시대의 허울뿐인 이상을 느낄 수

---

43 Whitehead, *Zone One*, p. 287.

있다. 스피츠의 말을 그대로 믿는 동료들의 조롱과 놀림은 '흑인은 수영을 할 수 없다'라는 짐 크로우(Jim Crow) 시대 흑인에게 가해진 편견과 차별이 종말 이후에도 유지되고 있음을 의미한다. 흑인이 유전적·인종적으로 수영을 못한다는 백인들의 편견을 그대로 내면화한 주인공의 모습은 백인들의 세상에서 흑인으로 살아가며 겪어야 했던 노골적인 차별과 그로 인한 고통의 결과다. 스피츠는 자신이 왜 수영을 할 수 없다고 이야기했는지 밝히지 않지만 스스로 "전형적"(p.11)이고 "대다수"(p.11)이며 "평균적"(p.11)인 인물이었음을 설명하는 것에서 짐작할 수 있다. 그는 종말 이전에는 눈에 띄지 않는 학생이었으며 너무나 평범해서 "어느 것도 되지 않을 가능성이 높은"(p.11) 사람이었기 때문이다.

그의 평범성은 편견과 차별이 만연한 백인 세계에서 흑인이 생존할 수 있는 하나의 수단이다. 흑인들은 학교나 사람들 사이에서 구별되지 않는 방법을 획득하고 살아가야만 한다. "죽음의 뉴욕은 삶의 뉴욕과 매우 비슷했다. 예를 들어, 택시를 잡는 것은 여전히 어려웠다"(p.80)라는 묘사에서 흑인들에게 택시조차 마음대로 잡을 수 없는 종말 이전의 삶이 역설적으로 참혹한 죽음의 세계였음을 알 수 있다. 냉혹한 현실 세계에서 "어린 나이에도 생존주의자"(p.11)였던 스피츠처럼 흑인은 미국에서 살아남는 법을 배워야 한다. 스피츠는 보통의 흑인 인물을 상징하며, 그의 생존 투쟁은 현대 사회에서 인종과 민족의 문제보다 그들의 일상적인 생존에 집중해야 하는 대다수 흑인의 이야기다. 흑인들은 "슈퍼마켓에 가면 도둑으로 감시대상이 되고, 기업 대출은 뚜렷한 이유 없이 거부당하며, 길을 가다가 갑자기 자동차의 문이 철컥 잠기는 소리를 들어야 하는"[44] 위협적인 괴물 같은 타자이기 때문이다. 생존을 위한 스피츠의 여정은 거리에서 흑인들이 마주한 진짜 공포를

---

44 카롤린 엠케, 『혐오사회』, 정지인 옮김(파주: 다산초당, 2017), 119쪽.

역설한다. 스피츠는 종말 이전에도 살아남기 위해 그리고 삶을 유지하기 위해 자신을 작게 만들어야 하고, 불쾌감을 주지 않는 법을 배워야 했으며 자신의 존재에 관심을 두지 않아야 했다. 아이러니하게도 스피츠의 이러한 평범함은 붕괴 이전의 삶이나 종말 이후의 삶에서 살아남을 수 있는 도구가 된 것이다. "이제 세상은 평범해졌고 그를 완벽하게 만들었"(p.183)기 때문이다.

작품의 마지막에 스피츠는 "젠장, 누구든 언젠가는 수영하는 법을 배울 필요가 있어"(p.322)라며 "죽은 자들의 바다를 향해"(p.322) 걸어간다. 다리 위에서 좀비들과 맞서 싸우던 것과 달리 방어벽이 무너지면서 쏟아지는 좀비 무리로 향하는 스피츠의 모습은 과거의 비정상적인 사회로의 회귀가 아니라 새로운 세상을 향한 저항의 몸짓이다. 종말 서사에서 생존자들이 생존을 위한 마지막 희망의 장소를 찾는 것과 달리 허물어진 벽을 넘어 걸어가는 스피츠의 모습은 현실 사회에서 편견과 차별에 직면할 수 있음을 알면서도 당당히 자신의 삶을 살아가는 보통의 사람을 상징한다. 스피츠는 평생 크고 작은 위험과 위협을 피해 살아왔다. 종말 이전 사회에서 그는 유령이었으며 스트래글러였다. 스피츠는 "평생 동안 사소한 시련과 경쟁, 크고 작은 사회적 또는 상징적 위험을 회피"(p.177)하는 "생존전략"(p.177)을 통해 살아왔다. 그는 더 이상 과거를 회피하거나 무시하는 것이 아닌 저항하고 기억함으로써 존엄을 박탈당하지 않고 살아갈 수 있는 방법을 찾아가는 것이다.

5. 애도할 수 있는 사회를 위해

화이트헤드는 『제1구역』에서 현대문명을 상징하는 뉴욕 맨해튼을 배경으로 모더니티와 문명의 붕괴에 대한 공포와 불안을 좀비 서사라는 익숙한 방식으로 재현하면서 미국 사회의 다양한 폭력과 죽음의 문제를 시니컬하면서 블랙유머 형식으로 그린다. 배경의 음산함과 우울함은 폭력과 비극의 스펙터클이 종말 이후에도 여전히 진행되고 있음을 나타내고, 좀비와 인간들은 종말 이후의 세계에서 살아남기 위해 투쟁한다. 불안과 공포가 난무하는 세계에서 얼굴과 이름도 없이 수동적으로 움직이는 스피츠의 모습은 인종주의와 낙인찍기에 살아가는 타자의 모습을 연상시키며 종말 이후 세계에서 어쩌면 인간과 '죽은 자들'은 서로 다른 두 종류의 좀비일지 모른다는 생각을 갖게 한다. 좀비와 스피츠는 미묘하게 때로는 노골적으로 타자화되어 보이지 않는 존재들이다.

화이트헤드에게 『제1구역』에서 묘사되는 우리의 세계는 공포영화에서 "외딴 산골의 살인자로부터 도망치기 위해 지나가는 트럭을 향해 헛되이 손을 흔드는"(p.5) 것 같은 불안하고 두려운 세계다. 그 세계에서 인간은 "거대한 시계의 톱니바퀴와 함께 돌고 있는 작은 먼지 같은"(p.5) 존재로 태생적으로 취약하고 불안한 존재일 수밖에 없다. 인류문명의 역사 속에 인간의 삶은 수많은 폭력과 위험, 전쟁 등의 공격으로부터 노출되어 있으며 두려움과 공포, 불안, 고통으로부터 멀리 있지 않았다. 따라서 "프로이트가 애도를 사랑하는 사람을 잃거나 국가, 자유, 이상 등처럼 우리 안에 자리 잡은 추상적인 것을 잃은 것에 대한 반응이라고 정의한 것은 우리 인간의 삶이 끝없이 뭔가를 잃고 그것에 반응하는 과정의 연속"[45]일지 모르기 때문이다. 인간은 이러한 삶의 위기를 피하기 위해 자신의 주변에 끊임없이 장벽과 안전지대를 설치하지만 언제나 고통과 죽음은 가까이 와 있다. 화이트헤드가 보는 미국 역사는 "핏자국에 이름 붙이기(Name That Bloodstain)"(p.103) 게임을 할 만큼 폭력과 살상으로 뒤덮인 잔혹함의 역사다. 화이트헤드는 그 핏자국이 쉽게 닦이거나 사라지지 않는다는 것을 알면서 『제1구역』에서 잃어버린 역

---

45 왕은철, 『애도예찬』, 225쪽.

사와 사람들을 기억하려고 노력한다. 대부분의 사람들은 죽음과 상실을 기억 저편 어딘가로 밀어내며 슬픔을 잊어버리려고 한다. 마치 처음부터 상처와 슬픔이 존재하지 않았던 것처럼 말이다. 버펄로는 아이의 탄생과 미국 불사조, '안전구역'이라고 칭하는 1구역을 만들어 슬픔을 격리시킨다. 그러나 진정한 애도 없이 희망과 낙관주의를 주입하는 것은 슬픔을 위로하고 희생자들을 치유하는 것이 아닌 일종의 파놉티콘(Panopticon)처럼 희생자들을 통제하는 것이다. "우리의 사회가 안고 있는 패악은 그 사회가 슬픔을 인정하지 않는다"[46]라는 롤랑 바르트(Roland Barthes)의 말처럼 화이트헤드는 『제1구역』을 통해 인간의 삶과 죽음을 기억하고 타자의 상처와 고통을 헤아리면서 슬픔이 변질되지 않도록 경계한다. 진정한 애도야말로 증오와 혐오를 무화시키며 윤리적 공동체를 가능하게 하는 것이다.

---

46 롤랑 바르트, 『애도일기』, 김진영 옮김(파주: 걷는나무, 2012), 165쪽.

참고문헌

김형식. 2020. 『좀비학: 인간 이후의 존재론과 신자유주의 너머의 정치학』. 서울: 갈무리.

로일, 니콜러스(Nicholas Royle). 2007. 『자크 데리다의 유령들』. 오문석 옮김. 서울: 앨피.

바르트, 롤랑(Roland Barthes). 2012. 『애도일기』. 김진영 옮김. 파주: 걷는나무.

박혜영. 2016. 「콜로니얼 좀비의 귀환과 포스트콜로니얼 묵시록의 공포」. ≪영미문학연구≫, 31, 5~33쪽.

버틀러, 주디스(Judith Butler). 2018. 『위태로운 삶: 애도의 힘과 폭력』. 윤조원 옮김. 서울: 필로소픽.

볼드윈, 제임스(James Baldwin). 2020. 『단지 흑인이라서, 다른 이유는 없다』. 박다솜 옮김. 파주: 열린 책들.

엠케, 카롤린(Carolin Emcke). 2017. 『혐오사회』. 정지인 옮김. 파주: 다산북스.

왕은철. 2012. 『애도예찬』. 서울: 현대문학.

왕철. 2012. 「프로이트와 데리다의 애도이론: "나는 애도한다. 따라서 나는 존재한다"」. ≪영어영문학≫, 58(4), 783~807쪽.

웰스, 폴(Paul Wells). 2011. 『호러영화: 매혹과 저항의 역사』. 손희정 옮김. 서울: 커뮤니케이션북스.

프로이트, 지그문트(Sigmund Freud). 2020. 「애도와 우울」. 윤희기·박찬부 옮김. 『정신분석학의 근본 개념』. 파주: 열린책들.

Bose, M. 2021. "Distantly reading race in the contemporary 'postrace' novel." *Textual Practice*, 35(1), pp.39~55.

Bishop, Kyle W. 2010. *American Zombie Gothic: The Rise and Fall (and Rise) of The Walking Dead in Popular Culture*. NC: McFarland.

Canavan, A. 2015. "Which Came First, Zombie or the Plague? Colson Whitehead's *Zone One* as Post-9/11 Allegory". in Paul Petrovic(Ed.). *Representing 9/11: Truma, Ideology, and Nationalism in Literature, Film, and Television*, Lanham. Md: Rowman and Little field. pp.41~52.

DeLillo, D. 2001. "In the Ruins of the Future." *The Guardian*, 21 Dec.

Heneks, G. "The American Subplot: Colson Whitehead's Post-Racial Allegory in *Zone One*," *The Comparatist*, 42(2018), pp.60~79.

Lenz, W. 2017. "Toward a Genealogy of the American Zombie Novel; From Jack London to Colson Whitehead." Kyle William Bishop and Angela Tenga(ed.). *The Written Dead*. NC: McFarland. pp.98~119.

Maus, Derek C. 2021. *Understanding Colson Whitehead*. Columbia: U of South Carolina P.

_____. 2019. *Conversations with Colson Whitehead*. Jackson: UP of Mississippi.

McFarland, J. 2015. "Philosophy of the Living Dead: At the Origin of the Zombie-Image." *Cultural Critique*, 90(Spring 2015), pp.22~63.

Saldívar, R. 2013. "The Second Elevation of the Novel: Race, Form and the Postrace Aesthetic in Contemporary Narrative." *Narrative*, 21(1), pp.1~18.

Sorensen, L. 2014. "Against the Post-Apocalyptic: Narrative Closure in Colson Whitehead's *Zone One*." *Contemporary Literature*, 55(3), pp.559~592.

Whitehead, C. 2011. *Zone One*. New York: Doubleday.

https://issuu.com/faircountmedia/docs/75-years-pentag on-magazine/s/59924

제8장

외상적 경험의 공간적 접근*

토니 모리슨의『빌러비드』

육성희

1. 외상적 경험의 출몰과 증언

트라우마 연구의 기념비적 저서인『주인 없는 경험(Unclaimed Experience)』
의 캐시 커루스(Cathy Caruth)에 따르면 "가장 일반적인 정의로 트라우마는
갑작스럽거나 재난적인 사건의 압도적인 경험을 말하며, 이때 그 사건에 대
한 반응은 종종 연기되고, 통제가 불가능한 환영의 반복과 다른 종류의 침
투적인 현상으로 나타난다".[1] 외상적 사건을 경험한 주체는 그 사건이 발생
한 시간과 공간에서 그 경험을 인식하지 못하고 무의식으로 자신의 경험을
억압하며, 억압된 과거의 경험은 일정한 시간이 흐른 후에 주체의 의식으로
떠오른다. 과거의 '외상적 기억(traumatic memory)'은 반복적으로 나타나는 특

---

* 이 글은 ≪미국학 논집≫, 45권 2호(2013)에 실렸던 「외상적 경험의 공간적 접근: 토니 모
리슨의 『빌러비드』」의 내용을 일부 수정·보완한 것이다.

1 Cathy Caruth, *Unclaimed Experience*(Maryland: The Johns Hopkins UP, 1996), p.11.

정한 이미지, 사고, 악몽, 회상 등을 통해 그 경험의 주체를 지배하고, 때로는 과거 사건을 행동적으로 재연(reenactment)해 주체가 인식하지 못한 과거를 강박적으로 대면시키기도 한다. 커루스는 이러한 외상적 과거의 지속적인 침투와 재연은 과거 사건에 대한 증언의 역할을 할 뿐만 아니라 역설적으로 그 사건이 발생했을 당시에 충분히 인지되지 않았던 과거라는 점을 증명한다고 설명한다.[2] 과거에 발생했으나 주체에 의해 경험되지 않고 소유되지 않은 외상적 기억은 유령처럼 주체의 의식에 출몰해 지배하기에 이르지만, 주체는 이러한 증상이나 상황이 무엇으로부터 출현되었는지 알지 못한다. 오히려 과거에 발생한 "외상적 사건의 명료하고 정확한 귀환은 … 그 사건에 대한 기억상실과 연계되어"[3] 있을 만큼 주체가 과거를 직면하고 인정하기까지의 과정은 험난하다.

　이러한 침투적인 외상적 기억과 그 과거에 대한 부정(denial)은 토니 모리슨(Toni Morrison)의 퓰리처상 수상작이자 다섯 번째 소설인 『빌러비드(Beloved)』의 주요 주제가 된다. 서사의 현재를 출몰하고 있는 외상적 기억의 중심 사건은 마가렛 가너(Margaret Garner)의 실화를 바탕으로 하는 세써(Sethe)의 유아살해다. 즉, 18년 전 도망 노예인 세써가 자신을 잡으러 온 농장주인 학교 선생(schoolteacher) 앞에서 대물림되는 노예의 삶을 거부하기 위해 이제 막 기기 시작한 두 살이 채 되지 않은 어린 딸을 살해한 사건이 1873년 신시내티(Cincinnati)에서 벌어지는 현재 서사를 개입하는 주된 외상적 과거가 된다. 세써의 외상적 사건은 죽은 아이의 유령이 표출하는 원한과 이후 육체를 입고 인물로 등장하는 빌러비드(Beloved)를 통해 고집스럽고 공격적으로 때로는 공포를 유발하면서 과거의 경험을 현재의 서사로

2　Cathy Caruth, "Introduction," in Cathy Caruth(ed.), *Trauma: Explorations in Memory* (Baltimore: The Johns Hopkins UP, 1995), p.151.

3　같은 글, p.151.

침투시킨다. 하지만 세써에게 과거란 자신의 시어머니 베이비 서그스(Baby Suggs)도 동의하듯이 "말로 표현할 수 없는(unspeakable)" 것이며, 덴버(Denver)의 질문에도 "간단한 답변이나 횡설수설하는 불안전한 몽상(rambling incomplete reveries)"으로만 응대할 수밖에 없는 불가해한 정신적 상흔이다.[4]

죽은 아기의 유령과 빌러비드를 통해서 지속적으로 출몰하는 과거와 그 과거를 회피하는 세써의 관계는 특이하게도 현재의 서사에서 세써와 그녀의 딸 덴버가 거주하는 '블루스톤가 124번지 집'을 통해 재현된다. 124번지 거주 공간은 소설에서 매우 중요한 의미를 띠는데, 이는 소설을 구성하는 세 장이 모두 124번지의 상태를 묘사하는 문장으로 시작한다는 점에서도 알 수 있다. 초자연적으로 그려지는 죽은 딸의 상태와 맞물려 124번지는 순차적으로 각 장에서 "악의에 차 있고",[5] "소란스러우며",[6] "고요한"[7] 공간으로 묘사된다. 124번지는 노예제도의 폭력성을 집약적으로 보여주는 세써의 유아살해가 발생한 곳으로, 이름 없이 죽어간 딸의 어린 영혼이 표출하는 원한과 슬픔이 가득한 집이다. "이 나라에 죽은 흑인의 슬픔이 서까래까지 들어차지 않은 집은 하나도 없다"[8]라는 서그스에 따르면 아기 유령이 출몰하는 124번지가 이상할 것도 없겠지만, 124번지는 단순한 물리적인 배경을 뛰어넘어 세써와 죽은 딸의 외상적 과거에 의해 현재가 잠식되어 "미래지향성이 과거지향성"[9]으로 변경되며, 과거의 행위들이 끊임없이 실현되는 공간으로 그려진다.

---

4   Toni Morrison, *Beloved*(New York: A Plume Book, 1987), p. 58.
5   같은 책, p. 3.
6   같은 책, p. 169.
7   같은 책, p. 239.
8   같은 책, p. 5.
9   전진성, 「도시, 트라우마, 숭고: 공간의 문화사 연구를 위한 방법론의 모색」, ≪역사학보≫, 204호(2009), 325쪽.

이 장은 124번지라는 물리적인 거주 공간을 중심으로 18년 전의 외상적 사건이 현재에 개입하는 방식에 주목해 외상적 기억의 표출방식과 그에 대한 주체의 반응을 세써와 죽은 딸의 관계를 중심으로 살펴본다. 특히 124번지와 그 공간을 점령하고 있는 비가시적·가시적 세계의 거주자들의 관계를 분석함으로써 그동안 트라우마 연구에서 벗어나 있었던 외상적 경험의 공간적 접근을 시도하고자 한다. 이를 위해 이 장은 지그문트 프로이트(Sigmund Freud)와 커루스가 인용한 타소(Tasso)의 서사시『해방된 예루살렘(Gerusalemme Liberata)』에 드러난 탄크레드(Tancred)와 클로린다(Clorinda)의 외상적 경험을 세써와 죽은 딸의 외상적 과거를 읽어내는 트라우마 이론의 알레고리로 사용한다. 타소의 서사시를 통해 프로이트가 증명하는 외상적 경험의 강박적인 반복 및 억압된 경험의 귀환과 커루스가 주목하고 있는 클로린다의 상처에서 터져 나오는 목소리의 역사성에서 한발 더 나아가, 이 장은 클로린다가 두 번의 죽음을 모두 닫힌 공간, 즉 갑옷과 나무에서 맞이한다는 점에 주목한다. 즉, 클로린다의 죽음과 긴밀하게 연관되는 갑옷과 나무를 공간적 개념으로 분석해 프로이트와 커루스가 간과한 외상적 경험이 공간화되어 나타나는 측면을 탐색할 것이다. 탄크레드와 클로린다의 경험에 내포되어 있는 외상적 기억의 시간적·공간적 특성은 유아살해의 외상적 기억이 124번지를 중심으로 출몰하고 재연되는 과정을 분석하는 데 매우 유용한 시각을 제공하기 때문이다. 또한 프로이트의 언캐니(uncanny) 개념을 통해 124번지에서, 124번지를 통해서 출몰하는 외상적 과거의 성격을 진단하고, 주체의 이해와 인식으로부터 소외되어 있는 외상적 기억이 인지되고 소유되는 과정을 세써의 닫힌 공간에서 열린 공간으로의 이동의 경험을 통해 살펴 볼 것이다. 이를 통해 이 장은 '기억', '회상', '귀환'과 같이 시간적 특성에 집중되었던 트라우마 연구에 공간적 접근의 가능성을 제시할 것이다.

2. 탄크레드와 클로린다: 트라우마 이론의 알레고리

커루스의 트라우마의 정의에서도 드러나듯이 외상적 경험은 그 정의 자체에 시간의 지연성(belatedness)을 내포하고 있다. 전쟁의 생존자나 재난적인 사건을 겪은 자들에게 반복적으로 나타나는 악몽이나 재연되는 고통스러운 상황은 본래 사건이 발생한 시공간과 다른 시간과 공간적 차원에서 반복적으로 발생한다. 본래의 외상적 사건이 지연된 상태로, 사건을 경험한 주체의 의지와는 상관없이 반복적으로 과거의 경험을 드러내는 방식을 프로이트는 타소의 서사시『해방된 예루살렘』에서 십자군 용사인 탄크레드가 자신의 사랑하는 여인이지만 이슬람교도 여전사인 클로린다를 두 번이나 부지불식간에 죽이는 장면으로 설명한다. 프로이트가『쾌락원칙을 넘어서 (Beyond the Pleasure Principle)』에서 정리하는 탄크레드와 클로린다의 이야기는 다음과 같다.

> 그 서사시의 영웅 탄크레드는 자신의 연인인 클로린다가 적군의 갑옷을 입고 위장되어 있는 것을 알지 못한 채 결투에서 그녀를 죽인다. 약혼자를 묻어준 후 탄크레드는 수상한 마법의 숲으로 들어가게 되고, 그곳에서 그의 십자군 군대는 두려움에 떨게 된다. 탄크레드는 큰 나무를 그의 칼로 내려치는데, 베인 상처에서 피가 흐르고 나무에 갇혀 있었던 클로린다의 영혼이 그가 자신의 연인을 또다시 해치고 있다고 불평하는 소리를 듣는다.[10]

탄크레드는 결투에서 자신이 죽인 이가 클로린다라는 사실을 그녀의 투

---

10 Sigmund Freud, "Beyond the Pleasure Principle," in James Strachey(ed. and trans.), *The Standard Edition of the Complete Psychological Works of Sigmund Freud*, Vol.18(London: The Hogarth Press and the Institute of Psycho-Analysis, 1920), p.22.

구를 벗기고서야 알게 된다. 탄크레드의 외상적 경험은 시간이 지연된 후에 신비스럽고 이상한 숲의 기운에 이끌려 나무 속에 갇혀 있는 클로린다를 또 다시 살해하는 상황으로 반복된다. 자신의 연인을 부지불식간에 죽였던 탄크레드의 외상적 과거가 스스로 인식하지도 통제하지도 못하는 상황에서 강박적으로 반복되는 것을 프로이트가 '반복강박'과 '억압된 것의 귀환'으로 풀어냈다면, 커루스는 나무의 베인 상처에서 터져 나오는 클로린다의 목소리에 초점을 두어 탄크레드가 자신을 두 번 죽이고 있다고 원망하는 목소리가 내포하는 목격과 증거의 성격을 강조했다.[11] 즉, 나무에서 새어 나오는 클로린다의 고발적인 목소리를 통해 과거에 발생했지만 인식되지 않았던 사건이 뒤늦게 의식의 수면으로 떠오르는데, 이는 "터져 나오는 애처롭고 슬픔에 찬 목소리이면서 역설적이게도 *상처로부터* 해방되는 목소리"이기도 하다.[12] 탄크레드의 의도하지 않은 외상적 사건의 반복에서 클로린다의 목소리로 비평의 초점을 옮기면서, 커루스는 역사에서 제외되고 침묵당한 타자의 '목소리'를 새롭게 조명할 수 있는 비평적 지평을 마련했다.

과거의 사건을 시간적 차이를 두고 여러 가지 형태로 다시 경험하도록 만드는 외상적 기억을 설명하면서 프로이트와 커루스는 사건의 발생 시점에서 지연된 채로 이후의 어느 시점에 반복되는 시간의 지연성은 설명하지만, 외상적 경험이 공간과 맺는 관계 또는 외상적 경험의 공간성에 대해서는 관심을 기울이지 않는다. 그럼에도 불구하고 탄크레드가 클로린다를 살해하는 두 장면은 클로린다의 몸과 영혼이 갇혀 있는 공간을 통해 물리적 공간이 외상적 경험과 갖는 관계를 은유적으로 암시하고 있다. 결투에서 탄크레드를 만났던 클로린다는 이슬람교도의 갑옷으로 위장한 상태였고, 두 번째로 숲에서 연인의 칼을 맞을 때는 나무 안에 갇혀 있는 영혼으로 그려진다.

---

11 Caruth, *Unclaimed Experience*, p.2.
12 같은 책, p.2. 이탤릭 강조는 원문 강조.

갑옷에 자신의 정체를 숨김으로써 비극적 죽음을 맞게 되는 클로린다의 외상적 경험은 물리적인 공간과 분리될 수 없는 경험이고, 이러한 공간과의 불가분한 관계는 반복되는 재경험의 상황에서도 갑옷을 대신하는 다른 공간, 나무로 재연된다. 갑옷에 자신의 몸을 위장했던 것처럼 클로린다의 영혼은 나무에 갇혀 자신의 정체를 탄크레드에게 드러내지 못한 채 두 번째 죽음을 맞이하게 된다. 이때의 갑옷과 나무는 클로린다의 육체와 영혼이 갇혀 있는 물리적인 공간이면서 연인의 칼에 맞아 외상적 상처가 새겨지는 몸이자 칼을 휘두른 연인에게 원망을 드러내는 그녀의 목소리이기도 하다. 클로린다의 관점에서 나무는 자신의 외상적 경험의 실체를 드러내는 '공간'이자 '매개'로 존재하는 것이다.

외상적 경험이 특정한 공간에서, 그리고 그 공간을 통해서 실체를 드러내는 방식과 더불어 이 장은 탄크레드와 클로린다의 경험을 분리 불가능한 것으로 파악한다. 즉, 서사시의 두 인물 중에서 탄크레드를 외상적 경험의 주체로 다루었던 프로이트와 커루스의 견해에서 나아가 탄크레드의 외상적 경험은 클로린다의 외상적 경험과 연계되어 존재하고, 서로의 상처가 상대방을 비추는 거울과 같은 더블의 역할을 하고 있다는 점을 강조한다.[13] 나무에 베인 상처에서 터져 나오는 목소리를 "자신도 모르는 과거의 외상적 사건을 경험한 자아 안에 있는 타자",[14] 즉 자신의 연인을 살해했다는 충격적

---

13 마리넬라 로디 리스버그(Marinella Rodi-Risberg)는 커루스가 탄크레드를 외상적 사건의 희생자로 읽는 것이 가해자/가해자의 죄책감과 희생자를 혼돈할 수 있는 위험이 있다는 시그리드 웨이겔(Sigrid Weigel)과 루스 레이(Ruth Ley)의 지적을 언급하면서 "타소의 기독교적 영웅을 희생자로 해석하는 것은 가해자 트라우마, 범행 자체가 야기한 트라우마, 그리고 가해자와 희생자 간 복잡한 관계에 대한 의문을 제기한다"라고 설명한다. Marinella Rodi-Risberg, *Writing Trauma, Writing Time and Space: Jane Smiley's A Thousand Acres and the Lear Group of Father-Daughter Incest Narratives*(Vaasa, Finland: U of Vaasa, 2010), p.30 note 40.

14 Caruth, *Unclaimed Experience*, p.8.

사실을 드러내는 탄크레드의 분열된 자아로 읽는 것과 함께, 탄크레드의 시각에서는 인식할 수 없었던 연인의 칼에 죽어야 하는 클로린다의 아픔과 고통을 드러내고 증언하는 목소리로 읽는 것도 가능하기 때문이다.[15] 외상적 경험의 특성인 반복강박이 연인을 죽이는 행위로 탄크레드에게 나타난다면 클로린다에게는 자신의 정체를 숨긴 채 죽음을 맞게 되는 닫힌 공간으로 나타난다는 점도 두 인물 모두를 외상적 경험의 주체로 볼 수 있는 근거를 제시한다. 서로의 상처에 연결되어 있는 탄크레드는 가해자이면서 희생자이고, 클로린다는 희생자이면서 이 비극의 원인 제공자다. 클로린다의 육체와 영혼이 순차적으로 갑옷과 나무에 갇힌 채 자신의 정체를 위장해 십자군 용사인 탄크레드의 공격을 야기하기 때문이다. 더불어 탄크레드에게 클로린다는 사랑하는 여인이자 공격의 대상이며, 클로린다에게 탄크레드는 연인이자 공포의 대상이다. 탄크레드는 자신이 물리친 적군이 자신의 연인임을 다른 시간에서 반복되는 과거의 경험을 통해서 깨닫게 되고, 클로린다는 위장한 채로 죽임을 당할 수밖에 없었던 억울한 상황을 다른 공간에서 반복되는 과거의 경험을 통해서 드러낸다. 로디-리스버그가 지적하듯이 "트라우마는 다른 **장소**와 **시간**에서 반복되거나 재현될 뿐 아니라 **기억**된다".[16]

3. 기억하는 공간, 124번지

탄크레드와 클로린다의 알레고리에서 암시되는 외상적 경험의 공간적 재현은 모리슨의 「기억의 장소(The Site of Memory)」에서도 엿볼 수 있다. 주거

---

15 Rodi-Risberg, *Writing Trauma, Writing Time and Space: Jane Smiley's A Thousand Acres and the Lear Group of Father-Daughter Incest Narratives*, p.34.

16 같은 책, p.34. 고딕 강조는 필자 강조.

공간이나 경작지로 개간된 이후에도 이전의 강바닥을 찾아 범람하는 미시시피 강물을 보며 모리슨은 이것이 단순한 범람이 아니라 "강물이 있었던 곳을 기억하는 것"이라고 설명한다.[17] 완전한 기억을 가지고 그것이 있었던 곳으로 되돌아가는 강물처럼 과거의 경험은 특정한 공간이나 장소에 새겨지고 기억된다. 단순한 배경이나 전경으로만 머무르지 않고, 그 장소에서 벌어진 역사를 기억하는 공간의 면모는 『빌러비드(Beloved)』에서 세써가 설명하는 재기억(rememory)[18]의 특성과도 닮아 있다. 즉, 시간이 지남에 따라 사라지고 잊혀지는 것이 아니라 집은 불에 타서 없어졌다 해도 그것의 흔적과 광경을 여전히 간직하고 있는 장소처럼, 세써의 재기억은 "내가 그걸 생

---

17 Toni Morrison, "The Site of Memory," in William Zinsser(ed.), *Inventing the Truth: the Art and Craft of Memoir*(2nd ed.)(Boston: Houghton Mifflin, 1995), p.99.

18 세써의 재기억, 망각, 재기억을 통한 역사와 주체의 회복 등은 그동안 진행되어 온 『빌러비드』 연구의 주제어라고 할 수 있다. 몇 가지 연구를 소개하면 다음과 같다. 최재구는 기억과 망각의 딜레마에 빠진 인물들이 재기억을 통해 억압적인 과거로부터 빠져나올 수 있다고 주장한다. "주체가 재기억을 통해 과거 사건에 대해 이야기할 수 있게 되고, 또 그 이야기를 바탕으로 과거의 억압된 기억으로부터 벗어날 수 있기 때문이다." 최재구, 「『빌러비드』: 기억과 망각의 딜레마」, ≪비교문화연구≫, 4권(2000), 174쪽. 메 G. 핸더슨(Mae G. Henderson)은 이야기하기(storytelling)의 행위로 나타나는 기억하기(re-membering)는 자아와 타자를 재구성하는 중추적인 장치라고 설명한다. 백인 이데올로기가 흑인 여성에게 부여한 타자성을 거부하고 스스로의 정체성을 찾아가는 과정이 잊고 싶지만 잊히지 않는 과거를 자신의 목소리를 내면서 가능해진다고 설명한다. Mae G. Henderson, "Toni Morrison's *Beloved*: Re-Membering the Body as Historical Text," in Hortense J. Spillers(ed.), *Comparative American Identities: Race, Sex, and Nationality in the Modern Text*(New York: Routledge, 1991), pp.62~86. 아슈라프 러쉬디(Ashraf H. A. Rushdy) 역시 『빌러비드』를 포함한 모리슨의 소설에서 조각난 그림과 잔상으로 남아 있는 기억들이 친구, 가족, 공동체의 구성원들과의 대화와 관계를 통해서 맞춰지고 구성되는 과거에 대해 탐구하고 있다. 하지만 이러한 선행연구에서 세써의 재기억은 기억이 내포하는 시간적 차원에서 분석될 뿐 공간의 물리적 차원에서의 기억의 행위는 고려되지 않는다. Ashraf H. A. Rushdy, "'Rememory': Primal Scenes and Constructions in Toni Morrison's Novels," *Contemporary Literature*, Vol.31, No.3(1990), pp.300~323.

각하지 않는다 해도, 내가 죽어도 … 그것이 벌어졌던 장소 그곳에" 여전히 머물러 있는 것이다.[19]

세써의 재기억은 주체의 의지대로 기억하고 망각하는 것이 아니다. 그것은 주체의 의지로 이루어지는 통제를 넘어서 마치 클로린다의 영혼이 죽어서도 나무에 갇혀 있는 것처럼 사건이 발생했던 그 장소에 새겨져 있는 과거의 그림이자 잔상이다. 미시시피 강물이 그것이 있었던 자리로 범람하듯이, 집이 불타 없어진 장소가 그 집을 기억하듯이, 유아살해라는 외상적 사건이 일어났던 장소와 공간은 18년이라는 시간이 지나도, 그 공간에 거주하는 구성원이 변해도, 여전히 과거의 기억을 불러일으킨다. 세써의 재기억을 통해 모리슨이 강조하는 장소와 공간은 외상적 경험을 기억하는 주체이며 동시에 기억을 상기시키는 매개가 된다.

외상적 사건이 발생하고 그것의 기억을 간직한 공간인 124번지는 건물의 "의인화를 통해 그것의 '살아 있음'을 표현한다".[20] 죽은 딸의 유령이 육화되어 빌러비드라는 인물로 등장하기 전까지 124번지는 유령이 표출하는 "악의로 넘쳐나고", "어린 아기의 독기로 가득하며",[21] "붉은 빛의 맥박"[22]으로 고동치는 공간이다. 이곳에서 18년을 살아온 덴버는 자신이 거주하는 124번지를 건물이라기보다는 "울고, 한숨 쉬고, 부들부들 떨며 발작을 일으키기도 하는 하나의 사람"[23]으로 인식한다. 폴 디(Paul D)의 등장으로 세써가 그동안 잊고 살아왔던, 과거에 잠식된 현재의 상태에서 벗어나 누릴 수 있는 "작은 공간"과 "잠깐의 시간"[24]에 대해서 생각하자 124번지는 마치 세써

19 Morrison, *Beloved*, p.36.
20 Andrew Hock Soon Ng, "Toni Morrison's *Beloved*: Space, Architecture, Trauma," *@symploke*, Vol.19, NO. 1-2(2011), p.232.
21 Morrison, *Beloved*, p.3.
22 같은 책, p.18.
23 같은 책, p.29.

의 생각에 경고하듯이 집 전체가 요동친다. 집의 붉은 기운을 느끼고 "이곳을 그냥 내버려두라"[25]라고 폴 디가 소리치자 124번지는 폴 디에게 식탁을 내던지고 건물 전체를 격렬하게 흔들면서 비명을 지른다. 즉, 폴 디의 등장으로 과거를 물리치는 새로운 희망과 미래가 계획될 조짐이 보이자 124번지는 가장 극렬하게 자신의 정체를 드러내고, 이에 맞서서 폴 디는 "큰 남성적 목소리"로[26] 호통을 치며 식탁의 다리를 잡아 내동댕이친다. 세써를 사이에 두고 싸우는 연적의 모습처럼 보일 정도로, 124번지는 어린 아기의 유령이 출몰하는 부차적인 배경을 넘어서서 물리적인 공간을 매개로 해 자신의 존재를 드러내는 유령 자체가 된다. 클로린다의 영혼이 자신을 죽음으로 내몰았던 근본적인 원인이 되었던 폐쇄적 공간(나무)에서 외상적 사건을 재연하는 것처럼 세써에게 죽음을 당한 이름 없는 어린 딸은 비극적 사건이 일어난 장소를 맴돌면서 그 장소를 통해 자신을 드러내는 것이다.

폴 디에 의해 쫓겨난 아이의 유령은 이후 스스로를 '빌러비드'로 지칭하는 20살 남짓의 여자아이로 육화되어 나타난다. 보이지도 만질 수도 없었던 아이의 유령이 자신의 깊은 슬픔과 짙은 분노를 네 벽으로 막혀 있는 124번지의 물리적 공간을 통해 그 존재의 경계를 정하고 물질적으로 구체화시켰다면, 한 차례 내쫓김을 당한 유령은 이번에는 124번지를 의인화하는 번거로움 없이 죽었던 딸의 육체를 입고 등장한다. 집 주소 124번지에 누락된 번호 3이 셋째 자식, 죽은 딸의 부재를 내포하고 있는 것처럼[27] 부재하는 존재인 아기의 유령이 '건물'에서 '육체'로 변화되어 나타나는 것은 빌

---

24 같은 책, p.18.

25 같은 책, p.18.

26 같은 책, p.37. 폴 디는 세써와 함께 『빌러비드』를 이끄는 중심인물 중 하나다. 폴 디의 주체성과 남성성 회복에 관련해서는 박순정의 논문을 참조하라. 박순정, 「토니 모리슨의 『빌러비드』에 나타난 탈식민적 정체성 추구」, 《현대영어영문학》, 56권 4호(2012), 87~106쪽.

27 Ng, "Toni Morrison's *Beloved*: Space, Architecture, Trauma," p.233.

러비드가 124번지의 거주 공간이 제공할 수 없었던 과거를 보는 구체적인 "초점(focal point)"을 제공함으로써 "거주자로 하여금 〔외상적 과거〕를 보다 낮게, 충분히, 그리고 완전하게 이해하도록" 하기 위함이다.[28] 즉, 빌러비드는 개인적 차원에서 벌어진 세써의 유아살해 사건인 동시에 이 비극적 사건을 만들어낸 노예제도의 폭력성과 흑인의 집단적 경험을 상징하는 과거의 외상적 경험이고, 세써로 하여금 기억하기를 거부하는 과거를 대면하게 하는 매개자로 존재한다. 의인화되었지만 무생물적 건축물인 124번지에서 가시적이고 만질 수 있는 생물적 존재, 빌러비드로 탈바꿈한 죽은 딸은 여전히 자신을 124번지와 동일시한다. 처음 이 집에 왔을 때 무엇을 찾고 있었냐는 폴 디의 질문에 빌러비드는 "이곳이요. 내가 들어갈 수 있는 이 장소를 찾고 있었어요"[29]라고 대답하고, 빌러비드가 떠날까 봐 두려워하는 덴버에게는 "나는 다른 곳은 원하지 않아. 여기 이곳이 나야"[30]라고 응대한다. 빌러비드는 자신이 124번지에 속해 있고, 이곳이 자신이 거주해야 하는 곳임을 단언하며 급기야 124번지가 자신이라고 설명한다.

124번지에서, 그리고 124번지를 통해서 자신의 실체를 드러내는 죽은 딸의 과거는 활기와 생명력을 모두 잃어버린 거주 공간에 "야성적으로" 그리고 "마치 길들여지지 않은 날것 그대로의 생명 그 자체처럼"[31] 보이는 두 쪽의 오렌지색 천 조각과 같다. 어둡고 차분한 색조의 천 조각들로 만들어진

---

28 같은 글, p.239. 모리슨 역시 마샤 다알링(Masha Darling)과의 인터뷰에서 비가시적인 영혼으로만 존재하던 빌러비드를 육화된 인물로 제시하는 것은 침묵당하고 발화되지 못했던 흑인노예의 역사를 실체화해 기억하는 작업에 다름 아니라고 밝히고 있다. Toni Morrison, "In the Realm of Responsibility: A Conversation with Toni Morrison," by Marsha Darling, *The Women's Review of Books*, Vol.5. No.6(1988), p.6.

29 Morrison, *Beloved*, p.65.

30 같은 책, p.123.

31 같은 책, p.38.

퀼트 담요에 "다른 색감의 부재를 큰 소리로 알"릴[32] 정도로 생생하고 선명한 색감을 자랑하는 오렌지색 천 조각은 사건이 발생한 시간과 공간의 전치에도 불구하고 사건 본래의 생생함과 선명함을 지니고 현재를 출몰하는 외상적 기억에 대한 은유다. 오렌지색 천 조각을 보면서 스위트 홈(Sweet Home) 시절 세써가 일하는 동안 바구니에 담겨져 있었던 자신에게 꺾어다 준 노란색 꽃을 연상하는 빌러비드는 오렌지색 천 조각이 덧대어진 담요에서 "풀잎 냄새가 나고 바쁜 여성의 쉴 새 없이 움직이는 손길을 느낀다".[33] 죽은 딸은 124번지와 빌러비드를 통해서 오렌지색 천 조각처럼 자신과 세써의 과거를 발현하지만, 빌러비드의 묘석에 박혀 있는 분홍색 돌가루를 본 이후로 색에 대한 감각을 잃어버린 세써에게 124번지는 무채색으로 둘러싸인 망각의 무덤과 같고, 빌러비드를 자신의 죽은 딸과 관련이 없는 독립적인 객체로 인식할 뿐이다. 선명한 색감으로 자신을 발현하지만 색감을 잃은 세써에게 인식되지 못하는 오렌지색 천 조각은 마치 세써의 등에 뚜렷하게 새겨지고도 "한번도 본 적이 없었고 앞으로도 없을"[34] 벚나무 모양의 상처와도 같다. 채찍에 맞은 살이 터지면서 날것의 붉은 상처들이 등에 만들어낸 벚나무 모양의 상흔은 18년이라는 세월의 흐름 속에 꽃이 피고 졌을 테지만, 등의 신경이 죽어버린 세써는 느낄 수도 볼 수도 없는 과거의 기억이다. 마치 우리의 의식에서 사라져도 모든 것을 기억하고 있는 장소처럼 세써의 외면에도 불구하고 오렌지색 천 조각처럼 스스로 자신을 드러내고 있는 빌러비드처럼 세써의 등에서 피고 지는 벚나무는 자신은 느낄 수 없지만 늘 등에 짊어지고 살아왔고 살아가야 하는 과거다.

---

32 같은 책, p.38.
33 같은 책, p.78.
34 같은 책, p.16.

4. '건축적 언캐니'[35]로서의 124번지: 친숙함과 낯섦의 긴장 관계

앞서 언급한 재기억에 대한 단상에서 나타나듯이 세써는 외상적 사건이 새겨져 있는 장소가 끼칠 수 있는 해를 인식하고 있기 때문에 자신의 아이들을 보호하기 위해 스위트 홈으로부터 탈출시키고, 한 번도 가본 적 없는 덴버에게 스위트 홈에 가까이 가지 말라고 경고한다. 그러나 모순적이게도 세써는 자신이 살고 있는 공간 124번지가 기억하고 있는 "그림"과 "잔상"[36]은 인지하지 못한다. 세써의 유아살해 이후 124번지는 "유령들의 노리개와 쓰라린 상처를 지닌 이들의 안식처"[37]로 전락했음에도 불구하고 세써는 이 모든 변화의 원인을 규명해 해결하려 하기보다는 자신의 고통스러운 과거를 애써 외면하며 살아간다. "그녀 자신의 영혼을 안정"시키기 위해 세써는 124번지를 점거하고 있는 어린 딸의 영혼은 잊고 살았으며,[38] 육화되어 등장한 빌러비드가 자신의 죽은 딸이라는 많은 암시에도 불구하고 그 사실을 오랫동안 눈치 채지 못한다.[39] 카니발에서 돌아오는 길에 빌러비드를 발견

---

35 '건축적 언캐니'는 앤서니 비들러(Anthony Vidler)의 책 제목인 『건축적 언캐니(The Archi-tectural Uncanny)』에서 차용되었다. 프로이트의 언캐니 이론을 공간적으로 접근하는 비들러에 의하면 "'언캐니'는 공간 자체의 특성도 아니고 특정한 공간적 구조로 유발되는 것도 아니다. … 만약 실제의 건물이나 공간이 이러한 방식[건축적 언캐니]으로 설명된다면 그것은 그 건물이나 공간이 언캐니한 성격을 가져서가 아니라 그것들이 역사적으로 문화적으로 소외(estrangement)의 재현물로서 역할을 하기 때문이다. … 언캐니한 건축 같은 것은 없다. 다만 때때로 그리고 서로 다른 목적 때문에 언캐니한 성격이 투영된 건축만 있을 뿐이다". Anthony Vidler, *The Architectural Uncanny: Essays in the Modern Unhomely* (Cambridge, Mass: the MIT P, 1992), pp.11~12. 즉, 특정한 건축물이나 공간이 언캐니한 것은 그 건축물이나 공간 자체가 언캐니해서가 아니라 그곳에 거주하는 거주자의 언캐니가 투영되었기 때문이다.

36 Morrison, *Beloved*, p.36.

37 같은 책, p.86.

38 같은 책, p.5.

한 후 마치 양수가 터지는 듯이 소변을 보는 일, 자신이 죽은 딸의 묘석에 새겨 넣은 '빌러비드'라는 이름을 가지고 있고 죽은 딸이 살아 있다면 먹었을 법한 나이 또래라는 것, 빌러비드의 등장과 함께 유령의 분노에 해코지를 당했었던 개 히어 보이(Here Boy)가 사라진 점, 자신이 가아너 부인(Mrs. Garner)에게 선물 받은 귀걸이에 대해 질문하는 것 등 빌러비드는 과거에 어린 아기의 유령이 자신의 원한과 슬픔을 표출했던 것보다 훨씬 명백하고 직접적인 방식으로 자신이 세써의 죽은 딸임을 드러내고 있음에도 불구하고 세써는 빌러비드의 존재를 파악하는 데 한계를 보여준다. 따라서 124번지를 점거하고 있는 과거의 외상적 기억은 그 경험의 주체인 세써가 인식하지 못하고 소유되지 않은 주인 없는 경험으로 존재할 뿐이다.

124번지의 건축적 공간과 빌러비드의 육체적 공간을 빌어서 지속적으로 자신의 존재를 환기시키는 죽은 딸과 그에 대해 생각하기를 거부하는 세써의 끈질긴 부정으로 나타나는 소설의 외상적 과거는 그 자체로 '친숙함'과 '낯섦'의 긴장관계를 표현하고 있다. 한때 온 마을을 떠들썩하게 만들었던 세써의 유아살해는 이제는 더 이상 발화되지 않는, 세써의 기억 속에서 억

---

39 빌러비드의 정체에 관한 선행연구는 크게 세 가지로 정리될 수 있다. 즉, 빌러비드는 세써가 죽인 딸이 육화되어 나타난 인물로 분석되거나, 대서양을 횡단하는 중앙항로(the Middle Passage)의 노예선에서 죽어간 흑인들의 영혼을 대변하는 인물로 분석되거나, 더 나아가 엘리자베스 하우스(Elizabeth B. House)가 주장하듯이 세써와는 혈연관계가 없는, 단지 공포스러운 노예제로부터 고통받았던 젊은 여성일 뿐이라는 접근도 존재한다. Elizabeth B. House, "Toni Morrison's Ghost: The Beloved Who is not Beloved," *Studies in American Fiction*, Vol.18. No.1(1990), p.17. 이러한 모호성과 관련해서 모리슨은 다알링과의 인터뷰에서 첫 두 접근이 모두 가능한데, "두 방법으로 접근할 수 있는 근거가 작품 속에 존재하고, 죽음과 중앙항로의 두 경험의 언어가 같은 것이기 때문"이라고 언급한다. Morrison, "In the Realm of Responsibility: A Conversation with Toni Morrison," p.5. 빌러비드가 세써의 딸이라는 증거, 혹은 딸이 아니라는 증거가 동시에 존재하지만, 이 장은 모리슨이 언급한 것처럼 빌러비드가 세써와의 개인적 차원과 흑인 노예의 집단적 차원에서 노예제의 억압적 상황과 폭력성을 폭로하는 장치라는 점에 주목한다.

압되고 망각된 과거이기 때문이다. 프로이트는 사전적 의미와 문헌학적 용례를 통해 이 두 개의 대립되는 의미가 어떻게 하나의 단어, 언캐니에 담겨지는지를 탐색하고, 이를 통해서 언캐니가 어떻게 외상적 경험의 특성을 표출하는가를 설명한다.

프로이트는 언캐니가 두려움과 공포를 불러일으키는 감정을 지칭하고 "익숙하고 오랫동안 친했던 것과 연결되는"[40] 감정이라고 정의한다. '캐니(canny)'에 해당하는 독어 '하임리히(Heimlich)'의 사전적 정의는 "집 또는 가족에 속하는", 동물과 관련해서는 "길들여진, 사람과 친숙한", "친밀한, 다정하고 편안한"의 의미군을 가진다.[41] 또한 '하임리히'는 이와는 반대되는 "숨겨진, 시야에서 가려진, 그래서 다른 사람들이 그것에 대해서 알 수 없는, 타인에게 드러나지 않은"[42]의 의미도 지닌다. 이와 같은 의미군은 집이라는 공간을 기준으로 집의 안과 밖에서 취하는 시점에 따라 생산된 대립쌍으로 파악된다. 즉, 집의 내부/안에서 느끼는 감정은 집과 가정, 가족이 주는 아늑함, 편안함, 안전함, 소속감을 포함하지만, 집의 내부에 있는 사람이 느끼는 친숙하고 친밀한 것들은 집 밖에 있는 이들에게는 매우 사적이고 숨겨져 있으며, 드러나지 않는 비밀스러운 것이기 때문이다.

'언캐니'에 해당하는 독어 '언하임리히'는 부정접두사인 'un-'의 첨가로 '하임리히'의 첫 번째 의미군의 반대 의미, 즉 "괴상하고, 기묘하고, 섬뜩한 공포를 불러일으키는"[43]의 의미를 띤다. 주로 이러한 의미로 사용하는 용어인 '언하임리히'는 '하임리히'와의 언어학적 관계를 쫓다보면 '하임리히'의

40 Sigmund Freud, "The Uncanny," in James Strachey(ed. and trans.), *The Standard Edition of the Complete Psychological Works of Sigmund Freud*, Vol.17(London: The Hogarth Press and the Institute of Psycho-Analysis, 1919), p.220.

41 같은 책, p.222.

42 같은 책, p.223.

43 같은 책, p.224.

두 번째 의미군의 반대인 '숨겨지지 않은,' '비밀이 아닌,' '알려져 있는'의 의미를 내포하게 된다. '하임리히'가 확장되어 그 반대 개념인 '언하임리히'의 의미를 동시에 지니는 것처럼 낯섦에서 오는 두려움과 공포를 일깨우는 '언하임리히' 또는 '언캐니'는 "현실에서 전혀 새롭거나 이상한 것이 아니라 친숙하고 오래된 것이지만 억압의 과정을 통해서 의식으로부터 소원해진 것"[44]일 뿐이다. 의미상 서로 대각선의 짝을 이루고 있는 '하임리히'와 '언하임리히'의 관계를 통해서 프로이트가 쉘링(Shelling)의 말을 빌려 강조하는 언캐니의 특성은 "비밀이거나 숨겨져 있지만 밝혀져야 하는"[45] 것이라는 점이다. 즉, 언캐니는 억압되어 숨겨지고 감춰져 있지만 억압된 것의 반복적인 복귀를 통해 종국에는 비밀을 벗고 존재를 드러내는 친숙하고 익숙한 과거와 다름 아니다.

이러한 언캐니의 정의와 특성은 124번지, 죽은 딸의 유령과 빌러비드, 세써의 의미관계를 풍부히 한다. 세써의 두 아들 하워드(Howard)와 뷰글러(Buglar)를 혼비백산하게 해 쫓아냈던 죽은 딸의 유령은 거주자에게 공포와 두려움을 양산시키는 낯설고 기이한 것이었지만, 과거에는 "벌써 기나? 아기"[46]의 애칭으로 불리면서 가족의 사랑을 받았던 사랑받는 손녀이자 딸이자 동생이었다. 죽은 딸의 유령과 빌러비드는 개인과 공동체에 의해 억압되고 망각된 외상적 과거로 이제는 낯설어지고, 기괴하고, 불편한 존재가 된다. 어디로부터 출현되었는지 그 근원과 역사를 알 수 없는 언캐니한 과거의 기억은 죽은 딸의 유령으로, 빌러비드로, 124번지로 출현하고, 과거의 흔적이 출몰하는 그들의 거주 공간은 사람들의 인적이 끊긴 고립된 장소로 전락한다. 유령이 출몰하는 124번지와 같이 언캐니는 거주 공간, 즉 집이나

---

44 같은 책, p.241.
45 같은 책, p.225.
46 Morrison, *Beloved*, p.99.

성채 등을 통해 묘사되는 것을 흔히 볼 수 있는데,[47] 이에 대해 비들러는 "언캐니한 건축 같은 것은 없다. 다만 … 다양한 목적 때문에 언캐니한 성격이 투영된 건축만이 있을 뿐"[48]이라고 주장한다. 죽은 딸의 영혼과 빌러비드가 124번지에 투영하는 언캐니는 세써를 그녀의 친숙했던 과거로 인도하는 역할을 수행한다. 낯설음이 인도하는 길의 끝에 맞닿아 있는 친숙했던 과거를 발견하지 않으면 두려움과 공포를 근본적으로 제거할 수 없듯이, 죽은 딸을 통해서 반복적으로 침범하는 과거를 극복할 수 있는 방법은 고통스러워서 인식할 수 없었던 그 과거와 대면하고 인정하는 것뿐이다.

하지만 세써는 빌러비드가 자신이 죽인 딸이라는 사실을 알아채기 전까지 124번지를 '언캐니'한 곳이 아닌 '캐니'한 곳으로 인식한다. 124번지에 유령이 출몰하는 것을 알고 폴 디는 이 집이 마치 "사소한 물건(a little thing)"인 양 떠나라고 하지만, "한 번도 이 집 외에 집을 소유한 적이 없었고, 이 집에 오기 위해 더러운 흙바닥을 떠나왔으며, 가아너 부인의 부엌에서 그곳의 일정 부분을 그녀의 공간으로 느끼면서 일할 수 있도록 날마다 한 주먹

---

47 전통적인 고딕소설에 나오는 고성이나 지하묘지는 없지만 세써의 유아살해가 벌어졌던 장소이자 이후 마을 사람들의 왕래가 끊긴 외딴 집인 124번지, 그 집을 출몰하는 유령, 기이하고 초자연적인 사건들로 전개되는 모리슨의 『빌러비드』는 고딕적 양식을 띠고 있다. 에릭 사보이(Eric Savoy)는 미국 고딕 전통이 억악과 망각의 실패에 입각하고 있다면서, 공포스러운 과거의 귀환은 "단순히 기괴하고 터무니없는 것이 아니라 언캐니한 것"이라고 설명한다. 또한 그는 언캐니에 관한 글들은 미국적 고딕의 한 분야이며, 이는 레슬리 피들러(Leslie Fiedler)가 지적한대로 과거 혹은 사자들이 계속해서 현재에 해를 끼칠 수 있는 "창의적인 요건"이라고 설명한다. Eric Savoy, "The Face of the Tenant: A Theory of American Gothic," in Robert K. Martin and Eric Savoy(eds.), *American Gothic: New Interventions in a National Narrative*(Iowa: U of Iowa P, 2009), p.4. 이러한 점에서 모리슨이 다루고 있는 노예제도와 인종주의로 인한 흑인들의 억압된 경험과 그 억압된 과거의 귀환은 유럽 고딕소설의 전통적인 형식과 내용을 탈피해 미국적 소재와 역사에 기반을 두는 미국적 고딕 전통의 형성에 일조하고 있다.

48 Vidler, *The Architectural Uncanny: Essays in the Modern Unhomely*, p.12.

의 선모초를 꺾어가야 했던"[49] 세써에게 124번지는 처음으로 소유하는 집이자, 자신의 가족과 함께 가정을 이룰 수 있는 공간이며, 그곳에서의 생활은 자유를 의미했다. "선택한 것이 무엇이든지간에 사랑할 수 있는 장소, 즉 욕망에 대한 허락을 받을 필요가 없는 장소에 이르는 것, *그것이* 자유였다"[50]라는 것처럼 죽음을 무릅쓴 탈출 끝에 도착한 124번지는 짐승과 같은 취급을 받았던 노예의 신분에서 벗어나 세써의 인간으로서의 권리가 보장되고 누릴 수 있는 유일한 공간이다. 따라서 124번지에 도착해 자유인의 상태로 지낸 28일은 '캐니'의 첫 번째 의미군처럼 세써에게 "집이나 가족에게 속해져" 있는 소속감과 "네 벽으로 된 집 안에 있을 때 느끼는 기분 좋은 편안함과 안도감"[51]을 주었다.

소설의 외상적 사건이 일어났던 상황을 폴 디에게 회상하면서도 세써는 자신의 행위가 자신이 갈구하고 염원한 끝에 얻었고 자식들에게 보장해 주고 싶었던 집이 주는 '자유'와 '안전'이라는 가치에 따른 것임을 암시한다. 사건이 일어난 후에 백인 아이들이 다 뽑아버렸지만 그 이전에는 집 주변으로 울타리가 쳐져 있었던 곳을 바라보면서 세써는 "내가 그(학교 선생)를 멈추게 했어. … 내가 아이들을 데리고 걔네들이 안전하게 있을 수 있는 곳으로 데리고 갔지"[52]라고 말한다. 124번지에서 그리고 서그스가 설교자로서 집회를 열었던 숲 속의 공터(Clearing)에서 점차 "자유로워진 자기 자신"을 스스로가 소유하게 된 세써는[53] 자신이 어렵게 얻은 자유와 안전을 딸에게 보장해 주고 싶었던 것이다. "그녀(내 딸)는 안전해야 했고, 나는 내 딸이 있어야 할 곳으로 데리고 갔지"[54]라고 회상하는 세써에게 살인 행위는 학교 선생

---

49 Morrison, *Beloved*, p.22.
50 같은 책, p.162. 이탤릭 강조는 원문 강조.
51 Freud, "The Uncanny," p.222.
52 Morrison, *Beloved*, p.164.
53 같은 책, p.95.

으로 대변되는 비인간적이고 폭력적인 노예제도의 경험으로부터, 이 모든 것을 기억하는 스위트 홈으로부터 자식을 보호하고 안전을 보장하는 수단이었다. 세써가 딸의 죽음을 "완전한 죽음"[55]이라고 표현하는 이유도 여기에 있다. 하지만 "소형 톱으로 안전"[56]을 이야기하는 세써의 역설처럼 세써의 보장하고자 하는 안전의 추구는 124번지를 공포로 몰아넣고 기괴하고 낯선 장소로 변화시키는 결과를 낳는다. 이와 같이 건축적 언캐니의 공간인 124번지는 세써가 고수하고자 하는 편안하고 친근한 집의 거주 환경과 더블을 이루면서 에이버리 고든(Avery F. Gorden)이 언급하듯이 "휴식의 공간이거나 투쟁의 공간"[57]으로서의 특성을 갖는다.

5. 외상적 경험의 행동적 재연: 닫힌 공간에서 열린 공간으로

세써와 죽은 딸의 외상적 과거를 둘러싸고 벌어지는 끊임없는 과거의 침투와 부인, 친숙함과 낯섦, 안전과 공포의 순환 고리는 빌러비드가 자신의 죽은 딸이 살아 돌아온 것임을 세써가 느끼는 순간 다른 국면을 맞이한다. 자신이 만들어서 아이들에게 불러줬던 노래를 빌러비드가 흥얼거리는 것을 듣는 순간, 흩어져 있던 "조각들이 그것들을 위해서 특별히 계획되고 만들어진 장소에 들어맞는 것처럼"[58] 그동안의 빌러비드의 행동과 말 모두가 자신의 죽은 딸과 연관되어 재해석된다. 이러한 자각의 순간을 거치면서 세써

---

54 같은 책, p.220.

55 같은 책, p.99.

56 같은 책, p.164.

57 Avery F. Gordon, *Ghostly Matters: Haunting and the Psychological Imagination* (Minneapolis: U of Minnesota P, 2008), p.50.

58 Morrison, *Beloved*, p.175.

는 이제는 더 이상 "기억할 것도", "설명할 것도"[59] 없다는 사실과 늘 떠나지 않았던 죄책감에서 벗어나는 해방감에 기뻐한다. 세써에게 이제 "세상은 이 방 안에 존재"하고 124번지는 "이곳에 있는 것이 모든 것이며, 필요로 하는 모든 것"[60]인 충만한 공간이 된다. 세써가 죽음을 통해서라도 지켜주고 싶었던 집을 통해 표출되는 '캐니'의 편안함과 안전함은 살아 돌아온 딸로 인해서 다시 완성될 수 있는 가능성이 열리게 되었다. "세써가 [124번지의] 문을 닫았을 때 안에 있는 여자들은 마침내 자유롭게 그들이 되고 싶었던 것이 되고, 보고 싶었던 것을 보고, 머릿속에 떠오르는 것을 말할 수 있었다".[61] 스스로가 자신의 욕망의 주인이 되는 자유를 누릴 수 있는 공간 안에서 세 모녀는 자유로워진 자아에 대해, 또한 서로를 비추고 있는 상대방에 대한 소유권을 주장하게 된다. 즉, 서로가 자신의 딸이자 언니이고 자신의 것이라면서 자신의 또 다른 자아인 더블로서 서로를 규정하는 것이다.[62] 그러나 세 모녀가 모여서 이야기를 나누는 124번지에서 새어 나오는 목소리는 여전히 그 공간의 밖의 사람들에게는 "해독 불가능한" 것으로, "124번지의 여인들의 생각들, 말로 할 수 없고, 말해지지 않은 생각들"[63]에 불과하다. 124번지를 둘러싸고 있는 이 여인들의 목소리는 서그스의 오랜 친구이자 세써의 탈출을 도왔던 스템프 페이드(Stamp Paid)에게조차 낯설고 불가해한 언캐니로 존재하기 때문이다. 세써가 빌러비드의 정체를 인식하기 이전까지 과거의 침투와 부정을 보여주는 친숙함과 낯섦의 긴장관계가 124번지 내부에서의 빌러비드와 세써를 통해서 발생했었다면, 이제는 124번지의 거주자들과 그 공간의 밖에 존재하는 공동체 구성원 간 관계로 확장된다.

59 같은 책, p.183.

60 같은 책, p.183.

61 같은 책, p.199.

62 같은 책, p.201; p.205; p.210.

63 같은 책, p.199.

과거로부터 해방되는 자유를 기대했지만, 오히려 세써는 그 압도적인 외상적 과거에 잠식당하게 된다. 세써는 유일한 외부와의 연결고리였던 식당에서의 요리사 일을 그만두고 덴버의 존재도 잊은 채 모든 것을 빌러비드에 집중한다. 세써의 관심과 집중을 받은 만큼 빌러비드는 세써의 옷을 입고 그녀의 웃음, 말투, 몸짓에 이르는 모든 것을 흉내 내어, 때로는 "누가 누구인지〔덴버조차도〕구분하기가 어려워"[64]지는 상황에 이른다. 점차로 왜소해지는 세써와 반대로 비대해지는 빌러비드의 모습은 외상적 과거가 세써의 현재를 잠식하는 상황에 대한 은유이고 124번지는 현재 서사가 진행되는 1873년이 아니라 유아살해가 일어났던 18년 전의 과거의 시간에 정체되어 있는 닫힌 공간으로 변화된다. "시간이 지나지 않은 장소"로, 가까이 가면 과거에 벌어졌던 불길한 일들이 "다시 벌어질 것"[65] 같은 재기억의 장소 말이다.

그렇다면 외상적 과거에 갇혀 현재를 살지 못하는 세써를 다시 시간의 질서 속으로 불러오는 기제는 무엇인가? 이 장은 세써를 시간의 정체에서 시간의 흐름으로 인도하는 결정적 계기를 외상적 사건이 행동적으로 재연되는 과정에서 찾는다. 즉, 집의 울타리 너머로 학교 선생의 모자를 보고 자신의 아이들을 보호하는 행동을 취했던 본래 사건의 장면처럼 비록 덴버를 데리러 온 보드윈 씨(Mr. Bodwin)를 학교 선생으로 착각한 것이었지만, 작품의 말미에서 세써는 18년 전 그녀가 저지른 유아살해의 현장을 재경험하게 된다. 마치 탄크레드가 클로린다를 죽이는 상황이 부지불식간에 행동적으로 재연되는 것처럼 세써에게도 과거의 경험이 행동적으로 반복되는 상황이 연출되는 것이다. 탄크레드는 클로린다의 영혼이 들어 있는 나무를 내리치는 순간까지 자신의 외상적 경험이 무엇인지 몰랐던 반면, 세써는 두 번째

---

64 같은 책, p. 241.
65 같은 책, p. 243.

의 상황이 재연되기 전에 그녀의 외상적 과거를 인식하는 순간을 맞이한다. 빌러비드에게 유아살해의 순간과 자신의 행동을 기억하고 설명하며, 그동안의 자신의 "망각에 대한 기억",[66] 즉 빌러비드에 대한 기억이 결여되었음을 기억해낸 세써는 탄크레드처럼 이전에 자신이 범했던 행동을 반복하지 않는다. 두 번째의 상황적 재연에서 노예제도의 비인간화와 폭력으로부터 빌러비드를 지키기 위한 세써의 무기는 빌러비드가 아니라 학교 선생으로 착각한 보드윈 씨에게로 향한다. 지난 18년 동안 세써의 삶을 끈질기게 침투했던 외상적 경험의 결정적 재연을 통해서 세써는 살인의 행동을 교정하면서 정체되고 지연된 과거에서 벗어나는 기회를 얻는다.

외상적 사건의 행동적 재연은 세써뿐만 아니라 흑인 공동체의 마을 사람들에게도 18년 전의 자신들의 과오를 교정하는 기회를 제공한다. 마을 공동체는 세써를 잡으러 온 백인들을 봤을 때 아무도 124번지에 경고의 메시지를 보내지 않고 수수방관함으로써 세써의 충격적인 사건이 벌어지는 데 일조한 면이 있기 때문이다. 흑인 노예의 탈출을 돕고 도망친 노예들과 공동체를 이루며 살아온 마을의 협동체계 측면에 비춰보면 마을 사람들의 수수방관과 방조는 수치스럽고 용납할 수 없는 과거의 과오다. 따라서 세써의 비극적인 사건은 124번지의 내부자뿐만 아니라 외부자인 마을 공동체의 구성원들에게도 정신적 상흔으로 존재하며, 잊고 싶은 과거다.

흥미로운 점은 공동체 구성원의 의도적인 무관심과 방관과 같은 "비열함(meanness)"[67]을 발동시킨 원인이 전날에 124번지에서 벌어진 마을 전체가 배불리 먹고 즐긴 성대한 잔치에 기인한다는 것이다. 페이드가 따온 두 양동이의 검은 딸기와 세 개의 파이로 시작된 잔치는 90명의 마을 사람들이 먹고 마실 정도로 확대되었다. 빵 다섯 개와 물고기 두 마리로 5000명의 군

---

66 전진성, 「도시, 트라우마, 숭고: 공간의 문화사 연구를 위한 방법론의 모색」, 335쪽.
67 Morrison, *Beloved*, p.157.

중을 배불리 먹인 예수의 기적을 상기시키는 124번지에서의 잔치는 결과적으로 마을 사람들로 하여금 서그스에 대한 시기와 분노를 일으켰다. 그들은 서그스와 그녀의 집이 "모든 일의 중심이" 되고 그녀가 "하는 일은 언제나 뭐든 옳은" 것이 되어 "충고를 해주고, 전갈을 전해주고, 병자를 치료하고, 탈주자를 숨겨주고, 사랑하고, 요리하고, 요리하고, 사랑하고, 설교하고, 노래하고, 춤추고, 누구나 가리지 않고 사랑해 주는"[68] 것에 분개한다. 결국 이 모든 것이 서그스의 "오만(pride)"에[69] 기인한 것이라는 암묵적인 결론에 도달한 공동체는 서그스가 진실로 자신들은 받지 못한 어떤 "특별"함과 "축복"[70]을 받았는지 시험하듯이 탈주 노예를 잡으러 온 네 명의 백인들을 보고서도 남의 일인 듯 방관하게 된다. 서그스가 특별하다면 스스로를 구원할 수 있을 것이므로. 서그스의 관대함과 사랑을 오만으로 규정한 공동체의 시각에서는 딸의 삶과 죽음의 결정권을 행사한 세써의 유아살해 역시 그녀의 오만을 드러내는 행위로 비춰지고 그들로부터 등을 돌리게 된 요인이 된다. 그러나 마을 공동체가 스스로 인지하고 있지 못하는 오류는 서그스와 세써와 관련해서 그들이 판결하고 단죄하는 '오만'과 '교만'을, 18년 동안 124번지와 교류를 끊고 소외시키고 고립시키면서 그들 스스로가 범하고 있다는 점이다. 그들에게 124번지의 여인들을 단죄할 권리가 있는 것처럼 행동하는 것 자체가 '오만'에 해당하기 때문이다.

육체적으로 정신적으로 비대해진 빌러비드에 비해 왜소하고 약해지는 세써에 대한 이야기를 듣고, 외상적 "과거의 과오가 현재를 잠식"[71]하는 것에 분개한 엘라(Ella)의 설득과 지도로 마을 여자들은 서그스의 잔치가 벌어졌

---

68 같은 책, p.137.
69 같은 책, p.137.
70 같은 책, p.157.
71 같은 책, p.256.

던 124번지의 앞마당에서 다시 모이게 되고 "시기심"[72]이 그들의 판단을 흐려 놓기 전날의 즐거웠던 과거와 조우한다. 그리고 세써를 삼켜버리고 있는 과거로부터 구하기 위해 모인 서른 명의 마을 여자들이 만들어내는 목소리는 세써에게 새로운 정신적 각성을 일으킨다. 세써에게 이 광경은 "올바른 조합, 열쇠, 코드, 언어의 등허리를 부러뜨릴 수 있는 강력한 소리를 찾던 여자들의 목소리가 울려 퍼졌던 (서그스의) 공터"가 되살아난 것 같았고, 이들이 만들어내는 강력한 소리의 물결에 세써는 세례를 받은 듯 감화되었다.[73]

세써가 마을 여자들이 만들어내는 목소리를 서그스의 집회 공간인 공터에서 들려오는 목소리로 듣는 것은 의미심장하다. 서그스는 오랜 노예로서의 생활 끝에 온전하게 남은 유일한 '심장(heart)'을 이용해 자신의 마음을 기꺼이 내주는 흑인 공동체의 정신적 지도자이자 설교자가 된다. 그녀는 노예제로 인해 인간성을 잃으면서 자연스럽게 멸시하게 된 자신(흑인)의 몸에 대해 애착을 가지고 사랑할 것을 당부하면서 흑인들의 정체성에 대한 인식을 일깨워주는 역할을 한다. 이는 흑인들의 몸에 새겨진 삶의 역사를 사랑함으로써 자신의 과거를 끌어안으며 새롭게 태어날 것을 당부하는 것이기도 하다.

숲속에 자리한 서그스의 공터는 이런 면에서 고통스러운 과거를 짊어지고 사는 흑인들이 자신의 몸과 과거와의 화해를 통해 자신을 정화하고 새롭게 태어나는 공간이다. 이곳은 자신들의 인간성을 말살시킨 노예제의 경험에 잠식되어 정체되는 것을 지양하고, 지울 수 없는 자신들의 과거를 인정하면서 미래로 나아갈 것을 독려하는 열린 공간이다. 따라서 서그스의 미래지향적인 열린 공간의 은유를 통해 세써와 마을 여자들이 18년 만에 조우하는 것은 그동안 과거에 정체되어 있던 이들에게 새로운 시간의 질서 속으로

---

72 같은 책, p.258.
73 같은 책, p.261.

나아가게 하는 계기를 제공하는 것이다. 이제 세써는 빌러비드에게 죽음 대신 생명을 줌으로써 과거를 교정하고, 공동체의 마을 여자들은 얼음을 깨는 송곳을 든 채로 보드윈 씨를 향해 뛰어드는 세써를 말림으로써 방관하고 방조했던 과거의 자신들의 행동을 교정한다. 세써와 마을 여자들의 이러한 과거의 교정은 18년간 그들을 안과 밖, 내부자와 외부자, '캐니'와 '언캐니'로 이분화했던 경계를 허무는 작업이자, 시간의 정체와 지연으로부터 벗어나 과거에서 현재로, 현재에서 미래를 향한 시간의 질서 속으로 편입하는 작업이다.

6. 외상적 경험과 마주하기

124번지 마당에서 30명의 마을 여자들에 의해서 울려 퍼지는 목소리, 세써에게는 공터의 집회에서 울려 퍼지던 강력한 소리로 들리는 목소리는 나무의 베인 상처에서 흘러나오는 클로린다의 목소리와 닮아 있다. 탄크레드가 망각하고 있던 과거의 기억을 되살려내고 과거에 대한 탄크레드의 이해를 이끌어내는 클로린다의 '목소리'는 인식되지 않은 채로 부유하는 과거의 경험에 주인을 찾아주는 것이다. 이와 같이 유아살해의 장면이 두 번째로 재연되는 과정에서 마치 공터에서의 합창처럼 들려오는 마을 여자들의 목소리는 세써로 하여금 자신의 과거를 대면해 인식하고, 그럼으로써 과거로부터 빠져나올 것을 종용하는 목소리다. 어떤 이미지나, 악몽, 환영의 반복보다 더 강력하게 과거를 드러내는 상황적 재연은 탄크레드와 세써에게 더 이상의 과거의 부정을 허용하지 않는다. 세써의 재경험, 교정, 인식을 통해서 부유했던 외상적 기억은 주인을 되찾게 되었으며, 주체의 인식과 더불어 자신의 역사를 되찾은 육화된 죽은 딸 빌러비드는 124번지에서 홀연히 사라진다.

과거에 대한 회상이 말해 주는 역사란 ⋯ 문자 그대로 장소를 *지니지 못한* 역사다. 과거에 벌어진 그 사건이 완전하게 체험되지 않은 과거에도, 그 사건의 세세한 이미지나 재연이 완전히 이해되지 않는 현재에도 그 과거 사건에 대한 장소는 존재하지 않는다. 따라서 끊임없이 나타나는 과거의 이미지와 망각 속에서, 외상적 경험은 발생했던 사건의 불가해성으로 구성된 한 역사에 대한 풀기 어려운 진실을 일깨우는 듯하다.[74]

커루스가 지적하듯이 외상적 과거의 침투와 망각의 순환 고리가 계속되는 한 그 과거에 대한 역사적 인식과 접근은 요원하다. 주체가 자신의 과거를 이해하지 않는 한 외상적 경험은 그 자체의 역사성을 상실한 채로 부유하기 때문이다. 124번지 내부에서 세써와 죽은 딸 간에 벌어지는 과거의 침투와 부인, 124번지와 흑인 공동체의 관계에서 나타나는 정체된 과거와 그 과거를 수용하지 못하는 현재의 긴장관계는 과거에 대한 부정과 과거 자체의 불가해성으로 인해 개인과 공동체에 의해서 인식되지 않은 채로 부유하는 언캐니한 역사다. 따라서 세써의 유아살해라는 과거의 외상적 기억이 현재의 개인과 공동체의 삶에 끊임없이 침범하는 것은 언캐니를 만들어낸 캐니를 찾아가는 과정이며, 이것은 단순한 정신분석학적 접근을 넘어서 노예제라는 흑인의 삶과 정체성에서 분리될 수 없는 경험에 주인을 찾아주고 더 나아가 잃어버린 역사성과 역사적 인식을 회복하는 작업이다.

---

74 Caruth, "Introduction," p.153. 이탤릭 강조는 원문 강조.

참고문헌

박순정. 2012. 「토니 모리슨의 『빌러비드』에 나타난 탈식민적 정체성 추구」. ≪현대영어영
  문학≫, 56권 4호, 87~106쪽.

전진성. 2009. 「도시, 트라우마, 숭고: 공간의 문화사 연구를 위한 방법론의 모색」. ≪역사학
  보≫, 204권, 315~356쪽.

최재구. 2000. 「『빌러비드』: 기억과 망각의 딜레마」. ≪비교문화연구≫, 4권, 167~193쪽.

Caruth, C. 1995. "Introduction." in Cathy Caruth(ed.). *Trauma: Explorations in
  Memory*. Baltimore: The Johns Hopkins UP.

_____. 1996. *Unclaimed Experience*. Maryland: The Johns Hopkins UP.

Freud, S. 1920. "Beyond the Pleasure Principle." in James Strachey(ed.)(trans.). *The
  Standard Edition of the Complete Psychological Works of Sigmund Freud*, Vol.18.
  London: The Hogarth Press and the Institute of Psycho-Analysis.

_____. 1919. "The Uncanny." in James Strachey(ed.)(trans.). *The Standard Edition of
  the Complete Psychological Works of Sigmund Freud*, Vol.17. London: The
  Hogarth Press and the Institute of Psycho-Analysis.

Gordon, Avery F. 2008. *Ghostly Matters: Haunting and the Psychological Imagination*.
  Minneapolis: U of Minnesota P.

Henderson, Mae G. 1991. "Toni Morrison's *Beloved*: Re-Membering the Body as
  Historical Text." in Hortense J. Spillers(ed.). *Comparative American Identities:
  Race, Sex, and Nationality in the Modern Text*. New York: Routledge.

House, Elizabeth B. 1990. "Toni Morrison's Ghost: The Beloved Who is not Beloved."
  Studies in American Fiction, Vol.18, No.1, pp.17~26.

Morrison, T. 1987. *Beloved*. New York: A Plume Book.

_____. 1988. "In the Realm of Responsibility: A Conversation with Toni Morrison." by
  Marsha Darling. *The Women's Review of Books*, Vol.5, No.6, pp.5~6.

_____. 1995. "The Site of Memory." in William Zinsser(ed.). *Inventing the Truth: the
  Art and Craft of Memoir*(2nd ed.). Boston: Houghton Mifflin.

Ng, Andrew Hock S. 2011. "Toni Morrison's *Beloved*: Space, Architecture, Trauma." *@symploke*, Vol.19, No.1-2, pp.231~245.

Rodi-Risberg, M. 2010. *Writing Trauma, Writing Time and Space: Jane Smiley's A Thousand Acres and the Lear Group of Father-Daughter Incest Narratives*. Vaasa, Finland: U of Vaasa.

Rushdy, Ashraf H. A. 1990. "'Rememory': Primal Scenes and Constructions in Toni Morrison's Novels." *Contemporary Literature*, Vol.31, No.3, pp.300~323.

Savoy, E. 2009. "The Face of the Tenant: A Theory of American Gothic." in Robert K. Martin and Eric Savoy(eds.). *American Gothic: New Interventions in a National Narrative*. Iowa: U of Iowa P.

Vidler, A. 1992. *The Architectural Uncanny: Essays in the Modern Unhomely*. Cambridge, Mass: the MIT P.

제9장

정상성의 폭력과 감정의 재현

불온한 존재들을 위한 잔혹 동화 〈사이코지만 괜찮아〉

김혜윤

1. 어른들을 위한 잔혹 동화 〈사이코지만 괜찮아〉

 과잉되게 결핍되었다는 말은 문법상 맞는 문장일까? 언뜻 듣기에도 모순적인 표현이다. 과잉이란 넘치고 여유로워 많이 남음을 뜻하고 결핍이란 있어야 할 것이 없거나 모자람을 의미하기 때문이다. 하지만 드라마 〈사이코지만 괜찮아〉에는 과잉하게 결핍되었다는 이 모순적인 표현을 납득하게 하는 불안정하고 불온한 인물들이 무더기로 등장한다. 발달장애 3급의 고기능 자폐(high-functioning autism: HFA), 반사회적 인격 성향, 기질성 치매, 외상 후 스트레스 장애(post traumatic stress disorder: PTSD), 우울증, 알코올 의존증, 경계성 인격 장애, 해리성 인격 장애, 정신병적 우울증과 같은 병증을 지닌 이 인물들은 드라마 속에서 사회적으로도 감정적으로도 외부로부터 소외되어 좁디좁은 자신들만의 세계 안에서 살아가는 것처럼 보인다. 한편, 이렇게 병명으로 진단되지 않더라도 자신의 감정을 억누르고 외면한 채 자기를 기만하며 살아가는 인물도 등장한다. 자폐스펙트럼장애인 형을 보호하는 동생으로서의 삶만을 사는 정신병동 보호사 동생, 아동학대와 그로 인한 트라우마로 인해 반사회적 인격 장애를 갖고 사는 동화 작가, 정신증 질환자들의 공동체인 '괜찮은병원'이 하나의 사회를 이루는 〈사이코지만 괜찮아〉 속 세상은 슬픔과 우울이라는 감정 형태가 지배적인 '감정의 구조'를 형성하고 있다. 〈사이코지만 괜찮아〉의 시나리오를 쓴 조용 작가의 말에 따르면 드라마 제목의 '사이코'는 "사이코패스의 사이코가 아니라 정신적으로 크고 작은 아픔이 있고 남들과 좀 '다르고 특이하다'라는 이유로 외면받는 이들을 일컫는 단어"다.[1] 드라마의 주인공 문상태(오정세 분), 문강태(김수현 분) 형제와 고문영(서예지 분)은 지극히 비좁고 빈약한 세상 속에서 살아온 인물들이다. 〈사이코지만 괜찮아〉에서는 이들이 서로에게서 자신이 결여하고 있는 부분을 발견하고, 결핍된 부분을 채워 가며 서로를 인정하면서도 포용하는 모습을 그린다. 세 사람은 나아가 '괜찮은병원'의 환자들과 이웃들과도 기존의 가족이라는 정의를 넘어서는 새로운 모습의 가족 관계를 형성해 나간다.

병리적 증상이 있는 인물들을 드라마의 전면에 내세우지만 〈사이코지만 괜찮아〉는 정작 병든 것은 정상성의 이데올로기를 앞세워 이들을 배제하고 혐오하는 자들이라고 고발한다. 이 장은 〈사이코지만 괜찮아〉를 정상성의 폭력과 감정의 재현 측면에서 살펴본다. 드라마는 이른바 정상성 바깥의 존재들을 어떻게 재현하고 있는가. 또한 이들에 대한 사회의 혐오와 차별 그리고 폭력적 시선을 어떻게 반영하고 재현하며 비판하는가에 관한 관심이 이 장의 시작점이다. 또한 〈사이코지만 괜찮아〉의 인물들이 직조해내는 세계의 정조를 감정의 여러 차원 중 슬픔과 우울로 이해하면서 주요 인물들에 대한 인물 분석을 시도한다.

---

1 조용 작가 인터뷰를 참조하라. https://www.hankyung.com

2. 정상성의 반영과 굴절 사이: 정상성의 폭력

이 드라마의 주인공인 문상태가 지닌 자폐증(sutism)의 경우 영화 〈레인맨〉을 시작으로 영화나 드라마 등의 대중문화 장르에 자폐증과 자폐인이 소재로 본격 등장하면서 자폐에 대한 대중의 관심과 이해가 늘어난 반면, 이들에 대한 잘못된 인식과 편견 그리고 오해 또한 늘어났다. 1990년대에 들어서면서 영국의 정신과 의사인 로나 윙(Lorna Wing)이 혁신적으로 제안한 '스펙트럼'이라는 개념이 정설로 자리 잡았지만 자폐와 자폐인에 대해 "인간의 정신이 무수한 측면을 갖고 있으며, 각각의 측면이 모두 스펙트럼상에 존재한다는 인식"이 자리하기 시작한 것은 얼마 되지 않은 일이다.[2] 자폐증[3]은 1943년 미국의 소아정신과 전문의인 레오 카너(Leo Kanner)에 의해 처음 '발견'되었다. 카너는 사소한 행동이나 같은 말을 계속 반복하거나 자기 주변의 매우 작은 변화에도 민감하게 반응하며 심지어 공포를 느끼는 등 독특한 상태를 보이는 11명의 아이들을 진료하면서 이 아이들이 그동안의 임상 보고에서는 찾아볼 수 없었던 케이스라고 주장했다. 자폐증의 원인에 대한 논쟁의 역사는 매우 지난한데, 1950년대에는 아이가 자폐증에 걸리는 이유가 어머니와의 정서적 교류가 부족한 탓이라는 지그문트 프로이트(Sigmund Freud)의 영향이 지대했다. 따라서 중증 자폐증 아동의 경우 아이를 시설에

---

2 존 돈반·캐런 저커, 『자폐의 거의 모든 역사』, 강병철 옮김(서울: 꿈꿀자유, 2021), 10쪽.

3 자폐증의 영문명 'autism'은 '자기'(self)를 뜻하는 그리스어 'autos'와 '-ism'의 합성어다. 카너의 관찰 대상이 되었던 11명의 아이들이 공통적으로 타인과의 소통에 무관심하고 자신의 세계에 몰입해 있는 것처럼 보인다는 맥락에서 만들어진 단어다. 그러나 소아정신과 천근아 교수가 지적하듯이 'autism'에는 '폐쇄'의 의미가 포함되어 있지 않음에도 이 단어가 일본을 통해 한국에 전해지는 과정에서 '자폐(自閉)'로 번역되면서 이들이 사회로부터 스스로를 단절시킨다는 이미지를 주고 있다. 천근아 교수 인터뷰를 참조하라. https://health. chosun.com

수용시키고 '냉장고처럼 차가운' 어머니는 정신분석을 받게 하는 것이 당연한 처방이었다. 하지만 1960년대에 들어서면서 자폐증은 잘못된 양육 때문이 아니라 "유전학 및 신경학적 근거를 지닌 선천적 상태"라는 버나드 림랜드(Bernard Rimland)의 주장이 힘을 얻기 시작한다.[4] 자폐아를 둔 아버지이기도 했던 그는 자신의 저서인 『유아자폐증 증후군 및 신경아동이론에서 갖는 의미(Infantile Autism: The Syndrome and Its Implication for a Neural Theory of Behavior)』의 대중적인 인기에 힘입어 전미 자폐어린이협회(Naaional Societ for Autistic Children: NSAC)를 창립하고 발달장애아를 포함한 모든 어린이가 교육의 기회를 가질 수 있도록 기반을 마련하고자 했다. 시간이 흐르면서 부모, 특히 어머니의 잘못된 양육이 자폐증을 유발한다는 고정관념은 점차 사라지게 되었고 부모의 아이에 대한 죄책감과 지나친 책임감, 부모에 대한 사회의 편견 어린 시선도 차츰 사그라지기 시작한다.

카너의 자폐 연구는 세상이 자폐증이라는 현상을 인지하게 한 선지적인 것이었으나 그것 역시 자폐증의 일부에 불과한 것이었다. 1970년대 후반에 이르러 영국 정신과의 윙은 자폐증에 대한 기존의 진단적 개념, 즉 절대적이고 일률적인 기준으로 자폐증을 측정하는 방식과 결별하고자 했다. 윙은 "세 가지 핵심 증상(triad of impairment)"[5]이라는 개념 틀을 제안하고 융통성과 가변성을 가장 중시하는 자폐 진단 방식을 제안한다. 1988년에 들어 윙은 비로소 '스펙트럼'이라는 용어를 공식적으로 사용한다. 자폐는 제각기 그 성향이 다르고 특성 또한 다르지만 다름의 기준을 명확히 규정하기 어려운데다 거의 무한대에 가까울 정도로 다양한 증상과 양상을 나타낸다는

---

4   스티브 실버만, 『뉴로트라이브』, 강병철 옮김(서울: 알마, 2018), 341쪽.
5   세 가지 핵심 증상은 사회적 기술의 장애, 비음성언어를 포함한 언어적 소통의 장애, 마지막으로 윙 자신이 '사회적 상상력'이라고 부르는 상상력을 발휘하지 못하는 것을 의미한다. 윙이 이 세 가지 증상을 제시하면서 가장 중시한 것은 융통성과 가변성이라는 개념이었다. 돈반·저커, 『자폐의 거의 모든 역사』, 439쪽.

것이 윙의 주장이었다. "당신이 자폐증을 가진 한 사람을 만났다면 자폐증을 가진 한 사람을 만난 것이다"라는 스티븐 쇼어(Stephen Shore)의 말은 자폐증의 본질을 명징하게 드러내는 표현이다.[6] 자폐스펙트럼장애라는 진단명은 2013년 5월에야 비로소 정식 채택되어 ≪정신질환 진단 및 통계 매뉴얼 제5판(The Diagnostic and Statistical Manual of Mental Disorders, Fifth Edition: DSM-5)≫에 게재되었다. 『자폐의 거의 모든 역사(In a Different Key: The Story of Autism)』를 지은 존 돈반(John Donvan)과 캐런 저커(Caren Zucker)는 현재 폭넓게 받아들여지고 있는 자폐스펙트럼장애라는 진단명 역시 언제라도 그 지위를 상실하고 다른 진단명 혹은 진단 방법을 대체될 수 있다고 이야기한다. "자폐증을 겪는다는 것, 자폐인이라는 것은 인류라는 옷감에 존재하는 또 하나의 주름일 뿐"[7]이고, 윙이 만든 격언처럼 "자연이 긋는 선은 항상 주변으로"[8] 번지게 마련이기 때문이다.

상태와 강태 형제가 그들만의 깊고 좁은 세상에서 이따금씩 빠져나와 '정상성의 세상' 속으로 들어갈 때마다 사람들은 그들을 혐오하거나 비난하며 거리를 유지하면서도 한편으로는 형제로부터 '비정상'의 모습들을 발견하려 집요하게 응시한다. 〈사이코지만 괜찮아〉[9]의 첫 화 '악몽을 먹고 자란 소년'

---

6 자신 역시도 자폐인인 쇼어는 자폐 자녀를 둔 부모와 자폐 관련 전문가를 상담하는 한편 교육자로서 대학에서 특수교육을 강의하고 있다. 한때 미국자폐협회(Autism Society of America)와 뉴잉글랜드아스퍼거협회(Asperger's Association of New England)의 이사를 맡기도 했던 쇼어의 이 말은 자폐가 지닌 굉장한 다양성을 강조하는 말로서 자주 언급되곤 한다. 자세한 내용은 다음을 참조하라. https://www.limeconnect.com
7 돈반·저커, 『자폐의 거의 모든 역사』, 741쪽.
8 같은 책, 439쪽.
9 이 장에서 직접 인용하는 드라마 속 대사와 지문들은 작품 내용의 정확한 전달을 위해 『사이코지만 괜찮아 I』과 『사이코지만 괜찮아 II』에 기재된 것을 따랐다. 그 외에 글 속에 삽입한 드라마의 장면들은 〈사이코지만 괜찮아〉의 VOD를 제공하는 OTT 플랫폼(Tving)의 영상 재생 화면을 필자가 직접 캡처한 것이다.

에는 상태가 다운직업학교에서 발작을 일으키자 선생이 이를 비난하는 모습이 그려진다.

타인이 자신의 뒷머리를 만지는 것을 극도로 경계하고 싫어하는 상태는 직업학교 동료가 상태에게 안전모를 씌워주려다 뒷머리를 만지자 발작 증세를 보이기 시작한다. 게다가 주변의 기계 소음은 상태의 심리 상태를 더욱 불안하게 만든다. 이런 사정을 알 리 없는 직업학교 선생은 장애인 한 명 때문에 비장애인 모두가 불편을 감수해야 하는 상황에 강한 불만을 표시한다. 그에게 모두가 좋은 해결방안은 상태를 장애인들을 위한 특수시설로 보내 비장애인들과 '분리'시키는 것이다. 강태는 이런 상황이 익숙한 듯 선생의 불만을 묵묵히 받아내고 상태의 짐을 챙겨 상태와 함께 학교를 떠난다.

지금으로부터 18년 전쯤 상태, 강태 형제의 어머니가 문영의 어머니인 도희재에 의해 살해당한 후 형은 장애아동센터에, 강태는 보육시설에 보내질 상황에 부딪치자 강태는 형을 데리고 무작정 도망친다. 극 중 당시 고작 열두 살이었던 강태는 스무 살이지만 자신을 보호해 줄 수 없고 오히려 강태가 보호자의 역할이 되어야 하는 형 상태와 고향인 성진시를 무작정 떠난 것이다. 생이별하느니 형과 함께 고생길에 오른 형제의 삶이 얼마나 고단했을지. 강태는 평범한 학창 시절을 보내거나 대학에 가는 것이 소원일 정도로 교육의 기회로부터 소외된 인물이다. 장애여성공감 활동가 나영정이 예리하게 지적하듯이 강태는 "시설화의 핵심인 존재에 대한 통제와 미래 박탈의 문제"[10]를 그대로 보여주는 인물인 것이다. 교육 기회의 박탈, 정신적 건강의 손상, 안정성이 보장되지 않는 노동과 빈곤의 굴레는 강태를 옭아매는 또 다른 현실적 속박이다.

다름에 대한 몰이해와 편견이 마음을 병들게 만든 또 다른 인물의 이야기

---

10 나영정·김순남·김호수 외, 『시설사회』, 장애여성공감 엮음(서울: 와온, 2020), 29쪽.

를 해보기로 한다. 권기도(곽동연 분)는 '괜찮은병원'의 유명 인사이자 조증 환자다.[11] 성진시 유력 정치인인 권만수의 아들인 기도는 유일하게 못난 자식으로 온갖 사고란 사고는 다 치고 다니다 못해 이제 정신병원에 드나들어 가족에게는 유일한 오점이 되어버렸다. 조증 증세로 탈원한 기도는 우연히 고문영의 차를 얻어 타게 되고 두 사람은 함께 마을의 중심가까지 내달린다. 그곳에서 자신의 아버지가 선거 유세 활동 중인 것을 본 기도는 모여든 사람들에게 권만수 의원은 차별주의자라며 그를 뽑지 말라고 외친다. 가족의 수치로 여겨져 사람들 앞에 떳떳하게 자신을 내보인 적 없었을 기도는 유세장 무대에 난입해 마이크를 잡고 고해와도 같은 긴 연설을 시작한다.

기도는 자신이 다른 가족들과 다르게 태어났다는 이유만으로 폭력과 차별을 받아왔다고 고백한다. 평소 성진시의 지역 발전을 막고 있다는 이유로 정신병원을 몰아내겠다는 공약을 내세웠던 권만수는 기도가 탈원해 자신의 선거 유세를 방해하자 '괜찮은병원'으로 찾아와 크게 분노한다. 똑똑하고 뛰어난 다른 자식들보다 뒤떨어지는 기도가 가족들 사이에서조차 소외되어 결국 마음의 병을 얻자 그런 기도를 이해하고 보듬기보다 정신병원이라는 시설에 가둬 세상으로부터 지워버린 권만수는 탈원한 기도를 또 다른 시설로 옮기면 그만이라는 식이다. 권만수의 이러한 인식과 태도는 시설화를 유지하게 하는 핵심 담론인 "차별과 지배의 메커니즘"[12]을 그대로 드러낸다.

정상성 바깥에 존재하는 이들을 정상성의 경계 바깥, 시설의 경계 안으로 배제시키려는 이 장면들을 보며 장애인 특수시설 설립을 둘러싸고 우리 사

---

11 국립나주병원에 따르면 우리가 일반적으로 조울증이라고 부르는 증상의 정확한 병명은 '양극성 정동장애'다. 기분이 좋은 조증 상태와 가라앉은 우울 상태의 극단 사이에서 변화하는 증상의 특징 때문에 조울증이라고 부른다. "극단적인 에너지의 충만, 기분의 고조와 깊은 고통과 절망의 양극단을 경험"하는 것이 대체적인 양극성 정동장애 환자들의 공통된 증상이다. 국립나주병원 홈페이지를 참조하라. http://www.najumh.go.kr
12 나영정·김순남·김호수 외, 『시설사회』, 29쪽.

회의 차별과 혐오, 계급과 자본의 문제를 조명하는 영화 〈학교 가는 길〉의 장면들이 자연스레 떠오른다. 서울특별시 강서구에 2020년 3월 개교한 서진학교 설립 과정을 담아낸 김정인 감독은 지역주민의 거센 반대에 어쩔 수 없이 무릎까지 꿇고 호소하는 발달장애인 학부모들의 모습부터, 상대적으로 뒤처진 지역 발전에 불만을 느껴 왔던 지역민들의 입장을 균형 있게 담아낸다. 영화는 2020년 현재 전국 182개 특수학교가 모두 과포화 상태이며, 재학생의 절반에 가까운 46%의 학생들이 왕복 1시간에서 최대 4시간까지 소요되는 통학시간을 길에서 소요해야 하는 현실을 보여준다.

장애 학생들이 성인이 되어 학교를 졸업한 후에도 문제는 여전히 남아 있다. 〈학교 가는 길〉의 주요 등장인물 중 한 명인 전국장애인부모연대 서울지부 부대표 이은자는 고등학교를 졸업하는 딸 지현이를 보면서 마냥 기쁘지만은 않다. 우리 사회가 '다르고 느린 존재들'을 있는 그대로 받아들일 준비가 되었을지에 대한 답을 얻지 못했기 때문이다. 서진학교 설립과 개교를 위해 힘써 왔던 영화 속 학부모들의 자녀들은 대부분 성인이 되었기 때문에 특수학교 입학이라는 '특혜'를 누리지 못하는 경우가 대부분이다. 그럼에도 불구하고 이들이 여전히 목소리를 내는 이유는 자신들과 같이 발달장애 아동을 둔 젊은 세대 엄마들과 연대하기 위함이다.

유엔장애인권리협약은 장애를 "점진적으로 변화하는 개념이며, 손상을 지닌 사람과 그들이 다른 사람과 동등하게 완전하고 효과적으로 사회에 참여하는 것을 저해하는 태도 및 환경적인 장벽 간의 상호작용으로부터 기인"[13]하는 것으로 인정해야 한다고 명시한다. 〈학교 가는 길〉이 조명하는 또 다른 발달장애인의 어머니이자 전국장애인부모연대 서울지부 대표인 김남연은 서진학교 설립과 중랑구 동진학교, 서초구 나래학교 설립을 위해

---

13 "장애인권리협약 공식 번역문"을 참조하라. http://hrlibrary.umn.edu

긴 시간 투쟁해 왔음에도 "사실 특수학교는 존재하면 안 되는 학교"라고 말한다. 장애학생과 비장애학생을 구분 짓는 현실 자체가 근본적으로 우리 사회의 통합에 방해가 되는 발상이기 때문이다. 이은자가 발달장애 자녀 어머니들에게 "일반 아이들에게는 내 자식이 생애 처음 마주한 장애인일 수 있고, 일반 학부모에게는 우리가 난생처음 만나는 장애인 학부모일 수 있다. 어머니들의 역할이 중요하다"라고 조언하는 장면은 "의존과 돌봄을 주고받으며 그것들을 주체적으로 만들어가는 것"[14]이 가능해질 때 우리 사회는 장애와 비장애의 경계를 허물 수 있게 되고 비로소 지역사회 내에서 공존할 수 있다는 뜻일 테다.

3. 강태의 슬픔과 우울

데카르트 이래 수 세기에 걸쳐 철학자들과 정신분석학자들은 인간의 감정에 대해 알고자 했다. 여러 논쟁이 있었지만 인간이 느끼는 수많은 감정 중에서도 "특별한 지위를 갖는 기본 감정"이 있다는 사실에는 대부분 동의한다.[15] 동시대의 대표적인 정신분석학자 로버트 플루치크(Robert Plutchik)는 인간의 기본 감정을 여덟 가지, 즉 기쁨(joy)과 슬픔(sorrow), 분노(anger)와 공포(fear), 수용(acceptance)과 혐오(disgust), 그리고 놀람(surprise)과 기대(expectancy)로 구분했다.[16] 또한 미국의 정신의학자 폴 에크먼(Paul Ekman)은 「기본 감정

---

14 이은지, 「통제적 돌봄을 넘어, 지역사회 안에서 '함께' 살아가기」, 〈2017 IL과 젠더 포럼〉. https://wde.or.kr

15 이러한 감정들을 '기본적(basic)'·'원초적(primary)' 혹은 '근본적(fundamental)' 감정이라고 부른다. A. Ortony and T. J. Turner, "What's Basic About Basic Emotions," *Psychological Review*, Vol.97, No.3(1990), pp.344~350.

16 R. Plutchik, "The Nature of Emotions: Human emotions have deep evolutionary roots, a

에 대한 논쟁(An Argument for Basic Emotions)」에서 인간의 기본 감정을 분노(anger), 두려움(fear), 슬픔(sadness), 기쁨(enjoyment), 혐오(disgust) 그리고 놀람(surprise)의 여섯 가지로 분류했다.[17] 이를 통해 알 수 있듯이 대부분의 감정분류 방식에서 슬픔과 우울함은 인간의 기본적인 감정의 하나로 나타난다.

슬픔과 우울에 대해 말하려면 우리는 프로이트를 경유하지 않을 수 없다. 프로이트는 "슬픔은 보통 사랑하는 사람의 상실, 혹은 사랑하는 사람의 자리에 대신 들어선 어떤 추상적인 것, 즉 조국, 자유, 어떤 이상(理想) 등의 상실에 대한 반응"[18]이라고 설명했다. 슬픔과 병증으로서의 우울은 많은 부분에서 그 증상이 겹친다. 그러나 슬픔과 우울의 원인은 사랑하는 대상의 상실임이 분명하지만, 우울은 "상실한 것이 무엇인지 분명히 알 수 없는 경우"[19]가 많다. 또한 "자애심의 추락"[20]과 "자아의 빈곤"[21]을 경험한다는 점에서 차이가 있다. "슬픔의 경우는 빈곤해지고 공허해지는 것이 세상이지만, 우울증의 경우는 바로 자아가 빈곤해지는 것"[22]이라는 프로이트의 표현은 참으로 적절하다.

필자가 강태라는 인물의 감정에 주목하게 된 이유는 그가 그동안 매체에서 그려졌던 장애인 가족 서사 속 비장애인 형제와는 달리 감정과 욕구를 드러내는 인물이었기 때문이다.[23] 강태는 우울과 무기력, 자포자기와 자기

---

fact that may explain their complexity and provide tools for clinical practice," *American Scientist*, Vol.89, No.4(2001), pp.344~350.

17 P. Ekman, "An Argument for Basic Emotions," *Cognition and Emotion*, Vol.6, No.3/4 (1992), pp.169~200.

18 지그문트 프로이트, 「슬픔과 우울증」, 윤희기 옮김, 『무의식에 관하여』(서울: 열린책들, 1997), 248쪽.

19 같은 책, 251쪽.

20 같은 책, 249쪽.

21 같은 책, 252쪽.

22 같은 책, 252쪽.

혐오의 감정이 복잡하게 얽혀 있는 독특한 인물이다. 자기 자신을 상실했다는 사실을 알지 못하는 무력감 때문에 오는 우울이라는 감정은 강태에게 깊이 내재해 있다. 어린 시절, 태권도 학원에서 빨간 띠를 따고 기분 좋게 집으로 돌아온 어린 강태를 기다리는 것은 친구들에게 폭력과 괴롭힘을 당한 형 상태를 지키지 않았다는 엄마의 꾸중이었다. 빨간 띠는 아마도 어린 강태가 얻은, 그리고 성인이 된 이후에도 그에게 몇 안 되는 빈곤한 성취였을 것이다. 하지만 엄마가 강태를 태권도 학원에 보낸 이유는 강태를 위해서가 아니라 동생으로서 아픈 형을 보호해야 하기 때문이다.

자신은 형을 위해서만 살아가는 존재가 아니라 '문강태 나 자신'이라고 울며 호소하는 어린 강태는 소중한 빨간 띠도 내팽개치고 집을 뛰쳐나가 얼음이 꽁꽁 언 호수까지 무작정 달린다. 어린 시절에 "형이 죽어버렸으면 좋겠어"라고 외쳤던 강태는, 하지만 그런 일은 불가능하고 윤리적으로도 일어나서는 안 된다는 사실을 잘 알고 있다. 다만 먼발치에서 형제의 사고를 지켜보고 있던 어린 문영이 물에 빠진 강태에게 던져준 스티로폼 조각을 붙들고 살아난 이후 강태의 삶은 차라리 그때 죽는 게 나았다고 생각할 정도로 비참하다.

어머니가 '장애 형제'인 상태에게 온통 매달리는 사이 '비장애인 형제'인 강태는 어머니로부터 오로지 형을 위해서만 존재하는 사람으로 살기를 강요받는다. 엄마는 "너는 죽을 때까지 형 옆에 있어야 돼. 엄마가 너 그러라고 낳았어"라고 말하며 강태를 따뜻하게 안아주지만 어린 강태는 형언하기 어려운 소외감과 고립감을 느꼈을 것이다. 형을 보호하는 일은 강태의 의지와는 상관없이 주어진 것이고 그러는 사이 강태의 자아는 점차 상실되어 가

---

23 박혜연은 비장애인 가족으로서 〈사이코지만 괜찮아〉를 미디어 속 비장애인 형제에 주목한 드라마로 해석하면서 "장애인가정의 '불행 서사'를 돋보이게 만들어주는 소품 같은 역할"에서 벗어났다고 평가한다. https://www.beminor.com/

고 있다. 이러한 상실에서 오는 정체성의 혼란은 어린 강태 혼자 감당하기
어려운 것이었을 테다. 더욱이 엄마마저 불의의 사고로 죽고 여덟 살이나
많은 형을 책임져야 했던 강태는 형을 부양해야 한다는 사실 이외에도 엄청
난 심적 부담감을 느껴야 했을 것이다. 다른 선택지가 없었던 강태는 자신
내면의 많은 것들을 외면하며 스스로를 잃고 점차 무기력해질 뿐이다. 이런
강태에게 형과 함께 보통의 삶 ― 상태가 특수시설이 아니라 일반 직업학교에 다니는
일, 대형 쇼핑몰의 서점에 가는 일 ― 을 경험하고자 했다가 사람들의 편견과 호기
심 그리고 혐오의 대상이 되는 순간은 강태를 다시 한 번 깊은 좌절과 슬픔
의 나락으로 내던져지는 일이 아니었을까.

　강태는 스스로 '나'를 상실했지만 "형만 있으면 돼"라는 자기 최면과 같은
말을 반복하며 자신이 무엇을 잃었는지 알지 못하거나 잃었다는 사실을 애
써 인정하지 않고 가면을 쓴 채 살아간다. 그는 외부로부터의 자극이나 관
계 형성 요구를 외면할 뿐 아니라 내면의 욕구나 욕망도 배제한 채 자신은
오로지 형을 위해서만 존재하는 "강태는 상태 꺼"의 상태로 30년간 살아왔
다. 정신병동의 보호사로서 다른 이들을 보호하고 그들에게 필요한 존재로
살아가지만 정작 스스로를 돌보지 않는 강태는 말하자면 자기학대적인 성
향을 보인다고 할 수 있다. 이런 식의 자기혐오는 김연숙의 설명처럼 "자기
애적인 요소가 없고, 주체와 세계의 경계선이 소멸되고, 자기를 파괴하는
불안과 우울"[24]의 전형적인 모습이다. 애써 '0'의 상태를 유지하는 듯한 강태
의 감정 상태는 어느 날 강태의 인생에 불쑥 등장한 고문영의 꿰뚫어 보는
듯한 "위선자"라는 한마디에 요동치기 시작한다.

24　김미현·김연숙·이명호 외, 『감정의 지도 그리기』(서울: 소명출판, 2015), 198쪽.

4. '괜찮은병원' 사람들 그리고 '가족의 탄생'

'괜찮은병원'은 드라마 〈사이코지만 괜찮아〉 안에서 일종의 보호처로서 기능하는 장소다. 이 병원의 보호사로 일하는 강태의 경우 어머니로부터 오로지 형의 보호자이자 부양자로서 해야 할 역할만을 강요당한 채 어린 시절부터 성인이 된 지금까지 자신의 삶을 송두리째 상실했다. 반사회적 인격 성향의 동화 작가 문영 역시 유명 추리소설 작가인 어머니 도희재의 창작물이자 소유물로서만 존재하며, 어머니로부터 정서적으로 학대당한 과거를 지녔다는 점에서 이들은 아동학대와 폭력의 피해자들이기도 하다. '괜찮은 병원'의 환자들은 모두 각자의 정신증을 지닌 불온한 존재들이면서 한편으로는 강태와 상태 형제 그리고 드라마의 또 다른 중심인물인 문영의 좁디좁은 인간관계와 인간에 대한 이해를 확장시키는 인물들이다. 소위 정상가족의 형태를 상실한 이 인물들은 정상성의 범주 바깥에 존재하는 이들과 함께 새로운 형태의 가족을 탄생시킨다. 자신과 강태 사이에 끼어든 문영을 가족으로 받아들이지 않으려 했던 상태에게 "가족을 증명하는 건 호적이 아니라 사진이야"[25]라는 문영의 말을 정상가족이라는 이데올로기에 대한 도전으로 이해하는 것은 비약일까?

PTSD 환자인 간필옹은 휴가를 받아 병원 밖 외출을 나가더라도 멀리 가지 못하고 순환버스를 타고 동네를 맴돌다 병원으로 돌아오곤 한다. 그가 휴가를 받은 어느 날, 그는 여지없이 순환버스에 올랐고 우연히 상태를 만나게 된다. 두 사람은 상태가 '괜찮은병원'의 벽면에 작업하고 있는 벽화에 대해 이야기하면서 나비에 관한 대화를 나눈다. 나비에 대한 과거의 공포스러운 기억 때문에 나비가 날아드는 봄이면 거주지를 옮겨 다녀야 했던 상태

---

25   조용, 『사이코지만 괜찮아 II』(서울: 호우야, 2020), 244쪽.

에게 '괜찮은병원'의 오지왕 원장(김창완 분)은 병원 한쪽 벽면에 병원의 정원을 똑같이 옮겨 그려달라는 처방을 내렸다. 그러나 상태는 여전히 나비 트라우마에서 벗어나지 못한 채 나비가 날아드는 정원의 그림을 완성하지 못하고 있다. 나비가 두렵다고 말하는 상태에게 필옹은 과거 속에 갇혀 있으면 안 된다고 말하지만, 그는 사실 자신이 과거 베트남에서 전쟁을 경험한 후 트라우마에 갇혀 있는 인물이다. 일흔 살인 필옹은 세상 밖으로 발을 내딛지 못하고 병원에서 여생을 보내고 있다. 필옹은 상태에게 자신처럼 되지 말라고 말해 주는데, 그 순간 그들이 탄 버스가 공사 현장 근처를 지나면서 마치 총성과도 같은 굴착기 소리가 과거 전쟁터에서의 끔찍한 포화를 되살아나게 한다. 발작 증세를 보이는 필옹에게 상태는 나비 트라우마로 발작 증세를 보일 때마다 강태가 자신에게 그랬던 것처럼 자신의 윗옷을 벗어 덮어주며 필옹을 다독여준다. 병원으로 돌아온 상태는 자신이 아끼는 문영의 동화책인 『악몽을 먹고 자란 소년』을 필옹에게 빌려준다. '과거의 아픈 기억을 이겨내지 못하면 영원히 어린아이로 남게 된다'라는 동화의 메시지가 전달되기를 바라는 것이다. 누군가에게 도움이 되었다는 효용감에 한껏 고양된 상태는 필옹과 버스에서 있었던 일을 계기로 나비를 두려워하던 과거로부터 더는 도망치지 않기로 다짐한다. 그리고 과거에 엄마가 살해당하던 날 자신이 목격한 것을 처음으로 오지왕 원장과 강태 앞에서 고백한다. 간 필옹은 상태가 빌려준 동화책을 읽고 과거의 트라우마로부터 도망치지 않고 자신을 가둬 두었던 과거에서 벗어날 수 있는 문을 함께 찾아보기로 약속한다. 상태 역시 오지왕 원장의 나비 트라우마에 대한 처방이었던 나비가 날아드는 정원 그리기 또한 해낸다.

필옹이 상태로 하여금 나비 트라우마를 극복할 수 있도록 실마리를 제공하는 중요한 인물이라면, 해리성 정체감 장애[26] 환자인 유선해(주인영 분)는 강태가 자신의 유년 시절을 마주하게 하는 계기를 마련하는 인물이다. 〈사이코지만 괜찮아〉는 아동학대에 대한 고발을 담은 드라마이기도 하다. 유선해는 어린 시절 학대받은 충격으로 인해 여덟 살 어린이로 퇴행 증세를 보인다. 훈육을 핑계로 아동학대를 일삼던 어머니에 의해 신체적·정신적으로 상처를 입은 유선해는 자기방어 기제로 다른 인격을 만들어냈는데, 이 사실을 이해하지 못한 유선해의 부모는 아이를 동네 무당에게 수양딸로 보내버린다. 그러나 30년 가까이 딸의 고통을 외면하고 살아온 유선해의 아버지는 병든 모습으로 나타나 자신에게 간이식 수술을 해줄 것을 일방적으로 요구하며 '괜찮은병원'으로 갑자기 찾아온다. 어린 시절 자신에게 폭력을 행사한 엄마보다도 그런 상황에서 아이가 요청한 도움을 외면하고 방관한 아버지에게 더 큰 실망과 불신을 갖고 자란 유선해는 문강태 보호사 뒤에서나마 아버지에게 그동안 보이지 못했던 솔직한 속내를 털어놓는다. 여덟 살 꼬마의 모습으로 등장한 유선해를 문강태가 안아주는 장면은 아픈 형에게만 향해 있는 엄마의 사랑을 갈구했지만 사랑받지 못했던 자신의 유년 시절을 비로소 마주하고 안아주게 된 것으로 이해해도 무방할 것이다.

5. 진짜 진짜 얼굴을 찾아서

고문영이 쓴 『죽음의 그림자를 끌고 다니는 괴물』, 『좀비 아이』 그리고 『진짜 진짜 얼굴을 찾아서』는 드라마가 전하는 메시지를 분명하게 담은 장치로서 극 중에서 매우 중요한 역할을 한다. 고문영은 자신의 창작물로서 딸을 소유하고 세상으로부터 고립시키려 했던 엄마 도희재의 정서적 학대로부터 자신을 구원하고 세상과 소통하기 위한 도구로서 동화책들을 썼다. 그중에서도 극 중 고문영의 마지막 작품인 『진짜 진짜 얼굴을 찾아서』는 이

---

26 정체성 결여로 복수의 인격이 나타나는 정신질환.

야기 구성이나 상징 그리고 삽화에 있어서 상태의 성장 마지막으로 강태가 과거의 자신과 화해한다는 점에서 드라마 전체를 축약하고 있다. 타인의 표정에서 감정을 '읽는' 상태는 표정 이면의 감정을 이해하기 어렵다. 이런 형을 대하는 강태는 형에게는 언제나 웃는 모습만을 보이기 위해 가면을 쓰고 살아왔다. 어느 날 강태가 꿈꾸듯 행복한 표정으로 잠든 모습을 보고 상태는 비로소 행복이라는 타인의 감정을 이해하게 된다. 문영의 동화 삽화 작업 중 캐릭터들의 표정을 그리는 데 난색을 보였던 상태는 강태의 행복한 표정으로부터 감정까지 읽어내고 마침내 『진짜 진짜 얼굴을 찾아서』의 삽화를 완성해낸다.

동화 『진짜 진짜 얼굴을 찾아서』는 그림자마녀에게 자신의 얼굴을 빼앗긴 가면소년, 깡통공주, 박스아저씨 세 사람의 이야기를 담고 있다. 각각 자신의 내면을 잃은 강태, 타인과의 감정적 교류를 알지 못한 채 어른이 되어버린 문영, 자신만의 세상에 사는 상태를 상징하는 이 캐릭터들은 자신의 얼굴을 잃어버렸기 때문에 서로의 표정을 읽을 수 없고, 그래서 늘 오해하고 싸우기 일쑤다. 그들은 마녀로부터 빼앗긴 얼굴을 되찾고 행복해지기 위해 캠핑카를 타고 그림자마녀를 찾아 나선다.

『진짜 진짜 얼굴을 찾아서』는 '괜찮은병원'의 환자인 강은자(배해선 분)와 권기도에 대한 고문영 식 위로이기도 하다. 길을 떠난 가면소년과 깡통공주 그리고 박스아저씨는 꽁꽁 언 눈밭에서 웅크린 채 울고 있는 엄마 여우를 만난다. 가면소년이 엄마 여우에게 울고 있는 이유를 묻자 등에 업고 있던 아기 여우를 잃어버렸다고 말한다. 이에 가면소년이 가슴 아파하며 뜨거운 눈물을 흘리자 눈이 녹아내리면서 그 속에서 꽁꽁 얼어 있던 아기 여우를 찾게 된다. 이 에피소드는 불의의 사고로 갑작스레 딸을 잃고 심각한 우울 증세를 보이다가 환각과 망상까지 겪게 된 강은자의 비통함에 대한 공감과 이해의 이야기로 해석된다. 넉넉지 않은 살림에도 첫 월급으로 엄마를 위한 모피코트를 사 온 딸을 되레 꾸짖어 돌려보낸 강은자는 그 길로 교통사고로 숨진 딸의 죽음이 자신 탓이라고 여긴다. 강은자는 병원에서도 딸이 선물한 모피코트를 벗지 못하지만, 마침내 딸의 죽음을 받아들이고 마치 목줄처럼 강은자를 옥죄던 모피코트를 벗어낸다.

다시 길을 떠난 세 사람은 가시꽃밭에서 옷을 벗고 춤을 추고 있는 광대를 만난다. 깡통공주가 광대에게 왜 그렇게 춤을 추고 있는지 묻자 광대는 이렇게 해야 사람들이 자기를 봐줄 것 같아서라고 대답한다. 하지만 가시 때문에 고통스럽기만 할 뿐 누구도 자신에게 관심을 주지 않는다고 하소연하자 깡통공주는 기꺼이 가시꽃밭으로 뛰어들어 함께 미친 듯이 춤을 춘다. 달그락거리는 깡통 소리에 구경꾼들이 몰려들고 둘은 군중 앞에서 신나게 춤을 춘다. 이 이야기는 다르게 태어났다는 이유만으로 가족들에게조차 존재를 부정당하고 소외되었던 권기도가 마음껏 목소리를 낼 수 있도록 판을 벌인 고문영 식 처방이자 위로를 의미한다.

모험을 계속하는 세 사람 앞에 그들의 얼굴을 훔쳐 간 그림자마녀가 다시 나타나 가면소년과 깡통공주를 납치해 두더지 굴속에 가둬버린다. 굴의 입구가 좁아 그 안으로 들어갈 수 없었던 박스아저씨는 용기를 내 박스를 벗어버린다. 덕분에 굴속으로 들어갈 수 있게 된 박스아저씨는 가면소년과 깡통공주를 구해 낸다. 엉망이 된 박스 아저씨의 얼굴을 보고 웃어대던 가면소년의 가면이, 깡통공주의 깡통이 벗겨지고, 둘의 모습을 본 아저씨는 비로소 "행복하다"라고 말할 수 있게 된다. 세 사람은 그림자마녀가 빼앗아 간 것이 진짜 얼굴이 아니라 행복을 찾으려는 용기였음을 깨닫게 된다.

6. 극복하지 않아도 괜찮은 슬픔에 대해

극 중 현실에서도 상태, 강태 그리고 문영 세 사람은 캠핑카를 타고 여행을 떠난다. 한창 여행 중에 상태는 강태에게 여행도 즐겁지만, 그보다 자신은 동화책 만드는 일을 더 하고 싶다고 말한다. 다른 동화 작가가 자신의 그림을 필요로 한다는 상태는 이제 "필요한 사람"이기 때문이다. 평생 형에게 필요한 사람이 되어 살았던 강태는 상태의 독립 선언과 함께 비로소 "문강태는 문강태 꺼"라는 말을 형에게서 듣는다. 문영과 강태 그리고 캠핑카를 뒤로 한 채 출판사 직원과 함께 새로운 길을 떠나는 듯 보였던 상태는 언제 그랬냐는 듯 커피를 마시고 가자며 다시 캠핑카로 돌아온다. 관습적인 드라마의 엔딩을 기대했던 시청자들에게는 드라마의 또 다른 반전이었을 이 장면은 새로운 선택을 한 그들이 각자의 삶을 살아가기 시작하겠지만 여전히 일상의 한 부분을 나누는 새로운 가족으로 함께 할 것임을 의미하는 것으로 해석될 수 있겠다.

접점이 존재하지 않을 것만 같은 〈사이코지만 괜찮아〉 속 인물들은 우연한 사건들을 통해 서로의 상처를 비로소 바라보게 되거나 자신의 내면을 솔직하게 마주하게 된다. 이 드라마의 흥미로운 점은 이러한 관계의 확장을 통해 개인의 슬픔과 우울을 극복하고 정상성의 세계 안에서 행복하게 산다는 결말로 이어지지 않는다는 데 있다. 과잉되거나 결핍된 정서를 지닌 드라마 속 인물들은 이를 애써 극복하거나 지우려 하지 않는다. 그들은 자신의 슬픔과 우울 그리고 트라우마로부터 도망치거나 압도당하기보다 스스로의 감정과 내면을 솔직하게 마주하고 그것을 계기로 자신의 주변을 돌아보게 되기도 한다. 미국의 심리학자 조지 보나노(George A. Bonanno)는 "기억을 통해 상실의 슬픔에서 긍정적인 측면을 끄집어낼 줄 아는 사람들이 훨씬 더 변화된 삶에 잘 적응할 수 있다"[27]라고 조언한다. 이는 문영의 동화 『악몽을 먹고 자란 소년』이 말하는 바, 즉 "아프고 고통스러웠던 기억, 처절하게 후회했던 기억, 남을 상처주고 또 상처 받았던 기억, 버림받고 돌아섰던

---

27 클라우스 페터 지몬, 『감정을 읽는 시간』, 장혜경 옮김(서울: 어크로스, 2014), 244쪽.

기억. 그런 기억들을 가슴 한구석에 품고 살아가는 자만이 더 강해지고 뜨거워지고 더 유연해질 수가 있지. 행복은 바로 그런 자만이 쟁취하는거야" 와 궤를 같이 한다. 〈사이코지만 괜찮아〉는 트라우마와 슬픔을 완전히 극복하는 것은 가능하지 않으며, 다만 나약하고 취약한 인간들끼리의 연대 가능성을 약간 보여줄 뿐이라는 점에서 잔혹한 동화다. 이는 극중 문영이 동화에 대해 내리는 정의, 즉 '현실 세계의 잔혹성과 폭력성을 역설적으로 그린 잔인한 판타지'라는 표현으로 명확하게 드러난다.[28] 〈사이코지만 괜찮아〉는 슬픔을 애써 극복하거나 지우려 하지 않고 그것마저 오롯이 인정하고 감싸 안는 이들의 이야기로 막을 내리며 데리다 식의 명제, 즉 '애도의 불가능성'이 오히려 애도의 충실성을 보장한다는 역설을 보여준다. 〈사이코지만 괜찮아〉의 인물들은 각자의 현실과 삶을 좀 더 오래 응시하고 받아들이기 시작한다. 이들은 자신의 '진짜 진짜 얼굴을 찾아서' 떠나기 위한 여정을 비로소 시작한 것일 테다.

드라마나 영화 그리고 소설책 감상을 마친 후 일상으로 돌아간 뒤에도 문득 한 번씩 과연 그 주인공은 어떻게 살고 있을까를 걱정하고 생각하게 되는 경우가 있다. 상태와 강태 형제는 어떻게 지내고 있을까? "문상태, 만 35세, 84년생, 쥐띠, 보기보단 어리지만 애는 아냐"[29]라고 달달 외워 말하던 상태는 어엿한 동화 삽화 작가로 성장해 좁디좁은 관계의 문을 열고 새로운 세상으로 들어갔다. 문상태가 자신의 그림 재능을 선천적인 것이라고 말하거나, 극 후반에 이르면서 악의 상징인 도희재로부터 강태와 문영을 구해내는 등 극적인 각성을 맞이하지만 필자는 장애를 낭만화하거나 그로부터 유발된 인물들 사이의 갈등이 극 말미에 이르러 '어쨌든' 해소되었다고 안일하

---

28 "동화란… 현실 세계의 잔혹성과 폭력성을 역설적으로 그린… (강태와 시선 부딪히는) 잔인한 판타지예요." 조용, 『사이코지만 괜찮아 I』, 177쪽.

29 같은 책, 49쪽.

게 말하지 않으려 애썼다. 특히 상태가 겪고 있는 자폐스펙트럼은 드라마에서 상태라는 인물이 보여주는 특정 행동이나 말투만으로 일반화되지 않는 복잡성을 지닌 증상이어서 편견이나 오해를 심어줄 여지가 있기 때문이다. 무엇보다도 스스로 편견에 갇히지 않고자 노력했다. 관심이 눈을 밝게 한 탓인지 〈사이코지만 괜찮아〉를 곱씹어 보고 정상성의 폭력이라는 주제로 이 장을 쓰면서 발달장애에 관련한 소식들을 유난히 자주 접할 수 있었다. 2021년 12월에는 서울시에 세 번째로 '시끄러운 도서관'이 구로구에 개관했다. 발달장애인 특화 도서관인 이곳은 도서관은 조용해야 한다는 기존 관념을 깨고, 발달장애인은 물론 느린 학습자들도 마음껏 움직이고 소리를 내며 책을 읽을 수 있는 도서관이다.[30] 이 공간이 궁극적으로 지향하는 것은 '시끄러운 도서관'이 발달장애인들만을 위한 공간이 아니라 발달장애에 대한 이해가 없거나 부족한 비장애인들도 함께 도서관을 이용하며 발달장애에 대한 이해를 쌓아 가는 것이다. 이 드라마에 어떤 계몽적인 효과가 있어 정상성 바깥의 인물들에 대한 사회적 인식이 적극적으로 변화하기를 기대하는 것은 아니다. 다만 정상성 바깥의 이 존재들이 우리에게 질문을 던진다는 점은 확실하다. 우리의 세상은 과연 이 다양한 스펙트럼의 불온한 존재들을 받아들일 준비가 되었느냐고.

---

30 서울특별시가 2016년부터 추진한 사업으로 2021년 현재 마포, 은평에 이어 구로에 개관했다.

참고문헌

김정인. 2020. 〈학교 가는 길〉.

김미현·김연숙·이명호 외. 2015. 『감정의 지도 그리기』. 서울: 소명출판.

나영정·김순남·김호수 외. 2020. 『시설사회』. 장애여성공감 엮음. 서울: 와온.

돈반, 존·캐런 저커(John Donvan and Caren Zucker). 2021. 『자폐의 거의 모든 역사』. 강
    병철 옮김. 서울: 꿈꿀자유.

박신우. 2020. 〈사이코지만 괜찮아〉. tvN.

실버만, 스티븐(Steve Silberman). 2018. 『뉴로트라이브』. 강병철 옮김. 서울: 알마.

이은지. 2017. 「통제적 돌봄을 넘어, 지역사회 안에서 '함께' 살아가기」. 『탈시설: 통제적 돌
    봄이 아닌, 잘 의존하는 삶』. 2017 IL과 젠더 포럼(2017.10.18).

조용. 2020. 『사이코지만 괜찮아 I』. 서울: 호우야.

_____. 2020. 『사이코지만 괜찮아 II』. 서울: 호우야.

페터 지몬, 클라우스(Claus Peter Simon). 2014. 『감정을 읽는 시간』. 장혜경 옮김. 서울: 어
    크로스.

프로이트, 지그문트(Sigmund Freud). 1997. 『무의식에 관하여』. 윤희기 옮김. 서울: 열린
    책들.

국립나주병원. 2019. "양극성정동장애." http://www.najumh.go.kr/html/content.do?dept
    h=fc&menu_cd=02_02_00_02(검색일: 2021.11.16).

김소연. 2020. "[인터뷰+] 조용 작가 "'사이코지만 괜찮아'는 내 연애의 반성문 같은 드라마."
    https://www.hankyung.com/entertainment/article/202008219952H(검색일:
    2021.11.16).

박혜연. 2020. ""문강태는 문강태 꺼" 내가 '김수현'에 감정이입한 이유." https://www.
    beminor.com/news/articleView.html?idxno=15055(검색일: 2021.12.20).

이소연. 2021. "미소 없는 아기… 자폐스펙트럼장애 초기 신호일수도" https://health.chos
    un.com/site/data/html_dir/2021/09/10/2021091001650.html(검색일: 2021.11.30).

Ekman, P. 1992. "An Argument for Basic Emotions." *Cognition and Emotion*, Vol.6,
    No.3/4, pp.169~200.

Lime. 2018. "Leading Perspectives on Disability: a Q&A with Dr. Stephen Shore." https://www.limeconnect.com/opportunities_news/detail/leading-perspectives-on-disability-a-qa-with-dr-stephen-shore(검색일: 2022.2.7).

Ortony, A. and T. J. Turner. 1990. "What's Basic About Basic Emotions." *Psychological Review*, Vol.97, No.3, pp.344~350.

Plutchik, R. 2001. "The Nature of Emotions: Human emotions have deep evolutionary roots, a fact that may explain their complexity and provide tools for clinical practice." *American Scientist*, Vol.89, No.4, pp.344~350.

University of Minnesota Human Rights Library. "장애인권리협약 공식 번역문." http://hrlibrary.umn.edu/instree/K-disability-convention.html(검색일: 2021.11.20).

제**4**부

수치심

오늘날의 사회는 '정상'이라는 개념에 집착하고 있다. 다수에 의해 바람직하다고 규정된 정상 담론은 이로부터 벗어나는 행위를 비난하고, 이 틀의 바깥에 서 있는 소수자의 정체성을 부정한다. 소수자의 행위뿐 아니라 실존 자체를 '부적절'하고 '수치스러우며' '혐오' 해도 되는 것으로 치부한다. '혐오'는 사람뿐만 아니라 어떤 상황, 사건, 행동을 대상으로 싫어하고 물리치는 감정이다. 여기에는 좋음의 반대인 싫음으로는 설명할 수 없는 잔여들이 넘쳐난다. 더럽고 오염된 것으로부터 자기를 방어하려는 거부감과 억겨움, 다수가 정한 지배적 규범에서 이탈한 존재를 오염되었다고 상상하는 비합리성, 정상 담론 바깥을 지향하는 이들을 교정하고 순치하겠다는 비뚤어진 도덕적 정의감이 복합적으로 응축되어 있다. '수치심'은 모멸감과 자기혐오에 휩싸여 자기정체성을 부정하고 파괴한다. 하지만 수치심이 정상 담론과 거기에 매몰되어 있는 자아를 향할 때 더 나은 공동체와 자아를 구성하는 윤리적 감정이 될 수 있다. 4부에서는 '수치심'과 '혐오'의 감정을 윤리라는 문제와 연결해 살펴본다. 감염병의 확산과 접촉의 공포, 수치스러운 성적 관계에 대한 재인식, 사회적 약자들의 공감과 연대의 가능성, 전근대 사회 혐오 감정의 사회적 인식 같은 다양한 주제를 고찰함으로써 혐오가 중층적으로 작동하는 양상과 원리를 들여다본다. 또한 수치심이 새로운 윤리로 전환될 수 있는 조건들을 고찰한다.

제10장

혐오스러운 세상을 성찰하는 윤리적 수치심의 발명*

코로나-19 이후 발표된 한국 소설을 중심으로

이행미

1. 감염의 공포와 타자를 향한 혐오

2020년 코로나-19¹는 강력한 전염력으로 전 세계를 휩쓸면서 일상의 풍경을 근본적인 차원에서 변화시켰다. 그 핵심에는 감염 위협 요인을 최소화하기 위해 실시한 '사회적 거리두기'라는 방침이 있다. 타인과 만나는 방식이 비대면 상황으로 전환되면서 사회적 관계 형성 및 교류의 방법은 변화를 맞이하게 되었다. 사람 간 접촉을 최소화해 감염병의 확산을 막고자 하는 노력은 상대방을 배려하는 태도이자 시민의식의 기준을 보여주는 것으로 간주되었다. 하지만 이와 동시에 '나'를 제외한 모두가 자신의 삶과 생존을

---

*   이 글은 ≪한국근대문학연구≫, 44호(2021)에 실렸던 「코로나 이후의 소설과 혐오의 임계」의 내용을 일부 수정·보완한 것이다.

1   '코로나-19'는 세계보건기구(WHO)에서 정한 신종 코로나의 공식 명칭(COVID-19)을 좀 더 간편하게 부를 수 있도록 정부가 지정한 한글 명칭이다. 2019년에 발생한 코로나바이러스 질병이란 의미를 담고 있다. 이를 고려해 이 글에서도 '코로나-19'로 사용하려 한다.

위협할 수 있는 보균자일지도 모른다는 불안과 공포의 감정이 나타났다. 이처럼 거리두기를 통해 일상을 가까스로 유지하고 있다는 감각은 수많은 타인을 향한 감시의 시선과 일탈적 존재에게 언제든지 가해질 수 있는 비난과 적대의 목소리와 함께 구성되었다. 코로나-19 이후 우리는 실제 육체의 상호작용은 감소했을지언정 사회적 연결성은 강화된, 타인의 삶에 대한 의존과 통제에 대한 욕망이 과도할 정도로 팽창된 세계를 살아간다.[2]

그렇기에 코로나-19 창궐 이후 전 세계적으로 '혐오(disgust)'라 부를 수 있는 갈등과 사건이 그 이전보다 좀 더 극적인 양상으로 나타나고, 심지어 정당화되는 양상으로 전개된 것은 이례적인 현상이 아니다. 사람 간 접촉을 통해 감염되는 질병의 특성상, '안전'을 이유로 외부와의 '차단'과 '격리'가 강제되는 상황 속에서 타자를 향한 혐오와 차별의 감정은 더욱 증폭되었다.[3] 2020년 1~5월 한국 사회에서도 코로나-19 사태는 혐오 현상의 기폭제가 되었다. 집단감염 이슈에 따라 인종, 성 소수자, 지역, 종교라는 특정 범주를 향해 혐오의 화살이 이동하는 모습이 나타났다. 이들을 향한 혐오는 감염병 확산의 책임을 떠넘기고 차별과 혐오의 발언을 정당화하는 방식으로 발현되었다.[4] 거리두기 수칙을 제대로 따르지 못했다는 지탄에 그치지 않고, 그들의 정체성과 인격을 모욕하고 부정하는 목소리가 사회적으로 만연해졌다. 바이러스에 의한 감염병은 정확한 감염원을 특정하기 어렵다. 그런데도 집단감염 사건 이후 이들과 내집단이라는 이유만으로 혐오의 표적이 되는 이들이 생겨났다. 그들은 방역방침을 철저히 준수하더라도 사회적으로 감염률을 높여 일상의 안온함을 깨뜨리는 대상으로 낙인찍혔다.

이러한 양상은 코로나-19에 감염된 이들을 향한 사회적 시선이 동일하게

2   슬라보예 지젝, 『잃어버린 시간의 연대기』, 강우성 옮김(서울: 북하우스, 2021), 77~78쪽.
3   권창규, 「감염병 위기와 타자화된 존재들」, ≪현대문학의 연구≫, 72호(2020) 참조.
4   한국인사이트연구소, 「코로나19와 혐오의 팬데믹」(국가인권위원회 발간자료, 2020).

나타나지 않는다는 사실을 보여준다. 이는 코로나-19 발발 초기 확진자가 된, 특정 범주로 분류되지 않은 개인들의 이야기와도 다르다. 일부 기록을 살펴보면 이들은 고통과 아픔을 이해받기는커녕 사회적 낙인, 차별, 배제로 '죄인'이 된 것 같은 느낌을 받았다고 고백한다.[5] 여기서 주의를 끄는 것은 이들이 느끼는 주된 감정이 죄책감으로 나타난다는 사실이다. 이들을 가해 자로 지목하는 원인은 감염되었다는 사실 그 자체다. 물론 감염의 원인을 개인의 과실에서 찾거나 병에 걸려 고통받고 있는 환자를 비난하는 것은 옳지 않다. 하지만 이 경우와 특정 집단의 정체성을 공유하는 이들의 사정은 같지 않다. 감염도 되기 전에 이미 혐오 대상이 되는 것을 동일한 현상으로 보기는 어렵다. 더군다나 이들이 느끼거나 심지어 느껴야 한다고 강요받는 감정은 '수치심'이다. 수치심은 잘못된 행위에 따른 죄책감으로부터 촉발되기도 하지만, 그와 무관하게 타자의 시선이나 평가를 의식함으로써 생기기도 한다.[6] 수치심은 특정 행위와 관련해 생기는 죄책감과 달리 정체성과 매우 긴밀한 관계를 이루며 작동하는 감정이다. 코로나-19 발발 이전부터 소수자였던 이들은 자신의 정체성이 사회적으로 밝혀질 수도 있다는 생각에 질병의 고통을 공개적으로 나누기 어렵다. 감염 사실에 대한 지탄에 그치지 않고, 자신의 정체성이 부정당할 위기에 봉착하게 될지도 모른다는 두려움 때문이다. 이들은 지배적인 정상 담론 바깥에 있다는 이유만으로 사회적으

---

5 코로나-19에 감염되었던 이들의 경험에 대한 에세이는 세부적으로는 차이가 있지만, 개인의 인권이 보장되지 못하는 현실이 문제임을 지적한다는 점에서 공통적이다. 이들은 주변 사람들과 사회 전체가 자신을 잠정적 가해자, 죄인과 같이 대하고 있는 현실을 비판적으로 술회한다. 김지오, 『코로나에 걸려버렸다(불안과 혐오의 경계, 50일간의 기록)』(서울: 더난출판, 2020), 46쪽; 서창록, 『나는 감염되었다(UN 인권위원의 코로나 확진일기)』(파주: 문학동네, 2021), 76쪽.

6 죄책감은 수치심으로 이행되거나 중첩될 수 있지만, 그 역은 성립하지 않는다. 수치심이 좀 더 근본적 차원에서 자아를 구성하는 감정이다. 임홍빈, 『수치심과 죄책감』(서울: 바다출판사, 2020), 375쪽.

로 배제되고, 자신을 떳떳하지 못하거나 부끄러운 존재로 여기면서 스스로를 부정하고 억압한다.[7] 그렇게 이들은 '죄인'인 동시에 공동체 밖으로 축출되어야 할 '적'으로 만들어진다.

그렇다면 한국 사회에서 코로나-19로 혐오 대상이 된 대표적인 이들(집단)은 누구일까. 그들은 어떻게 혐오 대상이 되었고, 혐오의 작동 과정에 내재한 원리와 핵심 기제는 무엇일까. 이 글은 코로나-19 이후 발표된 한국 소설을 분석함으로써 이러한 물음에 응답하고자 한다. 과거부터 존재해 왔던 소수자들을 향한 차별과 배제를 다시 확인하는 것이 아니라, 코로나-19라는 팬데믹 상황에서 나타난 특정한 혐오 양상의 의미를 살펴볼 것이다.

혐오는 누군가를 싫어하고 미워하는 것을 넘어 역겨움이 동반된 감정으로, 혐오하는 대상을 수용할 수 없다는 거부감을 내포한다. 혐오스러운 대상은 "배설물, 시체, 썩은 고기와 같은 불쾌한 동물적 물질"[8]과 같은 속성을 지닌다. 역사 속에서 인간은 이러한 속성을 지닌 준동물 집단을 규정해 진정한 인간과 구분되는 존재로 멸시하고 배척했다. 예를 들어, "유대인, 여성, 동성애자, 불가촉천민, 하층 계급 사람들은 모두 육신의 오물로 더럽혀진 존재로 상상되었다".[9] 이처럼 혐오 대상은 사회문화적으로 축적된 담론, 권력관계 등과 맞물려 이른바 '정상적/이상적 인간'을 구성하기 위해서는 있어서는 안 될 '동물성(물질성)'을 부여받게 되고, 그에 따라 그의 실제 속성과는 무관한 '오염된 존재'로 상상된다. 이렇듯 혐오는 실제 위험이 아닌 자

---

7 마사 누스바움, 『혐오와 수치심』, 조계원 옮김(서울: 민음사, 2015), 319~320쪽; 379쪽.

8 같은 책, 139쪽. 원제인 *Hiding from Humanity: Disgust, Shame, and the Law*에서도 짐작할 수 있듯이 이 책에서 혐오는 주로 'disgust'의 의미로 쓰인다. 그 밖에 혐오는 'hate/hatred', 'phobia'라는 단어의 번역으로 쓰이기도 한다. 이 글은 차별과 증오와 구분되는 혐오의 본질에 '오염'과 오염물이 체내화된다는 '역겨움'이 자리한다는 누스바움의 견해를 참고해 논의를 전개한다.

9 같은 책, 201쪽.

신을 오염시킬지 모른다는 상상, 자신을 동물성이 없는 순수한 존재로 만들고자 하는 불가능한 열망이 수반된 비합리적인 감정이다.[10] 코로나 시대 한국 사회에 나타난 혐오 양상의 저변에도 이와 같이 타자를 정상적/이상적 인간과 변별되는 동등하지 못한 존재로 배제하는 태도가 자리한다.

코로나-19로 인해 생겨난 소외된 존재의 목소리를 담아내려는 문학적 대응은 여러 작가에 의해 발 빠르게 이루어졌다. 이러한 작가들의 현실에 대한 응답은 코로나-19의 경험을 가시화한다는 점만으로도 의미가 있다. 비가시화된 존재는 신비와 환상이 더해져 공포와 혐오를 더욱 증폭시키기 때문이다. 한편, 한국 문학을 중심으로 코로나-19 이후에 나타난 현실 문제를 살펴보려는 시도는 일련의 연구를 통해서도 이루어졌다. 코로나-19를 직접적으로 다룬 서사, 또는 재난의 현실을 사유할 수 있게끔 하는 코로나-19 이전에 등장한 재난 서사에 주목하는 연구들이 제출되었다. 한국 재난 서사 콘텐츠의 특성을 '재난 극복의 대안과 윤리 모색'에서 찾을 수 있다는 연구에서부터,[11] 개별 작품을 통해 사랑과 연대와 같은 대안적 정동의 의미를 살펴보는 논의들이 여기에 해당한다.[12] 특히, 이 글의 논의와 관련해서 본격적으로 코로나-19를 다룬 최근 소설의 의미를 조명하는 연구가 있어 주목을 요한다.[13] 그중에서 임지훈은 지금까지 한국 문학의 재난 서사가 파국을 극

---

10 같은 책, 36쪽; 191~192쪽.

11 장성규, 「파국과 종말의 상상력: 한국 재난 서사 콘텐츠를 중심으로」, ≪스토리&이미지텔링≫, 19호(2020).

12 김영삼, 「구원 없는 재난 서사와 혐오의 정서: 김애란의 「물속 골리앗」과 손홍규의 『서울』을 대상으로」, ≪현대소설연구≫, 78호(2020); 서세림, 「재난 서사와 사랑 담론: 2010년대 소설을 중심으로」, ≪사이≫, 29호(2020). 한편, 김양선은 재난 서사에 국한하지 않고 코로나-19로 인해 생겨난 위기를 돌파할 수 있는 문학적 응답을 여성문학에서 찾고 있다. 돌봄 노동과 윤리가 중요하게 다루어지는 현실 속에서 코로나-19 발발 이전에 쓰인 여성문학의 흐름 속에서 그와 같은 전망의 사유를 읽어내려는 시도다. 김양선, 「팬데믹 이후 사회에 대한 (여성)문학의 응답: 젠더, 노동, 네트워크」, ≪비교한국학≫, 29권 1호(2021).

복하기 위한 공동체적 대응을 다룬 경우가 많았다면, 코로나-19 이후의 소설은 극단적 파국보다는 일상의 문제를 다루며, 재난의 의미를 사회적 차원보다는 개인화된 상황 속에서 찾는다고 해석한다. 그러나 혐오에 주목하는 이 글은 이와는 다른 문제의식에서 출발한다. 이는 혐오 자체의 특성과도 관련이 있다. 혐오는 차별과 배제와 맞물려 사회적으로 만들어지는, 일상을 파국에 이르게 하는 감정이다. 개인의 성향이나 본능에 따른 지극히 사적인 감정처럼 보이지만 혐오를 표출하려면 이를 분출할 수 있는 사회적 기반과 분출이 가능한 양식이 미리 존재해야 한다.[14]

이와 같은 문제의식 아래 이 글은 2020년 초부터 봄까지의 시간을 배경으로 혐오 문제를 그리거나, 이와 관련된 형상화가 나타나는 소설을 중심으로 분석하려 한다.[15] 이때는 실제로 한국 사회에서 코로나-19로 나타난 혐오가 가장 문제화되었던 시기다. 향후 재난의 일상화에 대한 논의가 다양하게 이루어졌던 것과 달리, 재난 이전의 일상으로 돌아가길 바라고, 또 그것이 가능하리라 믿었던 때이기도 하다. 그렇기에 이때야말로 코로나-19로 인한 우리 사회의 혐오 양상과 그 의미가 가장 극적으로 나타나는 시기로 보인다. 이 글을 통해 사회적으로 나타난 혐오 현상을 다루면서 그 본질에

---

13 서희원, 「팬데믹 시대의 소설과 개인」, 《인문과학연구논총》, 42권 3호(2021); 임지훈, 「팬데믹 이후 소설에서의 변화에 대한 예비적 고찰: 코로나 이후 소설에서 나타나는 변화의 양상을 중심으로-」, 《한국언어문화》, 73호(2020).

14 카롤린 엠케, 『혐오사회』, 정지인 옮김(파주: 다산초당, 2017), 23쪽.

15 본론의 분석 대상은 배명훈, 「차카타파의 열망으로」, 김초엽 외, 『팬데믹』(서울: 문학과지성사, 2020); 서장원, 「프랑스 영화처럼」, 《웹진 비유》, 30호(2020년 6월), http://www.sfac.or.kr; 최은미, 「여기 우리 마주」, 《문학동네》, 104호(2020년 가을); 김유담, 「특별재난지역」, 조수경 외, 『쓰지 않을 이야기』(파주: arte, 2020)다. 또한 한국의 구체적인 시공간을 배경으로 하고 있지는 않지만, 혐오를 극복하는 실마리를 제공한다는 점에서 결론 부분에서 김초엽, 「최후의 라이오니」, 김초엽 외, 『팬데믹』(서울: 문학과지성사, 2020)을 부분적으로 다루었다.

놓인 문제를 민감하게 재현하고, 현실 문제에 적극적으로 개입하는 한국 문학의 능동적인 면모를 살펴볼 수 있기를 기대한다.

2. 접촉의 임계와 상호의존성의 의미

감염의 공포를 극복하는 길은 우리는 모두 연결되어 있다는 인식에서부터 시작된다. 타인의 건강이 바로 '나'의 건강으로 이어진다는 자명한 명제는 현실 문제를 돌파하기 위해서는 상호의존의 가치를 되새겨야 한다고 말한다.[16] 감염 자체를 없앨 수 없는 상황에서 이와 같은 인식 전환은 매우 중요하다. 하지만 이때 '우리'라는 테두리에 배제된 이들은 없는지, 접촉과 교류가 가능한 대상과 그렇지 않은 대상의 경계를 나누지는 않는지 근본적인 질문의 끈을 놓아서는 안 된다. 2020년 5월은 코로나-19 발발 이후의 한국 사회에서 이 문제가 가장 가시적으로 드러났던 때다. 이태원 클럽 발 집단 감염에 의해 성 소수자에 대한 혐오가 매우 심하게 나타났던 시기로, 코로나-19 발생 이후 봄까지의 시간 동안 나타났던 혐오 중에서도 가장 심각한 양상을 보였다.[17] 성 소수자들을 향한 혐오는 감염에 대한 공포와 맞물려 정상성에서 일탈한 오염된 신체, 비규범적 섹슈얼리티, 성적으로 문란한 존재라는 낙인과 결합해 더욱 가시화되었다.

---

16 정과리, 「감염병의 철학적 의미」, 정과리 외, 『감염병과 인문학』(서울: 강, 2014), 17~22쪽.

17 코로나-19 발생 이후 봄까지의 시간 동안의 조사 내용에 따르면 성 소수자에 대한 부정적 언급은 70%가 넘으며, 5월 초에는 90%에 가까운 부정적 언급이 나타나 매우 큰 혐오가 드러난다. 한편, 장애인혐오의 비중이 가장 높았다는 결과가 나왔으나 이것과 여성혐오는 코로나-19와의 연관성이 낮았다고 분석한다. 반면 인종차별, 성 소수자, 지역혐오, 신천지혐오는 코로나-19의 확산에 따라 영향을 받으며 증가 또는 감소하는 모습을 보였다. 한국인 사이트연구소, 「코로나19와 혐오의 팬데믹」, 55쪽.

배명훈의 「차카타파의 열망으로」(2020)[18]는 감염병의 확산으로 혐오가 재발견되었던 2020년 이후 달라진 미래의 시공간을 배경으로 한다. 사람들은 혐오 현상이 생기는 것을 막기 위해 이를 야기할 수도 있는 접촉 자체를 원천적으로 차단한다. 소설 속 인물들은 접촉의 문화를 불결하다고 혐오하고, 타인과 교섭하지 않으면서 안전을 유지하는 문화가 좀 더 우월한 삶의 양식이라 생각한다. 이 소설은 이러한 변화가 일상화된 2113년을 살아가는 역사학도가 겪게 되는 사건을 중심으로 전개된다. 소설의 화자인 이 인물은 선입견 없이 자료를 분석하기 위해 제공된 격리실습실에서 2020년 한국에서 있었던 일을 주제로 논문을 집필해야 한다. 이 소설에서 가장 눈에 띄는 것은 변화된 문화 양식이 언어생활로도 나타난다는 점이다. 이들은 '차카타파'라는 격음이 제거된 언어를 사용한다. 이 소리는 대개 열정적인 감정 교류나 타인과의 친밀한 접촉이 이루어질 때 터져 나온다. 때문에 혐오스러운 감정을 불러일으키는 소리로 간주되어 금지된다. 그런데 화자는 어떤 계기를 통해 "차카타파의 진심"[19]이라고 명명되는 거센소리를 동반할 정도의 강렬한 감정을 느끼게 된다. 이 소설은 이와 같은 인물의 변화를 통해 타인과 접촉한다는 것의 의미를 선명하게 드러낸다.

여기서 화자의 극적 변화를 이끄는 서한지라는 인물을 좀 더 주의 깊게 살펴볼 필요가 있다. 배우가 직업인 서한지는 숙련된 연기를 위한 자료 조

---

18 이 소설은 미래의 풍경을 그리고 있지만, 과학기술로 인한 변화에 주목하고 있지 않다는 점에서도 특징적이다. '작가 노드〔필자는 2113년 표기법에 격음(차카파타)이 사라졌다는 설정을 하고 있는데, 작가노트마저도 이 표기법에 따라 글을 쓰고 있다〕'에 따르면 작가는 "미래의 봉경을 만들어내는 것은 주로 기술이겠지만, 물질문명이 아닌 것들 역시 우리 삶을 부지런히 바군다"라고 진술한다. 이 소설에서 제시된, 혐오가 미래 풍경을 근본적으로 달라지게 한다는 설정과 이를 표기법 차원의 변화를 통해서 드러내는 방식은 매우 흥미롭다. 배명훈, 「차카타파의 열망으로」, 160쪽.
19 같은 책, 158쪽.

사의 목적으로 자료실을 방문한다. 그는 과거의 자료를 보면서 격음을 사용하는 사람들의 말을 망설임 없이 따라 한다. 또한 생판 모르는 남인 '나'를 위해 적극적으로 행동한다. 서한지는 '나'가 아무리 동의를 했더라도 '격리' 자체에는 규범의 강제성이라는 폭력이 내포할 수밖에 없다고 생각한다. 그래서 그는 격리실습실에 있는 '나'에게 손을 내밀며 탈출을 권한다. 격음과 접촉을 경멸하던 '나'는 그의 손을 잡으면서 일시적으로 접촉을 거부하는 감정에서 벗어난다. 심지어 서한지가 말할 때 튀기는 침을 맞으면서 카타르시스를 느끼기까지 한다. 접촉이 차단된 소위 멸균 세계에 살고 있던 '나'가 혐오감을 불러일으키는 물질인 타액에 보이는 이 같은 반응은 그의 변화를 단적으로 보여준다. 이 장면은 신체적 접촉이나 한(恨), 사랑과 같은 강렬한 감정이 인간다움을 보여주는 지표라는 사실을 떠올리게 한다. 나아가 감정 교류에 수반된 위험을 감수하더라도 타인과의 교류를 지속해 나가야 한다는 의미를 전달한다. 이질적인 타자를 받아들이는 행위는 자기 안에 있는 혐오를 벗어나게 하는 매개가 되는 것이다.

하지만 이러한 의미가 이상적 성격으로 조형된 서한지라는 인물을 통해 전달되고 있다는 사실은 좀 더 섬세하게 들여다봐야 한다. 서술자는 서한지를 거듭 '정의롭고 선량한 인물'[20]과 같은 맥락에서 설명하면서 긍정적으로 그린다. 서한지는 모범적인 행동을 할 뿐 아니라 누구에게나 호감을 주는 인물이다. 드라마에서 그의 목소리는 부드럽고 우아하다. 또한 상대 배우를 돋보이게 하는 연기를 한다. 그는 여자 역을 주로 맡지만, 어느 쪽을 연기해도 기억에 남는 배우다. 모든 세대가 두루 사랑할 정도의 좋은 성품을 지니기까지 한다. 이렇듯 서한지는 신체성과 섹슈얼리티를 지닌 현실적인 존재

---

20 "이 정의롭고 선량한 배우는 자조지종을 듣고도 완전히 믿지는 않는 눈지였다." 같은 책, 144쪽. "정의롭고 선량한 배우의 손에 이끌려 실습실 박으로 나왔다." 같은 책, 158쪽. 그 밖에도 서한지의 품성을 짐작할 수 있는 부분에 대한 서술은 어렵지 않게 찾아볼 수 있다.

라기보다는 보편적 가치를 증명하는 이상화된 인물로 나타난다. 혐오스러운 타자가 아닌 것이다. 여기서 문제는 거부감을 주지 않는 주체와의 제한적인 접촉이 혐오를 둘러싼 정치적 문제를 희석할 여지가 있다는 점이다. 서한지와 같은 인물이 아니라면 접촉과 오염이 허용되지 않을 수 있지 않을까. 이러한 의문은 사람들을 분할하는 경계선을 더욱 선명히 만든다는 점에서 혐오의 논리와 은밀히 공모한다. 게다가 이 소설이 혐오 시대 이전과 이후의 경계가 되는 시기를 2020년 5월로 설정했다는 사실을 고려할 때 인물 형상화에 내포된 정치적 함의를 묻지 않을 수 없다. 섹슈얼리티가 소거된 서한지라는 인물을 통해 혐오를 극복할 수 있는 인간다움의 정체와 조건을 은연중에 암시하면서 성 소수자 혐오와 타자화 문제는 은폐된다. 요컨대 이 소설은 코로나-19로 두드러진 한국 사회의 혐오 문제의 본질을 우회해서 보편적 차원에서의 타인을 향한 감정과 연민을 주제화한다. '나'와 '우리'의 경계를 나누는 동물화된 신체성의 문제를 다루지 않으면서 혐오에 대한 다소 피상적인 접근을 보여준다.[21]

한편, 「차카타파의 진심」에서 한국 사회의 혐오를 상기하는 내용을 명시하면서도 현실에 나타난 혐오의 실상과 원리를 전면적으로 다루지 않는다는 것은 허구일지라도 코로나-19와 성 소수자 혐오라는 문제를 본격적으로 그리기 쉽지 않다는 사실을 방증한다. 서장원의 「프랑스 영화처럼」(2020)은 2020년 초 한국 사회에 나타난 혐오 문제를 전면적으로 다루면서 성 소수자의 목소리를 통해 그들이 처한 곤경을 잘 보여준다.[22] 소설 속 성 소수자

---

21 이 소설이 성 소수자 혐오 문제를 전면적으로 다루고 있지 않다는 점 등을 염두에 둘 때 이 같은 현실 사건에 대한 모종의 은폐는 작가의 의도와는 크게 관련 없을 가능성이 크다. 그러나 2020년 봄, 특히 5월에 대한 의미 부여가 나타난다는 점을 고려할 때 작가의 의도와 관계없이 이 소설은 현실에서의 혐오 문제에 대한 정치적 의미를 축소한다.

22 소설 말미에 있는 작가의 말을 통해서도 이와 같은 문제의식이 뚜렷이 나타난다("2020년 연초부터 봄까지 많은 일이 있었습니다. 이 소설은 제가 보고 느낀 것에 대한 독후감 같은 글

들은 현실 세계뿐 아니라 상상의 공간에서조차 미래를 꿈꿀 수 없다. 그들에게 코로나-19는 자신의 일상을 영위할 수 있는 자리가 어디에도 없음을 극명하게 인식하는 계기다.

　서장원의 「프랑스 영화처럼」은 트랜스젠더인 인물이 그의 정체성을 감추지 않아도 되는 삶이 그 어디에서도 가능하지 않다는 사실을 인지함으로써 느끼게 되는 고통과 절망을 선명하게 그려낸다. '나'와 유재는 인권단체에서 FTM(Female to male) 트랜스젠더를 대상으로 열었던 에세이 수업에서 만나 친밀한 관계가 된다. 거기서 유재는 주로 과거의 일을 이야기하는 다른 사람들과 달리 프랑스에서의 자유로운 일상을 만끽하는 미래의 어느 시간에 대한 이야기를 쓴다. 유재는 자신의 에세이를 "판타지 소설"이라고 말하지만, 글을 낭독하는 태도에는 터무니없는 가상 세계의 일이 아닐 수 있다는 일말의 희망이 엿보인다. 유재는 희망이 없는 한국 사회와 달리 프랑스는 "조금 더 친절한 세계"라고 생각한다. 하지만 코로나-19가 전 세계로 퍼져 나가면서 프랑스에서도 일련의 혐오 사건이 일어난다. 유재가 성 소수자의 정체성을 위협받지 않고서 살아갈 수 있으리라 여겼던 현실에서의 마지막 장소는 이렇게 완전히 사라진다. 이처럼 이 소설은 코로나-19로 공간 감각이 변화해 균질해져 버린 세계를 정확하게 포착한다. 김건형이 적절히 지적했듯이, 코로나-19는 세계를 '평면화된 공간'으로 만들어 '시민-퀴어의 시간'을 상상하는 미래에 대한 구상을 정체시킨다.[23]

<hr />

입니다"). 또한 이 소설은 2019년 한국 사회에서의 퀴어혐오를 대표하는 두 사건이 거론된다는 점에서도 한국 사회에 나타난 문제를 전면적으로 다루고 있다. 서술자이기도 한 '나'가 유재의 프랑스행 제안에 동행하리라 결심한 계기는 "트랜스젠더 군인을 강제 전역시킨 사건"과 "트랜스젠더 여성의 여대 입학을 둘러싸고 벌어진 소동"으로 명시된다. 전자가 변희수 하사의 전역 사건을, 후자는 트랜스젠더 여성의 숙명여대 입학 사건을 가리키는 것은 자명해 보인다. 유재와 '나'는 이 두 사건을 기폭제로 프랑스로 떠나기로 결심하는데, 코로나-19는 프랑스행이라는 희망마저도 좌절하게 만드는 계기가 된다.

미래의 시간이 닫힌 현재의 비극은 유재의 발바닥에 박힌 '눈에 보이지 않는 가시'로 비유되면서 선명한 이미지로 나타난다. 유재가 자신의 발바닥에 박혀 있다고 생각하는 "아주 작은 가시"는 점점 살갗을 파고들고, 유재는 가시를 빼겠다며 상처를 헤집으며 자신의 몸에 스스로 "깊고 집요한 상처"를 만든다. 사회적으로 만연한 성 소수자 혐오에서 벗어나기 어렵다는 불안에 미래를 낙관할 수 없다는 좌절감이 더해져 강박적으로 자기를 파괴하는 인물의 모습이 그려진다. 이 가시는 혐오를 둘러싼 중층적 의미를 환기한다. 통증의 실제 원인을 찾을 수 없다는 점에서 혐오의 비합리성을, 눈에 보이지 않는 가시라는 점에서 언제든 돌출될 수 있는 잠재된 혐오의 시선을, 빼내려 할수록 깊숙이 들어간다는 점에서 혐오 없는 미래를 기대할수록 커지는 상처와 좌절감을 떠올리게 한다.

그러나 한편으로 눈에 보이지 않는 가시로 자신의 고통을 설명하려는 유재의 모습은 성 소수자로서의 정체성을 유지하기 위한 방어적 태도로도 읽힌다. 그는 자신의 정체성을 비정상적이고 결함이 있는 것으로 여기면서 수치스러운 존재로 만들고자 하는 압력에 저항한다. 유재의 가시는 강제된 수치심을 몸 밖으로 밀어내고자 하는 사투의 흔적이자 심리적 상처가 육체적 고통으로 전치되어 나타난 증상이다. 이러한 맥락에서 통증을 느끼면서 유재가 '나'와 같이 보기 위해 고른 영화가 프랑스 영화이며, 스토리도 결말도 없는 무척 지루한 영화로 나타난다는 점은 주목을 요한다. 지루할 정도로 천천히 흘러가는 시간, 기승전결의 단계적 서사도 아니고 결말도 없기에 역

---

23 김건형, 「올해 우리가 잃어버린 시간들이 있는데: 서장원, 「프랑스 영화처럼」」, 「계간평: 세목화되는 소설적 주제들」, 《문학동네》, 104호(2020년 가을), 522~523쪽. 퀴어가 난민화되는 현실을 재현하고 있다는 해석 또한 주목할 만하다. 퀴어와 난민을 교차적으로 바라보는 시각은 코로나-19로 인한 혐오의 특수성을 들여다보는 유효한 관점이 되리라 생각된다. 이러한 시각은 매우 중요하다고 판단되나 이 글이 다루고 있는 범위를 넘는 만큼 추후 과제로 남겨 둔다.

설적으로 끝없이 이어지는 이 시간은 코로나-19 이후 성 소수자로 살아가는 유재의 시간과 맞닿아 있다. 미래에 펼쳐질 행복할 결말이 사라져 버린 이 정체된 시간은 지금과는 다른 삶의 방식을 기다리는 시간이기도 하다.[24]

2020년 초부터 봄까지의 시간, 한국 사회의 혐오는 코로나-19로 더욱 심각한 사회 문제로 부상했다. 그중에서도 성 소수자들에게 가해진 혐오는 그들의 삶과 존재 자체를 부정할 정도로 극심했다. 이 현실을 반영하듯이 소설 속 인물들은 그 어디에서도 자신의 자리를 찾을 수 없는 것으로 나타난다. 「차카타파의 열망으로」에서는 아예 재현조차 되지 않으며, 「프랑스 영화처럼」에서는 이 세계 어디에서도 혐오의 시선을 피할 수 없다는 두려움이 서사 전체를 지배한다.[25] 이와 같은 서사적 재현은 상호의존과 접촉의 상한선을 암묵적으로 설정하고 있지는 않은지 질문을 던지면서 독자의 반성을 이끈다. 그리고 경계 밖으로 축출된 이들의 생생한 목소리를 들어야 한다고 호소한다.

3. 혐오의 연쇄 속 수치심과 분노

코로나-19의 확산은 돌봄의 위기를 낳았고, 그에 따른 부담과 피로는 가족, 특히 여성 주체의 몫이 되었다. 여성들은 코로나 시대를 "감정과 몸의 쇠진과 혼란으로 경험"해야 했다.[26] 한국 사회에서 돌봄은 오랫동안 자신의

24　유재의 통증은 서구로부터 영향 받은 '시민-퀴어'의 시간을 상상했던 한국 사회가 처한 위기감을 보여주는 것으로 해석되기도 한다. 같은 글, 523쪽. 이를 참고할 때 유재와 '나'가 본 영화는 이전과는 다른 퀴어의 시간성을 상상하는 문제로 연결될 수 있다.

25　이 글에서는 지면의 한계로 다 다루진 못했지만 코로나-19 이후 극심해진 성 소수자 혐오 문제를 형상화한 소설은 적지 않게 발표되었다. 예를 들어, 김현, 「가상투어」, ≪문학3≫, 13호(2020)과 박상영, 「보름 이후의 사랑」, ≪악스트≫, 38호(2021년 9/10월)가 있다.

가족을 위한 자연스러운 것, 공적 차원의 의미를 띠지 못하는 사적인 것, 경제적 가치를 지니지 못한 것으로 간주되었다. 사회적으로 비가시화된 돌봄 노동은 이를 수행하는 주체의 사회적 생명을 앗아가는 문제로 이어진다. 이들의 권리 주장과 노동의 고됨은 공적 차원에서 의미를 획득하기 어렵다. 이러한 상황에서 돌봄 주체는 점차 가중되는 노동의 무게 속에서 신체적·정신적 병리 상태에 놓일 가능성이 농후해진다.[27]

최은미의 「우리 여기 마주」(2020)[28]는 2020년 봄 코로나-19의 확산으로 돌봄 노동의 강도가 극대화된 상황에서 아이를 양육해야 했던 기혼여성들의 목소리를 담고 있다. 이 소설은 코로나-19 시대에 대한 초기 여러 진단 속에서 누락되었던 사회적으로 비가시화된 돌봄 노동 현장을 조명한다. 화자는 공방을 운영하는 자영업자인 동시에 가사 및 돌봄 노동을 수행하는 아내와 어머니의 역할을 수행해야 한다. '나(나리)'는 이러한 다중의 역할을 충실히 해내려고 아등바등 바쁘게 살아가면서 스스로 균형을 잘 잡고 있다고 애써 위안하며 살아간다.[29] 하지만 '나'는 코로나-19로 가정보육이 장기화되

26　김현미, 「코로나19와 재난의 불평등: 자본과 남성 중심의 해법에 반대한다」, 김은실 엮음, 『코로나시대의 페미니즘』(서울: 휴머니스트, 2020), 74쪽.

27　오하나, 「인류 살리기로서의 돌봄에 대한 상상」, 추지현 엮음, 『마스크가 말해주는 것들』(파주: 돌베개, 2020), 135~136쪽.

28　최은미의 「여기 우리 마주」를 다룬 논문으로는 조형래와 서희원의 연구가 있다. 이 중 조형래는 이 소설에서 팬데믹이 가져온 고통은 재난의 불가피한 필연성으로 맞닥뜨리게 된 불행으로 그려진다고 평가한다. 조형래, 「팬데믹 파라노이아」, 《한국문예창작》, 19권 3호(2020), 50~55쪽. 필자는 이러한 해석과 달리 최은미 소설에 나타난 재난으로 인한 불행의 근본적 원인은 오래전부터 지속되면서 관습화된 여성혐오, 돌봄 노동 문제와 밀접한 관계를 띤다고 본다. 코로나-19는 이러한 문제를 더욱 심화시켰는데, 이는 돌봄 노동의 사회화라는 의제가 공론장에서 논의되는 역설적인 결과를 낳기도 했다.

29　화자의 역할 수행을 위한 강박적일 정도의 노력은 슬래시 기호를 통해 할 일을 빼곡하게 나열하는 습관으로도 나타난다. "코로나 시대에 대한 진단 어디에서도 거론되지 않는, 아침밥/설거지/학교 온라인 수업/점심밥/설거지/학원 온라인 수업/저녁밥/설거지로 하루가

면서 더는 그 하중을 견디지 못한다. 이 소설은 코로나-19로 인해 일상의 붕괴를 경험하는 기혼여성의 감정과 상황을 밀도 높게 재현한다. 무엇보다도 아이 엄마로 살아가며 느꼈던 혐오의 시선 속에서 억눌러 온 고통과 분노가 또 다른 약자를 향한 혐오와 폭력으로 전가되는 과정을 집요할 정도로 천착한다.[30]

최근 한국 사회에서 아이 엄마의 이미지는 널리 알려진 혐오 표현과 결부되어 회자되면서 부정적으로 고착화되고 있다.[31] 타인과 주변을 배려하지 않고, 자기 아이만을 위하는 엄마들에게 벌레의 의미를 더해 만들어진 이 용어는 점차 그 범위가 확장되어 육아의 힘듦이나 권리 주장을 하는 엄마들을 호명하는 데 이르렀다.[32] 실제로 코로나-19 발발 이후 2020년 초부터 봄까지의 시간 동안 양육의 어려움으로 아이를 기관에 보내야 했던 엄마들은 자식을 위험에 노출하고 방역 주체로서의 사회적 의무를 다하지 못한 이기적인 존재로 비난받았다. 이러한 사회적 시선에 따라 죄책감을 짊어지며 자기 정체성에 대한 엄격한 비판과 검열이 이루어졌다.

「우리 여기 마주」는 엄마들에게 부과된 이러한 강박이 신경질적으로 분출되면서 타인을 향한 날 선 비난의 목소리를 정당화하는 모습을 여과 없이 그려낸다. 인터넷 맘카페에서 엄마들이 또 다른 약자인 성 소수자들을 '너네들'로 묶어 혐오와 증오의 감정을 폭발적으로 쏟아내는 장면이 바로 그것

가도 어쨌든 지나왔다." 최은미, 「여기 우리 마주」, 276쪽.

30 최은미의 「여기 우리 마주」는 '2021 현대문학상' 수상작으로 뽑혔다. 이기호는 심사평에서 이 소설의 놀라움을 "배제 안에서 또 다른 배제와 혐오의 연원을 묻고 집요하게 가시화했다는 점"에서 찾고 있다. 이기호, 「여기 뜨거운 교차성(제66회 현대문학상 심사평-본심)」, 최은미 외, 『2021 現代文學賞 수상소설집: 여기 우리 마주 외』(서울: 현대문학, 2020), 297쪽.

31 홍성수, 『말이 칼이 될 때』(서울: 어크로스, 2018), 50~53쪽.

32 김이경·유미숙, 「맘충 호명에 대한 담론 분석: 기사 분석을 중심으로」, ≪Global Creative Leader: Education & Learning≫, 9권 1호(2019), 45쪽.

이다.[33] 맘카페에는 "밤새 성토하고 찢고 찌르는 글들이 이어졌다".[34] 이러한 행동에는 피로와 스트레스로 돌봄 주체에게 기대되는 모성을 온전히 수행하지 못할지도 모른다는 불안, 그 결과 받게 될지도 모를 사회적 비난과 혐오, 자기혐오의 나락으로 떨어질지도 모른다는 두려움이 응축되어 있다. 엄마들은 성 소수자 집단을 희생양으로 만들어 그들과 달리 사회에 정상적으로 안착해 있다는 사실에 안도와 쾌감을 느낀다. 자기를 보호하기 위해 혐오를 표출하고 있는 것이다.[35] 다시 말해, 성 소수자를 향한 혐오를 통해 감정적 카타르시스를 느끼는 엄마들의 모습에는, 사회적으로 부여된 모성의 얼굴을 유지할 수 없을 때 자신에게로 돌아올 혐오와 그로부터 비롯될 죄책감과 수치심이 복합적으로 결합한 불안정한 내면이 숨겨져 있다.

또 다른 약자를 혐오하면서 자신의 안전을 지키고자 하는 모습은 화자의 행동을 통해서도 나타난다. '나'의 공방에는 단골손님인 동성 커플이 있다. 화자는 여자 친구의 선물을 만들러 왔다는 이들의 말이 사실이 아니라는 것을 알면서도 이들을 남들과 다르게 대하지 않는다. 하지만 이태원 클럽 발 코로나-19의 2차 유행을 기점으로 화자의 태도는 정반대로 바뀐다. 그들에게 여자 친구와 함께 오라면서 눈치를 주고, 이들이 만든 비누의 자투리 조각에 에탄올을 흠뻑 뿌린다. 그들의 신체가 닿은 모든 것들을 불결하고 오염되었다고 여긴다. 화자는 안전한 장소를 만들기 위해 공방의 문을 닫거나

---

33 이러한 현상이 '맘카페'에서 나타난다는 점도 주목할 필요가 있다. 맘카페는 돌봄 주체인 엄마라는 공통점만으로 친밀감과 유대를 느낄 수 있는 내집단의 성격이 짙은 장소다. 내집단은 동일한 낙인과 고통을 경험한 사람들의 집합체다. 내부적으로 분리주의 이데올로기가 생기기 쉬우며, 내집단 밖에서는 불명예의 요인으로 영향을 끼치기도 한다. 어빙 고프먼, 『스티그마: 장애의 사회심리학』, 윤선길·정기현 옮김(오산: 한신대학교출판부, 2009), 171~172쪽. 이 소설은 최근 한국 사회에 나타난 혐오 문제를 맘카페라는 장소의 특징과 아울러 살펴볼 필요가 있다는 점을 상기하게 한다.

34 최은미, 「여기 우리 마주」, 276쪽.

35 누스바움, 『혐오와 수치심』, 306쪽.

손님들을 제한적으로 받으면서, 그간 여성에게 기대되는 관습적 역할에서 벗어나 독자적인 세계를 만들고자 했던 노력을 헛되이 할 수 없다. 동시에 코로나-19로 뚜렷해진 '안전한 장소'에 대한 열망과 방역 주체로서의 여성의 책임이 강화된 현실도 무시할 수 없다.[36] '나'는 안전을 이유로 자신의 세계가 좁아지는 것을 경계하면서도, 동시에 안전과 생존을 무시할 수 없는 위치에 서 있다. 그렇기에 타인을 혐오한다는 사실을 알면서도 성 소수자를 향한 혐오를 표출한다. 이처럼 소설 속 여성들이 자기 안의 혐오를 다른 약자에게 전가하는 과정은 가부장적 사회의 불평등한 젠더 규범의 억압 속에서 나타난다.

이러한 구조 속에서 자신의 안전과 존재 의미를 찾을 수밖에 없는 여성들은 걷잡을 수 없는 분노와 증오의 감정을 키워 나간다. 수미라는 인물을 중심으로 나타나는 사건은 이를 극적으로 보여준다. 수미는 "다 감추지 못한 적의. 가눌 길 없는 분노"[37]가 그 원인이 아닌 곳을 향하지 않도록 노력한다. 하지만 한계치에 다다르면서 그의 딸 서하라는 가장 가까이 있는 약한 존재, 돌봄 대상이기도 한 아이 앞에서 그 감정을 쏟아낸다. 수미는 나리(화자)가 만든 맛있는 요리를 남편과 아이가 맛있게 먹는 모습을 예쁜 풍경이라고 생각한다. 수미는 정상가족이 부여한 이상적 가정을 추구하면서도, 코로나-19 이전과 이후 어느 시점에서도 그 이상에 가까이 다가갔던 적이 없다. 수

---

36 코로나-19는 '안전한 장소'에 대한 열망을 사회적으로 강화했고, '집'은 가장 안전한 장소 중의 하나로 간주되었다. 하지만 여성이 집안일을 담당해야 한다는 가부장적 사고의 연장으로, '안전한 집'을 수호하는 일은 특히 여성의 역할로 여겨졌다. 그 때문에 이들의 잘못이 아니더라도 방역의 실패에 대한 책임은 여성의 몫이 되었다. 따라서 「여기 우리 마주」에 나타난 여성들의 안전에 대한 강박적인 갈망은 코로나-19와 여성혐오가 결합한 사회적 분위기 속에서 자기를 지키기 위한 욕망이기도 하다. 이 소설은 이와 유사한 양상을 N번방의 공포에 노출될지 모르는 '나'의 딸의 서사를 통해서도 보여준다.

37 최은미, 「여기 우리 마주」, 280쪽.

미가 현재 자신이 느끼는 이 분노의 원인이 무엇인지를 명확하게 찾지 못하는 것은 이러한 이유에서다. 그러나 서사 내에서 수미의 비극의 정체는 같은 시간 수미의 남편이 룸살롱에서 회식 중이었다는 언술을 통해 압축적으로 제시된다. 이 시기 룸살롱이라는 유흥 집단에서의 감염은 성 소수자의 감염만큼이나 상당했다. 그러나 이들은 여성과 성 소수자들과 달리 혐오의 대상이 되지 않는다. 방역의 주체로서의 강박도 느끼지 않는다. 분노의 감정이 극한에 달한 수미조차도 돌봄 노동의 무게를 나누지 않는 남편을 원망하지 않는다. 이와 같은 상황은 한국 사회의 혐오 양상에 내재한 젠더 문제를 극명하게 가시화한다.

이처럼 「여기 우리 마주」의 여성 인물들은 자기혐오와 자기 보호를 위한 타인 혐오 사이에서 언제 끊어질지 모르는 팽팽한 줄타기를 하며 가까스로 삶을 유지해 나간다. 하지만 이 소설의 가장 이채로운 점은 현실의 문제를 폭로하는 데에 머무르지 않는다는 것이다. 화자는 2020년 봄을 혐오와 고통이 아닌, 이러한 감정들 속에서 마주하게 되는 '고립감'과 '외로움'의 시간으로 기억하고 싶어 한다. 그리고 이 외로움은 서로 다른 상황에 놓인 여성들이 "서로를 욕심내기 시작한 순간"이 머지않아 "다시 고립되어" 가는 과정 속에서 발생한다.[38]

코로나-19의 위험이 완전히 사라지지 않은 상황에서 화자가 운영하는 공방은 돌봄 노동으로 지친 여성들이 잠시 자신의 일을 내려놓고 쉬면서 서로 위안을 나누는 휴식처로 기능한다. 나리의 공방은 화자의 사회적 정체성을 지키게 하는 곳인 동시에 엄마들에게 돌봄 노동에서 벗어나 한 개인으로 살아갈 수 있는 시간을 마련해 주는 장소다. 돌봄의 현장인 집 밖으로 나오게 하려는 마음, 취미와 취향이 없는 존재처럼 비생명화된 여성들에게 '주부

---

38 같은 글, 273쪽.

취미[39]를 갖게 해주고 싶은 바람이 함축된 공간이 나리의 공방인 것이다. 하지만 아이러니하게도 화자는 일하는 여성의 전문성을 보여주려 할수록 주부로서의 노동을 선별적으로 지우게 된다. 공방 전문가로서의 '나'의 정체성을 보여주면서 다가갈수록, "서로한테 매력적인 사람이고 싶을수록 테이블에 함께 앉아 있는 채로 고립되어 갔다".[40] 공방은 처음 염원과 다르게 상호 이해와 공감의 장소가 아닌, 개인으로서 자기를 드러낼 수 없는 외로움과 고립감이 가득 찬 곳이 되어버렸다. 한국 사회에서 주부의 노동은 사적 영역에 속하기 때문에 실질적인 관련성이 없음에도 전문가로서의 사회적 정체성을 약화하는 것으로 여겨진다. 그렇기에 '나'는 주부로서의 노동이 자신의 삶을 이루는 얼굴의 한 부분임을 알면서도 이를 마치 지워야 하는 오점, 이상적인 자아를 구축하기 위해 배제되어야 할 수치스러운 것으로 여긴다. 이처럼 여성 내부에서 혐오와 배제가 만들어지는 과정은 여성의 인권과 관련된 상반된 상황이 병존하는 양상으로 나타난다. 여성의 사회적 활동을 둘러싼 생존 및 권리 신장 문제가 여성혐오를 재생산하는 현상에 긴밀히 연결되어 작동하고 있는 것이다.

여기서 중요한 것은 화자의 시선이 이러한 모순에 닿아 있다는 점이다. 화자인 '나'는 주부와 전문가로서의 정체성이 자기 내부에 공존하고, 양자가 대립할 때마다 어느 하나를 택하는 자신의 모습을 '텅 빈 자아'와 같다고 생

---

39 화자는 공방을 소개하는 해시태그를 달면서, 가장 망설이면서도, 가장 적게라도 '#주부취미'라는 내용을 추가한다. 주부도 취미를 가질 수 있다는 것은 가정 내 역할에 함몰되어 있는 주부라는 통념을 깨뜨린다. 온라인 공간에서 확산되는 해시태그가 '주부취미'에 관심을 두는 공통된 정체성을 지닌 이들과의 연결가능성을 담지하고 있다는 사실을 통해 화자가 추가한 해시태그의 의미를 적극적으로 해설할 수 있다. 해시태그의 운동성, 해시태그 페미니즘에 대해서는 다음을 참조하라. 박소정, 「해시태그로 말하는 여성들」, ≪문학과사회≫, 132호(2020년 겨울).

40 최은미, 「여기 우리 마주」, 274쪽.

각한다. '나'가 이상적으로 생각했던 전문가로서의 정체성을 강화하려고 할 때마다 만나게 되는 것은 자기충족감이 아니라 공허함이다. 나아가 '화자'는 "왜 나는 나의 어떤 부분을 지워야만 내 실력을 신뢰받을 수 있다고 믿게 되었는지"[41] 질문하면서, 자기감정과 내면을 들여다본다. 자기 내부의 정체성 중 하나를 혐오하거나 삭제해야만 사회적 자아로 설 수 있다고 믿도록 만든 구조적 원인을 더는 수용하지 않으리라는 것을 암시하는 인물인 것이다. 그렇기에 이 소설은 혐오를 넘어서는 의미를 담고 있다. 서사는 결국 등장인물들이 서로 마주하지 못한 상태로 끝나지만 서사 전체를 관통하는 정서는 '여기 우리 마주'가 이루어지길 바라는 간절한 마음이다.

김유담의 「특별재난지역」(2020)은 코로나-19 사태 초기인 2020년 2월 경북 청도 지역에서 코로나-19 확진자가 무더기로 나왔던 사건과 디지털 성범죄 사건이라는 두 개의 재난을 돌봄 노동의 위기를 겪게 되는 인물의 서사와 결합해 그리고 있다. 이 소설은 한평생 돌봄 노동의 주체로 살아온 60대 여성 일남이 주된 초점자가 되어 전개된다. 일남은 10살 때부터 어머니와 할머니의 빈자리를 채우기 위해 가사노동과 가족을 돌보는 역할을 최우선으로 여기면서 살아간다. 그 과정에서 스스로 교육의 기회를 버리고, 청도를 떠나지 않는 조건이 충족되는 상대를 찾아 결혼한다. 돌봄 노동에 묶여 있는 일남이 이동할 수 있는 장소는 집에서 그리 멀리 떨어지지 않은 곳으로 제한된다. 그렇기에 일남의 공간은 돌봄 주체로서의 정체성을 온전히 지켜내려고 할수록 점점 좁아지게 된다.[42]

---

41 같은 글, 274쪽.

42 일남의 정체성은 그가 머무르거나 이동 가능한 범위 등 공간의 재현을 통해서도 나타난다. 이는 다른 인물들과의 대비를 통해서도 나타난다. 일례로, 장남인 정필은 필리핀으로 떠나고, 코로나-19를 이유로 부친의 장례식에도 참석하지 않는다. 가부장적 가족제도하 부모 봉양이 장남의 역할로 부여된다는 점을 염두에 둘 때(이 문제에 대한 평가는 잠시 미뤄둔다) 이와 비교되는 일남의 정체성의 의미는 더욱 선명하게 드러난다.

일남은 무비판적으로 가부장적 가족제도하 여성의 역할을 수용하고 체화하면서 가족을 지키는 돌봄의 수행자로서의 정체성을 자신의 존재 이유로 무장해 나간다.[43] 소설 속 일남은 마치 독자적인 '나'라는 자아 인식이 부재한 인물처럼 그려진다. 자기 자신만을 위한 이상이나 열망도, 수치심과 분노와 같은 감정도 그에게서는 찾아보기 어렵다. 그렇기에 일남은 돌봄 역할을 철저히 수행할수록 가부장적 구조에 근간을 둔 규범과 관습을 마땅히 지켜야 할 윤리적 자세로 여긴다. 일남이 여성을 남성과 동등한 인격체로 여기지 않는 모습은 여러 번 등장한다. 그는 아들을 향한 전폭적인 지지와 기대 속에서 외면받고 상처받은 딸의 마음을 이해하지 못한다. 아들의 불운을 그의 능력이나 성격에서 찾지 않고, 아들을 미혼부로 만든 가영의 생모의 저주 때문일지도 모른다고 생각한다. 손녀 가영을 끔찍하게 아끼면서도 아들의 앞길을 방해해선 안 된다면서 가영을 돌보는 자신의 역할을 강화하기도 한다. 이처럼 일남의 세상은 그의 아들을 중심으로 인식되며, 그 주변의 다른 여성들의 사정은 상대적인 의미를 띨 뿐이다. 일남에게 내면화된 가부장적 사고는 딸, 손녀, 가영의 생모를 응시하고 이해하려는 시도조차도 하지 않도록 그의 시야를 가린다.

그러나 청도 지역에 찾아온 코로나-19와 디지털 성범죄는 그의 돌봄 노동을 향한 노력을 배반하듯이 예측하지 못한 비극적 결과를 가져온다. 돌봄의 현장이기도 한 일남의 집에까지 침투한 두 재난은 그의 의지와 노력만으로는 제대로 수행할 수 없는 돌봄의 현실을 보여준다. 이는 두 재난으로부터 '안전한 장소'는 그 어디에도 없다는 점, 돌봄은 한 개인의 노력만으로는

---

43 이와 동시에 일남은 자신에게 부여된 돌봄 노동에 대한 양가적 감정을 표출하기도 한다. 이를테면, 치매에 걸린 그의 부친을 요양병원으로 옮기면서 남은 시간이 너무 길어져서는 안 된다고 생각하면서도, 주말마다 부친이 좋아할 만한 보양식을 만들어가는 등 지극정성으로 아버지를 대하는 모습을 들 수 있다. 그러나 전반적으로 일남의 생각, 감정, 행동은 돌봄 노동을 무비판적으로 수행하는 모습으로 나타난다.

가능하지 않다는 사실을 드러낸다. 또한 이 사건은 일남이 평생 유지하고자 했던 돌봄 주체로서의 정체성만으로는 더 이상 자신을 설명하기 어렵게 되었다는 사실을 어렴풋이 의식하게 되는 계기가 된다. 일남은 코로나와 디지털 성범죄라는 두 개의 재난 앞에서 "처절하게 버려지고 고립된 기분"[44]을 느낀다. 일남은 병원의 면회가 금지되고 외부 음식 반입조차 어려운 상황에서 그 어떤 노력도 하지 못한 채 무기력하게 부친의 부고를 듣는다. 부친은 자신을 찾아오지 않는 일남을 향해 욕설을 퍼부으며 죽음에 이른다. 성대한 장례식과 그간의 노고에 대한 조문객의 치하가 돌봄의 시간의 의미를 증명해 주리라 기대했는데, 일남이 지켜야 하는 자리는 휑하고 쓸쓸한 장례식장이다. 오랜 시간 아버지를 돌보았던 일남의 노력은 그 누구에게도 인정받지 못하고, 그 어떤 의미도 만들어내지 못한다.

디지털 성범죄의 피해자가 된 손녀 가영의 돌봄 문제는 일남에게 더 큰 위기로 다가온다. 서사 내에서 일남의 돌봄은 주로 음식을 만들거나 먹이는 행위로 나타난다. 그러나 요양병원에 있는 부친을 돌보는 문제는 그것만으로도 어느 정도 충족되지만, 초등학생인 가영의 경우는 다르다. 공부방, 조손 가정을 위한 돌봄 교실과 같은 교육 시설의 도움을 받지 않으면 가영에게 필요한 학습적 도움이나 여러 활동을 제공할 수 없다. 그런데 코로나-19로 이 모든 프로그램의 운영이 무기한 중단된다. 거기에 더해 디지털 성범죄라는 재난은 일남에게 더 큰 좌절감을 준다. 디지털 성범죄의 피해자가 된 가영을 보호할 수 있는 방법도, 가영이 피해자가 된 원인과 범죄의 목적이나 동기도, 디지털 세계에서 피해자를 만들어가는 수법도, 일남은 조금도 알 수 없다. 상상조차 할 수 없는 낯선 세계다. 그렇기에 일남은 이 상황에서 누구에게, 또는 어디를 향해 분노를 표출해야 할지 모른다. 그저 보이

---

44   김유담, 「특별재난지역」, 100쪽.

스피싱 범죄를 떠올리며 "이거는 들도 보도 못한 기라. 숭악한 놈들, 고얀 놈"[45]이라고 말할 뿐이다.

> 어디에서도 발신인의 흔적은 보이지 않았다. 일남은 상자를 거꾸로 들어 털어 보았다. 상자 바닥에 붙어 있던 하트 모양의 쪽지가 팔랑거리며 방바닥에 떨어졌다. '힘내라 대구, 경북!'이라고 적힌 종이 한 장이었다.[46]

이 소설의 마지막은 디지털 성범죄의 가해자로 예상되는 이가 익명의 택배로 가영이 사용할 소형 마스크를 보내는 장면으로 끝이 난다. 일남은 발신인이 누구인지 알 수 없는 정체 모를 이 택배가 석연치 않게 느껴진다. 집주소와 가영의 이름을 안다는 사실이 꺼림칙하다. 하지만 그것이 가영을 향한 성폭력과 관련 있다는 생각에는 이르지 못한다. 상자 안에 담긴 응원 메시지가 쓰인 종이는 이 같은 일남의 모습을 마치 비웃는 듯하다. 또한 표면적으로 선의로 보이는 이러한 혐오의 모습은 정의와 도덕을 명분 삼아 가해지는 타인에 대한 폭력과 혐오, 선량하고 정중하게 타인을 배제하는 혐오의 양상과 그 전략들을 상기시킨다. 이러한 맥락에서 이 소설은 냉철하게 계산된 혐오, 언뜻 보면 혐오처럼 보이지 않는 혐오 앞에서 우리는 무엇을 해야할지, 어떻게 대응해 나가야 할지에 대한 깊은 물음을 던진다.

혐오가 점점 더 교묘한 방식으로 나타나면서 피해자가 될 가능성이 높은 이들과 그렇지 않은 이들이 세분화될 수 있다. 「특별재난지역」의 일남과 가영은 문화자본의 격차로 현실을 비판적으로 수용하면서 자아를 형성할 기회를 충분히 얻지 못한 이들이다. 이는 여성이라는 정체성을 공유하는 집단 내에서도 계급, 문화자본의 차이로 혐오와 폭력의 사슬에 걸릴 가능성이 상

---

45 같은 글, 88쪽.
46 같은 글, 101쪽.

이할 수 있다는 사실을 보여준다. 일남과 가영은 여성혐오의 피해자로 대상화되지만, 그에 대해 문제의식을 느끼거나 이 문제에서 벗어나기 위해 어떤 노력을 해야 할지 모른다. 또한 이들은 혐오의 대상이 되면서 생길 수 있는 수치심이나 분노와 같은 감정도 느끼지 못한다. 이는 역으로 혐오의 사슬에서 벗어나기 위해서는 분노와 수치심이라는 감정에 대한 인식과 성찰이 필요하다는 의미를 전달한다.

여기서 다룬 두 편의 소설은 코로나-19와 N번방 사건, 돌봄 노동의 문제를 다룬다는 점에서 접점을 이루지만 혐오의 피해자가 된 인물이 다른 위치에 놓여 있다는 점에서 상이한 주제의식을 전달한다. 코로나-19로 인한 돌봄 문제와 디지털 성범죄를 겹쳐 놓은 이들 소설은 공동체 내 여성을 내부 식민지화하면서 착취와 혐오를 일삼는 현실을 폭로한다. 이는 서사가 전개되면서 '안전한 장소'로 여겼던, 또는 그렇게 만들기 위해 노력해 왔던 장소가 더 취약한 상태에 놓이게 되는 결말을 통해서도 나타난다. 「여기 우리 마주」에서는 '나'의 공방과 수미의 집이, 「특별재난지역」에서는 일남의 집과 청도라는 지역이 그렇다. 코로나-19와 디지털 성범죄 사건은 이 장소들에 침투해 여성들이 서 있을 공간을 점점 좁아지게 만든다. 이와 동시에 그동안 안전하게 자기 자신으로 살아갈 수 있다고 여겼던 장소가 혐오와 수치심의 사회적 생산과 결부되어 있다는 사실을 드러낸다. 이 두 소설은 자신의 자아정체성을 찾게 해주거나 자신을 얽매이게 하는 장소, 그 어느 곳에서도 안전을 보장받지 못하게 된 여성들이 서 있을 수 있는 자리는 어디인지 질문한다.

4. 혐오를 넘어서기 위한 윤리적 태도

한국 사회에서 코로나-19와 함께 부각된 혐오를 문제화하고 있는 소설은 주로 여성혐오와 퀴어혐오를 형상화한다. 이들에 대한 혐오는 코로나-19로 인해 균질화된 공간과 미래를 상상할 수 없는 정체된 시간에 대한 인식과 밀접한 관련이 있다. 이 소설들은 공통적으로 타자화된 존재가 안전과 실존을 보장받을 수 있는 공간은 어디에 있는지 묻는다. 한편, 소수자들마다 다르게 요구되는 정체성과 사회적 역할, 문화적으로 굳어진 관습과 규범 등의 차이는 혐오가 작동하는 방식, 혐오를 둘러싼 여러 인접 감정들이 발현되는 양상 등을 다른 각도에서 살펴보게 한다. 최근 한국 소설은 코로나-19 이후 재발견된 혐오를 '지금-여기'의 현실에 밀착해 묘파하면서 혐오를 비판하고 넘어설 수 있는 방법에 대해 상상하게 한다.

앞에서 살펴본 소설들은 인물이 느끼는 수치심의 구조적 원인에 대한 성찰이 필요하다는 목소리를 담고 있다. 수치심이라는 감정은 한 개인의 자아 정체성을 뒤흔들고, 자기 자신에 대한 모멸과 혐오에 쉽게 빠지게끔 한다. 이러한 감정은 공동체의 지배적인 규범과 담론을 바탕으로 만들어진 자아 이상과의 비교를 통해 촉발된다. 그렇다면 소설을 읽으면서 독자가 느끼게 되는 부끄러움은 공동체의 정상 담론의 비윤리성을 성찰하고 현실을 되돌아보게 하는 매개가 될 수 있다. 이것은 누스바움이 예외적으로 인정한 '건설적 수치심'으로, 가치 있는 규범과 담론을 생산하는 데 영향을 미치는 감정이다. 이와 같은 수치심은 '나'와 분리된 존재로 여겨졌던 타자가 자신과 같은 취약성을 지닌 인간으로서 공통성을 지닌 존재이자 서로 의존하고 책임질 수밖에 없는 상호 연결된 존재라는 인식을 강화한다.[47]

이러한 맥락에서 김초엽의 「최후의 라이오니」(2020)는 매우 흥미롭다. 이 소설에서 인간의 공통적인 취약성은 '죽음'의 문제로 나타난다. 화자는 로몬 종족(죽음의 장소에 가서 가치 있는 흔적들을 회수하는 존재)이지만 다른 이들과 달

---

47 누스바움, 『혐오와 수치심』, 385~390쪽.

리 죽음을 두려워함으로써 로몬으로서 해야 할 임무를 온전히 수행하지 못한다. '나'는 로몬 집단 내에서 치명적인 결함을 가진 존재로 여겨진다. 화자는 이를 극복해 로몬으로서 자기증명을 하기 위한 탐사를 시작하고, 그 과정에서 결함과 수치로 인식되었던 것이 오히려 혐오와 배제의 문제를 극복하는 실마리가 될 수 있다는 사실을 깨닫는다. 죽음에 대한 두려움은 자기 회피와 부정으로 이어져 혐오를 불러일으킬 수도 있지만, 공통적인 유한성을 지닌 인간 존재에 대한 이해로부터 출발해 공감과 연민을 느끼게 하는 매개가 될 수도 있다.[48]

이 소설은 우리 모두는 죽음에 이른다는 거대한 명제에 대해 말하면서도 서로 다른 죽음의 구체적인 얼굴을 조명한다. 화자가 두려워하는 죽음의 정체는 매우 세부적으로 그려진다. '나'는 질병, 재해 등의 원인으로 죽음에 이르게 된, 각기 다른 죽음의 얼굴을 상상한다. 개별화된 죽음을 상상한다는 것은 곧 각 개체를 인간 일반, 또는 공통된 속성을 지닌 특정 집단으로 범주화해 이해하는 것이 아니라 고통과 두려움을 가지고 있는 한 존재의 얼굴을 마주한다는 것이다. 이 소설은 대상화된 존재의 구체적인 삶과 감정들을 인정할 때 두려움이라는 절망이 용기와 희망으로 전환될 수 있다는 의미를 전달한다.

각기 다른 모습이지만 공통적인 취약성을 가진 이들은 그 차이를 애써 봉합하지 않은 상태에서 완전한 이해를 목표로 하지 않은 대화를 이어간다. 이는 서로 생각이 같아지는 동감(sympathy)이 아니라 다르지만 함께 나아가려는 공감(empathy)을 위한 행위에 가깝다.[49] 화자를 라이오니로 오인하는

48 마사 누스바움, 『타인에 대한 연민』, 임현경 옮김(서울: 알에이치코리아, 2020), 74~75쪽.
49 신형철이 정리한 내용에 따르면 "동정은 '같아지면서 멈추는' 것이고 공감은 '다른 채로 나아가는' 것이다". 신형철, 「감정의 윤리학을 위한 서설 1」, 《문학동네》, 82호(2015년 봄), 408쪽.

셀과의 대화는 상대가 누구인지 확신을 갖지 않은 채, 때로는 자신의 정체성을 드러내기도 하고, 때로는 상대방이 원하는 모습으로 연기하면서 이루어진다.[50] 이들에게 마주하고 있는 상대가 자신이 생각하는 이상적인 모습에 부합하는지는 그리 중요하지 않다. '나'와 셀은 서로를 친숙하면서도 낯선 존재로 대하면서 대화를 이어간다. 그렇게 이들은 상대방에 대한 안이한 이해와 동감에 내포된 폭력성을 가로질러 나간다. 자기 자신과 다른 존재를 그대로 인정하면서 함께 나아갈 수 있는 소통의 방법을 상상하게 하는 이 장면은 혐오를 넘어서는 윤리적 자세가 갖춰야 할 조건에 대해 질문한다.

코로나-19가 여전히 우리의 일상에 긴밀히 맞물려 있는 현재를 살아가고 있지만, 최근에는 포스트 코로나 시대, 뉴노멀(New Normal)에 대한 관심과 함께 미래에 대한 전망이 쏟아지고 있다. 코로나-19의 장기화로 이제는 과거의 일상을 회복하긴 어려우며, 코로나바이러스로 인해 변화된 현실을 새로운 일상으로 수용해야 한다. 하지만 코로나-19 시대 부각된 혐오와 같이 한국 사회의 특징을 보여주면서도 일상적이지 않은 양상으로 표출되었던 여러 사회문화적 문제들을 들여다보는 일을 소홀히 해선 안 된다. 다가올 미래를 위해서도 과거와 현재에 대한 섬세하고 치밀한 분석과 성찰이 필요하다. 이 글은 이러한 문제의식이 담긴 최근 한국 소설을 살펴보면서 여전히 지속되고 있는 코로나-19 시대의 과거와 현재, 그리고 미래의 삶의 가치와 의미들을 고찰해 본 시도다.

---

50 나는 셀이 나를 라이오니라고 믿으리라 생각하며 라이오니를 연기하고, 셀은 그런 내가 라이오니가 아니라는 사실을 알면서도 라이오니라고 믿는 척 연기하는 이중의 연기가 우리 사이에 존재했던 것이니까. 김초엽, 「최후의 라이오니」, 47쪽.

참고문헌

고프먼, 어빙(Erving Goffman). 2009. 『스티그마-장애의 사회심리학』. 윤선길·정기현 옮김. 오산: 한신대학교출판부.

누스바움, 마사(Martha Nussbaum). 2015. 『혐오와 수치심』. 조계원 옮김. 서울: 민음사.

_____. 2020. 『타인에 대한 연민』. 임현경 옮김. 서울: 알에이치코리아.

권창규. 2020. 「감염병 위기와 타자화된 존재들」. ≪현대문학의 연구≫, 72호, 163~207쪽.

김건형. 2020. 「올해 우리가 잃어버린 시간들이 있는데-서장원, 「프랑스 영화처럼」」. 「계간 평: 세목화되는 소설적 주제들」. ≪문학동네≫, 104호(가을).

김양선. 2021. 「팬데믹 이후 사회에 대한 (여성)문학의 응답: 젠더, 노동, 네트워크」. ≪비교 한국학≫, 29권 1호, 15~36쪽.

김영삼. 2020. 「구원 없는 재난 서사와 혐오의 정서-김애란의 「물속 골리앗」과 손홍규의 『서 울』을 대상으로」. ≪현대소설연구≫, 78호, 67~107쪽.

김유담. 2020. 「특별재난지역」. 조수경 외. 『쓰지 않을 이야기』. 파주: arte.

김이경·유미숙. 2019. 「맘충 호명에 대한 담론 분석: 기사 분석을 중심으로」. ≪Global Creative Leader: Education & Learning≫, 9권 1호, 43~63쪽.

김지오. 2020. 『코로나에 걸려버렸다(불안과 혐오의 경계, 50일간의 기록)』. 서울: 더난출판.

김초엽. 2020. 「최후의 라이오니」. 김초엽 외. 『팬데믹』. 서울: 문학과지성사.

김현미. 2020. 「코로나19와 재난의 불평등: 자본과 남성 중심의 해법에 반대한다」. 김은실 엮음. 『코로나시대의 페미니즘』. 서울: 휴머니스트.

박소정. 2020. 「해시태그로 말하는 여성」. ≪문학과사회≫, 132호(겨울).

배명훈. 2020. 「차카타파의 열망으로」. 김초엽 외. 『팬데믹』. 서울: 문학과지성사.

서세림. 2020. 「재난 서사와 사랑 담론: 2010년대 소설을 중심으로」. ≪사이≫, 29호, 335~ 362쪽.

서장원. 2020. 「프랑스 영화처럼」. ≪웹진 비유≫ 30호(6월). http://www.sfac.or.kr/literature/#/html/epi_view.asp.

서창록. 2021. 『나는 감염되었다 (UN 인권위원의 코로나 확진일기)』. 파주: 문학동네.

서희원. 2021. 「팬데믹 시대의 소설과 개인」. ≪인문과학연구논총≫, 42권 3호, 13~40쪽.

신형철. 2015. 「감정의 윤리학을 위한 서설 1」. ≪문학동네≫, 82호(봄).

엠케, 카롤린(Carolin Emcke). 2017. 『혐오사회』. 정지인 옮김. 파주: 다산초당.

오하나. 2020. 「인류 살리기로서의 돌봄에 대한 상상」. 추지현 엮음. 『마스크가 말해주는 것들』. 파주: 돌베개.

이기호. 2020. 「여기 뜨거운 교차성(제66회 현대문학상 심사평-본심)」. 최은미 외. 『2021 現代文學賞 수상소설집: 여기 우리 마주 외』. 서울: 현대문학.

임지훈. 2020. 「팬데믹 이후 소설에서의 변화에 대한 예비적 고찰-코로나 이후 소설에서 나타나는 변화의 양상을 중심으로-」. ≪한국언어문화≫, 73호, 37~58쪽.

임홍빈. 2020. 『수치심과 죄책감』. 서울: 바다출판사.

장성규. 2020. 「파국과 종말의 상상력: 한국 재난 서사 콘텐츠를 중심으로」. ≪스토리&이미지텔링≫, 19호, 189~211쪽.

정과리. 2014. 「감염병의 철학적 의미」. 정과리 외. 『감염병과 인문학』. 서울: 강.

조형래. 2020. 「팬데믹 파라노이아」. ≪한국문예창작≫, 19권 3호, 35~60쪽.

지젝, 슬라보예(Slavoj zizek). 2020. 『팬데믹 패닉』. 강우성 옮김. 서울: 북하우스.

_____. 2021. 『잃어버린 시간의 연대기』. 강우성 옮김. 서울: 북하우스.

최은미. 2020. 「여기 우리 마주」. ≪문학동네≫, 104호(가을).

한국인사이트연구소. 2020. 「코로나19와 혐오의 팬데믹」. 국가인권위원회 발간자료.

홍성수. 2018. 『말이 칼이 될 때』. 서울: 어크로스.

제11장

고려시대 싫어함〔厭-嫌-惡〕의 감정과 사회적 인식

전경숙

1. 싫어함이란

　근대 이성 중심의 이념에서 감정은 합리적 판단을 방해하는 요소로 이해되었지만 근래 들어 인간 정신활동에서 중추적이고 긍정적인 토대로 인식되었다.[1] 일반적으로 감정은 사랑, 기쁨 등의 긍정적 감정과 수치심, 혐오감, 죄책감, 분노 등의 부정적 감정으로 나눌 수 있다. 우리의 삶을 풍요롭게 하기 위해 긍정적 정서 발현의 중요성이 대두되었고, 이에 따라 연구도 긍정적 감정을 중심으로 이루어졌다. 특히 동양 철학은 인간의 본성을 중심으로 한 선(善)의 근원을 파악하는 데 집중되면서 부정적 감정에 대한 논의가 두드러지지 못했다. 부정적 정서로 분류되는 수치심과 혐오감 또한 수오지심(羞惡之心)이라 칭하며 인간에게 의(義)라고 하는 선한 본성이 갖춰져 있

1　홍성민,『감정과 도덕』(서울: 소명출판, 2016), 9쪽.

음을 입증하는 유력한 단서라고 봤다.

그러나 현재 세계적으로 가장 중요한 화두로 대두한 감정이 혐오(嫌惡)다.[2] 혐오를 마주하고 그 극복을 논의하기 위한 다각적인 담론이 형성되고 있다. 세계적으로 심화되는 혐오의 현상을 파악하는 것도 중요하지만 그 극복 대안을 마련하기 위해서는 한국 사회에 나타나는 혐오 현상에 대한 보편성과 특수성을 살피는 일이 중요하다고 생각한다.

혐오란 '싫어한다'라는 혐(嫌)이라는 단어와 '미워한다'라는 오(惡)라는 말이 결합한 것이다. '혐'과 '오'가 함께 '혐오'라는 말로 사용되기 시작한 것은 송대(宋代)로서 당시의 시인 소식(蘇軾)이 「진사중에게 답하는 글(答陳師仲書)」에서 "처세가 어긋나니 매번 깊이 스스로 혐오한다(處世齟齬, 每深自嫌惡)"라고 한 것에서 확인할 수 있다. 그러나 보편적으로 사용된 것은 아니고 명대(明代)에 가면서 민간에서도 쓰였던 것을 볼 수 있다. 오승은(吳承恩)이 서술했던 『서유기(西游記)』에서 알 수 있다.[3]

고려시대의 경우 『동국이상국집』이나 『파한집』, 『보한집』을 위시해 문집이나 사서에는 '혐오'라는 단어 자체를 확인할 수 없다. 그러나 1734년 민정중(閔鼎重)이 쓴 『노봉집(老峯集)』이나 『송자대전(宋子大全)』 등 조선 후기에 가면 종종 사용되는 것을 보면 명대의 영향으로 조선 후기에도 '혐오'라는 말이 점차 지식인 사회에서 사용되기 시작했음을 추측할 수 있다. 오늘날 보편적으로 사용되는 혐오라는 단어에서 주목할 점은 서구의 문화를 수용하고 이를 번역하는 과정에서 일본이 'hatred' 또는 'disgust' 등을 혐오라고 번역하고, 우리가 이것을 그대로 받아들이면서 혐오라는 말이 싫어하고 미

---

2 마사 누스바움(Martha Nussbaum)도 혐오 또는 수치심이라는 감정이 사회적·법적으로 미칠 수 있는 영향을 자세히 밝혔다. 마사 누스바움, 『혐오와 수치심』, 조계원 옮김(서울: 민음사, 2015).

3 '此时俱甚报怨他, 又鄙贱嫌恶他.'

위하는 감정을 이르는 말로 고정되었다는 것이다.

그러나 타인의 잘못에 대해 느끼는 싫어함의 감정은 인간이라면 누구나 태어나면서부터 본능적으로 느끼는 감정으로 혐오라는 단어로 부르기 전부터 있었다. 이 장에서는 고려시대 싫어함의 감정에 대해 살펴보고자 한다. 싫어함, 미움의 문제는 역사학에서 다루어지지 않은 부분이다.[4] 또한 한국의 경우 오랫동안 한자를 사용하는 과정에서 지배층 사이에서 한문을 구사하는 능력은 발달했지만, 우리의 고유한 생각과 생활 감각을 생생하게 드러낸 기록을 남기는 데 한계를 지닐 수밖에 없었다. 즉, 고려시대에 남아 있는 사료들이 주로 정치적인 면을 위주로 해 재단된 자료들이라는 점, 따라서 개인의 심정을 토로하는 자료들이 적다는 점에서 인간 감성과 관련된 생각에 대한 연구는 쉽지 않다.[5] 이 장에서는 여러 한계에도 불구하고 고려시대 사람들의 싫어함, 미움에 대해 가졌던 감정의 경향성과 사회적 인식에 대해 고찰해 보고자 한다.

---

4   역사학에서는 싫어함, 미움뿐만 아니라 감정, 심성과 관련된 연구가 미흡한 상황이다. 역사 연구가 국가, 정치, 제도 등에 집중되면서 과거 사회를 살아간 인간들의 생각이나 감정에 관심을 둘 여유가 없었다. 이러한 연구 경향에 대한 반성과 20세기 후반 서구 역사학이 사상, 심성 등 추상적인 영역으로 확대해 나가며 축적한 연구성과들로부터 영향을 받아 하일식 편, 『고려시대 사람들의 삶과 생각』(서울: 혜안, 2007)이 출판되었다. 이 장의 작성과 관련해 『고려시대 사람들의 삶과 생각』에 수록된 윤훈표, 「명예와 수치심의 사회적 배경과 기준」, 하일식 편, 『고려시대 사람들의 삶과 생각』; 박진훈, 「사치, 허영 그리고 검약」, 제374회 국학연구발표회(2005.11.12); 이혜옥, 「여성의 경제관념, 富의 추구, 가정 관리」, 제374회 국학연구발표회(2005.11.12) 등의 논문이 많은 참고가 되었다.

5   박진훈, 「고려사람들의 사치·허영과 검약 인식」, ≪한국사학보≫, 22(2006), 98쪽.

2. 싫어함을 뜻하는 염-혐-오

혐오(嫌惡)는 한자로 싫어할 혐(嫌)과 싫어할 오(惡)가 합쳐진 말로 뜻대로 보면 싫어하고 미워하는 감정이다. 위키백과에는 '어떠한 것을 증오, 불결함 등의 이유로 싫어하거나 기피하는 감정으로, 불쾌, 기피함, 싫어함 등의 감정이 복합적으로 이루어진 비교적 강한 감정'[6]으로 정의되어 있다.

최근의 연구 성과에도 혐오는 어떤 대상을 향해 불쾌(不快), 불호(不好), 기피함, 싫어함 등이 복합된 비교적 강한 감정으로서, 분노와 증오를 모두 포함하되 대상을 향해서는 동화되고 싶지 않은 '거리감'을 반드시 전제하는 개념이라 할 수 있다. 혐오는 대상에 대한 거리감을 전제로 하는 부정적인 감정으로서, '편견이나 잘못된 인식에 의해 부당하게 이루어지는 분노'라는 사회적 의미(문화적·권력적 혐오)만이 아니라 어떤 대상에 대해 신체/감정/감각적으로 느끼는 '싫어함'이라는 개인적 의미망(생물학적·감각적 혐오)도 두루 함의하는 개념이다. 그리고 그 이면에 '수치심, 두려움, 공포, 불안, 분노, 증오' 등이 깊숙이 자리하면서 밖으로는 강한 어조로 표출되는 감정이기도 하다.[7]

조선시대 이전의 문헌에는 혐오라는 단어가 확인되지 않는다. 원치 않는 대상에 대한 거리감을 전제로 하는 싫어함을 표현하기 위해 염(厭), 혐, 오 등을 사용했다.

『설문해자(說文解字)』에 따르면 싫을 '염'자는 부수이자 소리부인 '기슭 엄(厂)'자와 의미부인 '물릴 염(猒)'자로 형성(形聲)된 한자다.[8] '물릴 염(猒)'자는 '달 감(甘)'쪽에서 설명하고 있는데, '물릴 정도로 먹어 배부르다'라는 뜻이

---

6 https://ko.wikipedia.org(검색일: 2022.1.31).
7 박상영, 「조선후기 시가에 나타난 혐오의 한 양상과 그 문화론적 의미」, ≪국어국문학≫, 185(2018), 149쪽.
8 '猒, 笮也. 从厂猒聲. 一曰合也'. 착(笮)은 대나무로 만든 화살통이 본래의 뜻이나 여기서는 '싫다'로 풀이한다.

다.[9] 자체 그대로 '개 견(犬)'자는 개를, '고기 육(肉)'자는 고기를, '입 구(口)'와 일(一)을 합한 '감(甘)'과 더해져 '맛있는 고기를 싫증 날 정도로 먹는다〔猒〕는 뜻에서 '싫증나다', '염증을 느끼다', '싫어하다'의 뜻이 나왔다.

고려시대 기록에는 궁예가 '사람을 죽이는 데 만족함이 없었다'[10]라는 기록 등 물리지 않고 싫증남이 없음이라는 뜻으로 무염(無厭), 만족(滿足)할 줄 모르는 끝없는 욕심(慾心)을 뜻하는 무염지욕(無厭之慾)으로 많이 쓰였다. 고려 중기 이후 특히 무신정변 이후 사회의 혼란을 국가가 제대로 통제하지 못하게 되면서 많이 확인된다.

> 이영진(李英搢)은 처음 이름이 이총부(李寵夫)로 고령군(高令郡) 사람이다. 집안이 한미해 생선을 팔아 생계를 잇다가 순라군이 되었다. 성품이 잔인해 남이 화를 당하면 좋아했다. 정중부(鄭仲夫)의 변란 때 이의방(李義方)·이고(李高)에게 붙어 멋대로 흉포한 짓을 자행했기에 사람들이 잔학한 자를 말할 때에는 반드시 이총부를 들었다. 경대승(慶大升)이 권력을 잡고 흉악한 무리를 대부분 처형하자 이영진은 몸을 사리고 있다가 경대승이 죽은 후 다시 횡포를 부리며 졸지에 형부상서(刑部尚書)로 뛰어올랐다. 백성의 물건 빼앗기를 물리지 않게 하더니〔漁奪無厭〕 부자가 된 후 거하게 집을 치장하자 보는 사람마다 과하다고 말하였다.[11]

이영진은 생선을 팔아 생계를 이을 정도의 한미한 가문이었지만 잔인한 성품으로 정중부가 일으킨 무신정변을 계기로 출세의 기회를 잡았다. 1170년(의종 24)에 정중부, 이의방, 이고가 중심이 되어 일으킨 무신의 난은 "모든

---

9 '猒, 飽也. 从甘从猒.'

10 『고려사』권92, 열전5 諸臣 王順式 附 尹瑄. '初以弓裔誅殺無厭.'

11 『고려사』권100, 열전13 李英搢. '李英搢, 初名寵夫, 高令郡人. 家世微, 販魚爲生, 充邏卒. 性殘忍喜禍. 鄭仲夫之亂, 附李義方·李高, 恣其兇暴, 世之言殘虐者, 必曰寵夫. 慶大升用事, 誅戮兇黨殆盡, 英搢畏縮, 及大升卒, 復橫肆, 驟遷刑部尚書. 漁奪無厭, 以致家富, 屋宇耽耽, 人見之曰夥.'

문신의 관을 쓴 자는 비록 서리(胥吏)라 하더라도 씨를 남기지 말라"라는[12] 말에서 알 수 있듯이 고려 전기 이래 차별받던 무신들이 군사들의 불만을 부추겨 일으켰다. 무신정변이 성공한 이후 정치권이 새롭게 재편되면서 이전의 유학적 소양을 갖춘 문신을 대신해 무적 재능을 갖춘 새로운 집단이 형성되었다. 사료에서 보듯이 이영진 역시 '흉포한 짓'으로 표현되는 문신들의 제거에 역할을 했을 것이고 이를 통해 관료로 등장했다. 그러나 이후 왕정복고를 도모하며 무신정변에 반대하는 성향을 가진 경대승이 집권하면서 신변안전을 위해 정계를 떠났다가 이의민이 집권하면서 다시 정치력을 회복했다. 집정자가 누구냐에 따라 정치권의 부침이 심했던 무신정권기 이후로는 한 번 정권을 잡게 되면 정치, 경제, 군사적 기반을 확대하기 위해 백성으로부터의 약탈이 심하게 이루어졌다. 이영진 역시 다시 정권을 잡은 후로 백성의 재산을 빼앗는 데 집중했는데 그것이 '물리지도 않고[無厭] 염치가 없을 정도였다.[13] 당시 집권층의 수탈 정도는 '백성에게 과중하게 거두기를 살갗을 벗기고 골수를 부수는 듯'[14]했고, 이는 백성의 반란으로 이어졌다.

이 외에도 '안찰사(按察使)나 감창사(監倉使) 등으로 파견되는 관리 중 큰 고을로 보내줄 것을 청해 백성을 끝도 없이 침탈한 자들을 섬으로 유배 보냈다'라거나[15] 고려 말 이인임(李仁任)이 '정권을 잡고 권력을 마음대로 휘두르며 끝없이 탐욕을 부렸다'[16] 등에서도 확인할 수 있듯이 '염'은 정도를 넘은

---

12 『고려사절요』 권11. '(의종 24년 8월 丁丑) 又入泉洞宅, 殺別常員十餘人, 使人呼於道曰, 凡戴文冠者, 雖至胥吏, 俾無遺種.'

13 윤훈표는 무염을 '염치가 없이'로 번역했다. 윤훈표, 「명예와 수치심의 사회적 배경과 기준」, 190쪽.

14 『고려사절요』 권15. '(고종 6년 10월) 義州宣諭使趙廉卿等還, 言, 義州叛民五十餘人至嘉州曰, 兵馬使趙沖金君綏丁公壽等淸白愛民. 餘皆貪殘, 厚斂於民, 剝膚槌髓, 不堪其苦, 有此叛也.'

15 『고려사절요』 권15. '(고종 6년 10월) 崔瑀聞其言, 以安永麟柳庇俊弼李貞壽崔守雄李世芬高世霖洪文敘李允恭崔孝全宋自恭李元美崔譫等誉諂事忠獻, 或爲按察使, 或爲分道分臺監倉使, 或求巨邑, 侵漁無厭, 分配諸島.'

행위, 염치를 모를 수준의 행위에 대한 부정을 나타낼 때 주로 쓰였다.

'혐'은 『설문해자』에 따르면 '마음에 들지 않아서 못마땅하게 여기는 것이다(不平). 한 편으로는 미심쩍음이라고도 한다(嫌, 不平於心也. 一曰疑也)'라고되어 있다. 고려시대 기록에서 '혐'은 '꺼리고 미워하다'의 의미에서 파생된 '의심스러움'을 나타내는 혐의(嫌疑), 혐명(嫌名), 친혐(親嫌), 혐극(嫌隙)의 의미로 많이 사용되었다.

가장 많이 확인되는 것이 '혐의'다.

> 군자는 일어나지 않은 일도 예방해야 하고, 의심받을 곳에 있지 않아야 한다 / 君子防未然, 不處嫌疑間.
> 외밭에선 신발을 고쳐 신지 않고, 오얏나무 밑에선 갓을 고쳐 매지 않는다 / 瓜田不納履, 李下不整冠.[17]

이 시는 북송(北宋)의 곽무천(郭茂倩)이 편찬한 『악부시집(樂府詩集)』에 실린 「군자행(君子行)」에 나오는 말로, 『명심보감(明心寶鑑)』 정기편(正己篇)에 강태공이 한 말로 수록되어 널리 알려졌다. 아무리 신발 끈을 고쳐 매려고 머리를 숙였다고는 하지만 그곳이 외밭(瓜田)이라면 오이나 참외를 훔치는 행동이라고 오해를 받을 것이고, 아무리 관을 고쳐 쓰려고 손을 들어 관을 만졌다고는 하지만 그곳이 자두나무 밑이라면 자두를 따려고 손을 들었다는 의심을 사게 될 것이니 괜한 의심을 받을 일은 하지 말라는 말이다. 즉, 다른사람의 오해를 살 수 있는 일은 애초부터 하지 않는 것이 군자가 가야 할 당당한 길로 봤던 것이고, 의심을 받을 만한 행동에 부정적인 감정을 실어 혐

---

16 『고려사』 권111, 열전24 金續命. '時李仁任·池奫·林堅味等, 專權用事, 貪黷無厭, 唯憚續命不敢肆.'
17 『악부시집』 권32, 相和歌辭7 平調曲3, 君子行. 『東人之文四六』 권15, 上座主金相國謝衣鉢啓 【良鏡】 金坵.

의라고 했던 것이다.

이규보(李奎報)의 시 「붉은 오얏을 먹다〔食朱李〕」에서도 확인할 수 있다.

옥구슬 같은 붉은 자두 쟁반에 가득한데 / 殷玉爛盈盤,
하나 먹으니 벌써 싫증이 나는구나 / 一呑已可厭.
그건 바로 오얏나무 밑에서 갓을 바로 쓸 때 받는 의심을 꺼리고 / 猶忌整冠嫌,
씨를 뚫던 이야기 생각나서일세. / 敢懷鑽核念[18]

이규보가 쟁반 가득한 자두를 하나만 먹고도 싫증을 느낀 것은 자두로 연
상되는 혐의의 고사와 진(晉)나라의 왕융(王戎)이 생각났기 때문이다. 왕융은
집에 좋은 오얏이 있어 내다 팔아 생계를 이었는데 사람들이 혹시 종자를
얻어 자두를 생산해 낼 것을 두려워해 항상 씨를 뚫을 정도로 인색한 사람
이었다.[19] 이규보는 자두에서 군자답지 못한, 도덕적이지 못한 감정을 느껴
입맛까지 잃은 모습을 보여주고 있다.

이규보의 예처럼 관료 스스로가 자신의 생활을 경계하며 혐의 없는 삶을
추구하는 경우도 있지만 김양경(金良鏡)은 혐의를 벗어나지 못해 처벌을 받
고 있다. 김양경은 1227년(고종 14) 동진(東眞)의 군대가 고려 관내로 쳐들어
오자 지중군병마사가 되어 의주(宜州)에서 싸웠으나 대패해 상주목사로 좌
천되었다. 이를 두고 '정관의 혐〔整冠之嫌〕이 미연에 생겨 아무 까닭 없이 비
방이 일어났기' 때문으로 봤다.[20]

도덕적이지 못하다는 혐의를 얻게 될 것을 두려워해 기피하는 것은 문신

---

18 『동국이상국집』 권3, 古律詩, 食朱李.

19 『晉書』, 王戎傳.

20 『東文選』 권46, 啓, 上座主金相國謝衣鉢啓 良鏡〔金坵〕. '今始得紗籠之碧, 擧城遺老, 更相驚蓮幕
    之紅, 整冠之嫌, 生於未然, 露齒之誇起於無事.'

의 임용을 관리하는 이부(吏部)에 임명된 관리의 태도에서도 찾을 수 있다. 최충헌(崔忠獻)의 장인이었던 임유(任濡)는 이부상서에 임명되자 표(表)를 올려 '옛날 유량(庾亮)은 중서(中書)를 받자 이내 글을 올려 굳이 사양하였고, 양호(羊祜)는 개부(開府)에 승진되자 역시 표를 올려 기어이 사면하였으니, 이들은 모두 외척의 우익이요, 여러 신하의 영수로서 팔다리 같은 기탁을 맡기는 했지만, 오히려 폐부(肺腑)의 혐의가 생길까 두려워하였거늘, 하물며 신은 칭찬할 만한 덕이 없고 기록할 만한 공로도 없는데, 은친(恩親)으로 갑자기 올라가서 지나치게 높은 관작을 받으면, 비록 천의(天意)는 지극히 공정하실지라도 물의가 비등할 것이 두려우며, 국가에 이익은 없고 남에게 의심만 사게 될 것입니다'라며 관직에 나아갈 것을 사양하고 있다.[21]

정치력이 불공정하게 행사될 것을 견제하기 위해 친혐을 피하는 노력도 이루어졌다. 친혐은 친족(親族)끼리 한 관사(官司)에 있으면 사사로운 정이 개입될까 오해받는 것이다. 송유인(宋有仁)은 장인인 정중부(鄭仲夫)가 중서성(中書省)의 총재로 있자 친혐을 꺼려 추밀(樞密)로 재직했고, 최평(崔坪)은 큰아버지 최종준(崔宗峻)과의 친혐 때문에 대성(臺省)에는 들어가지 못했다.[22] 이세황은 『파한집(破閑集)』 발문에 『남화편(南華篇)』의 내용을 들어 친혐을 피해야 하는 까닭에 대해 기술하고 있다.

> 『남화편(南華篇)』에 이르기를 '친아버지가 아들을 위하여 중매를 서지 않는 것은, 친아버지가 아들을 칭찬하는 것이 아버지가 아닌 사람이 칭찬하는 것보다 못하기 때문이다'라고 했다. 왜냐하면 대부분 듣는 사람이 의심쩍어 할 것이기

---

21 『동국이상국집』권29, 表, 任相公濡讓樞密副使吏部尙書表. '昔者庾亮受中書, 乃拜章而牟讓, 羊祜遷開府, 亦抗表而固辭. 此皆外戚之羽儀, 群臣之領袖, 非不任股肱之寄, 猶恐生肺腑之嫌. 況臣無德可稱, 無勞可記, 直以恩親而暴進, 遽蒙官職之過崇, 雖天意之至公, 懼物議之喧沸, 無補於國, 有疑於人.'

22 『고려사』권99, 열전12, 諸臣, 崔惟淸 附 崔坪

때문이다. 아들이 아버지에 대해서 하는 것도 또한 이와 같다. 진실로 아버지가 한 것에 대해 글 속에서 추켜세워 아름답다고 한다면 단지 비방을 스스로 불러들일 뿐이니, 또한 자신의 아들이 아닌 사람이 그렇게 하는 것만 못하다.[23]

친혐을 피해야 하는 것은 공정성의 문제가 제기되기 때문이다. 아버지와 아들이 같은 관서에 있으면 정사의 공정성에 혐의가 따르고, 객관적인 평가도 혐의를 벗어나지 못해 비방까지 일어날 수 있는 일이므로 관료로서는 꺼리고 피해야 하는 것이 바람직한 태도였고 마음에 불편함을 없애는, 즉 '혐'이 없는 처세였다.

즉, 혐의는 싫어함의 감정이 객관적인 상황이나 사실에 대해 일어나는 것이기도 하지만 일어나지 않은, 그러나 그것이 옳지 않은 상황으로 진행될 여지가 있는 것이라면 거리를 두어야 하는 방어적인 기제로 작동했다. 이러한 혐의는 사회적으로 친혐을 꺼리는 것을 도덕적인 정치 윤리로 인식하도록 했다고 생각된다.

이와 더불어 '혐'과 관련해 가장 많이 확인되는 사례가 혐명이다. 혐명은 피휘(避諱)라고도 하는데, 백성이 임금의 이름자를 피하고 쓰지 않던 일이다. 『고려사』에는 1019년(현종 10)부터[24] 확인되기 시작하지만 고려 초부터 시행된 것으로 보인다. 봉암사 정진대사원오탑비문에 혜종의 이름 '무(武)'를 피해 '호(虎)'를 썼고, 정종의 휘자 '요(堯)', 성종의 휘자 '치(治)', 목종(穆宗)의 휘자 '송(誦)'을 피휘하기 위해 결획하거나 대자한 것을 볼 수 있다.[25] 혐명은 1083년(선종 즉위년)에 공식적으로 채택되었고,[26] 1101년(숙종 6) 왕의 이

---

23 '南華篇曰, 親父不爲子媒, 親父譽之, 不若非其父者也. 何則蓋謂聽者惑也. 子之於父, 亦猶是. 苟以父之所爲, 推美於文翰之中, 則秖自招謗耳, 又不若非其子者也.'

24 『고려사』 권5, '(현종 10년 2월) 丁亥 避王嫌名, 改人姓筍爲孫.'

25 정구복, 「고려조의 피휘법에 관한 연구」, 『이기백선생고희기념 한국사학논총』, 상(서울: 일조각, 1994).

름과 같은 소리로 피해야 할 글자를 판에 새겨 널리 보여서 백성들이 피할
수 있도록[27] 보편화하고 있다. 혐명과 관련해서 명나라 태조 주원장(朱元璋)
의 고사를 참고할 수 있다. 주원장은 어렸을 때 머리를 깎고 중노릇을 한 적
이 있어 광(光)자를 꺼려했다. 그는 의심이 많고 항상 남이 자신을 업신여길
까 걱정했는데, 항주부학 교수(杭州府學 教授) 서일기(徐一夔)가 일찍이 축하하
는 표를 지어 올렸는데, 그 글 속에 "밝은 하늘 아래〔光天之下〕"라는 문장이
있었다. 태조가 그것을 보고 크게 노해 이르기를 "쓸모없는 유생〔腐儒〕이 어
떻게 감히 이와 같이 나를 모욕하는가? 광이란 중이다. 내가 중노릇을 한
적이 있고 광은 머리털이 없는 것을 말한다. 불경(不敬)한 죄를 지었으니 잡
아 죽이라"라고 명령을 내렸다.[28] 이는 전근대 사회에서 혐명이 갖는 의미를
알려준다. 즉, 임금의 이름과 같은 한자를 써서 이름을 짓는 것은 임금을 섬
기지 않는 불경, 나아가 불충으로 읽힐 수 있으므로 피해야 하는 것이다. 정
치 운영의 공정성을 위해 친혐을, 임금을 향한 어긋남이 없는 충의 발현을
위해 혐명을 사회적 준거로 일상화하고 있는 것이다.

또한 '혐'은 사람과 사람 사이에, 또는 집단과 집단 사이에 서로 이해하지
못하고 오해해 싫어하고 서먹서먹한 관계를 형성하기도 하는데, 이를 '혐극'
이라고 한다. 국가 간에 오가는 외교 문서의 서두에 '좋은 관계를 유지해 일
찍이 혐극이 없었다'라는[29] 등 친선을 위한 인사말로 쓰는 경우를 확인할 수
있다. 사람 사이에 쓰이는 예로는 이제현(李齊賢)이 김취려(金就礪)의 삶 중

---

26 『고려사』 권10. '(선종즉위년 11월) 丁卯 翰林院奏, "凡內外州府郡縣寺院, 公私門館號, 及臣僚
    以下名, 犯御諱者, 及音同者, 請改之." 制從之.'

27 『고려사』 권11. '(숙종 6년 4월) 翰林院奏, "御名同韻字, 請令秘書省, 彫板頒示, 使人知所避諱."
    制可, 改雍和殿, 爲祥和殿'

28 王彦坤, 『歷代避諱字滙典』(鄭州: 中州古籍出版社, 1997), 126쪽.

29 『고려사』 권30. '(충렬왕 18년) 冬十月 庚寅 以太僕尹金有成爲護送日本人, 供驛署令郭麟爲書
    狀官. 仍致書曰, 小邦與貴國, 隔海爲隣, 昔, 貴國商人, 時或来往於金海, 國因以爲好, 曾無嫌隙.'

1216년(고종 3) 거란 유종이 고려를 침략하자 중군병마사(中軍兵馬使)였던 노원순(盧元純)을 도와 전쟁을 수행[30]했던 대목에 대한 기록이 주목된다. '개평(開平)의 싸움에서는 그가 중군병마사 노원순을 두 번이나 구했는데도 노공(盧公)은 사현(沙峴)의 싸움에서 돕지 않았다. (그러나 김취려는) 끝까지 한마디도 하지 않아 혐극을 생기게 하지 않았으며, 그 공로를 자랑하지 않고 여러 사람에게 돌렸으니, 이것이 바로 대인·군자의 마음씀이다'라고 했다.[31] 이색(李穡)도 군자의 자세를 읊으면서 혐극에 대해 말하고 있다.

> 군자는 인간 세상 밖에 홀로 서 있으니 / 君子立於獨
> 남과 어울려도 항상 물처럼 고요하다. / 群居常湛然
> 아교와 풀 같은 사귐을 그 뉘와 나눌련가 / 誰投膠與漆
> 혐극이 하늘까지 그득하구나. / 嫌隙還滔天
> 주시(周詩)에서 새의 소리 노래했으니 / 周詩歌鳥聲
> 벗 찾는 게 어이 그리 어질던고 / 求友何其賢
> 우리 동배들에게 감히 고하노니 / 敢告我同輩
> 이것을 힘쓰고 또 힘쓸지어다 / 勉旃仍勉旃

이색은 새가 소리로 벗을 구하듯이[32] 사람도 벗을 찾는 것에 힘써야 함을 얘기하면서 오해로 인해 사람들 사이가 멀어지는 혐극에 대한 우려를 당부하고 있다. 이 외에 '혐'이 단독으로 쓰일 때는 '내 마음에 불편'을 가져오는

---

30 『고려사』 권22. (고종 3년 8월) 己巳 '以上將軍盧元純爲中軍兵馬使, 上將軍吳應富爲右軍兵馬使, 大將軍金就礪爲後軍兵馬使, 禦之.'

31 『동사강목』 제10하. '開平之戰, 我乃再救中軍, 沙峴之役, 盧公則不相助, 訖無一言, 以生嫌隙, 不伐其勞, 歸功於衆, 是則大人·君子之用心也.'

32 『詩經』 小雅 伐木 '伐木丁丁, 鳥鳴嚶嚶, 出自幽谷, 遷于喬木, 嚶其鳴矣, 求其友聲, 相彼鳥, 矣 猶求友聲, 矧伊人矣, 不求友生, 神之聽之, 終和且平.'

대상을 마주했을 때의 싫어함을 서술할 때 사용되었다.

한편 우리가 나쁘다는 의미에서는 악으로, 싫어한다는 의미에서는 '오'로 읽는 한자 '惡'에 대해 『설문해자』는 각기 다른 부수에서 설명하고 있다. 즉, 악으로 읽을 때는 '마음 심(心)' 부에서, 싫다는 감정을 의미할 때는 '버금 아(亞)' 부에서 설명하고 있다. '亞는 추하다는 것이다. 사람의 등이 구부러진 모양을 본뜬 것이다. 가시중(賈侍中)의 설에는 다음[次弟]으로 삼았다고 하였다(亞醜也. 象人局背之形. 賈侍中說, 以爲次弟也)'라고 했다. '오(惡)'는 亞+心이므로 버금이라는 뜻으로 쓰인다. 추악한 얼굴을 상형한 것이니 첫째가 될 수 없으므로 '다음'인 것이며, 사람들이 싫어하는 바가 된 것이라는 설명이다. 앞에서 살핀 것처럼 '염'과 '혐'은 모두 싫어함의 감정을 표현하는 데 사용되고는 있지만 '염'은 만족을 모르는 것에 대한 싫어함, '혐'은 의심으로부터 오는 마음 속 불편함에 대한 싫어함에 주로 사용되었다면 일반적이고 보편적인 싫어함에 대해서 '오'를 사용하고 있다. 그렇다면 어떠한 대상을 싫어하고 거리를 두려했는지 살펴보자.

3. 무엇을 싫어하는가: 고려시대 싫어함〔厭-嫌-惡〕의 발현

인간이라면 누구나 좋아하고 싫어하는 보편적인 것이 있다. 공자는 부(富)와 귀(貴)는 사람들이 누구나 탐내고 바라는 것이고, 빈(貧)과 천(賤)은 모두가 싫어하는 것이라고 했다.[33] 그중 '먹고 마시는 일과 남녀 간의 사랑은 인간이 가장 원하는 것이고〔大欲〕, 죽음과 가난은 인간이 가장 싫어하는 것〔大惡〕'[34]라고 해 죽음과 가난의 고통을 싫어함 중 가장 큰 싫어함으로 들고

---

33 『論語』里仁. '富與貴, 是人之所欲也, 不以其道得之, 不處也. 貧與賤, 是人之所惡也, 不以其道得之, 不去也.'

있다. 최계방(崔繼芳)의 묘지명을 보면 고려시대 사람들이 「홍범(洪範)」에 나오는 오복(五福), 즉 장수함(壽), 부유함(富), 건강함(康寧), 덕을 좋아함(攸好德), 천명을 다하고 죽음(考終命)을 갖춘 삶을 이상적인 삶으로 여기고 있음을 알 수 있다.[35] 이에 따라 오복의 반대편에 있는 단명, 빈곤, 허약, 고독, 요절 등은 인간이 모두 싫어하는 것이고, 그중 죽음과 가난이 가장 싫은 대상이었다. 따라서 임금으로서는 '(백성을) 살리는 것을 좋아하고, 죽이는 것을 싫어하는 것(好生惡殺)'을 덕으로 삼았다. 충선왕이 태조가 송나라 태조에 비견된다고 하면서 '호생오살'을 칭송했다.[36] 이렇게 인간이라면 누구나 싫어하는 것은 호(好)의 반대 의미의 싫음을 나타낸다.

반면 내가 갖지 못한 것에 대한 싫어함도 있다. 이것은 질투, 열등감과 연결되는 감정이다. 외부 대상의 정의, 불의와는 상관없이 자신을 모욕했는지 아니면 손해를 끼쳤는지에 의해 발생한다고 볼 수 있다. 일연은 『삼국유사』 피은(避隱)에서 태자의 미움을 받던 물계자(勿稽子)가 속세를 떠난 이야기를 전하고 있다. 신라 나해왕(奈解王) 17년에 보라국(保羅國)·고자국(古自國) 등 8국이 힘을 합쳐 변경을 쳐들어오자 왕은 태자 날음(捺音)에게 명해 병사를 거느리고 그들과 겨루도록 했다. 8국의 군사를 물리친 전쟁에서 물계자의 군공이 제일이었으나 상을 받지 못했다. 3년 뒤의 전쟁에서도 물계자가 공을 세웠으나 이때도 인정받지 못했다. 모두 태자의 미움을 받아 공이 기록되지 않았기 때문이다.[37]

---

34 『禮記』. '飲食男女 人之大欲存焉 死亡貧苦 人之大惡存焉.'

35 『崔繼芳墓誌銘』. '洪範五福, 曰壽, 曰富, 曰康寧, 曰攸好德, 曰考終命. 人而有此五福而貴者, 未嘗見人矣.'

36 『고려사』권2. '李齊賢贊曰, 忠宣王嘗言, 我太祖, 規模德量, 生於中國, 當不減宋太祖. …… 我太祖事弓裔, 猜暴之君, 三韓之地, 裔有其二, 太祖之功也. 以不世之功, 處必疑之地, 可謂危矣. 而國人歸心, 將士推戴, 然猶固讓, 欲徇延陵之節. 弔伐之事, 亦豈得已哉? 其好生惡殺, 而信賞必罰, 推誠功臣, 而不假以權.'

천성이 영리하고 얼굴이 아름다워 사람들이 옥인(玉人)이라 불렀던 유응 규(庾應圭)는 1151년(의종 5) 내시(內侍)에 보직되어 참관(參官)에 이르렀는데, 논리가 밝고 사무 처리가 재빨랐으므로 동료들이 나이 어리다고 함부로 하지 못했다. 유응규에 대해 '사람들은 그가 하루아침에 현달했다고 미워하지 않았다'라고 평가했다.[38] 즉, 내가 이루지 못한 출세와 영달은 미워함의 대상일 수 있으나 그것이 정도(正道)에 맞는 것이라면 미워할 수 없는 것이었다. 이때의 싫어함은 애(愛)의 반대 감정이며, 자신에 대한 혐오가 상대를 미워하고 싫어하는 것으로 표출된 것으로 볼 수 있다.

모르고 낯선 것에 대한 싫어함은 일찍부터 확인된다. 고구려의 승려인 아도기라(阿道基羅)가 신라에 불법을 전하러 왔을 때 '세상에서는 전에 보지 못하던 것이라고 하여 의심하고 꺼리고 심지어는 그를 죽이려는 사람까지' 있을 정도의 거부감이 드러났다.[39] 낯선 것에 대한 거부감은 이민족과의 관계에서 확인할 수 있다. 고려시기에는 초기부터 다양한 종족이 내투(來投)·귀부(內附)해 고려 경내·외에 거주했다. 고려 태조대부터 의종대까지 한계(漢系), 여진계, 거란계, 발해 유민 등 투화인이 총 185회, 16만 8499명이라는 연구[40]에 따르면 『송사』 고려조에서 언급된 고려 인구 남녀 210만 명[41]과

---

37 『삼국유사』 권5, 避隱8, 勿稽子. '第十奈解王即位十七年壬辰, 保羅國·古自國 今固城·史勿國 今泗州等八國幷力來侵边境. 王命太子㮈音·將軍一伐等率兵拒之, 八國皆降. 時勿稽子軍功第一, 然爲太子所嫌不賞其功. 或謂勿稽子, "此戰之功唯子而已. 而賞不及子, 太子之嫌君其惡乎." 稽曰, "國君在上何怨人臣." 或曰, "然則奏聞子王幸矣." 稽曰, "伐功爭命揚己掩人志士之所不爲也, 勵之待時而已."'

38 『高麗國入內侍尙書工部侍郎兼三司▨▨太子少詹事庾君墓誌』. '有▨▨▨. 君爲長, 若幼而穎悟, 所神▨▨, 時謂之玉人. …… 天德三年, 召入爲內侍, 是毅宗即政之第六▨也. 俄▨景靈殿判官, 歷金吾衛錄事·試供驛署令·大府注簿. 至年二十有▨, 拜權知閤門祗候, 君雖▨少, ▨▨列當官, 貞固確乎, 不拔持議. 端方且而不苟臨▨果斷, 若夙成然, 由是, 人不嫌其且達而▨曰晚也.'

39 『삼국유사』 권3, 興法3, 阿道基羅. '詣闕請行教法, 世以前所未見爲嫌, 至有將殺之者.'

40 박옥걸, 「고려 전기의 귀화인」, ≪고려시대의 귀화인 연구≫(서울: 국학자료원, 1996), 59쪽.

41 고려 인구 210만 명은 송의 입장에서 낮춰 잡은 것으로 보고『고려도경』의 60만 병사 수

비교해서 상당한 정도로 다양한 종족과 이국인이 들어와 거주했다고 볼 수 있다.

그러나 모르고 낯선 이국인이라고 해서 동일한 태도를 보이지는 않았다. 『송사(宋史)』 고려전(高麗傳)에 따르면 '고려 수도에는 중국인 수백 명이 있었는데, 대부분 민(閩) 지역 사람으로 상선(商船)을 타고 왔다. 고려는 그들의 재능을 시험하여, 회유하여 관리로 삼거나 강제로 평생 머물게 했다'[42]라고 한다. 광종이 후주(後周)의 쌍기(雙冀)를 받아들여 과거를 관장하게 하거나,[43] 송나라 천주(泉州) 출신의 채인범(蔡仁範)을 맞이해 예빈성낭중(禮賓省郎中)에 임명했다. 집 한 채와 전장(田莊)을 하사하고, 노비와 안마(鞍馬), 가구 등 필요로 하는 모든 것을 관에서 지급하게 하는 등 후하게 대접한 것은 그가 학문에 두루 밝아 임금을 보좌하는 큰 재주를 높이 평가했기 때문이다.[44]

이에 반해 거란과 여진에게는 차별적인 모습을 보이고 있다. 즉, 투화인의 출신과 정치적 정체성에 따라 수용체계가 차등적이었다.[45]

고려는 풍속의 관점에서 문명과 미개라는 분열주의적 인식을 드러냈다.[46]

기록을 근거로 해서 대략 250만 명 이상, 300만 명 내외로 이해한 연구가 있어 참고된다. 박용운, 「개경의 호구」, ≪고려시대 개경 연구≫(서울: 일지사, 1996).

42 『宋史』 卷246, 高丽. '王城有华人数百, 多閩人, 因贾舶至者, 密试其所能, 诱以禄仕, 或强留之终身.'

43 『고려사절요』 권2, 광종 9년 5월.

44 『蔡仁範墓誌銘』 '公姓蔡諱仁範, 是大宋江南泉州人也, 隨本州持禮使, 寔東達扶桑, 以光宗朝御宇之乾德八年, 覲我明庭應茲, 宗駐留便, 賜官告一通, 拜爲禮賓省郎中, 仍賜第宅一區, 幷贓獲田莊. 公以博通經史, 富有文章, 蘊王佐之大才, 實老成之碩學. 加之廉謹, 篤以溫良, 歷贊累朝, 咸推稱職.'

45 박옥걸은 '발해 지배층과 한족 계열의 지식인들을 우대하고 고려의 국왕이 직접 친견하여 적극적으로 귀화시키는 것과 달리 거란과 여진의 투화인들에게 귀화절차는 첫째 직접 국왕의 친견절차를 거치지 않고 둘째 관직수여가 아니라 토지와 집을 주어 호적(戶籍)의 절차를 거친 후에야 고려인으로 포섭했으며 셋째 이들의 귀화 자체가 집단으로 이루어지는 특징을 지니며 넷째 국경에 가까운 지역에 안치시키고 지역 병마사가 이들을 관리했다'라고 했다. 박옥걸, 「고려의 귀화인 동화책」, ≪강원사학≫, 17-18집(2002), 88~91쪽.

46 박경안, 「고려전기 外來人의 문화적 특성과 정착과정」, 『한국중세사연구』, 42(2015), 254쪽.

태조 왕건은 훈요10조에서 거란을 금수의 나라라고 지칭하며 풍속을 본받지 말라[47]고 경계하고 있다. 여진족에 대해서는 태조가 재위 14년에 유사에게 내린 조서에 그들에 대한 인식을 확인할 수 있다. '북번(北蕃) 사람은 인면수심(人面獸心)이라서 굶주리면 찾아왔다가 배부르면 가버리며 이익을 보면 부끄러움을 잊는' 존재이므로 성 밖에 객관을 지어 응대하도록 조처하고 있다.[48] 이러한 인식은 후대에도 이어져 1050년(문종 4) 시중 겸 도병마사였던 최충(崔冲)은 동여진추장 염한(塩漢) 등 86인을 '이적(夷狄)'이라고 지칭하며 이들은 인면수심이기 때문에 법으로도, 인의(仁義)로도 다스릴 수 없는 존재라고 설명하고 그들을 받아들이지 말고 돌려보낼 것을 건의했다.[49]

국외적으로 문화적 수준에 따른 이민족의 차등적인 인식이 있었다면 국내에서는 상대적으로 나보다 낮다고 인식되는 상대에 대해 무시하는 행태도 드러난다.

어느 날 장차 왕궁에 들어가려 하여 시종이 먼저 동문 밖에서 채비하였다. 안장과 말이 매우 화려하고 신과 갓이 다 갖추어져서 행인들이 그것을 피하였다. 한 거사가 행색이 남루하고 손에 지팡이를 짚고 등에 광주리를 이고 와서 하마대(下馬臺) 위에서 쉬고 있었는데 광주리 안을 보니 마른 생선이 있었다. 시종이 그를 꾸짖어 "너는 중의 옷을 입고 있으면서 어찌 더러운 물건을 지고 있느냐"라고 하였다. 중이 말하기를 "그 살아 있는 고기를 양 넓적다리 사이에 끼고 있는

---

47 『고려사』 권2. '(태조 26년) 其四曰, 惟我東方, 舊慕唐風, 文物禮樂, 悉遵其制, 殊方異土, 人性各異, 不必苟同. 契丹是禽獸之國, 風俗不同, 言語亦異, 衣冠制度, 愼勿效焉.'

48 『고려사』 권2. '(태조 14년) 是歲, 詔有司曰, 北蕃之人, 人面獸心, 飢來飽去, 見利忘恥. 今雖服事, 向背無常, 宜令所過州鎭, 築館城外, 待之.'

49 『고려사』 권95, 열전8 諸臣 崔冲. '又奏, 東女眞酋長塩漢等八十六人, 累犯邊境, 今勒留京館有日, 夷狄人面獸心, 不可以刑法懲, 不可以仁義敎. 勒留旣久, 首丘之情, 必深忿怨. 且供費甚多, 請皆放還. 從之.'

것과 삼시(三市)의 마른 생선을 등에 지는 것이 무엇이 나쁘단 말이냐'라고 하고, 일어나 가버렸다. 경흥(憬興)이 마침 문을 들어오다가 그 말을 듣고 사람을 시켜 그를 쫓아가게 하였다. 남산 문수사(文殊寺)의 문밖에 이르자 광주리를 버리고 사라졌다. 지팡이는 문수상 앞에 있었고 마른 생선은 곧 소나무 껍질이었다. 사자가 와서 고하니, 경흥은 그것을 듣고 한탄하여 "대성(大聖)이 와서 내가 짐승을 타는 것을 경계하였구나"라고 하고 죽을 때까지 다시 말을 타지 않았다.[50]

『삼국유사』에는 681년(신문왕 1)에 국로(國老)로 봉해진 경흥이 스님인데도 화려한 치장을 한 말을 타고 다니는 것을 경계하기 위해 남루한 행색으로 나타난 문수보살의 화신으로부터 깨달음을 얻고 이후로는 말을 타지 않았다는 내용을 기록하고 있다. 여기서 주목되는 것은 화려한 치장을 한 말을 행인들이 피해 다녔다는 것, 남루한 행색을 한 사람에게 시종까지도 함부로 말을 할 수 있었다는 것이다. 즉, 사회적으로 열세에 있었던 사람은 우위를 점하고 있었던 사람을 경계함으로써 자신에게 미칠 혐의를 피했고, 우위에 있는 사람은 무시와 멸시를 통해 열세에 있는 상대와 구분 짓기를 했다.

재미난 것은 남루한 행색에, 거사인데도 마른 생선을 들고 있던 존재가 문수보살의 화신이었다는 점인데, 이것은 상대를 싫어하는 감정인 무시와 멸시를 함부로 표출하는 것에 대한 경계의 내용이며, 공존의 사회를 위해 통용될 수 있는 담론이기도 했을 것이다.

싫어하는 감정이 증오와 분노로 표출되기도 한다. 그것은 정도에서 벗어

---

50 『삼국유사』 권5, 感通7, 憬興遇聖. '一日将入王宮従者先備於東門之外. 鞍騎甚都靴笠斯陳行路爲之辟易. 一居士(一云沙門.), 形儀疎率手杖皆筐来憩于下馬臺上, 筐里中乹魚也. 従者呵之曰, 爾着緇絮負觸物耶. 僧曰, 與共挾生肉於兩間, 皆真三市之枯魚, 有何所嫌. 言訖起去. 興方出門聞其言使人追之. 至南山文殊寺之門外抛筐而隐. 杖在文殊像前, 枯魚乃松皮也. 使来告, 興聞之嘆曰, 大聖来戒我騎畜爾. 終身不復騎. 興之德馨遺味俻載釋玄本所撰三郎寺碑. 甞見普賢章經彌勒菩薩言, 我當来世生閻浮提先度釋迦末法弟子, 唯除騎馬比丘不得見佛. 可不警哉.'

난 행위를 마주할 때 드러난다. 공자는 '치(羞)는 자기의 선하지 못함을 부끄러워함이요, '오'는 남의 선하지 못함을 증오하는 것이다'라고 했다.[51]

「홍범」에서 얘기하는 오복을 다 누린 것으로 칭송받는 최계방은 '본성이 좋아하는 것이 오직 도(道)와 덕(德)'이었기 때문에 유호덕(攸好德)을 누릴 수 있었다고 평가되었다. 도와 덕을 좋아하는 최계방의 생활 태도에 대해서 '공은 사람됨이 ▨▨부드럽고 부지런하며 검소하고 충성스럽고 효성스러웠는데, 옷을 입고 신을 신음이 가난한 선비(寒儒)보다 심하였다. 그러므로 어머니를 지극한 효로 섬겼으니, 노래(老萊)의 유풍(遺風)이 있었다. 관직에 임하여 사무를 행할 때는 능히 ▨마음을 다하였고, 쉽고 어려움(夷險) 때문에 그 절의를 바꾸지 않았다. 남을 대우할 때는 온화하고 공손하면서도 예의가 있었다. 자기에 대해서는 검소하면서도 법도가 있었고 이익과 욕심에 골몰하지(營營) 않았으니, 실로 맑은 사람(淑人)이요 군자(君子)라고 할 만하다'[52]라고 했다.

즉, 고려시대 관료는 행복한 삶의 조건으로 '덕을 좋아함'을 들고 있고, '맑은 사람'이며 군자다운 모습은 백성이 관료에게 원하는 이상적인 조건이기도 했다. 그렇다면 이상적인 관료의 조건이었던 도와 덕은 어느 부분에서 평가될 수 있는가.

강감찬(姜邯贊)은 성품이 청렴 검약해 집안 살림을 돌보지 않았다. 의복은 낡아서 보통 사람보다 낫지 않았지만, 엄숙하고 위엄 있는 모습으로 정책 결정을 내려 나라의 기둥이자 주춧돌로 여겨졌다. 당시 풍년이 들어 나라 안팎이 편안한 것을 모두 강감찬의 공[53]으로 생각할 정도였다. 강감찬의 행

---

51 『孟子』, 公孫丑上 6. '朱子註, 羞恥己之不善也, 惡憎人之不善也.'

52 『崔繼芳墓誌銘』. '公饗年七十二歲, 豈不壽乎? 世祿有重, 豈不富乎? 善保大和▨無疾▨豈不康寧乎? 性所好者, 唯道與德, 豈不攸好德乎? 知進知退, 能終天期而無夭, 豈不考終命乎? …… 公之爲人▨▨柔勤儉忠孝, 而被服操履, 甚於寒儒. 故事母至孝, 有老萊之遺風, 莅官行事, 能盡▨心, 不以夷險易其節. 其待人也, 溫恭而有禮. 其於己也, 儉而有法, 不營營於利欲, 實可謂淑人君子也.'

적은 고려시대 백성이 이상으로 생각하는 관료의 상을 보여주고 있다. 관료의 행적에 관한 칭송 중 가장 많은 내용이 관료로서의 업무 수행과 더불어 '재물과 이익에 관심을 두지 않고 산업을 일삼지 않는[不事産業]' 것이다.[54]

업무 수행과 관련해서는 1133년(인종 11)에 메뚜기[蝗虫]가 솔잎을 갉아먹는 재변을 막기 위해 왕이 내린 조서가 주목된다.

> 지금 간관(諫官)이 '경기의 산과 들에 황충이 솔잎을 다 먹어치우고 있습니다'라고 아뢰었는데 이는 대개 나라에 간사한 자가 많고 조정에는 충신이 없어서다. 하늘의 뜻이란 말하자면 '벼슬자리를 차지하고 국록을 받으면서 공(功)이 없으면 벌레와 같다. 이들을 빨리 없애지 않으면 곧 병란이 일어나고, 도덕이 높은 자를 천거하여 높은 자리를 주면 재해는 사라질 것이다'라고 하였다. 또 옛사람은 이르길, '신하가 벼슬자리에서 녹봉만 편안히 받아먹는 것을 탐욕이라고 하는데, 그에 따른 재해는 벌레가 뿌리를 갉아먹는 것이다. 덕이 일정하지 않은 것을 번잡이라고 하는데 이때는 벌레가 나뭇잎을 먹는다. 덕이 없는 자를 쫓아내지 않으면 벌레는 나무의 밑둥을 갉아먹는다. 봄철 농사 때 송사를 다투면 벌레는 줄기를 갉아먹고, 악행을 덮어두고 요망한 일을 저지르면 벌레는 속을 먹는다'라고 하였다.[55]

---

53 『고려사』 권94, 列傳7, 諸臣, 姜邯贊. '邯贊性淸儉, 不營産業. 體貌矮陋, 衣裳垢弊, 不踰中人. 正色立朝, 臨大事決大策, 屹然爲邦家柱石. 時歲豐民安, 中外晏然, 人以爲邯贊之功也. 致仕歸城南別墅, 著樂道郊居集, 又著求善集.'

54 『李軾墓誌銘』. '公生乎富貴, 心不驕傲, 爲人純謹端正. 自弱冠登朝, 從事中外, 至於卿相. 居官奉職, 聲猷允著. 淡於財利, 不事産業, 雖居第傾圮, 而未嘗營飾.'

55 『고려사』 권16. '(인종 11년) 五月 乙丑 詔曰 … 今諫官奏曰, 京畿山野, 蝗虫食松. 此盖國多邪人, 朝無忠臣. 天意若曰, 居位食祿無功如蟲矣. 救之不早, 則兵起, 擧有道, 置高位, 災可消也. 古人云, 臣安祿位, 玆謂貪, 厥災, 虫食根. 德無常, 玆謂煩, 虫食葉. 不黜無德, 虫食本. 與東作爭, 虫食莖. 蔽惡生孽, 虫食心.'

당시 벼슬에 있으면서 녹봉만 받고 관료로서의 역할을 수행하지 못하는 자를 벌레(蟲)로 바라봤으며, 임금이 이들을 제대로 가려내지 못하고 계속 관료로 임용했을 때 하늘이 벌레를 통해 경고의 뜻을 비추는 것으로 인식했다. 즉, 관료는 정치 행위자로서 걸맞은 자질을 갖춰야 했고, 녹봉을 받는 대상자로서 업무에 충실해야 했다.

고려는 농민이 생산한 농업 생산물의 수취에 의해 국가 재정과 지배층의 생활이 유지되었기 때문에 왕실이나 지배층의 과도한 소비는 항상 일반 농민층에게 전가될 수 있었고, 생산자인 일반 농민의 재생산 기반을 파괴할 염려가 있었다. 그러므로 관료들이 재물이나 이익에 집착하지 않고 재산을 모으지 않는 것이 찬양되었으며, 지배층의 검소한 생활 역시 군자의 덕목으로 제시되었다.[56] 또한 고려시대 대부분의 관료는 녹봉만으로 생활하기 어려웠기 때문에 불법, 탈법, 관행 등 다양한 방법으로 치부(致富)를 했는데, 이러한 행위를 하지 않은 일부의 관료들에게 '불사생산'과 같은 사회적 평가를 부여했다.[57]

함유일(咸有一)은 '부자가 되면 선한 일을 하는 데 게을러지므로 검소하게 살아야 한다. 재산이 많으면 선을 행하기에 태만해진다'[58]라고 해 경제적 이익을 추구하는 일이 선에 어긋나는 것으로 보기까지 했다.

따라서 '불사생산'을 하지 않는 지배층에 대해 일반 민이 싫은 감정을 갖는 것은 당연한 일이었다. 고려시대에 권력형 부정 축재의 대표적 인물로 이자겸(李資謙)을 들 수 있다. 그는 경원 이씨 문벌가에서 태어나 음서를 통해 관직에 나아갔고, 얼마 뒤 둘째 딸이 예종의 비로 들어가 원자를 낳으면서 재상의 반열에 올랐다. 이후 인종의 즉위에 공을 세운 이자겸은 셋째 딸

56 박진훈, 「고려사람들의 사치·허영과 검약 인식」, 99쪽.
57 김병인, 「『고려사절요』 卒記에 나타난 世評과 '不事生産'」, ≪역사와 세계≫, 5호(2019), 141쪽.
58 『咸有一墓誌銘』, '且多財則怠於爲善.'

과 넷째 딸을 연이어 인종의 비로 들이면서 왕의 외할아버지이자 장인이라는 위치에서 권력을 장악했다. 그는 '자기 족속을 요직에 포열시키고 관작을 팔았으며, 당여를 많이 심어 스스로 국공(國公)이 되고 예우를 왕태자와 같게 하며, 그 생일을 인수절이라 부르고 내외가 하례하는 글도 전(箋)이라 칭하게 하였다. 여러 아들들이 다투어 집을 지어 가로에 잇닿았고, 세력이 더욱 성하게 됨에 뇌물이 공공연하게 행하여져 사방에서 선물이 모여들어 썩어가는 고기가 항상 수만 근이나 되었다. 남의 토지를 강탈하고, 그 종들을 내놓아 거마(車馬)를 노략하여 자기의 물건을 수송하니 힘없는 백성[小民]이 모두 수레를 부수고 소·말을 팔아 도로가 소란스러웠다'라고 한다.[59] 이자겸은 자신이 사람들로부터 미움을 받고 있다는 사실을 잘 알았기에 항상 누군가가 자신을 해칠까 겁낼 정도였다.[60] 나중에 이자겸이 축출될 때 같은 파로 몰려 처벌되었던 자 중에 박표(朴彪)가 있었다. 합문지후였던 그는 가장 간악한 자로 이자겸에게 아첨하며 최고의 권력을 누렸다. 때문에 이익과 봉록을 얻으려는 자들이 다투어 박표에게 뇌물을 주어 거부가 되었다. 유배형에 처해졌는데 '조정에서 특히 그를 미워하여 유배 가던 도중에 물속에 던져'[61] 죽었다.

---

59 『고려사』권127, 列傳40, 李資謙. '資謙私遣其府注簿蘇世淸入宋, 上表進土物, 自稱知軍國事. 資謙權寵日盛, 有不附己者, 百計中傷. 竄王弟帶方公俌于京山府, 流平章事韓安仁于海島殺之, 又流崔弘宰·文公美·李永·鄭克永等五十餘人. 以其族屬, 布列要職, 賣官鬻爵, 多樹黨與. 自爲國公, 禮數視王太子, 號其生日仁壽節, 內外賀謝稱箋. 諸子爭起第宅, 連互街陌, 勢焰益熾, 賄路公行, 四方餽遺輻湊, 腐肉常數萬斤. 强奪人土田, 縱其僕隷, 掠車馬, 輸己物, 小民皆毀車, 賣牛馬, 道路騷然. 又欲知軍國事, 請王幸其第授策, 勒定時日. 事雖未就, 王頗惡之.'

60 『고려사』권125, 列傳38, 姦臣, 崔弘宰. '資謙自懼知爲人所惡, 常畏人圖己.'

61 『고려사』권127, 列傳40, 李資謙. '彪最姦點, 諂媚資謙, 常出入臥內, 凡聚斂附益, 皆其所爲. 故射利干祿者, 競略之, 遂致巨富, 朝廷尤疾之, 中路殺之, 沈于水.'

4. 싫어함의 사회적 인식

이상으로 고려시대 싫어함을 뜻하는 '염', '혐', '오'의 용례와 싫어함의 대상에 대한 내용을 중심으로 검토했다. 미워하고 싫어함을 뜻하는 혐오라는 단어는 고려시대에는 사용되지 않았다. '염', '혐', '오'라는 한자 모두 싫어함으로 해석된다. 우선 '염'은 정도를 넘는 행위, 염치를 알지 못할 수준의 행위에 대한 싫어함에 주로 사용되었다. '혐'은 마음이 편하지 않고 못마땅한 무언가가 있을 때 미심쩍음으로 꺼리고 기피해야 할 때 혐의, 친혐, 혐명, 혐극으로 사용되었다. 혐의는 상대에게 의심받을 일에 대한 부정이 내재된 것으로 관직 사회의 공정성을 획득하기 위한 친혐, 임금에 대한 존경과 충성의 표현으로서의 혐명 등은 절대 해서는 안 되는 행위로 인식되었다.

만족을 모르는 행위에 대한 싫어함에 '염', 의심으로부터 오는 마음 속 불편함에 대한 싫어함에 '혐'이 주로 사용되었다면 '오'는 사료에서 가장 많이 확인되며, 일반적인 싫어함부터 차이가 내재되어 가치가 평가절하되는 싫어함까지 폭넓게 사용된다.

고려시대 싫어함의 대상은 우선 사람이라면 누구든 싫어하는 대상에 대한 것으로 죽음, 질병, 가난 등을 들 수 있다. 이때의 싫어함은 '호'와 반대되는 감정이라고 할 수 있다. 내가 갖지 못한 것에 대한 싫어함은 질투, 열등감과 연결되는 감정이다. 애와 반대되는 감정이라고 할 수 있으며, 자신에 대한 혐오가 상대를 미워하고 싫어하는 것으로 표출된 것이라 생각된다. 반대로 나보다 못하다고 평가되는 상대를 향한 싫어함의 감정은 무시와 멸시로 나타난다.

우리가 아닌 이방인에 대한 싫은 감정도 확인된다. 이방인을 모두 부정적인 시선으로 대하는 것이 아니라 중국 본토의 한계(漢系)는 우대해 관직을 수여하고 그가 가지고 있는 문화적·학문적 성취를 흡수하기 위한 적극적인 자세를 보이고 있다. 이에 비해 거란이나 여진계는 귀화를 받아들이고는 있지만 관료로서가 아니라 부족한 노동력이나 군사력에 충원하기 위한 경우가 많으며, 이들의 거주지도 북방 경계로 한정하고 있다. 귀화인에 대한 차등적인 모습은 오늘날 우리가 외국인을 대하는 모습과도 많이 닮아 있다.

마지막으로 도덕적이지 못한 대상에 대한 싫어함을 확인할 수 있다. 지배와 피지배층이 분명히 구분되는 전근대사회에 도덕적 삶은 지배층이 갖춰야 할 덕목이었다. 사회적 혜택을 누리는 지배층은 관료로서 엄정한 정치력과 함께 재물과 이익에 관심을 두지 않는 태도에 높은 가치를 두었다. 그러나 그렇지 못한 대상에 대해서는 싫어하는 감정이 생기고, 이것은 저항의 감정인 분노, 비난으로 커지고, '용(勇)'으로 이어질 때 현실적인 저항으로 나아갈 수 있다.[62]

주목되는 것은 치국(治國)의 도로 유교를 표방했던 고려에 있어 부정적인 감정은 수신(修身)과 도덕적 윤리 교육을 통해 긍정적으로 평가되는 시(是)와 선으로 옮겨가도록 하기도 했지만 수신의 도로 내세웠던 불교에 의해 보다 자율적인 정화 노력이 이루어졌을 가능성도 있었겠다는 점이다. 현재와 마찬가지로 소수자로 분류되는 여성, 빈민, 장애인이 고려시대에는 깨달음을 주기 위한 부처의 현신으로 많이 등장하기 때문이다.

---

62 양선이, 「분노의 도덕적 친사회적 기능에 대하여: 흄과 현대 흄주의자들을 중심으로」, 『철학연구회 학술발표논문집』(철학연구회, 2019), 78쪽 참조. 도덕적 분노는 미래사회를 위한 추동력이자 역사의 변화를 위한 원천이 된다. 페터 슬로터다이크, 『분노는 세상을 어떻게 지배했는가』, 이덕임 옮김(서울: 이야기가 있는 집, 2017), 120쪽.

참고문헌

권창규. 2020. 「감염병 위기와 타자화된 존재들」. ≪현대문학의 연구≫, 72호.

김병인. 2019. 「『고려사절요』 卒記에 나타난 世評과 '不事生産'」. ≪역사와 세계≫, 5호.

김용선. 2001. 『역주 고려묘지명집성』, 상·하. 춘천: 한림대학교 출판부.

누스바움, 마사(Martha Nussbaum). 2015. 『혐오와 수치심』. 조계원 옮김. 서울: 민음사.

박상영. 2018. 「조선후기 시가에 나타난 혐오의 한 양상과 그 문화론적 의미」. ≪국어국문학≫,
    185호.

박옥걸. 2002. 「고려의 귀화인 동화책」. ≪강원사학≫, 17-18집(2002).

박용운. 1996. 『고려시대 개경 연구』. 서울: 일지사.

朴菖勳. 2006. 「고려사람들의 사치·허영과 검약 인식」. ≪한국사학보≫, 22호.

슬로터다이크, 페터(Peter Sloterdijk). 2017. 『분노는 세상을 어떻게 지배했는가』. 이덕임 옮
    김. 서울: 이야기가 있는 집.

양선이. 2019. 「분노의 도덕적 친사회적 기능에 대하여: 흄과 현대 흄주의자들을 중심으로」.
    『철학연구회 학술발표논문집』.

이진한. 2015. 「高麗時代 外國人의 居留와 投化」. ≪한국중세사연구≫, 42호.

임홍빈. 2020. 『수치심과 죄책감』. 서울: 바다출판사.

하일식. 2007. 『고려시대 사람들의 삶과 생각』. 서울: 혜안.

홍성민. 2016. 『감정과 도덕』. 서울: 소명출판.

『고려사』.

『고려사절요』

『동국이상국집』.

『동문선』.

『삼국사기』.

『삼국유사』.

『파한집』.

제12장

마이너리티 간 공감은 가능한가?*

일본 한센병소설 속 마이너리티의 '관계 맺기'

이지형

1. 일본 한센병소설과 고이즈미 다카유키

이 장은 일본 한센병문학 고찰을 통해 마이너리티 간 공감과 관계 맺기 가능성을 타진하는 것을 목적으로 한다. 특히 한센병자 당사자이기도 한 고이즈미 다카유키(小泉孝之)의 소설을 중심으로 분석하고자 한다. 이 장에서 '한센병문학'이란 용어는 기본적으로 '한센병요양소 수용 경험이 있는 한센병자 당사자가 요양소 격리 경험을 모태로 창작한 문학'으로 정의해 사용하고 있음을 밝혀 둔다.

고이즈미는 『한센병문학전집(ハンセン病文学全集)』(皓星社, 2002) 제1권에 일본의 대표적 한센병소설 작가 호조 다미오(北條民雄)와 더불어 작품이 수록된 7명의 소설가 중 한 명이다. 그의 작품은 한센병자뿐만 아니라 재일조선

---

* 이 글은 ≪일본학보≫, 117집(2018)에 실렸던 「마이너리티 간의 교섭은 가능한가?: 한센병소설 속 주변인과 고이즈미 다카유키」의 내용을 일부 수정·보완한 것이다.

인, 아동, 장애인, 노인 등 한센병자 이외의 마이너리티에 대해서도 적극적으로 다룬다는 점에서 흥미롭다. 인종·연령·장애·노화 등의 상이한 조건에 기초한 다양한 마이너리티와 한센병자 간 관계 맺기의 문제를 소설 속에 풍부하게 담고 있다는 점에서 그의 작품은 주목할 만하다. 1945년 이전, 이른바 전전(戰前)의 한센병소설이 격리, 불치(不治), 단종이라는 한센병자 고통의 중핵에 맞닿아 있는 대표 키워드로 표상된다면 격리와 병의 불치 문제가 점차 해소되어 가는 전후(戰後)의 한센병소설은 한센병 관련법 개정운동과 사회적 차별의 해소 문제에 초점이 맞춰지는 경우가 많다. 다만 그 경우에도 한센병자 주체가 자신의 힘겨운 실존적 상황을 직시하고 개인적·공동체적 노력을 통해 현실의 질곡을 극복하고자 하는 구심력에 작품내용이 할애된 경우가 대부분이라 할 수 있다.

바꿔 말하면 한센병자 문제를 당사자 입장에서 사회에 발신하는 차원을 넘어 다른 마이너리티의 관점 또한 분유(分有)함으로써 신체 마이너리티의 차별 및 소외 문제를 보다 객관적·보편적으로 사고할 수 있는 단초를 제공하는 소설은 그리 많지 않다. 그런 점에서 고이즈미의 소설은 분명 주목할 만한 가치가 있다. 한센병자 문제를 특별한 예외가 아니라 '신체 소외' 관점에서 보편적으로 사고할 수 있는 효과적 텍스트가 그의 소설이기 때문이다. 흥미로운 것은 일본 한센병문학 전반을 개관할 때 영향력 있는 한센병소설 작가의 계보 내에 고이즈미가 필히 꼽히지는 않는다는 사실이다. 일본 한센병소설 작가의 주요 계보는 호조를 필두로 미야지마 도시오(宮島俊夫), 나가카미 게스케(永上惠介), 시마 히로시(島比呂志) 등을 주요 활동 연대순에 기초해 순차적으로 꼽을 수 있다.[1] 그럼에도 불구하고 이 장이 고이즈미에 특히

---

1 물론 한센병문학 자체가 주변적 영역이니만큼 명확한 계보가 정립되어 있는 것은 아니다. 성과가 제한적인 한센병문학 연구 중에서 그나마 주목받은 작가라고 보는 편이 보다 적합할 것이다. 호조 외에 메이저 문학사에서 거론된 한센병문학가는 전무하다고 해도 과언이

주목하는 이유는 그의 소설이 한센병자 관점에만 매몰되지 않는 보편성과 확장성을 보다 풍부하게 내재하고 있으며, 따라서 상이한 마이너리티 간 관계의 교차성을 살피는 데 시사적이기 때문이다.

이러한 고이즈미 소설의 특이성은 작가의 다채로운 삶의 이력과도 무관하지 않아 보인다. 그 개략을 살펴보자. 1917년, 군마(群馬) 현에서 태어난 고이즈미는 육군 장교로 근무하던 1938년에 발병해 한센병 요양소인 군마 현 소재 구리오낙천원(栗生楽泉園)에 수용된다. 이후 도쿄의 다마전생원(多磨全生園)으로 옮겨져 기관지 ≪산벚나무(山櫻)≫ 편집에 관여하고 이때부터 대중소설을 쓰기 시작한다. 그 후 일단 요양소를 나왔지만 전후에 다시 병세가 악화되어 한센병 전문의 다카시마 시게다카(高島重孝)가 소장으로 근무하는 시즈오카(静岡県) 현 소재 스루가요양소(駿河療養所)에 재입소하게 된다. 요양소 내 초등학교, 중학교 교사를 맡기도 한 그는 오랜 기간(1965~1983) 한센병요양소 수용자로 구성된 전국적 조직인 전환협(全患協, 현재의 국립한센병요양소입소자협의회)의 회장을 역임했다. 또한 대표적인 한센병자 문예동인지의 하나인 ≪산초나무(山椒)≫(1964~1977)를 직접 창간해 주재하기도 했다.[2] 창간호(1964.2) 편집 후기에서 그는 "나문학, 요양소문학 등의 호칭에서 확인되

아니기 때문이다. 더불어 하나 더 주목할 점은 이들 작가가 격리 수용된 한센병요양소가 일본 전국 여기저기에 산재되어 있다는 사실이다. 호조는 도쿄 도(東京都) 소재 다마전생원, 미야지마는 오카야마 현(岡山県) 소재 나가시마애생원(長島愛生園), 나가카미는 호조와 같은 다마전생원, 시마는 가고시마 현(鹿児島県) 소재 호시즈카애생원(星塚敬愛園)이다. 그리고 이 장에서 중심적으로 다루는 고이즈미는 시즈오카 현 소재 스루가요양소다. 그런 만큼 한센병소설가의 작품 속에는 요양소에 격리된 한센병자가 겪을 수밖에 없었던 보편적 고난과 각 요양소 나름의 특수한 상황 등이 두루 투영되어 있다. 호조와 미야지마, 나가카미, 시마의 주요 작품 분석에 대해서는 이지형, 「일본 한센병소설의 계보와 변천: 격리와 불치(不治)를 넘어서」, ≪일본학보≫, 106집(2016)을 참고하라.

2 『ハンセン病文学全集』, 제1권(皓星社, 2002), p.476의 '저자소개'와 http://leprosy.jp를 참조하라.

듯 한센병뿐만 아니라 한센병문학에까지 미치는 세상의 편견을 제거"하고
자 한다는 창간 목적을 밝히고 있다. 선입견을 극복하고 한센병문학의 보편
성을 확보하려는 포부가 엿보이는 대목이다.[3]

　이상과 같이 작가를 필두로 장교·교사·협회 회장 등 고이즈미의 삶의 이
력은 매우 다채롭고 왕성했다. 뿐만 아니라 구리오낙천원, 다마전생원, 스
루가요양소 등 일본 전국 13개 국립한센병요양소 중에서도 가장 수도권에
가까운 입지에 위치한 요양소 세 곳을 모두 입소 체험한 것 또한 주목할 부
분이다. 한센병자 권익 확장을 도모한 전후 한센병자운동에서 중심적 역할
을 담당한 것이 바로 이 세 개 요양소였기 때문이다. 이와 같은 다양한 삶의
궤적은 한센병자 문제를 고립적·자폐적 관점에서 탈피해 보다 넓은 사회적
시좌에서 사고할 수 있는 토대를 마련하는 계기를 제공했다고 추론할 수 있
지 않을까? 적어도 요양소 안팎의 여러 경험들이 작품 속에 구체적으로 투
영되었을 개연성은 충분하다 할 것이다.

　또한 1950년대부터 1960년대까지 걸쳐 집중적으로 집필된 그의 소설은
전쟁의 폐허를 딛고 부흥하는 고도경제성장기 일본 사회의 산업화·도시
화·노령화·학생운동 등과 같은 전후 일본 현대 사회의 제요소를 풍부히 투

3　《산초나무》는 1964년 2월부터 1977년 9월까지 13년간 총 35호가 발행되었다. 잡지의 주
　재자인 고이즈미는 창간호부터 마지막 35호까지 매호에 빠짐없이 글을 싣는 대단한 열의
　를 보이고 있다. 더욱 대단한 것은 32호(1975.11)를 제외하고는 게재된 원고가 모두 소설이
　라는 점이다. 창간호의 「두 개의 갱도(二つの風道)」부터 마지막 호의 「어떤 여자의 성(ある
　女の性)」까지 고이즈미는 소설 창작을 거르지 않았다. 유일하게 예외였던 32호는 『나카하
　라 고로 유고집(中原呉郎遺稿集)』으로 발행되었기에 소설 대신 추도문을 게재했을 뿐이었
　다. 이러한 적극성은 《산초나무》에 앞서 창간된 한센병문학 동인잡지 《화산지대(火山地
　帶)》(시마가 주재자로 호시즈카애생원에서 1958년 창간되었다)에 대한 부러움과 기대를
　고이즈미가 《화산지대》에 기고한 단문 「안테나(アンテナ)」를 통해 2회(1959.11; 1960.6)
　에 걸쳐 밝힌 바가 있었던 것에서 보더라도 고이즈미의 내면에 오랜 기간 응축된 한센병문
　학 창작과 동인문학 활동에 대한 깊은 열망이 마침내 분출된 결과라고 할 수 있다.

영하고 있다는 점에서도 흥미롭다. 재일조선인·노인·장애인 등과 같은 일본 사회의 아웃사이더, 즉 마이너리티의 목소리가 점차 분출되기 시작하는 시점 또한 이때와 궤를 같이 한다. 고이즈미 소설 속에서 한센병자와 관계 맺기를 하는 다양한 마이너리티들은 한센병자와 외부세계를 잇는 통로 역할을 할 뿐만 아니라 그 자체로도 전후 일본 사회의 다중성과 균열을 상징하는 존재들이다.

그 일례로 들 수 있는 것이 소설 「조선 아이(朝鮮の子)」(1956.11)다. 구마모토(熊本) 현의 기구치혜풍원(菊池惠楓園)에서 1953년에 실제 발생한 이른바 '다쓰타보육원(竜田寮) 사건'을 제재로 한센병요양소 입소자의 아이들(미감염아동)을 요양소 밖 초등학교에 통학시키고자 한 정책에 대한 학교 학부모회의 반발과 그 과정에서의 조선인 아동 차별문제를 소설은 다루고 있다.[4] 고이즈미는 그 외에도 요양소 내 조선인 차별문제를 다룬 작품을 발표하고 있는데,[5] 이를 통해서도 한센병자뿐만 아니라 요양소 안팎의 마이너리티 문제 전반에 대해 주시하고 있음을 알 수 있다.

이 장은 고이즈미의 한센병소설 분석을 통해 한센병문학이 한센병자 외의 마이너리티를 어떻게 주시하며 어떤 식으로 관계를 설정하고 있는지, 그리고 그것의 의미는 무엇인지에 대해 고찰하고자 한다. 이러한 탐구는 한센병문학의 보편성뿐만 아니라 한센병자와 여타 마이너리티 간 관계성, 교차성을 가늠하는 유의미한 시도가 될 수 있을 것이다. 구체 분석 작품은 「조선 아이」, 「전단 뿌리기(ビラ配り)」(1967.3), 「사랑의 형태(愛のかたち): 자연동반자살의 기록(自然心中の記) 1」(1968.2), 「사랑의 형태: 자연동반자살의 기록 2」

---

4 http://leprosy.jp
5 그 소설은 『버섯 모양의 집(きのこの家)』, ≪菊池野≫, 제5권 제2호(1955.5)다. 재일조선인 북송 문제 및 북조선 한센병요양소의 연금 문제 등 요양소 내 재일조선인의 미묘한 갈등과 사랑 등을 다루고 있다.

(1968.6)[6] 등으로 각각 조선인, 학생운동가, 노인, 신체장애자 등이 작품 속에서 한센병자 이외의 마이너리티로 등장한다. 이 중 「전단 뿌리기」 등 1960년대 발표 작품 세 편은 『한센병문학전집』 제1권에 고이즈미의 대표 작품으로 수록된 소설이기도 하다.

고이즈미의 작품은 이제까지 본격적으로 연구된 적이 없다. 즉, 선행연구라 할 만한 것이 전무에 가깝다. 주류 문학사에서도 거론되는 호조만이 예외적일 뿐 그 외의 주요 한센병소설가조차 선행연구가 매우 제한적인 가운데 고이즈미와 그의 작품에 대한 학술적 주목은 부재하다시피 했다. 다만 최근 들어 한센병문학 독서회 등 한센병 관련 문화활동을 주관해 온 출판기획자 사토 겐타(佐藤健太)를 통해 고이즈미와 그의 작품에 대한 조명이 점진적으로 이루어지고 있는 점은 고무적이다.[7] 이 장은 사토를 중심으로 한 최근의 일련의 활동에 촉발되어 그간 학술적 연구 측면에서는 불모지였던 고이즈미 작품을 마이너리티 간 공감과 관계 맺기 문제에 초점을 맞춰 고찰할 것이다.

---

6 소설 「사랑의 형태」 1권과 2권에는 각각 '자연동반자살의 기록'이라는 부제가 덧붙여져 있다.
7 비록 논문 등의 학술적 발표의 형태는 아니라 할지라도 사토를 중심으로 한 고이즈미에 대한 주목은 매우 의미 있는 작업이라 할 만하다. 2012년 1월부터 시즈오카 현 스루가요양소와 도쿄에서 개최된 한센병문학 독서회는 2015년 1월까지 총 14회 진행되었다. 그 과정에서 독서회 대상작품으로 가장 먼저 선정된 것이 고이즈미의 소설이었다. 『한센병문학전집』에는 수록되어 있으되 상대적으로 미지의 한센병소설가였던 고이즈미의 존재와 그의 작품들이 발굴되어 대중에게 공유되기 시작한 계기라는 점에서 독서회의 의의는 작지 않다. 독서회 관련 활동과 독서작품 상세 목록에 대해서는 佐藤健太·谷岡聖史編, 『ハンセン病文学読書会のすすめ』(ハンセン病文学読書会, 2015)(비매품)의 pp.5~19와 pp.60~61을 참고하면 좋다. 출판물 자료가 극히 제한적이기에 인터넷정보를 활용하는 것도 유익하다. 고이즈미 작품을 중심으로 한 독서회활동과 주재자 사토와 그의 한센병문학 관련 활동 전반에 대해서는 http://leprosy.jp를 참고하라.

2. 민족차별과 젠더차별의 길항

소설 「조선 아이」[8]는 특이한 소설이다. 1950년대 일본의 어느 한센병요양소 내 보육원을 배경으로 하는 이 소설은 한센병자 차별과 조선인 차별 문제를 씨줄과 날줄로 교차시키며 '차별 속 차별' 혹은 '소외 속 소외'의 실상에 주목하고 있기 때문이다. 그 중심에 서는 인물은 보육원의 보모 야마다(山田)다. 그녀는 조선인 남성과 결혼했으나 "종전과 동시에 휴지처럼 버려져 쫓겨난"(p.28) 일본인 여성이다. "남편에게 모든 것을 바쳤지만 짓밟혔다"(p.30)라고 믿는 그녀는 철두철미 조선인에 대한 배신감과 원한으로 충만한 인물이다. 한국인 남편에게 버림받았다고 해서 한국인 전체를 원망하는 것은 "불합리"(p.30)하다고 조언하는 보육원 원장 앞에서도 거리낌 없이 "복수"(p.30)를 천명하는 그녀의 희생양이 되는 것은 다름 아닌 보육원의 '조선 아이'들이다.

다쓰구치(竜口) 보육원은 한센병자 부모를 둔 까닭에 양육이 여의치 않은 비한센병자 아동(미감염 아동)을 돌보는 곳이다. 기숙사도 겸비해 아동들의 숙식까지 전담하는 이곳은 부모 중 어느 한 쪽이 한센병자여서 한센병요양소에 수용되어 있는 처지의 아이들을 보육하고 있다. 보육원의 재정 형편은 여의치 않다. 보육원을 지원하는 정부 보조금은 빈약하며 "특수아동원"이기에 지역주민들도 무관심으로 일관할 뿐 지원에 인색해 운영이 힘겨운 것이 현실이다. 25명 내외의 아동들을 보육하는 이곳에는 초등학교 입학 연령이 된 7명의 아이들이 있다. 그중 3명이 조선인 아이다. 준 소년(順少年), 이 소년(李少年), 복분(福分) 등으로 불리는 그 아이들은 각각 어머니 부재, 부모 양쪽의 부재 상황에 놓인 아이들이다.

---

8 소설 「조선 아이」는 한센병(문학) 잡지 ≪高原≫, 제11권 제11호(1956.11)에 첫 발표되었다. 본문에서 해당 작품 인용 시 쪽수를 표기했다.

소설은 크게 두 가지 차별 상황을 초점화한다. 하나는 요양소 보육원 아동의 초등학교 등교 반대운동이라는 외부적 차별이며, 다른 하나는 보육원 보모의 조선인 아동 차별이라는 내부적 차별이다. 전자는 보육원 아동들이 다녀야 할 일반 초등학교의 학부모회(PTA)에서 "나환자 가족이 통학하게 된다면 전원 휴교"(p.24)하겠다는 강경한 입장을 견지하며 입학을 반대하는 상황이다. 정작 아이들이 미감염자임에도 불구하고 한센병자에 대한 소외는 한센병자 부모를 둔 비한센병자 아동들에게도 예외가 아니다. 후자는 한센병자 가족이라는 이유로 소외받는 보육원 아동들 내에서도 일본인과 조선인 사이의 위계가 존재함을 환기시킨다. 보모의 사적 감정에 기초한 것이라 할지라도 그 차별의 구조 자체는 결코 개인성으로 환원될 수 있는 성질의 것이 아니다.

요양소 외부의 한센병자 차별과 요양소 내부의 조선인 차별이라는 안팎의 차별 상황을 일거에 해소할 수 있는 묘책을 이끌어낸 것은 후지와라(藤原) 교수가 제안한 위탁양육이었다. 보육원 아동 몇 명을 자택에서 양육하며 요양소 밖 초등학교에 등교시키겠다는 교수의 제안을 학부모회가 교육위원회 중재안으로서 수용한 것이다. 다만 현실적으로 위탁양육이 가능한 인원은 최대 4명인 데 반해 해당 아동은 7명이라는 난관이 존재한다. 보모 야마다는 여기서 아동들의 학교 등교를 가능케 하면서도 조선인에 대한 자신의 원한을 앙갚음할 수 있는 절묘한 틈새를 발견한다. 조선인 아동 3명을 제외한 일본인 아동 4명만을 후지와라 교수댁에 위탁하고 조선인 아동들은 각각의 집으로 돌려보낸다는 방책이 그것이다. 그러면 요양소 보육원이 아닌 곳, 즉 일반 사회의 공간에서 아동 모두를 등교시킬 근거를 마련하는 동시에 눈엣가시였던 조선인 아동들을 보육원에서 추방할 수 있게 되는 것이다. 자신의 개인적 원한도 해소할 뿐 아니라 보육원의 재정 부담 또한 경감할 수 있다. 이와 같이 요양소 보육원 아동의 입학 반대 문제를 해결할 수 있는 묘책은 철저히 조선인 아이들의 희생을 담보로 하는 것이었다.

문제는 조선 아이들의 가정이 그들을 양육할 수 있는 환경이 전혀 아니라는 점이다. 부모 모두가 요양소 수용으로 인해 부재하거나, 아니면 한쪽 부모가 있다 해도 생계를 꾸리는 데 급급해 어린 아이들을 집에서 양육하기에 크게 미비한 상황이기 때문이다. 아무것도 모르는 순진무구한 아이들은 집으로 돌아갈 수 있다는 기쁨에 들떠 있지만 갑자기 아이들을 떠맡게 된 아버지나 오빠는 그저 당황스러울 뿐이다.

"요양소 내 보육원에서는 아이들을 학교에 보낼 수가 없습니다. 일반 학교에서 입학 등교를 반대하고 있습니다. 아이를 위하신다면 집으로 데려가 학교에 보내 주십시오." (중략)

"장남인 저 녀석 밑으로도 자식이 셋이나 있습니다. 마누라가 그런 병에 걸려 버려서… 어떻게든 아내가 요양소에서 퇴원할 때까지라도 부탁합니다. 불경기여서 장사도 영 말이 아닙니다."

남자는 커다란 몸집에 어울리지 않는 목소리로 중얼중얼 말하며 머리를 굽실굽실 연신 조아리면서 오른 소맷자락으로 얼굴을 닦았다.

"당신들 나라 사람들은 돈벌이에 능숙하잖아요. 아이 하나 정도는 더 키울 수 있겠지요. 정말로 양육이 곤란한 가정들은 어떻게든 도와야 하겠지만."

마치 검사라도 된 양 보모가 점차 목소리를 높이면 높일수록 남자의 몸은 작게 움츠러들었다. (중략)

"준 소년 저애가 있으면 다른 아이들도 나쁜 아이가 됩니다. 지금 내가 여자라고 얕보는 거지."[9]

보모 야마다의 분노 어린 대사에 명확히 엿보이는 조선인에 대한 차별의

---

9   小泉孝之,「朝鮮の子」, ≪高原≫, 第11卷 第11号(1956.11), p.23

식은 사적 원한을 넘어선 일종의 '보편성'을 표상하고 있다는 점에서 특히 주목할 만하다. 다시 말하면 그녀의 조선인 인식은 조선인에 대한 동시대의 보편적 편견과 혐오를 전방위적으로 망라해 노골적으로 드러내고 있다. 예를 들면, 조선인 남성의 과잉의 강건한 신체성과 이에 대비되는 비굴함, 조선인의 탁월한 돈벌이 능력 등이 대표적이다. 이러한 조선인 이미지는 조선인 인식 혹은 편견의 스테레오 타입을 구성하는 주요소다. 평균적 수준을 넘어서는 과도한 신체성, 능수능란한 장사 능력 등은 여기서 결코 긍정적 이미지로 기능하지 않는다. 정신보다는 육체가 두드러지며 돈벌이를 위해서는 수단방법을 가리지 않는다는 일종의 '무지막지'하고 탐욕스러운 이미지는 일본인 아내의 희생적 헌신에도 불구하고 그녀를 버리고야 만 조선인 남편의 '야만성'에 그대로 직결된다. 인용문에서 보모 야마다가 이제 복수의 화신이 되어 자신의 분풀이를 충족시키기 위한 수단으로 조선인에 대한 차별적 편견 인식을 효과적으로 적절히 재배치하고 있다는 점을 놓쳐서는 안 될 것이다.

그런데 소설은 여기서 한발 더 나아간다. 「조선 아이」의 가장 흥미로운 지점은 실은 한센병자 차별 구조 속에서 민족·인종차별과 젠더차별의 논리가 첨예하게 길항하는 그 중층적 구조에 있다. 일견 보모의 개인적 원한을 무력한 조선 아이들에게 분풀이하는 사적 동기와 행위로 점철된 서사로 읽힐 수도 있는 소설의 본질은 그리 간단하지만은 않다. 한센병자 차별 속 조선인 차별이라는 명확한 이중 구조 속에, 일본인임에도 불구하고 무력한 여성인 까닭에 조선인 남편에게 버림받았다고 믿는 보모의 기묘한 젠더적 각성이 뒤엉켜 있다. 자신을 버린 조선인 남편에 대한 분노를 과연 젠더적 자각으로까지 인정할 수 있을 것인가에 대한 정치한 논의는 일단 차치하더라도 그러하다. 조선 아동에 대한 자신의 불합리한 처우를 지적하는 주변의 반응을 접할 때마다 그녀는 자신의 젠더 정체성을 불쑥 표면화한다. 경제적 형편상 가정 양육이 곤란해 당장은 아들을 맡을 수 없다고 호소하는 준 소년 아버지에 대해 보모는 "당신 지금 내가 여자라고 얕보는 거지"(p.23)라고 느닷없이 '여성성'을 내세우며 "마치 검사라도 된 양" 남자를 굴복시키려 한다. 이와 같이 조선인 소외와 여성 소외가 정서적·논리적으로 맞부딪치는 상황은 소설 말미에서 더욱 현저히 전경화된다.

"야마다 선생은 한국인에게 시집갔으니 한국에 우호적인 이해자라고 생각했습니다."

"원장 선생님, 비꼬시는군요. 저는 패전과 동시에 휴지 짝처럼 버려져 쫓겨났습니다."

보모는 입가에 옅은 웃음을 띠다가 입술이 가늘게 경련하면서 왼쪽으로 입모양이 일그러졌다. 창백해진 얼굴의 눈동자가 붉게 불타올랐다. 여자의 형상은 악마로 돌변했다. 원장을 노려보던 적의에 찬 눈동자를 하늘 저쪽 편으로 옮겨갔다. 증오의 불길이 눈에서 뿜어 나오지 않을까 싶을 만큼의 표정이다.

"한국인 남편에게 배신당했다고 한국인 전체를 원망하는 것은 불합리합니다."

"저는 증오합니다. 제 힘 닿는 한 복수할 겁니다. 남편에게 모든 걸 바쳤는데도 짓밟혀버린 제겐 한국인에 대한 애정은 눈곱만큼도 남아 있지 않습니다."

"사이좋게 놀고 있는 아이들에겐 이민족의 차이란 없습니다. 증오는 어른들의 세계뿐입니다.

"아이들에겐 없다 해도 제겐 크게 남아 있습니다."

원장이 달래면 달랠수록 보모는 위압적 태도로 변해 이윽고는 원장마저 용납하지 않겠다는 듯 대들었다. 원장도 보모의 거친 위압적 태도에 기세가 눌려 창문 아래에서 놀고 있는 아이들 쪽으로 눈길을 돌렸다. 집념으로 이글거리는 여자의 독기에는 어찌할 도리가 없는 추악함이 깃들어 있었다.[10]

---

10 같은 책, pp. 28~29.

한국인 남편에게 배신당한 상처를 한국인 아동, 그것도 한센병자 부모를 둔 탓에 차별받는 한국인 아동에게 해소하고자 하는 일본인 여성의 심리를 어떻게 이해해야 할까. 그녀 자신의 말대로 한국인에게 쌓인 원한을 한국인에게 되돌려준다는 사적 감정에 토대한 정서적 논리로 귀착될 수 있는 문제일까? 여기서는 명확히 젠더와 에스니스티(ethnicity)를 교차하며 보다 약한 대상에게 억압을 가중시키는, 즉 약자를 억압하는 가학/피가학의 구조가 확인된다. 조선인 남편이 일본인 아내를 억압하고, 일본인 여성은 조선인 아동을 증오·차별한다. 결국 가장 취약한 존재, 즉 한센병자 부모를 둔 조선인 아동들에게 모든 억압과 고난이 켜켜이 가중되는 구조인 셈이다.

주목하고 싶은 것은 이러한 억압의 가중 혹은 전가의 구조를 통해 젠더적으로 약자인 여성 야마다의 '권력성'이 원장마저 위압할 만큼 격상된다는 사실이다. 젠더적 약자와 에스니스티 약자는 여기서 공감은커녕 되레 갈등하는 양상을 빚고 있다. 결국 한센병자·아동·여성·조선인 등 각각의 마이너리티들이 사회적으로 차별, 소외당하는 구조 속에서 약자끼리의 공감과 연대의 단초보다는 갈등과 중층적 억압이 재현될 개연성이 더 높다는 현실을 소설 「조선 아이」는 냉정히 포착하고 있는 것이다. 역설적으로 이와 같은 냉철한 시점의 획득은 한센병자 및 한센병요양소 내부의 동일자 관점에만 매몰되어 있던 그 이전의 한센병문학에서는 쉽게 찾아볼 없는 성과라는 점에서, 이 소설이 1950년대 한센병요양소 및 한센병문학 변천기의 실상을 가감 없이 투영하고 있다고 평가할 수 있을 것이다.

3. 한센병운동과 학생운동의 불편한 조우

두 번째 소설 「전단 뿌리기」[11]는 한센병자 처우 개선을 후생성(厚生省)에 직접 요구하기 위해 상경한 한센병자운동의 생생한 현장을 포착한 작품이다. 전환협 회장을 역임하며 한센병자 처우 개선을 위한 활동을 적극적으로 펼쳤던 고이즈미의 실제 경험이 크게 투영된 소설이라고 할 수 있다. 그런 만큼 소설은 역동성 넘치는 현장감으로 충만하다. 일본의 중심부에 위치한 한센병요양소 3곳, 스루가요양소, 구리오낙천원, 다마전생원의 한센병자 60명이 도쿄 한복판에 집결해 정부 기관 후생성을 항의 방문하고 한센병자 처우 개선 요청이 묵살되자 곧장 연좌농성시위에 들어간다는 서사의 전개는 그 자체로 실제 일본 한센병자운동의 축약판이다.

시점인물 이소자키 고로(磯崎伍郎)는 스루가요양소에서 상경한 15명 중 한 명이다. 그는 평소 한센병자운동에 적극 참여하는 성향의 인물이 아니었다. 오히려 한센병자운동과는 일정 정도 거리를 두었던 소심한 보통의 요양소 환자였다. 요양소에 입소한 후 15년 동안 "외출 한 번 나간 적 없었던" (p.284) 그의 첫 외출이자 첫 도쿄 방문이 이번의 시위였다. 그런 그마저 상경 시위 대열에 합류하지 않을 수 없을 만큼 한센병자들은 연금 삭감 등의 절박한 상황에 몰려 있었던 것이다. 운동을 선도하는 활동가의 시선이 아니라 보통의 일반 한센병자인 이소자키의 시선에서 자신의 나약한 내면, 한센병운동의 실태, 일반 시민의 반응 등을 포착하고 있기에 소설은 더욱 객관성을 획득한다.

인상적인 장면은 연좌농성에 들어간 한센병자들이 일반 시민들을 상대로 전단지를 배포하며 자신들의 주장을 공유하고자 하는 대목이다. 원치 않게 전단지를 배포하는 행동대원으로 선발된 이소자키는 한센병 후유증으로 인해 갈퀴 모양의 의수를 한 자신이 시민들에게 혐오와 냉대를 당하지는 않을까 내심 두려워한다. 머리를 숙이며 공손히 전단지를 받아주는 중년 부인,

---

11 「전단 뿌리기」는 고이즈미 자신이 주재한 한센병문학 동인지 《산초나무》, 제11호(1967. 3)에 첫 발표되었다. 본문에서 해당 작품 인용 시 쪽수를 표기했다. 인용 텍스트는 小泉孝之, 「ビラ配り」, 加賀乙彦 編, 『ハンセン病文学全集』, 第1卷(東京: 皓星社, 2002)이다.

한센병의 실체에 대해 궁금해 하며 질문을 던지는 키 큰 노인 등 시민들의 반응은 마냥 차갑지만은 않았다. 하지만 혐오 혹은 비하는 아니라고 해도 환대와도 거리가 먼 시민들의 반응은 전반적으로 "무관심"(p.284)에 가까운 것이었다. 긍정적 수확이라면 한센병자 당사자에게도 내면화된 한센병에 대한 "편견"(p.284)을 자각하고 환자들 간 유대감을 고양시키는 계기를 마련한 것이었다. 또한 전단지 배포에 적극 동참한 결핵환자단체 일본환자동맹(日本患者同盟)[12]과의 협력활동을 통해 상이한 마이너리티 간 연대운동의 가능성을 확인한 것도 의미 있는 성과였다.

이어 이소자키를 포함한 한센병자들의 시선은 거리의 다른 쪽을 메운 학생운동 대열로 옮겨 간다. 베트남전쟁 반대 항의집회를 여는 학생들의 시위 대열은 경찰들의 곤봉에 무자비하게 진압되고 학생들은 피투성이가 된 채 끌려간다. 그럼에도 불구하고 "와세다대학(早稲田大学)", "일본여자대학(日本女子大学)"(p.287) 등이 적힌 붉은 깃발을 앞세워 대열의 선두에 선 남녀 학생들은 구호를 외치며 경찰의 포위망을 피하기 위해 지그재그로 뭉쳤다 흩어졌다 반복하며 전술적으로 데모를 이어간다. 이러한 학생들의 시위 모습은 다음과 같이 한센병자들의 시선에 포착된다.

"그들의 젊은 이성은 제국주의 정부를 묵과할 수 없는 거지. 그만큼 진보적이야." 한 간부가 영웅을 찬미하는 투로 설명하자 다른 한사람은 "저건 일종의 스포츠야. 참을 수 없는 반항도 분노도 아니야. 방과 후에 잠시 나왔을 뿐이지. 경

---

12 '일본환자동맹'은 결핵요양소에 수용된 결핵환자들이 단결해 결성한 일본의 환자단체다. 1948년에 일본국립사립요양소환자동맹(日本国立私立療養所患者同盟)으로 결성되어 1949년에 현재의 '일본환자동맹'으로 개칭하게 된다. 2004년 시점에 회원 수가 약 5000명에 이르고 기관지 ≪건강신문(健康新聞)≫(구 ≪환자신문(患者新聞)≫)을 발행하는 등 현재까지도 꾸준한 활동을 이어오고 있다. 과거에는 한센병자 중에서도 결핵을 발병한 이가 적지 않았는데, 그런 환자들은 결핵요양소가 아닌 한센병요양소에 격리 수용되었다.

관은 구더기처럼 좇아오지. 모두 얼굴이 겁쟁이처럼 보여. 많은 교통량도 차단되고 구경꾼도 많지. 운동도 적당히 되고 돈도 들지 않아. 젊은 날의 놀이로는 분명히 재미있겠지. 난 그들이 사회나 정치 문제를 깊이 고민한다고는 생각지 않아." 최근에는 말수가 적었던 히라(比良)가 묘하게 목소리를 높여 설교를 늘어놓았다. 그는 요양소에 입소하기 전에 학생자치회 간부를 지낸 경력이 있었다. 그는 다시 덧붙였다. "저 나이 또래에는 어른 세계의 기존 질서에 반항하는 것에 의의를 두지. 하지만 그런 것도 이 병이 선고되었을 때의 충격에 비하면 바보짓거리에 불과해."[13]

대학생들의 게릴라식 가두시위를 바라보는 히라의 시선은 호의적이지 않다 못해 신랄할 정도다. 젊은 날의 치기 어린 "반항"으로 일종의 "스포츠"에 불과하다고 학생운동을 폄훼하는 그는 정작 한센병요양소 입소 전 학생회 간부로 활동한 바 있는 학생운동 이력의 소유자다. 그런데도 1960년대 학생운동의 한 장면을 목도한 한센병자의 시선은 왜 이토록 비판적이고 냉소적인 것일까? 시민들에게 한센병자의 열악한 실태를 알리고 자신들의 주장을 담은 전단을 배포하며 연대를 모색하는 그가 왜 학생시위를 "바보짓거리"로 폄훼하는지 의문이 들 수밖에 없다. 여기서 명확히 확인되는 것은 정치적 입장의 견해 차이를 넘어선 일종의 강한 위화감이다. 그 위화감의 이면에 있는 것은 무엇일까?

그 단서를 인용의 마지막 문장에서 엿볼 수 있다. "이 병"으로 호명되는 대상이 한센병을 가리킴은 두말할 나위가 없다. 한센병 판정은 곧 한센병 '선고'다. 발병을 분기점으로 한 인간의 삶이 그 전과 후로 판이하게 나뉠 수밖에 없는 엄혹한 한센병자의 현실이 선고 이전의 일체의 삶을 부정하게 하

---

13 小泉孝之,「ビラ配り」, pp. 287~288.

는 계기로 작용함을 히라의 날선 반응에서 추론할 수 있다. 한센병자의 고뇌와 상처가 그토록 깊은 것이다. 하지만 사회로부터 소외받는 마이너리티 입장에서 현실 사회 및 정치에 문제제기하는 대학생들의 고민을 함께 나누지 못한다는 것은 한센병운동의 고립성을 드러내는 대목임을 또한 부정할 수 없다. 그들 자신이 어렵사리 상경해 연대운동을 펼치고 시민들과도 연대하고자 하는 목적에서 '전단 배포'를 하는 와중에 정작 동시대의 대표적 시민운동이라 해도 과언이 아닌 학생시위에 비판적이다 못해 냉소적인 입장을 취하는 것은 일종의 자가당착에 가까울 터다. 그 이면에는 사회적으로 소외, 격리된 삶을 힘겹게 살아왔던 자신들과는 대극에 위치한 비한센병자 엘리트 계층에 대한 일종의 반감이 자리하고 있다. 결과적으로 학생운동을 사회 "혁명"(p.277)이나 변혁운동이 아니라 치기 어린 젊은 날의 망동으로 치부하고 좌파적 경향성에 대한 편견 가득한 시선으로 비난하는 동시대 사회 일반의 학생운동 인식을 한센병자 또한 답습해 내면화하고 있는 것이다. 문제는 이러한 몰이해 혹은 편견이야말로 그 구체 양상은 다를지언정 일반 시민들에게 어렵사리 다가가려는 노력을 통해 어떻게든 극복하고자 하는 한센병자 자신의 고립된 처지와 지극히 닮아 있다는 사실이다. 스스로의 소외 경험을 매개로 다른 아웃사이더의 소외 상황을 공감하고 상대화할 수 있는 시점이 히라에게는 결여되어 있다.

소설은 이소자키가 "대중운동"(p.293)으로서의 한센병운동의 가능성을 미미하나마 자각하는 분위기를 자아내며 끝을 맺지만, 적어도 이 소설에 있어서 상이한 마이너리티 간 연대의 가능성은 회의적이라 볼 수밖에 없다. 「전단 뿌리기」는 그 불편한 조우를 굳이 아름답게 그리려고 하지 않는다. 당위적으로는 상호 이해, 연대해야 마땅한 관계일지라도 현실적으로 소외된 존재들이 경계를 넘어 협력한다는 것은 매우 지난한 작업이라는 엄정한 사실을 가감 없이 보여주고 있다는 점이야말로 역설적으로 이 소설의 미덕이라 할 수 있을 것이다.

4. 내면화된 혐오와 차별

「전단 뿌리기」이듬해에 발표된「사랑의 형태 2」[14]는 어느 한센병자 여성과 선천적 장애인 남성 간의 기묘한 관계에 대한 이야기다. 깊은 산속 한센병요양소가 소설의 주무대다. 일반 사회와 유리된 깊은 산속은 한센병요양소 입지의 필요조건인 '격리성'을 여실히 충족시키는 공간이라 할 수 있다.

원시림 지대를 빠져나오면 뻐끔히 구멍이 난 것처럼 억새 들판이 나왔다. 늦가을 마른 억새 들판은 원시림 지대와는 다른 살기를 띠고 있었다. 바람이 강하게 불면 단단한 억새 잎은 단말마의 절규를 내뱉으며 우는 고문당한 병자와 같다. 그러나 여기까지 오면 지형은 평탄해지고 기숙사 불빛이 보이면서 그제까지의 어둠 속 섬뜩함은 사라지고 갑자기 사람 사는 마을 같은 공기의 감촉을 느낄 수 있다. 인가의 불빛을 본 순간, 이상하게도 바깥기운의 냉기가 피부를 찌르는 듯하다. 병동 지구는 기숙사 건물이 늘어선 언덕보다 한 단 낮은 곳, 땅이 골라진 장소에 위치하고 있었다.[15]

그 요양소에 가기 위해서는 우선 원시림지대를 빠져나와 억새 들판을 거쳐야 한다. "수천 년"의 흔적을 간직한 원시림과 "살기 띤" 억새 들판의 범상치 않은 분위기는 일반 사회와 한센병요양소와의 공간적 거리 이상으로 동떨어져 있는 비한센병자와 한센병자 간 메울 수 없는 현격한 간극을 상징하는 장치다. 그곳을 경유해야만 "지형은 평탄해지고" 비로소 "기숙사 불

---

14 「사랑의 형태 2」는 ≪산초나무≫, 제15호에 첫 발표되었다. 다만 이 글에서 인용 텍스트는 小泉孝之,「愛のかたち 2」, 加賀乙彦 編,『ハンセン病文学全集』, 第1巻(東京: 皓星社, 2002)이다. 본문에서 해당 작품 인용 시 쪽수를 표기했다.

15 같은 책, p.260.

빛"이 보이며 "사람 사는 마을 같은 공기의 감촉"을 느낄 수 있다. 하지만 그곳마저도 요양소 관계자가 숙박하는 비한센병자의 공간일 뿐 정작 한센병자들이 수용된 공간은 거기에서도 다시금 동떨어진 곳에 위치한다. 이렇게 외딴 산속의 원시림지대, 억새 들판, 기숙사를 순차적으로 지나야만 마침내 한센병자의 공간에 다다를 수 있다.

소설의 중심인물 이시자키 게이코(石崎桂子)는 그 한센병자 요양소로부터도 더욱 외진 곳에 위치한 이른바 "전염병동"에 수용되어 있다. 한센병에다 결핵마저 발병했기 때문이다. 한센병요양소 전염병동은 그런 의미에서 진정한 '이중의 격리 공간'이다. 소설의 또 다른 중심인물 신페(甚平)는 이시자키를 "공주님(姬さん)"이라 부르며 당사자의 의사와는 무관하게 매일 그녀의 병실 창문 아래 웅크린 채 그녀의 하명만을 기다리는 하루를 보내고 있다. 하지만 '공주님'은 하명은커녕 '하인'을 자처하는 신페의 이름 한 번 불러주는 일이 없다. 신페의 존재는 철저히 무시당한다. 주목하고 싶은 것은 신페의 신체성이다.

> 꼽추에 절름발이로 얼굴 절반에 심한 화상 흉터가 있는 신페가 눌러앉은 까닭에 요양소의 어두운 분위기는 더욱 짙어졌지만 정작 당사자인 신페는 사람들의 평판 따위 전혀 신경 쓰지 않았다.[16]

얼굴 절반의 깊은 화상으로 인해 끔찍한 표정을 지을 뿐만 아니라 먼지와 몸에서 배어나오는 기름땀으로 시커멓게 빛나고 가까이 다가서면 코를 막고 싶을 정도로 악취가 진동했다. 그런 점들이 신페가 다른 사람들에게 차별당하는 이유가 된 것이다. 사람들은 들개 보듯 신페를 기피했지만 신페 자신은 그런 것을 무심

---

16 같은 책, p. 261.

히 받아넘길 뿐 다른 이들을 미워하는 일 따윈 없었다. "저 놈은 정말 바보천치야." 욕을 하고 돌팔매질을 해도 빙긋이 미소 짓는 신페에 질려버린 나머지 누구하나 말을 거는 이가 없었다.[17]

비록 한센병자는 아니지만 신페는 선천적으로 고도의 장애를 지닌 신체 마이너리티다. "꼽추"에 "절름발이"일 뿐 아니라 얼굴 절반의 "심한 화상 흉터"까지, 신페의 신체는 이른바 '정상성'으로부터의 일탈 정도에 있어 한센병자 못지않다. 게다가 그는 사망한 한센병자의 시신을 소각하는 일을 전담한다. 그 누구도 원하지 않는 기피 작업을 도맡아 하는 것이다. 그가 자원한 것인지 마지못해 맡게 된 것인지는 명확히 기술되어 있지 않지만, 적어도 신체와 역할의 주변성에서 그가 "특수요양소"(p.261) 내에서도 하위의 존재임은 분명하다. 그것만이 아니다. "끔찍한 표정"과 "먼지와 몸에서 배어나오는 기름땀" 그리고 진동하는 "악취" 등은 신페가 다른 이들에게 혐오와 차별을 당하는 또 다른 이유가 된다. 이렇게 한센병자에게서마저 차별당하고 "들개 보듯" 혐오되는 신페는 "바보천치"로 불린다. 그는 혐오, 기피되고 차별당하는 한센병요양소 내의 궁극의 소외 대상이자 타자인 것이다.

이에 반해 요양소 입소 당시 "26세의 이목구비가 뚜렷한 피부가 흰 미인"(p.263)이었던 게이코는 결핵에 걸리는 바람에 아이러니하게도 되레 한센병의 진행이 멈추게 된다. 비록 전염병동에 따로 수용되는 처지가 되고 말았지만 한센병 증상이 두드러지지 않은 신체성과 빼어난 미모 덕분에 전염병동 주변에는 그녀를 흠모해 모여드는 요양소 남자들이 끊이지 않는다. 하지만 결핵이 악화되어 회복 불가능한 상태가 되자 주변 남자들은 하나같이 모두 그녀 곁을 떠나버린다. 이제 나이 마흔 목전의 쇠진한 신체로 죽을 날

---

17 같은 책, pp.264~265.

만을 기다리는 고독한 그녀 곁을 지키는 것은 오로지 신페뿐이다.

신페와 게이코는 지극히 대비되는 존재다. 공통점이라곤 둘 모두 신체의 장애요소를 지닌다는 점뿐이다. 부모자식 간 이상의 나이 차이, 교양의 유무뿐만 아니라 신페의 선천적 기형신체(꼽추, 절름발이)와 흉측한 외모는 상대적으로 젊고, 교양 있고, 한센병자지만 결핵이 발병하는 바람에 외적으로 한센병 증상이 두드러지지 않은 하얀 피부의 미모를 간직했던 게이코와 너무나 동떨어져 있다. 애당초 신페가 뭇 남자들처럼 이성의 관점에서 게이코를 대한 것도 아니었다. 신페에게 게이코는 상명하복·존엄·숭상, 즉 초월적 대상이지 흠모의 대상이 아니다. 신페는 게이코를 "공주님"으로 모시고 게이코는 신페를 "들개 보듯" 천대한다. 양자의 거리는 지극히 멀다.

흥미로운 것은 게이코를 대하는 신페의 태도가 타인의 죽음을 대하는 그의 태도와 닮아 있다는 사실이다.

> 신페에게 다른 이의 죽음은 슬픈 일이 아니다. 오히려 삶의 보람이라고 해야 할 것이다. (중략) 신페는 시체를 태울 때만 정열을 쏟는 것은 아니다. 소각과 관련된 일체의 작업 모두가 그의 보람이었다. (중략) 신페의 마음은 항상 누군가의 죽음을 기다리고 있다. 사망자가 한동안 없을 때의 신페는 풀이 죽어 지루해한다. 다른 이의 죽음을 통해 신페는 인간답게 되살아난다. 가을 무렵, 시체를 소각한 후 아직 가마 속 타고남은 뼛조각에 불기운이 살아 있을 때 신페는 그 잿가루 속에 고구마를 넣어 굽는다. 뼈가 타다 만 잿가루 속 시체의 기름 끼가 고구마에 스며들어 군고구마가 너무나 맛있다며 신페는 아귀처럼 입안 가득히 베어 문다. 동네 악동들조차도 과연 이 군고구마만큼은 입에 넣지 못한다.[18]

---

18 같은 책, pp. 266~267.

신폐에게 죽음은 두렵거나 슬픈 일이 아니다. 오히려 기다려지는 일이다. 시체를 태우며 그는 되레 존재의 의미를 곱씹는다. 마찬가지로 이젠 아무도 거들떠보지 않게 된 게이코를 시중들며 그는 기쁨에 젖는다. 게이코에 대한 그의 헌신은 의식의 레벨을 넘어선 본능이자 '자연' 그 자체에서 비롯되는 것이다. 타인의 죽음을 통해 신폐는 인간답게 되살아나고, 자신의 이름을 불러주는 게이코의 호명은 그가 "10년간 하루도 빠짐없이 묵묵히 기다려온"(p.269) 고대하던 일이었다. "신폐의 도움을 받을 바에야 차라리 죽겠어"(p.268)라고 완강히 신폐의 도움을 거부했던 게이코는 거동조차 할 수 없게 된 생의 마지막에 이르러서야 비로소 신폐의 이름을 부른다. 생리적 문제를 해결하기 위한 도움을 받기 위해서다. 그러나 "비정"(p.273)한 그녀는 단 한마디의 고마움도 표현하지 않은 채 죽음을 맞이한다.

> 신폐의 정신적 지주는 이제 연기가 되어 무한한 저편으로 사라져간다. 애착이라고 해야 할까, 게이코의 관을 가마 속에 집어넣을 때 신폐는 유일한 지참물이었던 자신의 검을 관에 함께 담았다. 신폐의 손이 닿지 않는 곳에서 환상 속 공주님을 지켜달라는 그의 바람일까. (중략) 게이코의 시신이 완전히 타버렸을 무렵 신폐는 사라졌다. 실종 이후 신폐의 모습을 본 이 또한 아무도 없었다. 어떤 이가 말했다. 게이코의 시신을 태운 가마 속으로 들어가 자신도 함께 태워버렸다고 말이다. 허나 그런 일이 있을 수 있겠는가.[19]

신폐는 게이코의 시신을 자신의 유일한 애장품과 함께 직접 소각한다. 이는 타인의 시신을 소각하는 그의 "삶의 보람"과 게이코에 대한 마지막 헌신이 합치된 행위임에 틀림없다. 또한 게이코의 신체와 그녀의 최후를 신폐

19　같은 책, p.274.

홀로 독점한 행위이기도 하다. 10년을 게이코만 바라봤던 그의 헌신은 이렇게 보답된다. 그런데 시신을 소각하는 행위의 본질적 의미는 무엇인가? 가마에 군불을 지펴 타인의 주검을 태우고 잿더미 속에서 회수한 뼛조각을 유골함에 담는 행위. 이것이야말로 신체를 매개로 한 궁극의 교류이자 교섭이 아니고 무엇이겠는가. 한센병자에다 결핵 환자라는 핸디캡으로 인해 역설적으로 더욱 청초한 미(美)의 표상이 된 게이코의 신체와 온갖 선천적·후천적 신체장애를 응축해 놓은 추(醜)한 신페의 신체는 '시신 소각'이라는 의식을 통해 비로소 맞닿는다. 그 이후 자취를 감춰버린 신페를 둘러싼 여러 가지 엑센트릭(eccentric)한 소문들의 실체는 그것이 무엇이든 실은 중요하지 않다. 그저 텍스트의 낭만성을 배가시키는 장치로 기능할 뿐 확인될 수도 없고 확인되어서도 안 되는 신페의 행방은 따라서 오리무중이어야만 한다. 게이코의 시신을 태우는 가마 속으로 자진해 들어가 최후를 그녀와 함께 했다는 인신공양 부류의 소문도 그 진위 여부와 무관하게 텍스트의 본질과는 동떨어진 설정에 불과하다. 존재의 소각 행위를 통해 부재했던 관계의 선이 신페와 게이코, 상이한 마이너리티 간에 생성된다는 사실의 확인이야말로 여기서 놓치지 말아야 할 점일 것이다.

하지만 그럼에도 불구하고 추하고 혐오스러운 존재, 신페를 향한 게이코의 내면화된 혐오와 차별 의식은 채 극복되지 못한다. 물론 선천적 꼽추이자 절름발이로 "들개" 마냥 기피되었던 신페에 대한 혐오감을 다른 이들 못지않게 내면화하고 있던 게이코가 그의 헌신에 감동해 부정적 시선을 갑작스레 거둔다면 이처럼 개연성 결핍된 전개도 달리 없을 것이다. 「사랑의 형태 2」는 표면적으로는 낭만성을 띄고 있으되 『노트르담의 꼽추』나 『벙어리 삼룡이』류의 비극적 사랑의 완성이라는 낭만적 결말에 안이하게 가담하는 쪽을 택하기보다는 사회로부터 소외된 마이너리티 내부의 위계를 여실히 드러내는 리얼리즘으로 마무리된다. 그런 의미에서 「사랑의 형태 2」는 앞선 두 작품 「조선 아이」, 「전단 뿌리기」와 마찬가지로 한센병자를 매개로

한 상이한 마이너리티 간 공감의 가능성과 한계성을 두루 엄정히 포착한 소설로 평가할 수 있을 것이다.

5. 장애와 노년이 차이를 넘어설 때

「사랑의 형태 1」[20]은 「사랑의 형태 2」에 앞서 발표된 소설이다. 두 작품은 일종의 연작 소설에 가깝다. 애당초 연작으로 구상되었는지는 확언하기는 어렵지만, 한센병문학 동인지 ≪산초나무≫에 연이어 발표된 점, 같은 제목 등으로 볼 때 동일한 문제의식 아래 쓰인 소설임은 분명해 보인다. '자연동반자살'이라는 다분히 기묘하고 자극적인 부제를 달고 있는 소설은 앞서 고찰한 「사랑의 형태 2」와 마찬가지로 한센병자와 여타 마이너리티 간의 관계에 주목한다. 「사랑의 형태 2」가 비한센병자 장애 남성과 한센병자 여성의 관계를 다루었다면 「사랑의 형태 1」은 노인 남성과 중증 한센병자 여성의 관계에 주목한다. 소설의 공간적 배경이 일반 사회와 격리된 깊은 산속 요양소였던 소설 2권과는 달리 소설 1권은 지방의 중소도시를 배경으로 한다. 그 풍경은 다음과 같이 서술된다.

후지산 자락의 쓸쓸한 시골마을이었던 이곳도 도요타자동차 공장이 신설되자 갑작스레 팽창해 너저분한 도시 번화가의 분위기를 띠기 시작했다. (중략) 인구 2만이 채 되지 않던 산록 마을이 대공장과 도메이(東名)고속도로 건설로 인해 눈 깜짝할 사이에 인구 7만의 도시로 커져가는 것은 마치 카라멜로 과자가 구워질

---

20 『사랑의 형태 1』은 ≪산초나무≫, 제14호(1968.2)에 첫 발표되었다. 다만 이 글에서 인용 텍스트는 小泉孝之,「愛のかたち 1」, 加賀乙彦 編,『ハンセン病文学全集』, 第1巻(東京: 皓星社, 2002)다. 본문에서 해당 작품 인용 시 쪽수를 표기했다.

때 부풀어 오르는 것과 비슷했다.[21]

산업화, 도시화가 급격히 진행되던 1960년대 고도경제성장기 일본의 전형적 풍경을 앞의 인용문에서 확인할 수 있다. 후지산에 대한 언급과 작가의 요양소 수용 이력으로 봐서 공간적 배경은 시즈오카 현의 어느 중소도시로 추론된다. 게다가 소설이 발표된 1968년이라는 시점과 시즈오카 현이라는 입지, 도요타자동차 공장의 신설이라는 정보 등을 종합해 볼 때 이 중소도시는 스소노(裾野) 시로 결론짓는 것이 타당해 보인다. 왜냐하면 스소노 시에 도요타자동차 히가시후지(東富士) 공장이 설립되어 가동되기 시작한 것이 1967년이기 때문이다.[22] 뿐만 아니라 스소노 시의 인근 고텐바(御殿場) 시에는 한센병요양소인 국립 스루가요양소가 위치해 있다. 작가 고이즈미가 이 시기에 입소생활을 이어가던 요양소다.

후미진 시골마을에 일본을 대표하는 대기업 도요타자동차 공장이 들어선다. 이로 인해 마을의 풍경뿐 아니라 공간의 규모와 성격 자체를 변질시키는 도시화가 급속히 진행된다. 카마멜로 과자에 비유되는 도시화의 본질은 외부의 '팽창'과 이에 대비되는 내부의 '공동(空洞)'이다. 산업화되는 도시의 팽창 이면에서 더욱 소외가 가중되는 주변인들이야말로 그 '공동'의 실체라고 할 수 있다. 이 소설에서는 중증 한센병자와 노인이 그 마이너리티에 해

---

21 같은 책, pp.244~245.

22 인구가 약 5만 명에 불과한 중소도시인 스소노 시는 도시 규모에 비해 제조업이 활발한 곳이다. 스소노 시의 제조업을 대표하는 것이 바로 도요타자동차 히가시후지 공장과 히가시후지 연구소다. 이 공장은 도요타자동차 히가시니혼(東日本)을 대표하는 공장으로 도요타자동차 전체 규모 면에서도 중요한 위치를 점하는 곳이다. 흥미로운 것은 히가시후지 공장의 폐쇄가 2018년에 확정되어 2020년 말에 폐쇄가 완료되었다는 사실이다. 이에 따라 히가시후지 공장에서 일하던 약 1100명의 노동자는 이와테(岩手) 현 소재 공장으로 이동했다고 하니 갓 공장이 만들어져 활력 넘치는 분위기가 묘사된 소설 「사랑의 형태 1」과의 대비가 매우 극적이라 할 만하다. https://www.iwatenp.co.jp

당한다. 도시가 그들에게 허용한 공간은 각각 요양소(시민병원)와 노인홈(양로원)이다.

> ① 시즈(靜)가 이 병원에 입원한 후 10년이 경과했다. 시즈는 여자로서 한창때인 30대를 이 오래된 건물의 조잡한 목제 침대에 동여매인 채 지냈다. 척수와 심장 상태가 나쁜 중증 환자이기에 일어설 수도 없고 겨우 얼굴만 좌우로 움직일 수 있을 뿐이다.[23]
>
> ② 노인은 억새 나부끼는 잡초길을 따라 시민으로부터 존재조차 잊혀져버린 이 병원을 방문했다. 마른 덩굴처럼 말랐지만 비교적 내장은 건강한 노인은 산보를 겸한 병원 방문이 하루 일과의 커다란 부분을 차지하고 있었다. (중략) 원래 말수가 적고 이상하리만치 부끄럼을 많이 타는 성격이기에 정문 현관으로부터 들어오는 경우가 없었다. 그 또한 시립 노인홈에 기생충처럼 더부살이하는 처지라 매사에 소극적이고 위축된 모습이었다. 그러나 이 노인은 모 대학의 조교수로 인도철학의 권위자라는 과거의 직함을 가지고 있었다. 그런 위치에 있던 이가 왜 이렇게 초라하고 쓸쓸하게 살고 있는지를 아는 이는 없지만 결혼 경험도 없는 독신 신세임은 호적이 증명하고 있었다.[24]

여성은 30대 후반으로 병원에 입원한 지가 10년이나 경과한 데다 사지를 제대로 움직이지도 못하는 중증의 한센병자다. 당연히 그녀가 접할 수 있는 세계는 극도로 제한적이다. 게다가 그녀는 전쟁 와중에 친가족을 여의고 한센병 발병으로 남편과 시댁으로부터도 버림받은 가련한 신세다. 이에 비해 노인은 건강에 큰 이상은 없으되 80세에 가까운 노령과 노인홈에 "기생충처럼 더부살이"하는 처지로 인한 "위축된 모습"에서 대학교수였다는 과거의

---

23 小泉孝之,「愛のかたち 1」, p.245.
24 같은 책, p.246.

이력을 믿는 이가 거의 없을 정도다. 그런 노인에게 유일한 삶의 낙은 산보를 겸해 매일 시민병원에 수용된 여성을 방문하는 일이었다.

여기서 여성 시즈와 노인의 공통항은 분명하다. 가족의 부재, 공공시설 신세, 경제적 궁핍 등에서 양자는 공통되는데, 이는 결국 모두 '고독'이라는 한 단어로 수렴된다. 시즈의 신체장애와 노화로 인한 노인의 신체쇠약도 신체로 인한 소외, 즉 '신체 소외'라는 점에서 상통한다. 그들은 팽창, 상승일로의 도시 이면에서 소외된 아웃사이더이며, 역설적으로 소외야말로 전혀 접점이 없던 그들을 이어준 매개였다. 노년의 고독하고 무료한 일상을 잡초길 산책으로 때우던 어느 날 우연히 발견한 낡은 시민병원 창가에서 노인은 시즈를 처음 대면했기 때문이다. 그 이후 노인은 세상을 직접 응시할 수 없는 시즈의 "사각(死角)"(p.250)을 열어주는 통로가 되었고, 시즈의 몸짓은 노인의 마음에 불어온 "틈새바람"(p.250)이 되었다.

소설에서 여성과 노인의 소통은 보다 직접적으로 '신체'를 경유한다. 점차 마비되어 가는 여인의 팔다리를 노인은 매번 혼신의 힘으로 풀어준다. 성적인 것을 초월한 신체접촉을 통해 그들은 무언으로 마음을 교류한다. 마지막 이별의 순간 또한 예외가 아니다.

> 노인은 언제나처럼 손발을 문지르고 배를 쓰다듬었지만 오늘의 시즈는 좀처럼 잠들지 못했다. 힘 빠진 노인의 안마로는 너무나도 격렬한 그녀의 고통을 가라앉힐 수 없었던 것이다. 그래도 시즈는 어금니를 꽉 깨물며 통증을 참으려 눈을 감았다. 노인의 마음에 보답하고 싶다는 애절한 마음 하나 때문이었다. (중략) "나이 먹은 나보다 먼저 떠나려 하는군요." "미안합니다, 감사했습니다."(중략) 시즈는 임종을 지켜보는 의사 하나 없이 오로지 노인이 응시하는 눈동자 속에서 조용히 눈을 감았다.[25]

마지막 의식마냥 여성과 노인은 "안마"를 통해 소통한다. 극심한 고통도 그 고통을 덜기 위한 안마도 '신체'라는 매개를 통해 두 사람의 유대감을 최후까지 확인하는 증거다. 시즈가 죽은 바로 당일 노인 또한 공원 벤치에서 주검으로 발견된다. 노인의 사망진단서에는 "노쇠에 의한 객사(行路死)"라고 기록되었지만 실은 "자연동반자살"(p.257)임에 분명하다는 것이 소설의 마지막 구절이다. 여기서 주목해야 할 것은 당연히 동반자살 여부가 아니다. 성별·연령·질병 등의 다양한 차이를 넘어서 정신적 유대를 심화시켜 간 여성과 노인에게 공통된 결핍이 사회적·신체적 소외였으며, 그들 유대감의 근간에 고통을 함께 나누고자 한 무성적 '신체 교섭'이 있었다는 사실이야말로 이 소설에서 놓치지 말아야 할 부분이다. 고독·적막·무료는 그들이 함께 나눔을 통해 극복하고자 했던 소외의 구체적 양상이었다.

> 필자는 두 사람의 죽음을 자연동반자살이라고 이름 붙여 영원히 묻어두고 싶다. 죽음으로 두 사람의 영혼과 영혼은 분명히 맺어진 것이 아니겠는가.[26]

두 사람의 장례는 시민병원과 노인홈에서 각기 치러지고 시신 또한 서로 다른 절에 묻히게 된다. 노인과 여인의 관계는 타인들은 알지도 못하고 알 수도 없는 세계, 오롯이 "두 사람만의 세계"(p.257)였다. 그런 의미에서 「사랑의 형태 1」은 고이즈미의 앞선 다른 소설들과는 달리 상이한 마이너리티 간 교섭의 가능성을 상대적으로 긍정적으로 그리고 있는 작품이라고 할 수 있다. 앞서 고찰한 것처럼 「조선 아이」, 「전단 뿌리기」, 「사랑의 형태 2」는 한센병자와 다른 마이너리티 간 교섭의 가능성에 대해 낙관적으로 묘사하기보다는 현실적 난관을 보다 직시하는 쪽이다. 이에 반해 「사랑의 형태 1」은 소통의 차원을 넘어 양자 사이에 내면적 공감마저 이루어졌음을 그 마지

---

25 같은 책, pp.254~256.
26 같은 책, p.257.

막 구절에서 밝히고 있다. 보다 정확히는, 작가 고이즈미가 노인과 한센병자 여인 두 사람의 사례를 통해 한센병자와 상이한 마이너리티 간 공감과 소통의 가능성을 긍정적으로 제시하고자 하는 의지를 전지적 작가시점까지 동원해 직접적으로 표출하고 있다고 보는 편이 타당할 것이다.

특히 주목해야 할 점은 이상에서 살펴본 4편의 소설 속에서 한센병자 캐릭터가 균질하고 전형적인 양상으로 그려지는 것이 아니라 매우 개별적이며 다양한 양태로 묘사되고 있다는 사실이다. 이는 요양소 안팎의 현실 사회 속에서 살아가는 한센병자의 생활 자체가 매우 다양한 환경 및 조건과 맞물려 있다는 방증이기도 할 것이다. 그런 의미에서 한센병자의 실존적 조건은 한편 특수하면서도 기본적으로는 지극히 보편적이라 할 수 있다. 「조선 아이」에서는 한센병요양소 내의 조선인 차별을 보육원 아동문제를 통해 드러냄으로써 사회 일반의 인종적 차별 양상이 요양소 내에서도 예외가 아닐 뿐 아니라 조선인 한센병자라는 이중의 차별을 통해 더욱 극적으로 노정되고 있음을 확인했다. 「전단 뿌리기」에서는 학생 시위를 부정적으로 인식하는 한센병 운동가의 시선을 통해 반정부 주장에 비판적인 사회 일반의 통념이 한센병자에게도 내면화된 양상을 볼 수 있었다. 사회로부터 소외받는 처지의 한센병자임에도 불구하고 그들 또한 상이한 마이너리티에 대한 통념적 소외를 상당 부분 답습하고 있는 것이다. 한센병요양소 내 조선 아이, 한센병 운동가라는 각각의 입장의 차이에도 불구하고 한센병자를 둘러싼 소설 세계는 현실 사회의 축소판 그 자체다. 그들은 매우 개별적이고 특수한 존재인 동시에 혐오, 차별 등 사회 일반의 보편성으로부터 결코 예외일 수는 없는 존재다.

특수성과 보편성의 뒤섞임이라는 점에서 소설 「사랑의 형태」 1권과 2권은 보다 구체적이다. '자연동반자살'이라는 키워드를 공유하는 두 작품은 연작소설이니만큼 접점이 적지 않다. 우선 한센병자 여성에 대한 비한센병자 남성의 헌신이라는 점에서 두 소설은 맞닿아 있다. 즉, 비한센병자 '헌신자'의 존재야말로 양자의 첫 번째 공통항이다. 1권에 노년 남성의 헌신이 있었다면, 2권에는 선천적 신체장애자 신페의 헌신이 있었다. 두 번째 공통항은 '신체 교섭'이다. 1권에서는 '안마'가 노인과 한센병자 여성 간의 내적 교류를 매개하고 있다면, 2권에서는 '시신 소각'이라는 의식을 통해 장애인이 한센병자 여성의 죽음을 애도한다. 세 번째는 소설 속 마이너리티들의 '동반자살' 정황이다. 동반자살의 사실 관계가 다소 모호하긴 해도, 생물학적 죽음으로서의 노인의 객사와 사회적 죽음으로서의 신페의 실종이 모두 헌신의 대상이었던 한센병자 여성의 죽음에서 촉발된 의지적 선택이라는 점에는 거의 의심의 여지가 없다.

하지만 정작 중요한 것은 이러한 공통항에도 불구하고 양자 사이에 결정적 차이가 존재한다는 점이다. 소설 1권에서는 노인과 한센병자 여성 간의 내적 교류가 일관되게 쌍방향적인 것이었다면, 소설 2권의 관계는 신페의 일방향적인 추종에 가까운 헌신으로 시종일관한다. 한센병자 여성은 죽음 목전에서도 한센병자는 아니되 신체와 정신 모든 면에서 결손 존재인 신페의 헌신을 결코 내면으로부터 수용하지 않고 혐오의 흔적을 남긴다. 이처럼 「사랑의 형태 1」, 「사랑의 형태 2」 두 소설 속 한센병자와 다른 마이너리티 간 관계 양태의 차이는 결정적이다. 이러한 차이 그리고 접점은 무엇을 의미하는가?

실상 두 소설 모두 비한센병자 남성과 한센병자 여성 간에 한센병·연령·교육 정도 등의 면에서 메우기 힘겨운 간극이 존재한다. 여성들은 한센병에 감염되었고, 연령대는 남성들이 훨씬 위이며, 교육 정도는 소설 1권에서는 노인이 그리고 소설 2권에서는 게이코가 더 높은 수준임에 분명하다. 이러한 조건들은 모든 이들에게 공통적으로 부과되거나 해당되는 조건은 아니라는 점에서 기본적으로 개인적이고 개별적인 것이다. 한센병이든 신체장애든, 그로 인한 소외의 가능성은 누구에게나 예외 없이 잠재되어 있는 것이지만, 그렇다고 해도 그것이 발현되는 양상은 기본적으로 개별적이며 특수한 것이기 때문이다. 그러한 관점에서 유일무이하게 모든 이에게 균등하게 해당되는 보편타당한 소외 조건은 바로 노화, 즉 '나이듦'이다. 소설 1권의 노인이 바로 이에 해당된다. 나이 들어가는 것, 늙어가는 것, 이 조건으로부터 자유로울 수 있는 이는 아무도 없다. 「사랑의 형태 1」은 그 누구도 피해갈 수 없는 소외 조건인 '나이듦'을 체현하는 남성 노인과 40년 가까이 나이 차가 나는 여성 한센병자 간에 형성된 친밀감과 유대감을 묘사함으로써 상이한 마이너리티 간 공감의 가능성을 열어두고 있다. 결코 판타지로 폄훼되어서만은 안 될 터인 어떤 의지를 여기서 읽어내는 것도 가능할 것이다.

이렇게 한센병자와 다른 마이너리티 간 친밀한 관계의 구축이란 것이 현실에서 결코 용이하지 않더라도 그 방향성을 견지해 가는 굳건한 지향성을 고이즈미의 소설은 지속적으로 발신한다. 앞서 논한 다른 소설들과는 달리 타자 간 공감의 가능성을 긍정적으로 전망한 「사랑의 형태 1」이야말로 그러한 텍스트의 전형이라 할 수 있다. 당사자에게 한센병 발병 자체는 개별적인 것이지만 그로 인해 파생되는 다양한 관계의 양상은 개별적·개인적 차원을 훌쩍 넘어선다. 따라서 한센병으로 인한 소외는 특수한 속성을 지니는 한편으로 차이를 넘어 다른 다양한 소외와도 연동하는 보편적 측면을 내재한다.

「사랑의 형태 1」에서 노인과 여성이 친밀감 이상의 연대감을 구축할 수 있었던 것도 그 때문일 것이다. 늙어간다는 것과 외로워진다는 것, 즉 노화와 고독이라는 그 누구도 예외일 수 없는 보편적 소외를 매개로 그들은 맞닿는다. 이 관계를 '사랑'으로 부를 수 있을지는 단언키 어렵지만 적어도 '사랑의 어떤 형태'로 규정하는 것에는 큰 무리가 없을 터다. 이와 같이 결코 특별하고 예외적인 관계가 아니라 마이너리티 존재 각각의 개별성에 기초한 타자 간 관계의 보편성을 드러내고자 한 것이야말로 고이즈미 소설에서 확인되는 한센병자와 다른 마이너리티 간 관계 양상의 특징이라고 할 수 있다. 차이와 개별성을 바탕으로 한 공감과 보편성에 대한 지향은 한센병 요양소의 담을 넘어 신체와 정신 모두 그 '바깥'을 지향하고자 한 고이즈미 자신의 삶과 그의 소설들에 공통되는 결정적 요소임에 분명하다.

6. 연대냐, 고립이냐?

이상에서 상이한 마이너리티 간 관계의 문제에 주목해 고이즈미의 한센병소설을 고찰해 봤다. 고이즈미 소설에 등장하는 조선인·여성·학생운동가·장애인·노인 등 마이너리티를 바라보는 한센병자 혹은 비한센병자 주체의 시선은 결코 균질하지 않다. 물론 그 시선에는 개개인 한센병자 주체의 각기 다른 개별적 환경과 주관적 입장이 반영될 수밖에 없다. 「사랑의 형태 1」에서 노인을 바라보는 한센병자 여성의 시선이 감사와 호의를 담고 있던 반면, 「사랑의 형태 2」의 선천적 장애인을 바라보는 혐오와 차별의 시선은 끝내 극복되지 못한다. 또한 「전단 뿌리기」의 한센병자는 연대의 대상이어야 할 대학생들의 시위에 공감이 아닌 위화감과 몰이해의 시선을 던진다.

이러한 시선의 다양성은 한센병자 주체와 다른 마이너리티 간 관계의 양태에도 그대로 반영된다. 소외와 차별의 경험을 공유하고 사회에 문제제기를 하는 입장에서 '동반자'여야 마땅할 마이너리티 간 관계가 정작은 공감과 동행을 수반하지 않는 경우가 적지 않음을 확인할 수 있다. 마이너리티 내부의 소외는 그 대표적 예일 것이다. 선천적 장애인에 대한 한센병자의 소외, 학생운동을 바라보는 한센병 활동가의 보수적 시선, 한센병 요양소 내부의 조선인 한센병자에 대한 소외에 이르기까지 그 소외 양상 또한 실로 다양하다. 하지만 그럼에도 불구하고 여전히 마이너리티 간 공감과 연대에 희망을 가탁하는 것은 차별·소외·혐오 문제야말로 특수한 예외가 아니라 보편적 실존의 문제로 사고되어야 하기 때문이다. 노화라는 보편적 소외와 한센병이라는 특수한 소외에 각각 직면한 노인과 여성이 차이를 넘어서 내

적으로 교섭하는 「사랑의 형태 1」은 마이너리티 연대의 실마리를 제시한
다. 고이즈미의 소설은 마이너리티 간 공감과 소통의 가능성을 결코 낙관시
하지 않는다. 다만 그의 소설들은 마이너리티 간 교섭이 가능성의 문제가
아니라 당위의 문제임을 역설한다. 그러한 의미에서 한센병자와 한센병 요
양소라는 작은 울타리에 고립되지 않고 요양소의 담을 넘어 바깥 세계를 지
향한 그의 신체와 소설은 공감과 연대를 향한 굳건한 의지가 체화된, 분리
불가능한 하나의 양상으로 봐야 할 것이다. 혐오를 넘어 마이너리티 간의
공감과 연대는 지향되어야 한다.

참고문헌

이지형. 2016. 「일본 한센병소설의 계보와 변천격리와 불치(不治)를 넘어서」, ≪일본학보≫, 106집, 172~178쪽. 한국일본학회.

小泉孝之. 1955. 「きのこの家」, ≪菊池野≫, 第5巻 第2号.

_____. 1956. 「朝鮮の子」, ≪高原≫, 第11巻 第11号.

_____. 1959. 「アンテナ」, ≪火山地帯≫, 星塚敬愛園.

_____. 1960. 「アンテナ」, ≪火山地帯≫, 星塚敬愛園.

_____. 1967. 「ビラ配り」, ≪山椒≫第11号, 駿河療養所.

_____. 1968. 「愛のかたち」, ≪山椒≫第14号, 駿河療養所.

_____. 1968. 「愛のかたち(その二)」, ≪山椒≫第15号, 駿河療養所.

加賀乙彦 編. 2002. 『ハンセン病文学全集』, 第1巻, 東京: 皓星社.

佐藤健太・谷岡聖史 編. 2015. 『ハンセン病文学読書会のすすめ』. 東京: ハンセン病文学読書会.

米沢敬. 2016. 『ハンセン病を学ぶためのブックガイド』. 東京: 工作舎.

秦重雄. 2011. 『挑発ある文学史―誤読され続ける部落/ハンセン病文芸』. 京都: かもがわ出版.

寺平賢司. 2016. "ハンセン病文学読書会 主宰者, 佐藤健太." http://leprosy.jp/people/sato/(검색일: 2018.8.10).

三上美絵. 2016. "駿河療養所 フィールドワークとハンセン病文学読書会" http://leprosy.jp/people/plus02/(검색일: 2018.8.12).

제13장

영화 〈수치〉와 21세기 성 담론*

김수연

스티브 매퀸(Steve McQueen) 감독, 마이클 패스벤더(Michael Fassbender) 주연의 영화 〈수치(Shame)〉(2011)는 맨해튼을 배경으로 성공한 여피(yuppie)이지만 섹스 중독자인 브랜든(Brandon)의 고통스러운 삶을 그린다. 매퀸 감독은 대영제국훈장을 받은 설치미술가이며 그의 세 번째 연출작 〈노예 12년(12 Years a Slave)〉(2013)으로 아카데미 작품상을 받은 최초의 흑인이기도 하다. 영화 〈엑스맨(X-Men)〉 시리즈의 젊은 매그니토(Magneto)로 잘 알려진 독일계 아일랜드 배우 패스벤더는 연기와 흥행력 모두에서 인정받는 명배우로, 옷을 걸쳤을 때보다 벗었을 때가 더 많은 〈수치〉에서 그야말로 신들린 연기를 선보인다. 예상대로 〈수치〉는 베니스영화제에서 "15분간의 기립박수"[1]를 받고 토론토영화제에서 "한마디로 2011년 최고의 영화"[2]라는 극찬을

---

* 이 글은 ≪안과 밖≫, 37호(2014)에 실렸던 「영화 〈수치〉와 21세기 성 담론들」의 내용을 일부 수정·보완한 것이다.

1　Chris Lee, "Sex Addiction and the City," *Newsweek*, November 27, 2011. www.

들으며 작품성을 인정받았다. 그러나 〈수치〉가 섹스 중독에 관한 영화임에도 평자들은 관련 장면에 대해 "전혀 섹시하지 않다"[3]라거나 "집요하고도 진빠지게 지독하다"[4]라고만 할 뿐 자세한 언급을 피하고 있다. 다른 평론들역시 〈수치〉의 아트하우스 기법에 주목하거나 브랜든을 "전형적인 공허한현대인"[5]으로 뭉뚱그려 파악한다. 이 영화가 수작인 까닭은 물론 매퀸 감독특유의 롱 샷, 작품 전반에 흐르는 바흐(Bach)의 골드베르크 변주곡(Goldberg Variations BWV 988), 패스벤더에 밀리지 않는 캐리 멀리건(Carey Mulligan)의 연기 때문이기도 하다. 그러나 〈수치〉의 가장 큰 부분을 차지하는 '수치스러운' 장면에 대한 분석 없이 이 영화의 성취를 논할 수 없다는 것이 이 장의출발점이다.

한국 사회가 성 문제로 몸살을 앓아온 것은 어제오늘의 일이 아니다. 국제사회에서 드물게 성을 파는 사람, 사는 사람, 주선한 사람 모두가 불법인한국에서 이러한 억압의 결과는 비밀인 듯 비밀 아닌 음성적 성의 만연이다. N번방 사건, '꽃뱀'의 피해자들, 성추행 대학교수들이 국민을 경악시키는 가운데 대중문화는 끊임없이 낭만적 이성애에 대한 환상을 부추기고 성을 배제한 유아적 가상결혼을 보여준다. 그러나 굴욕을 향한 관음증적 시선이나 위선적인 로맨스 칭송 그 어느 것도 성이라는 쑥스럽지만 매혹적인 주제에 대해 새로운 시각을 더해주지 못한다. 영미 비평계에서도 비슷한 우려

newsweek.com(검색일: 2022.2.5).

2   Ricky da Conceicao, "Review of Shame," *Sound on Sight*, September 17, 2011. Revised and reprinted in www.tilt.goombastomp.com(검색일: 2022.2.5).

3   Laura Kern, "Short Takes: Shame+Sleeping Beauty," *Film Comment*, November/December, 2011, p.73.

4   Adam Nayman, "Review of Shame," *Cineaste*, 37.1(2011), p.51.

5   Andrew Tracy, "Review of Shame," *Cinema Scope*(2011), www.cinema-scope.com(검색일: 2022.2.5).

의 소리가 높다. 애덤 필립스(Adam Phillips)는 오늘날 성에 대한 말과 이미지가 넘쳐나지만 "로맨스와 포르노"라는 이분법에 매여 진정한 삶의 영감으로 이어지지 못하고 있다고 한다. "어리석은 사랑"이나 "변태적 욕망" 같은 뻔한 말에 열광하거나 반대로 조소를 보내는 것이 성에 대한 유일한 입장이 되어버린 것이다.[6] 따라서 이러한 현실에 맞서 '완벽한 사랑'이란 이데올로기적 환상을 타파하고 성에 잠재된 모순과 혼란, 그것으로 인해 역설적으로 열리는 다양한 인식론적 가능성을 모색하는 연구가 늘고 있다.

이 장의 목적은 2000년 이후 출판된 성에 관한 몇몇 철학적·정신분석학적 고찰을 살펴보고, 그 고찰에 비추어 〈수치〉가 바로 그 수치스럽다 못해 혐오스럽게 그려지는 섹스를 통해 관계성과 친밀감, 주체와 성적 충동의 속박에 관한 치열한 윤리적 탐구임을 주장하는 것이다. 2000년 이후를 강조하는 이유는 "성이 무엇인가"라는 질문은 결국 "성이 언제인가"라는 질문과 겹친다고 할 만큼 본질에 관한 것이라기보다 특정 시대의 해석에 관한 것이기 때문이다.[7] 프로이트(Freud)와 라캉(Lacan), 푸코(Foucault)의 기념비적 저작을 바탕으로 출발한 섹슈얼리티 연구는 80년대 여성주의, 90년대 젠더 연구 및 퀴어 이론의 융성 속에 획기적인 저서들을 낳았다. 그러나 대략 2000년 들어 여성주의 내부의 자성, 오히려 해가 된 퀴어 이론의 지나친 인기와 제도화를 겪으며 많은 연구자가 급진적 성 담론 열풍의 한 막이 내려감에 동의하고 있다. 2011년 출판된 『애프터 섹스?(After Sex?)』가 바로 그러한 공감의 산물이다. 이 책에서 로렌 벌렌트(Lauren Berlant)는 "부동산을 사고, 에이즈를 이겨내고, 커플이 되고… 테뉴어(Tenure)를 받고, 할 말을 다 하고 이

---

6   Adam Phillips, *Going Sane: Maps of Happiness*(New York: Harper Collins, 2005), pp.88~89.

7   Janet Halley and Andrew Parker(eds.), *After Sex?: On Writing since Queer Theory* (Durham: Duke UP, 2011), p.5. 고딕 강조는 원문 강조.

제는 권태에 빠진"[8] 성 이론가들의 피로를 재치 있게 표현한다. 그러나 벌렌트를 포함한 이 책의 저자들은 여전히 치밀하고 진지하게 제목에 포함된 "애프터"의 중의적 의미, 즉 "~ 이후"와 "~ 을 쫓는"의 두 가지 의미에 착안해 "뫼비우스의 띠"처럼 영원히 핵심적인 섹스의 중요성을 재발견하고자 한다.[9]

'21세기 성 담론'이란 거창한 제목과 달리 필자의 논의가 제한적임에 양해를 구한다. 연애, 결혼, 출산, 육아에 대한 환멸이 팽배한 21세기에도 사랑과 가족의 소중함이란 이데올로기는 여전히 막강하다. 사랑이 현대인의 모든 상처를 치유하는 만병통치약이 되어버린 상황에서 아름다운 성을 찬양하는 책이 넘치는 것은 기현상이 아니다. 순진한 사랑 예찬만큼이나 쏟아져 나오는 도발적 불륜 내러티브 역시 근간이 되는 제도적 성에 대한 도전은 아니며, 오히려 끊임없이 부적절한 성에 대해 낡은 수다를 떨며 성에 함의된 혁명적 가능성을 무마시키는 역할을 수행하고 있다. 이 장에서 주목할 21세기 성 담론은 상대와의 교감, 사랑의 성취 같은 달콤한 것과 전혀 상관이 없는, 그러나 바로 그러한 낙관론을 거부하기에 실재에 더 가까운 불편하고도 과도한 섹스에 관한 것이다. 또 다른 거대담론을 이루는 사랑과 구별되어 성만을 독점적으로 다룬 인문학 서적이 많지는 않다. 알랭 드 보통 (Alain de Botton)의 『인생 학교: 섹스(How to Think More about Sex)』(2012)가 그러한 대중서 중 하나인데, 이 책에서 저자는 그 누구도 섹스에 있어서 정상일 수 없으며, 은밀하고 격정적인 섹스와 점잖고 지루한 일상이 양립하기 힘든 것임을 강조한다. 보다 학술적 철학서인 『욕정(Lust)』은 "세상의 갈채를 받는" 지고지순한 사랑과 대비되어 "엉큼하고, 수치스럽고, 창피"하다는 오명을 뒤집어쓴 욕정을 "죄악의 범주에서 미덕으로" 옮기려는 야심 찬 가치 전환을 시도한다.[10] 이 외에도 본문에서 살펴볼 정신분석학 입장은 "참을

---

8   같은 책, p.79.
9   같은 책, p.4.

수 없을" 만큼 부정적 경험인 섹스의 파괴성을 적극적으로 주장하며, 나아가 그러한 파괴의 윤리성을 강조한다. 이 담론들에 비춰볼 때 〈수치〉의 혐오스러운 섹스 중독은 동정과 개탄의 대상이 아니다. 집요하게 되풀이되는 영화 속 섹스는 통제와 이해가 불가능한 그 무엇과 맞닥뜨리는 경험으로, 대상과 관계를 맺는다는 훈훈한 환상을 무너뜨리는 대신 허물어지는 자신을 받아들일 수 있는 윤리적·인식론적 전환의 계기를 마련해 준다.

1. 21세기 성 담론: 환상과 불가능

최신 이론서 중 섹스에 관해 각별한 혜안을 담은 책으로 리오 버사니(Leo Bersani)와 필립스의 『친밀감들(Intimacies)』(2008), 리 에델만(Lee Edelman)과 벌렌트의 『섹스, 혹은 참을 수 없는 것(Sex, or the Unbearable)』(2014)을 꼽지 않을 수 없다. 네 명의 석학이 빚어내는 시너지를 다 전달하기에는 지면이 허락하지 않아 〈수치〉 읽기에 도움이 될 만한 부분에 집중하려 한다. 버사니를 소개하는 데 있어 이제는 고전이 된 그의 논문 「항문은 무덤인가?(Is the Rectum a Grave?)」(1987)를 언급하지 않을 수 없다. "섹스에 관한 엄청난 비밀이 있다. 대부분이 섹스를 좋아하지 않는다는 것이다"라는 도발적인 문장으로 시작하는 이 글은 에이즈 창궐로 남성 동성애자들이 주홍글씨를 달고 고개를 들지 못하던 시절 그들 항문의 상징성을 파격적으로 재정의한다. 버사니에 따르면 그들의 항문이 무덤이라면 그것은 에이즈로 인한 죽음 때문이 아니라 현대의 모든 폭력과 억압의 원인이 되는 오만한 자아, 즉 "주체성이라는 남성 중심적 환상이 매장되는 무덤"[11]이기 때문이다. 섹스를 아름다운

---

10   Simon Blackburn, *Lust: The Seven Deadly Sins*(Oxford: Oxford UP, 2004).

11   Leo Bersani, "Is the Rectum a Grave?," in Douglas Crimp(ed.), *AIDS: Cultural Analysis/*

것, 위생적인 것으로 포장하고 특히 상대를 가리지 않는 '문란한' 남성 동성애자의 섹스를 평등하고 민주적인 사랑의 장으로 미화하려던 당시 동성애 연구의 노력에 찬물을 끼얹었으며 버사니는 동성애 섹스의 치부를 윤리적 공간으로 탈바꿈한다. 약간 까칠한 버사니의 글과 달리 인간의 나약하고 소소한 심리에 격려를 보내는 정신분석학자 필립스는 『사랑놀이에 관하여(On Flirtation)』(1996), 『키스하기, 간지럼 태우기, 권태롭기에 관하여(On Kissing, Tickling, and Being Bored)』(1998) 등 스무 권이 넘는 정신분석학적 글 모음집을 출판해 왔다.

『친밀감들』에서 버사니와 필립스가 전제하는 것은 그들이 "정신분석학의 가장 위대한 업적"[12]이라 부르는 발견, 즉 인간이 자신과 타인을 결코 사랑할 수 없는 존재라는 것이다. 이러한 사랑의 불가능성은 '주이상스(jouissance)'라 불리는 오르가슴의 쾌락을 통해 잘 설명된다. 정신분석학에서 주이상스는 "헤아릴 수 없는 공격성"[13]을 가진 것으로 규정되며, 따라서 섹스의 쾌락은 자신의 힘을 상대에게 휘두르는 데서 온다. 그러나 단순한 쾌락을 넘어서 파괴적인 것, 그렇기에 오히려 쾌락의 반대에 가깝다고 할 수 있는 주이상스는 힘을 휘두르는 자신에게도 위협이 되기에 결국 "가학적인 자기도취〔에 기반을 둔 섹스〕는 피학적으로도 만족스럽게"[14] 된다. 모든 사랑의 이론이 주체와 대상의 관계, 즉 주체가 대상을 사랑할 수 있는가라는 질문으로 귀결된다고 할 때 이 책의 두 저자는 그런 사랑이 불가능하다고 단언한다. 그렇다면 "회복으로서의 사랑",[15] 사랑을 통해 주체와 대상이 서로를 보완하고 채워줄 수 있다는 믿음은 환상에 지나지 않으며, 섹스란 오히려

    Cultural Activism(Cambridge: MIT P, 1987), p.222.

12 Leo Bersani and Adam Phillips, *Intimacies*(Chicago: U of Chicago P, 2008), p.60.

13 같은 책, p.61.

14 같은 책, p.67.

15 같은 책, p.102.

침범하고 침범당하는 수치스러운 경험을 통해 그러한 환상을 이루지 못함으로써 역설적으로 착각 속에 지니고 있던 이상적인 자아-이미지를 대면하게 해준다는 것이 이 책의 핵심주장이다.

절대 그것에 도달하지 못하게 함으로써만 평소 내가 가진 나의 이상적 모습을 확인해 주는 섹스는 암울한 것처럼 보인다. 그러나 버사니와 필립스의 목적은 환멸과 수치로 얼룩진 섹스를 비난하려는 데 있지 않다. 대상을 정복하려는 폭력적 의도로 시작된 섹스는 주이상스에 근접할수록 오히려 나를 고통스럽게 흔들고, 내가 망가져버리는 수치스러운 경험은 폭력적 자아의 해독제가 되기 때문이다. 버사니와 필립스는 다음과 같이 주장한다.

> 우리는 수치를 통해 우리가 선호하는 자신의 이미지로부터 (격렬하게) 분리되고
> ― 정신분석학 언어로는 자아-이상을 배반하거나 희생한다고 한다 ― 따라서 수치의
> 경험을 참아내는 것, 굴욕에 마비되지 않고 그것을 겪어내는 것은 곧 자신을 급
> 진적으로 재편성하는 길이 된다.[16]

이와 같은 의미에서 수치는 지극히 개인적으로 여겨지는 섹스의 자기중심적·이상적·폭력적 성향을 걷어내고 상호파괴적인 쾌락 속에 완고한 자아를 해체하는 "비개인적 친밀감"[17]의 초석이 된다. 모순어법처럼 보이는 이 문구는 전통적 친밀감에 내포된 자아와 특정 대상과의 관계성을 배제하고, 분열되고 부조리한 어떤 만남, 사랑이라고 이상화되지 않는 대신 소유와 정복이란 권력관계로부터도 자유로운 불특정다수의 가까움을 절묘하게 표현하고 있다.

『친밀감들』이 독선적인 자아 해체의 장으로서 섹스의 윤리학을 모색하

---

16 같은 책, p.110.
17 같은 책, p.117.

고 있다면, 『섹스, 혹은 참을 수 없는 것』 역시 비슷하게 단독 저자의 권위를 무너뜨리는 "대화의 윤리학"[18]을 강조한다. 그리고 현명하게도 에델만과 벌렌트가 택한 대화란 형식은 이 책의 주제인 섹스, 즉 관계 맺기를 허락지 않고 '견딜 수 없는' 다름과 맞닥뜨리게 하는 경험과 일맥상통한다. "뚜렷한 설명과 놀라움, 가장 중요하게는 변화"[19]를 낳았다는 이 대화가 더욱 흥미로운 까닭은 두 저자가 퀴어 연구의 두 핵심축인 '반사회이론'과 '정동으로의 전회'를 각각 대표하는 학자이기 때문이다. 에델만은 『미래 거부: 퀴어 이론과 죽음 충동(No Future: Queer Theory and the Death Drive)』(2004)이란 명저로 일약 스타의 자리에 오른 학자다. 에델만에 따르면 현재 사회는 미래에 대한 희망을 이상적 어린이 상에 투영함으로써 현실의 문제와 저항을 기약 없는 미래로 미루고 있다고 주장한다. 아이들을 위한다는 이름으로 이성애가 지배하는 현실을 유지하려는 이 같은 시도를 에델만은 "생식 미래주의"[20]라 부르며 맹렬히 비난하는데, 이 미래주의는 번식할 수 없는 성 소수자가 상징하는 "죽음 충동"을 통해서만 전복될 수 있다. 라캉이 상정한 실재계의 흔적을 쫓는 죽음 충동을 통해 상징계를 전면적으로 거부하는 것이 에델만이 강조하는 반사회정신이다. 벌렌트는 성에 대해 에델만과 사뭇 다른 접근법을 보인다. 벌렌트는 친밀감이나 사랑 같은 사적 정서가 어떻게 공적 내러티브에 전용되는지 추적하며 정치적인 대서사에 종속되지 않은 "사소한 친밀감"[21]을 발굴하는 데 집중해 왔다. 두 사람의 대화가 합의를 위한 것도 아니고, 매 단락 앞에 나오는 이름의 머리글자를 볼 필요도 없이 두 학자의 주장과 문체는 뚜렷이 구별된다. 그러나 섹스를 낙관적인 주권의 환상을 깨는

---

18 Lee Edelman and Lauren Berlant, *Sex, or the Unbearable*(Durham: Duke UP, 2014), p.111.

19 같은 책, p.xi.

20 Lee Edelman, *No Future: Queer Theory and the Death Drive*(Durham: Duke UP, 2004), p.4.

21 Lauren Berlant, "Intimacy: A Special Issue," *Intimacy*(Chicago: U of Chicago P, 2000), p.5.

공간으로 규정하고 섹스와 대화, 저항적 정치와 해체의 정신을 가진 이론을 연결하는 명철함은 공통적이다.

이 책에서 〈수치〉 읽기에 가장 유용한 부분은 "낙관론을 뺀 섹스"라는 제목의 첫 장이다. "성적 관계란 존재하지 않는다"라는 라캉의 명제로 시작하는 에델만의 입장은 완강하게 부정적이다. 성 이분법에 바탕을 둔 상징계의 질서는 "성공적으로 구현된 관계라는 환상"[22]에 의해 유지되나 성적 차이는 이해를 넘어서는 것이기에 불가해한 타자와의 섹스 역시 안정적 관계성을 애초에 가질 수 없다. 에델만에 따르면 타자의 부정적이고 불가해한 부분을 무시해버리는 낙관론만이 섹스가 주체와 대상 간 치유적 관계라는 환상을 유지하게 해준다고 한다. 따라서 "낙관론을 뺀 섹스"란 주권을 송두리째 앗아가버리는 섹스, 쾌락도 주지만 항상 과도하고 그렇기에 종종 참을 수 없게 느껴지는 어떤 마주침으로 정의된다. 이전 저서에서 미래에 대한 맹목적 열기를 "미래교(futurch)"로, 죄스러운 주이상스에 가장 근접해 있는 동성애를 "씬쏘모-섹슈얼리티(sinthomosexuality)"로 묘사했던 에델만은 이번에도 푸코의 감시개념과 낙관론을 결합한 "패놉티미즘(panoptimism)"이란 신조어를 선보인다. "전방위적 낙관주의" 정도로 해석 가능한 이 용어는 섹스의 참을 수 없는 면모와 삶에 내재한 죽음 충동 및 상실, 분열과 갈등을 원천봉쇄한 채 "사랑스러운"[23] 얼굴로 주체와 대상 간의 관계 맺기가 가능하다고 유혹하며 관계의 성취 이후 다가올 행복을 약속한다.

자신을 규범에 저항하는 운동가이자 유토피아주의자라고 부르는 벌렌트는 에델만보다 융통성 있다. 벌렌트 역시 섹스가 이데올로기적 환상과 낙관론으로 물들어 있는 문제투성이 장소란 점에 동의한다. 그러나 우리가 상징계에 사는 이상 그 질서를 유지하는 다양한 환상에서 벗어나기 극히 어려울

---

22 같은 책, p.2.
23 같은 책, p.17.

것이라는 게 벌렌트의 진단이다. 벌렌트의 따듯한 시선 속에 낙관론은 오히려 "삶에 대한 애착의 한 형태"[24]를 품고 있는 환상이므로, 벌렌트는 어차피 제거할 수 없는 환상에 무조건 반감을 갖기보다 다양한 환상의 정동적 각색을 통해 삶을 번창시켜나가자고 주장한다. 비록 우리 현실이 실재계를 떠난 허구의 세계일지라도 우리가 속한 사회 속에서 "번창하는"[25] 삶을 목표로 해야 한다는 것이다. 이런 벌렌트의 주장에 에델만은 삶이란 원래 제대로 "작동하지 않는" 것이며 "구조적으로 행복이나 안정에 적대적"이라고 반박한다.[26] 불가능의 영역에 부딪히는 것 자체가 가능한 것만을 찬양하는 현실에 저항하는 행위이기에 섹스를 거부의 "장소"로 보는 에델만, 섹스를 극화된 환상을 통해 덜 해로운 환상을 증폭시킬 수 있는 드라마의 한 "장면"으로 보는 벌렌트의 견해 중 누구의 것만이 옳다고 할 수는 없다.[27] 에델만의 반사회이론은 강렬하지만 과연 현실 밖의 혁명이 실천 가능한지 의문을 남긴다. 벌렌트의 논의는 그보다 생산적인 것처럼 보이지만 막상 안정적 관계의 대안인 "움직이는 관계성"[28]의 구체적인 예도 흔치 않을 것 같다는 아쉬움을 준다. 그러나 두 이론가의 열정적 논의는 현실의 어려움에도 불구하고 이러한 저항과 각색이 너무도 중요한 것이라는 영감을 주며 "낙관론을 뺀 섹스" 역시 절박한 윤리적 과제임을 일깨워준다. 벌렌트의 다음 결론은 '참을 수 없는 것'과의 만남인 섹스가 텍스트 읽기에도 적용됨을 보여준다.

나는 사물을 읽지 않는다. 나는 사물과 함께 읽는다. 내가 이론가와 예술, 동료나 친구와 함께 읽을 때 함께 읽는다는 것은 그들의 낯선 인식론이 일으키는 소

---

24 같은 책, p.5.
25 같은 책, p.5.
26 같은 책, p.11. 고딕 강조는 원문 강조.
27 같은 책, p.106.
28 같은 책, p.100.

란에 주목하는 자질을 기르는 것이며, 이 주권 상실의 경험은 내가 즐거움을 얻는 법, 애착을 끌어내는 법, 내가 이해할 수도 견뎌낼 수도 없는 수수께끼와 불안에 대한 호기심을 유지하는 법을 배우는 과정에서 내 자신감을 뒤흔든다.[29]

이 인용에 따르면 섹스가 상대의 정복은커녕 압도적인 그 무엇을 통해 나 자신의 분열만 가져오듯이 읽기 역시 대상의 이해보다 그것이 일으키는 "소란"에 내가 흔들리고 배우는 결과를 낳는다. 마찬가지로 〈수치〉를 정성껏 읽는다고 섹스 중독을 이해하고 받아들이게 되지는 않을 것이다. 그러나 이해도 수용도 못 하는 불완전한 나의 실패를 통해 비로소 다른 것, 낯선 것과의 공존 가능성을 만들어내는 것이 바로 〈수치〉가 빚어내는 악명 높은 소란의 윤리다.

2. 영화 〈수치〉: 섹스 중독에서 자아 해독으로

"대단한 영화이고 연기지만 두 번 볼 수 있을 것 같지는 않다"[30]라는 로저 이버트(Roger Ebert)의 말처럼 자위, 하룻밤 정사, 콜걸, 사이버 섹스, 게이 바, 쓰리섬을 전전하는 브랜든의 일상은 보는 이에게도 고역이다. 라이언 길비(Ryan Gilbey)는 에로티시즘을 걷어낸 섹스는 "가짜(sham)"라며 영화 제목에서 마지막 알파벳을 빼버려야 한다고 분개하지만,[31] 이러한 분노야말로 뭔가 요염하고 농밀한 분위기로 포장하지 않고서는 섹스를 섹스라 부를 수

---

29 같은 책, p.125. 고딕 강조는 원문 강조.

30 Roger Ebert, "Sex Is His Cross to Bear," *Review of Shame*. www.rogerebert.com(검색일: 2022.2.5).

31 Ryan Gilbey, "Rotten Apple," *New Statesman*, January 16, 2012. p.52.

없는 대중의 심리를 드러낸다. 전혀 섹시하지도 흥미롭지도 않은 〈수치〉 속 섹스 장면은 브랜든의 행위가 사랑의 발로나 상대를 알아가기 위한 수단, 쾌락을 증가시키려는 창의적 시도 등과는 거리가 먼 것임을 보여준다. 마치 돈 후안(Don Juan)이 끝없는 여성 편력을 추구하며 매번 다른 여자보다 정복에 의의를 두듯이 브랜든에게 섹스란 과정과 대상에 상관없이 오로지 절정만을 목표로 하는 단조로운 반복이자 외로운 투쟁이다. 이같이 맹목적인 브랜든의 행위는 라캉이 욕망과 구별해 그의 후기 철학에서 강조하는 충동 개념으로 설명할 수 있다. 라캉의 정의에서 욕망이 절대 충족될 수 없기에 욕망이라 불린다면, 충동은 항상 충족되나 목적 자체가 충족이 아니라 충족 상태로 돌아가는 것이기에 매번 새 충족 찾기를 멈출 수 없게 만든다. 알렌카 주판치치(Alenka Zupančič)의 설명을 빌리면 음식을 먹었을 때 충동은 충족되나 먹은 음식이 "바로 그것"은 아니다. 그래도 먹을 때 "그것"의 일부가 느껴지기에 충동은 "그것의 일부"를 통해 충족되기를 계속한다. 즉, 충동은 욕망과 반대로 충족되기 때문에 지탱되나 충족을 주는 것이 특정 대상은 아니라는 의미다.[32] 따라서 특정 여성에 대한 욕정이라기보다 절정으로 돌아가려고만 하는 브랜든의 섹스 중독 역시 섹스 충동에 가깝다. 영화 중반부에 브랜든은 자신의 아파트를 털어 포르노 잡지와 영화, 각종 성기구, 음란채팅용 노트북까지 분노의 청소를 감행하지만 음식을 눈앞에서 치워버린다고 식욕이 사라지지 않듯이 섹스 충동에서 벗어나지 못한다.

낮에는 사무실 화장실, 저녁에는 클럽, 집에서는 콜걸 혹은 사이버 섹스를 고행하는 순례자처럼 떠도는 브랜든은 상황에 상관없이 절정을 되풀이해야 하는 충동에 사로잡혀 있다. 그러나 이러한 브랜든의 모습이 충격적이고 불편할지언정 폭력적인 마초나 범죄자의 모습으로 보이지 않는 까닭은

---

32 Alenka Zupančič, *Ethics of the Real: Kant, Lacan* (London: Verso, 2000), p. 243.

그의 섹스가 "비개인적 친밀감"을 내포하고 있기 때문이다. 충족의 방식이 애초에 중요하지 않은 행위이기에 브랜든의 섹스에는 대상에 대한 낭만적 환상도, 반대로 상대를 정복하려는 권력의식도 전혀 포함되어 있지 않다. 브랜든의 섹스는 끊임없이 자신을 충족해야 하지만 딱히 무엇(사랑, 권력)을 얻는다기보다 수치스럽기만 한 것, 자신을 충족함으로써 역설적으로 자신을 비워나가는 자기해독의 과정이다. 콜걸이나 하룻밤 정사에 의존하는 브랜든을 보고 여성을 상품화하고 착취한다고 할 수도 있다. 그러나 금전적 거래가 결부되었다고 해서, 일회성의 섹스라고 해서 반드시 저급한 친밀감이라고 평가절하할 수는 없다. 사이먼 블랙번(Simon Blackburn)의 지적대로 "너무나 많은 남성이 성을 지배와 정복이란 측면에서 등산처럼 여기고 있다"[33]라면, 브랜든은 상대 여성에게 무례하지도 않고 남성으로서 권위를 내세우려 하지도 않는다. 감독 역시 브랜든이 "괴물도 성차별주의자도 아님"[34]을 강조하고, 다른 평자들도 브랜든이 자신을 해치고 있을지언정 남에게 상처 입히려는 인물은 아님을 인정한다. 반면 브랜든의 직장상사 데이빗(David)은 섹스를 "등산"으로 여기는 인물이다. 겉으로는 매력적이고 능력 있는 유부남이지만 클럽에서 저질스러운 수작으로 여자를 유혹하고(그 여성은 오히려 브랜든과의 하룻밤을 자청한다), 브랜든의 동생 시시의 애정 결핍을 이용해 성관계를 갖고는 그녀를 내버린다. 섹스 중독이 바람직하다거나 브랜든이 모범적 인물이라고 주장하는 것은 아니다. 그러나 성 자체는 범죄가 아니며 위계에 따른 권력 남용, 거짓 회유나 협박, 무력에 연루될 때 범죄가 된다. 이런 의미에서 자아를 위해 타인의 희생을 서슴지 않는 데이빗보다 상대를 차별하거나 무시하지 않고 오직 절정만을 탐하는 브랜든의 수치스러운 섹스가 "비개인적 친밀감"의 가능성을 보여준다고 할 수 있다.

---

33 같은 책, p.98.
34 Nick James, "Sex and the City," *Sight and Sound*, Vol.22, No.2(2012), p.34에서 재인용.

초반의 충격이 가시고 나면 점점 피하고 싶어지는 섹스 장면과 달리 이 영화에서 "가장 섹시하고 유일하게 진정 에로틱한 순간"[35]으로 꼽히는 장면이 있다. 영화 초반부 브랜든이 출근 전철 안에서 맞은편에 앉은 여성과 눈길을 주고받는 장면이다. 3분 정도 이어지는 이 장면에서 처음에 브랜든의 눈길을 의례적으로 상냥하게 받던 젊은 여성은 계속되는 브랜든의 응시에 살짝 당황하고 부끄러워하다가 과감한 응시로 맞대응하고, 이에 믿기지 않는다는 듯 순간의 흔들림을 보이던 브랜든의 눈빛은 이내 포식자의 눈길로 그녀를 꿰뚫어 본다. 흥분된다는 암시로 눈을 내리깔며 다리를 꼬던 여성은 다음 순간 정신이 나는 듯 경직된 표정으로 일어나 전철에서 내리고, 그런 그녀의 뒷모습을 훑어보다 뒤따라 내린 브랜든을 아슬아슬하게 피해 사라진다. 카메라는 플랫폼에 홀로 서 있는 브랜든의 얼굴을 클로즈업하는데, 브랜든의 표정은 먹잇감을 놓친 약탈자의 분함과 허망함을 보여준다. 이 장면을 "고전적 픽업 상황"이자 "가장 섹시한" 장면으로 뽑은 평자의 판단에는 자고로 즉석 상대와 성관계를 맺으려면 둘 사이에 뭔가 뜨거운 교감(이 영화의 경우 눈빛 교환)이 오가야 한다는 믿음이 전제되어 있다. "비개인적 친밀감"을 구현하는 브랜든의 섹스가 몸을 섞을 만큼 친밀한데도 전혀 은밀하게 느껴지지 않는다면 둘만의 강렬한 공감을 시사하는 이 장면이 더욱 에로틱한 섹스를 고대하게 한다는 것이다. 그러나 오이디푸스 신화의 예를 통한 정신분석학적 비유에 따르면 상대를 정면으로 바라보는 눈은 "남근의 상징"[36]에 다름 아니다. 관음증적 시선을 죄악시하고 대놓고 본다는 것 역시 금기시하는 사회에서 친밀감을 가장한 남성의 정면 응시는 상대를 벌거벗기고 무력화하는 성추행으로 이어지기도 한다. 그렇다면 브랜든과 낯선 여성 사이의

---

35 Ricky da Conceicao, "Review of Shame".

36 Eve Kosofsky Sedgwick and Adam Frank(eds.), *Shame and Its Sisters: A Silvan Tomkin Reader*(Durham: Duke UP, 1995), p.145.

눈빛 교환은 에로틱할지 모르나 영화에서 유일하게 브랜든이 대상에 대한 집착과 공격성을 드러내는 섬뜩한 장면이기도 하다.

둘만의 은밀한 무언가가 오가기에 전철 장면이 섹스 장면보다 더 에로틱하다고 보는 시선만큼 주체와 대상 사이에 감정적 유대가 있어야만 정상적 섹스라는 통념도 낙관적 환상이 아닐까 싶다. 이런 낙관론을 펼치기 위해 〈수치〉에서 대비시키는 두 관계가 있다. 첫 번째 관계는 브랜든이 같은 사무실 동료 매리앤(Marianne)과 '정상적' 데이트를 해보려고 레스토랑에서 만나나 어색하기 짝이 없는 시간을 보내고, 며칠 후 다시 용기를 내 대낮에 부둣가가 내려다보이는 호텔로 매리앤을 데려가나 역시 관계 갖기에 실패하는 장면에서 드러난다. 바로 다음 장면에서 같은 호텔 객실에서 통유리로 된 벽에 들러붙은 채 이전에 술집에서 만나 하룻밤을 즐겼던 여성과 다시금 격정적인 시간을 보내는 두 번째 관계가 연출된다. 감독의 의도는 브랜든은 "건전한" 여성과 소소한 대화를 통해 정서적 교류를 나눌 수 없는 환자이고 자신을 내보일 필요가 없는 상황, 포르노나 콜걸을 이용한 "통제 가능한" 상황에서만 성행위를 할 수 있다는 닉 제임스(Nick James)의 해석과 비슷한 것으로 보인다.[37] 감독이 의도한 브랜든의 '병'은 프로이트의 주장, 즉 '남자의 성적 쾌락은 어머니를 연상시킬 수 없는 저급한 여성으로부터 온다'를 떠올리게 하지만[38] 이 장에서 주목하려는 것은 21세기 성 담론에서 강조되는 섹스의 통제 불가능성이다. 브랜든에게 섹스는 상대에 대한 통제력을 확인하기 위한 공간이 아니다. 그렇기에 오히려 "낙관론을 뺀 섹스," 즉 사랑을 통해 영혼의 상처를 치유해 주겠다고 약속하는 달콤한 이데올로기로부터 자유로운 섹스가 가능하다. 데이트 장소에 늦게 나타나 음식 주문도 제대로

---

37 같은 글, p.34.

38 Sigmund Freud, "On the Universal Tendency to Debasement in the Sphere of Love," *The Freud Reader*(New York: Norton, 1995), pp.394~399 참조.

못 하고 일상적인 질문도 받아넘기지 못하는 브랜든의 모습은 그의 말쑥한 외모와 대비되어 서글플 지경이다. 그러나 평일 대낮의 호텔부터가 일탈의 공간일진데 침대 위에서 수수한 속옷을 입은 동료 직원과 대화를 이어나가지 못한다고 브랜든을 섹스 불능으로 단죄하는 것 역시 섹스에 대한 도덕주의적 환상을 보여준다. 이러한 도덕주의적 환상은 몸이 아니라 대화가 통해야만 진짜 섹스라 용인하고 서로를 알아가는 과정이 배제된 섹스는 천한 욕정으로 치부한다. 그러나 로라 킵니스(Laura Kipnis)가 지적하듯이 18세기 후반이 되어 결혼을 사랑의 종착점으로 만들어버린 부르주아 개인주의의 도래 이전에는 정서적 유대 없는 육체관계에 대한 혐오가 없었으며 "영 아닌 사람"과의 섹스도 거부감을 주지 않았다고 한다.[39] 낭만적 사랑의 귀결이 아닌 섹스가 불결하고 불쾌하다는 심리도 역사적으로 학습된 것이라는 주장이다. 킵니스의 주장에 비추어볼 때 또 어떤 위계질서나 억압적인 이데올로기에 종속되어 있지 않다는 점에서 브랜든의 두 번째 호텔 장면이 비정상일 이유가 없다.

앞의 섹스 장면이 적법해 보이지 않는다면 그건 낭만적 환상으로 미화되어 있지도, 교활한 계산이나 위선에 물들어 있지도 않은, 대중에게 낯선 모습의 섹스이기 때문이다. 이렇게 그 자체가 목적인 섹스는 브랜든의 동생 시시(Sissy)의 민폐 끼치는 캐릭터와 대조될 때 가치를 드러낸다. 당분간 얹혀 지내겠다며 브랜든의 완벽하게 살균된 아파트에 불쑥 나타난 시시는 가끔 클럽에서 노래를 부르며 떠돌아다니는 인물로, 민망한 '빈티지' 옷차림, 세련되지 못한 행동에서 브랜든과 정반대의 인물이다. 이 남매의 관계는 (과거 뉴저지에서 둘이 겪은 어떤 고통이 암시되기도 하나) 근친상간이라고 부를 수도 없고, 안 그래도 영화 해설에 어려움을 겪는 평자들의 공분을 산다. 대사도 적

---

39 Laura Kipnis, *Against Love: A Polemic*(New York: Pantheon, 2003), p.62.

고 별다른 플롯도 없는 〈수치〉를 가장 유식하게 설명한 평자의 말을 빌면 〈수치〉는 "트라우마가 행동이나 심리를 설명하는 데 더 이상 결정적 역할을 할 수 없는 포스트-트라우마 영화"[40]다. 트라우마의 문제를 차치하고서 영화의 의도는 두 남매의 대비를 통해 애정 결핍이 낳은 두 극단적 '병'을 보여주려는 것 같다. 오빠가 철저히 마음의 문을 닫고 섹스 중독에 빠져버렸다면 여동생은 술에 취해 잠자리했던 남자들에게 울며불며 매달리고 무시당할 때마다 자살 시도를 한다. 영화는 시시가 클럽에서 「뉴욕뉴욕(New York, New York)」이란 노래를 엄청 느리게 부르는 장면을 브랜든이 공감 능력을 비추는 드문 장면으로 제시한다. 노래 한 곡 부르는 데 6분 가까이 걸리는 이 장면은 "영화의 가장 빼어난 순간"이란 찬사부터 "창피한" 장면이란 혹평까지 두루 받았는데,[41] 시시의 얼굴을 내내 클로즈업하다 중간에 한 번 눈물을 훔치는 브랜든의 모습을 교차한다. 한편 필자의 주장은 브랜든의 섹스 충동보다 시시의 애정 갈구가 훨씬 더 심각하다는 것이다. 섹스 그 자체보다 상대와의 끈끈한 사랑을 통해 정체불명의 트라우마를 치유하려는 시시의 애정관은 애처롭지만 환상에 불과해 보인다. 마음을 열고 대화하자며 끊임없이 관심을 구걸하는 시시는 섹스라는 또 다른 방식의 대화를 인정하지 않고 추상적인 사랑에만 집착함으로써 오히려 남자들의 손쉬운 '먹잇감'이 되어버리고 만다.

영화 종반, 함께 텔레비전을 보다 마음을 열라고 조르는 시시를 떨쳐내고 밤거리로 나온 브랜든은 술집에서 한 여성에게 음담패설을 건네다 여자의 애인에게 두들겨 맞고, 뺨이 찢어진 채 동성애클럽에서 구강성교를 하고, 자리를 옮겨 여성들과 쓰리섬을 가지며 마음 대신 몸을 여는 광란의 밤을

---

40 Mark Fisher, "Non-Film: Steve McQueen's Shame," *Film Quarterly*, January 19, 2011. www.filmquarterly.org(검색일: 2022.2.5).

41 Ricky da Conceicao, "Review of Shame".; Tracy, "Review of Shame".

보낸다. 밤새 걸려오는 시시의 전화를 무시하다 새벽녘에 불현듯 불안감을 느낀 브랜든은 아파트로 달려가고, 욕실에서 피범벅이 된 시시를 부둥켜안고 소리 없이 절규하는 브랜든의 모습이 바흐의 단정한 피아노선율 속에 강렬히 전달된다. 시시의 자살 시도라는 영화의 절정과 맞물려 극으로 치닫는 브랜든의 성적 절정에 대해 평론가들은 "바그너 풍의 웅장한 허세"[42]라며 조소를 보낸다. 아무 의미도 목적도 없어 보이는 섹스 장면에 질리기도 하고, 비장한 오페라 음악이 음란한 행위와 어울리지 않아 보이기 때문일 것이다. 그러나 섹스란 것은 그 자체의 (불)쾌락인 주이상스 외의 의미를 애초에 가질 수 없으며, 섹스가 어떤 목적론에 결부될 때 그것은 섹스를 이용해 다른 무언가를 달성하려는 이데올로기적 수단으로 전락한다. 그렇다면 '섹스 오디세이'라고 부를 법한 그날 밤 브랜든이 반복적으로 맞닥뜨린 수치스러운 절정의 순간들이야말로 주이상스의 순간, 즉 가학적 의도로 시작되었지만 피학적 수치를 통해 충족되는 역설적 쾌락과의 만남 아니었을까. 문란하기 그지없어 보이는 브랜든의 그날 밤 섹스는 대상의 정복이나 이해보다 자아가 부서지는 수치와 자기혐오에 더 치중되어 있으며, 그런 의미에서 문란하다기보다 대상을 구별하지 않는 "비개인적 친밀감"의 극치를 보여준다. 한편 시시는 공허함을 채워주는 관계 맺기로서의 섹스를 갈구하나 브랜든이 하룻밤새 계속 다다르는 괴로운 주이상스는 그런 안온한 관계가 낙관론적 환상에 지나지 않음을 절절하게 드러낸다. 브랜든의 섹스 오디세이는 '그럼에도 불구하고' 끊임없이 주이상스로 돌아가라고 충동질하는 충동의 집요함을 그 이상 적나라할 수 없게 그려냄으로써 도덕주의적 판단을 넘는 인간성의 뼈아픈 진실을 엿보게 한다.

---

42 Tracy, "Review of *Shame*".

3. 섹스와 윤리

시시의 병상 옆에서 동생 손목의 무수한 흉터를 바라보던 브랜든은 비 내리는 선착장 공터로 가 머리를 움켜잡고 울부짖으며 무릎을 꿇는다. 시시가 그토록 재촉하던 마음의 문을 열고 응어리를 분출하는 순간처럼 보인다. 이 장면이 영화의 마지막이었더라면 〈수치〉는 브랜든의 치유 가능성을 암시하는 희망적인 휴머니즘 영화로 극찬받았을지 모른다. 그러나 영화의 마지막은 첫 신의 변주로, 시간이 얼마나 흘렀는지 알 수 없으나 다시금 말끔해진 브랜든이 출근 전철에서 그때 그 여성을 다시 마주치는 것으로 끝난다. 감독으로서는 섹스 중독이 고치기 힘든 병임을, 필자로서는 과도한 성적 충동이 절대 통제될 수 없는 것임을 재차 각인시키는 섬뜩한 엔딩이다. 영화 포스터가 암시하듯 너무 수치스러워 감히 얼굴을 보일 수 없고, 영화의 첫 장면처럼 헐벗고 부끄러워 몸을 움직일 수 없게 만드는 섹스의 향연을 통해 관객은 무엇을 배워야, 혹은 버려야 할까. 화폐가치가 추상적 가치를 흡수해 버린 시대에 아무 대가가 개입되지 않은 섹스가 있을 것 같지도 않고, 있다 한들 브랜든이 보여주듯 고통스러운 자아 해체만 낳는다면 피하고 싶을 것 같기도 하다. 차라리 환상과 달콤한 거짓말에 굴복하고 싶은 세상이다. 그러나 대부분 사람이 '소비하고 즐기라!'라는 후기 자본주의의 명령에 따라 사는 현실에서 〈수치〉는 외면하고픈 섹스의 민낯을 고집스럽게 들이민다. 그리고 자아와 대상의 합일이란 환상을 걷어낸 섹스 속에 펼쳐지는 것은 수치와 쾌락과 파괴가 어지럽게 교차하는 한 편의 '드라마'다. 이 드라마는 벌렌트가 분석하듯이 무한한 각색과 교차 편집을 통해 색다른 인식론을 가능하게 해준다는 점에서 윤리적 텍스트이기도 하다. 윤리 역시 영원불변의 선이란 환상을 걷어내면 다양한 가치들이 투쟁해 온 장이다. 절대적 선의 억압에 항거하고 악한 것, 반규범적인 것, 불순한 것에서 새로운 윤리의 실마리를 찾아온 윤리의 공간은 절대적 자아가 무너짐으로써 다른 것들의 존재를 가능하게 해주는 섹스와 놀라우리만치 닮아 있다. 이 점에서 영화 〈수치〉 속 섹스는 곧 윤리의 다른 표현이라는 것이 이 장의 결론이다.

참고문헌

Berlant, L. 2000. "Intimacy: A Special Issue." *Intimacy.* Chicago: U of Chicago P.

Bersani, L. 1987. "Is the Rectum a Grave?" Douglas Crimp(Ed.) *AIDS: Cultural Analysis/Cultural Activism.* Cambridge: MIT P.

Bersani, L and A. Phillips. 2008. *Intimacies.* Chicago: U of Chicago P.

Blackburn, S. 2004. *Lust: The Seven Deadly Sins.* Oxford UP.

Da Conceicao, R. 2011. Review of Shame. *Sound on Sight* 17 September.

Edelman, L. 2004. *No Future: Queer Theory and the Death Drive.* Durham: Duke UP.

Edelman, L and L. Berlant. 2014. *Sex, or the Unbearable.* Durham: Duke.

Fisher, M. 2011. "Non-Film: Steve McQueen's Shame." *Film Quarterly.*

Freud, S. 1995. "On the Universal Tendency to Debasement in the Sphere of Love." *The Freud Reader.* New York: Norton.

Gilbey, R. 2012. "Rotten Apple." *New Statesman*, 16 January.

Halley, J. and A. Parker(eds.). 2011. After Sex?: On Writing since Queer Theory. Durham: Duke UP.

James, N. 2012. "Sex and the City." *Sight and Sound*, 22(2).

Kern, L. 2011. Review of Shame. *Film Comment*, November/December.

Kipnis, L. 2003. Against Love: A Polemic. New York: Pantheon.

Lee, C. 2011. "Sex Addiction and the City." *Newsweek* 5 December.

Nayman, A. 2011. Review of Shame. *Cineaste*, 37(1), pp.50~51.

Phillips, A. 2005. Going Sane: Maps of Happiness. New York: Harper Collins.

Sedgewick, Eve K. and A. Frank(eds.). 1995. *Shame and Its Sisters: A Silvan Tomkin Reader.* Durham: Duke UP.

Tracy, A. 2011. Review of Shame. *Cinema Scope.*

Zupančič, A. 2000. *Ethics of the Real: Kant, Lacan.* London: Verso.

지은이(가나다순)

김경옥

숙명여자대학교 인문학연구소 HK연구교수다. 현대영미소설 전공으로 영미과학소설과 판타지문학을 중심으로 인종과 여성, 소수자에 대한 차별과 혐오의 문제에 대해 고민하며 문학적 재현의 과정에서 발견되는 저항 및 치유의 가능성을 연구하고 있다. 대표 업적으로는『다시 쓰는 여성학』(공저, 2021)과 논문으로 「옥타비아 버틀러의『어린새』에 나타난 인종혐오와 아브젝트-되기」(2021), 「조안나 러스의『여성남자』에 나타난 여성 주체의 포스트모던 서사」(2020)가 있다.

김수연

한국외국어대학교 영미문학·문화학과 교수다. 현대 영미소설 및 영화 전공으로, 젠더/섹슈얼리티, 영상이론, 대중문화에 두루 관심을 갖고 연구하고 있다. 대표 업적으로는 「'방탄소년단'과 아시아 남성성: 탈제국화와 트랜스미디어를 중심으로」(2021), 「퀴어 아카이브와 아카이브 퀴어링 하기: 한국 퀴어영화의 도전과 과제」(2020), "Unethical Adaptation: Indigenization and Sex in Chan-wook Park's *The Handmaiden*"(2019)가 있다.

김혜윤

숙명여자대학교 인문학연구소 연구원이다. 근현대 영미소설 전공으로 최근에는 영미소설 텍스트를 통해 신유물론, 신자유주의, 인류세 논의를 확장시키는 데 관심을 쏟고 있다. 대표 업적으로는 「포스트아포칼립스 시대의 인간 조건 재고:『오릭스와 크레이크』를 중심으로 살펴본 혐오와 수치심」(2021), 「표류하는 여자들: 자본주의적 가부장제에 대한 비판으로 읽는『오릭스와 크레이크』」(2021), 「생명공학 디스토피아 시대의 인간 조건 재고: 마가렛 애트우드의 매드아담 삼부작 연구」(2020)가 있다.

손옥주

독립 공연학자다. 연극학과 무용학 전공으로, 현재 공연 현장에서 드라마투르그, 리서치파트너 등의 역할로 활동하며 공연에 내재된 다양한 움직임의 양상들을 탐구하고 있다. 대표 업적으로는 「자기민족지적 응시: 박영인의 작품에 나타난 조선무용의 재발견」(2017), 「근대 독일 무용계에 나타난 타문화 재현: 아니타 베버 안무작 「코리안 댄스」(1917)를 중심으로」(2016), 「일본 춤의 발견」

(2015)이 있다.

육성희

숙명여자대학교 영어영문학부 부교수다. 현대미국소설 전공으로 아시아계 미국문학, 미국 소수자 문학, 영미 여성문학에 나타난 인종, 계급, 젠더 및 섹슈얼리티, 초국가적 이동성과 디아스포라, 신자유주의 자본주의와 가부장제 등을 연구하고 있다. 대표 업적으로는 "Bonded Slavery and Gender in Mahasweta Devi's 'Douloti the Bountiful'"(2018), "Decolonizing Adoption Narratives for Transnational Reproductive Justice"(2018, 공저), "Mapping Korean American Literary Studies in Korea, 1994-2016"(2018, 공저)가 있다.

이가야

숭실대학교 불어불문학과 교수다. 비교문학(20세기 프랑스소설)을 자서전이론과 함께 공부했으며, 여성 작가들의 자기에 대한 글쓰기, 프랑스어권 문학 및 문화정체성에 대해 연구하고 있다. 대표 업적으로는 『퀘벡, 재현된 역사 혹은 역사의 재현』(2017, 공저), 『나를 찾다, 나를 쓰다: 여성 작가의 글쓰기와 자아 정체성』(2016), 『키워드로 풀어보는 퀘벡이야기』(2014, 공저)가 있다.

이명호

경희대학교 글로벌커뮤니케이션학부 영미문화 전공 교수다. 현대 미국문학과 비평이론이 전공으로, 페미니즘 문화연구, 감정연구, 유토피아연구 등에 관심을 갖고 연구를 하고 있다. 대표 업적으로는 「법적 정의와 군주적 자비: 윌리엄 셰익스피어의 『베니스의 상인』」(2022), 「인류세의 성정치학: 조에 평등주의와 페미니즘의 재구성」(2021), 『누가 안티고네를 두려워하는가』(2014)가 있다.

이진아

숙명여자대학교 한국어문학부 교수다. 한국현대연극과 연극비평 전공으로, 비평이 필요하지 않은 시대의 비평에 대해 고민하며 한국현대연극비평사와 연극 전문지의 역사에 대해 연구하고 있다. 대표 업적으로는 『종합교양잡지와 연극비평지의 탄생』(공저, 2020), 『경계를 넘는 공연예술』(공저, 2017), 『오해-연극비평집』(2013)이 있다.

이지형

숙명여자대학교 일본학과 교수다. 일본 근현대문학 전공으로 질병, 장애, 성적 지향, 노화 등에 기인한 차별 및 혐오와 마이너리티 간 공감과 연대 문제에 관심을 가지고 연구하고 있다. 대표 업적으

로는 「일본 현대소설의 소수자성과 혐오: 노인과 LGBT」(2021), 『과잉과 결핍의 신체: 일본문학 속
젠더, 한센병, 그로테스크』(2019), 『일본 전후문학과 마이너리티문학의 단층』(2018, 공저)이 있다.

이행미

숙명여자대학교 인문학연구소 HK연구교수다. 한국 근현대소설 전공으로, 한국문학에 나타난 가족
및 가족법, 문학에 나타난 소수자 재현과 윤리 등에 관심을 두고 연구하고 있다. 대표 업적으로는
「전혜린의 젠더의식과 실천적 글쓰기」(2019), 「3·1운동과 영어(囹圄)의 시간: 1920년대 소설에 나
타난 자아와 정치」(2019), 「『무정』에 나타난 근대법과 '정(情)'의 의미: 총독부 통치체제와 이광수의
법의식의 길항을 중심으로」(2018)가 있다.

전경숙

숙명여자대학교 인문학연구소 HK연구교수다. 고려시대 군사제도 전공으로, 수도방위를 중심으로
한 도시사를 연구하고 있다. 최근 근대 이후로 집중된 한국 사회의 혐오와 차별 연구의 범위를 전근
대 역사로 확대하고 있다. 대표 업적으로는 「개경민의 불교신앙생활과 불교시설」(2021), 『조선시
대 개성유람기』(공저, 2021), 『고려의 국도 개경의 도시 영역과 공간 구성』(공저, 2020)이 있다.

전유정

숙명여자대학교 인문학연구소 HK연구교수다. 독일 근현대소설을 전공했으며, 독일 이민자문학, 퀴
어문학, 에스노그래피(ethnography) 등을 연구하고 있다. 대표 업적으로는 「'퀴어' 베를린: 클라우
스 만의 『경건한 춤』과 크리스토퍼 이셔우드의 『베를린 이야기』에 나타나는 바이마르 공화국 시기
퀴어문화 연구」(2021), 「'박탈'된 자아를 위한 건축술: 카프카의 「굴」에 나타난 타자에 대한 공포,
또는 의존성의 윤리」(2021), 「영원한 '실패'로서의 에스노그래피: 후베르트 피히테의 『연구보고서
Forschungsbericht』를 중심으로」(2019)가 있다.

조서연

서울대학교 국어국문학과 강사다. 한국 현대극 전공으로, 연극, 영화, TV드라마 등 극예술 분야와
대중문화의 장에서 나타나는 군사주의와 젠더 문제를 연구하고 있다. 대표 업적으로는 「'월남 패
망'의 한국적 전유와 타자화된 난민의 재현」(2020), 「영화 〈하얀 전쟁〉과 진보적 남성 민족 주체의
베트남전쟁 기억 만들기」(2019), 「1960년대 베트남전쟁 영화와 파월 한국군의 남성성」(2018)이
있다.

한울아카데미 2382
숙명여자대학교 인문학연구소 HK + 사업단 학술연구총서 02

반영과 굴절 사이
혐오 정동과 문화 재현

ⓒ 김경옥·이진아·전유정 외, 2022

기 획 ┃ 김경옥·이진아·전유정
지은이 ┃ 김경옥·김수연·김혜윤·손옥주·육성희·이가야·이명호·
　　　　　이지형·이진아·이행미·전경숙·전유정·조서연
펴낸이 ┃ 김종수
펴낸곳 ┃ 한울엠플러스(주)
편집책임 ┃ 조인순

초판 1쇄 인쇄 ┃ 2022년 6월 24일
초판 1쇄 발행 ┃ 2022년 6월 30일

주소 ┃ 10881 경기도 파주시 광인사길 153 한울시소빌딩 3층
전화 ┃ 031-955-0655
팩스 ┃ 031-955-0656
홈페이지 ┃ www.hanulmplus.kr
등록번호 ┃ 제406-2015-000143호

Printed in Korea.
ISBN 978-89-460-7382-1 93330 (양장)
　　　978-89-460-8193-2 93330 (무선)

※ 책값은 겉표지에 표시되어 있습니다.
※ 무선제본 책을 교재로 사용하시려면 본사로 연락해 주시기 바랍니다.

※ 이 저서는 2020년 대한민국 교육부와 한국연구재단의 지원을 받아 수행된 연구임
　(NRF-2020S1A6A3A03063902).